20世纪中国图书馆学文库·89

# 中国图书馆学教育之父——沈祖荣评传

程焕文 著

国家圖書館出版社

本书据台湾学生书局 1997 年 8 月初版排印

（原书前所附图片未排印）

谨以此书

纪念和缅怀

沈 祖 荣 宗 师

暨二十世纪中国图书馆事业的先驱们

沈祖荣肖像

# 沈　序

　　程著"中国图书馆教育之父——沈祖荣评传"终于出版了。这是一部伟大的著作，学生书局告诉我"书稿约二十八万五千余字，及二十五张图片，以二十五开版面计约四百五十页"（1996年12月9日函）；并且要求我"先看一遍，略作补充，写作序文"。这是著者、出版者和我之间原有的谅解，写作对象又是我的父亲，无论从天理、国法、人情哪个角度来看，我都不便拒绝，也许我并不胜任（这点我在下文中略加解释），但我必需担当下来。

　　著者程焕文教授是中国大陆典型的青年才俊，诚如他指出我和他有几次见面畅谈的机会：第一次是1990年9月台湾十四位图书资讯学教授，访问大陆图书馆和教学院校，我单身去了广州，在中山图书馆黄俊贵馆长为我召开的座谈中看见程焕文教授为我留下深刻印象；第二次是1995年11月，我大病之后勉力前往广州接受广东图书馆学会所颁名誉理事聘书，在中山大学作学术演讲，名学者中山图书情报系主任谭祥金教授是演讲会主持人，程焕文教授则负责介绍演讲人，他的介绍词讲了至少二十分钟以上，没有一句废话，对于我的工作、写作和思想如数家珍。我对他的认真态度，大为惊讶。自从那天以后我对这位青年学人另眼相看，多次接触之间当然谈到他有意写作这部专书的问题，他的计画极为庞大。回到台北，1996年1月我又收到他的来信，说他的写作可能稍为延后，并附寄写作大纲初稿，征求我的意见，这份大纲计有三篇

1

共二十一个章节，加上参考文献，两项附录，年谱和著述目录，我略一过目，几乎跳了起来，工程如此浩大，程焕文教授哪有这多时间，如何搜集这么多资料？从他信中口气看来，他是一个坚持零缺点的人，他力求内容正确资料完整，加之他那时还有几篇必需准时交卷的文章要写；我当时想写作这本专著程焕文教授可能遭遇到困扰，可能搁笔；现在这本著作能够问世，我有无限的惊喜（pleasant surprise），所以在本序首端第一句话用了"终于"两个字，我说这本著作"伟大"因为这部书不仅是"我国第一部有关图书馆人物的传说"（见著者自序）而且是我图书馆事业的近代史。

程焕文教授是有资格写这本书，他花了近十年的时间，不断检索文献，收集资料，因此被大陆图书馆界称为"沈祖荣研究专家"，我有没有资格写序却有疑问，我想略为说明。

## 一、我很少机会亲近父亲

我于二十八岁经过第二届公费留学考试出国深造，二十九岁开始就和父母不通音讯，而居留国内二十八年之中，除小学六年级前住在家中外，从初中一年级即在文华中学住校，我的二位姐妹也是一样，她们在圣希理达女中住校，姐姐更在高中时去上海在中西女塾上学，对日抗战发生后，大姐进武汉大学、小妹进南开高中、燕京大学，我进复旦大学转华西大学借读。这些学校都不在重庆，寒暑假也不回家，因为父亲母亲都忙，我在小学时常常一人，有时和妹妹用餐，餐桌上难得看到父母俩老。我念文华中学时每月到文华公书林父亲办公室拿零用钱（每月大洋五角），说来有罪，我从来没有看过父亲写的文章，家中也没有族谱，我也没有机会供养父母一天。

## 二、父亲是怎样的一个人

我对父亲的了解,相当有限,我只知道他不抽烟、不喝酒、不打牌,不会跳舞,喜欢踢足球,有一次受伤颇为严重,球鞋也就置之高阁,他比较喜欢听京戏,但是很少有机会去欣赏,他终年一件布大褂,有庆典时加上马褂,他就是这样打扮出国到罗马出席 IFLA 的国际会议,有时也穿中山服,但我从来没有看见他穿西服,只看见他过去穿西服的照片一两张,他不善言词,不苟言笑,对子女的训示也不多。

## 三、父亲年轻时的劳动背景

程焕文教授说父亲年轻时家境不佳,曾经做过纤夫和饭馆跑堂,这对我而论是件新闻,我从来没有听父母讲过,也不觉得他有劳工背景,做过劳动者是件好事,我自己在美国念书时也在餐馆做过洗碗工人(Dish Washer),也在汽车零件工厂做过吸油器(Oil Eilter),我的儿子也不知道。

## 四、母亲扮演的角色

我们沈家是女性社会,妈妈当家,她说了算数,母亲中学毕业(训女中学),她酷爱社会活动,担任武汉女青年会会长,教会妇女传导团团长,文华圣诞堂董事长,这所圣公会(Episcopal Church)在武汉为最重要的礼拜堂,教友是文华校园各学府的中外教职员,华中大学校长韦卓民,文华中学校长卢春荣,文华童子军专科学校校长严家麟，文华图专校长我父亲和若干中外长老都是董事，在母亲领导之下，母亲口才特佳，我曾看见她在文华公书林礼堂时女青年会会友演讲，一个小时没有看稿，由于她的能力，父亲对她言听计从，美国学者白齐茹（Cheryl Beettcher）在"图书馆与文化"（Libraries and Culture）中所写"沈祖荣与文华图书馆学专科学校"（Samuel T. Y. Seng and Boone Library School）一文中，指出父亲在出国留学时曾有一个选择，学习图书馆学或童子军学，有点举棋不定。母亲的主张决定了父亲的前途，这篇文章何光国曾经翻译在中国图书馆学会会报上发表，程焕文教授说我父母的婚姻是韦棣华女士（Mary Elizabeth Word）撮合的，我倒是第一次听见。

# 五、父亲的贡献

父亲一生献身图书馆事业，协助韦棣华女士建立文华图书馆学专科学校，和文华公书林，他首先提出服务的口号，推出巡回车，和实行开架式，编制仿杜威十进分类法和标题总目，在今天看来也许不觉得有什么特别，在父亲那时候是破天荒的大事。

我认为父亲的伟大是他协助韦棣华女士争取庚子赔款退回我国，部分退款用于建设我国图书馆事业，他的中国图书馆事业本土化的坚决主张是我深感骄傲的。

程焕文教授在两代巨擘：二十世纪中国图书馆事业的骄傲提到我使我愧不敢当，白齐茹（Cheryl Beettcher）博士也提及我和美国图书馆学会国际关系部主任布朗博士（Charles Brown）为我国图书馆教育拓张计画换立签定协议的事等，我深感惭愧。

这部书还有一个值得表扬之处，就是促进了海峡文化的交流，这对国家统一当然是有贡献的。

沈宝环　谨序　1997 年 1 月 22 日

# 沈序：永恒的纪念

我怀着感谢和激动的心情读完了程著《中国图书馆学教育之父——沈祖荣评传》。程焕文教授在从事教学的同时，系统地收集、整理、撰写先父沈祖荣的生平事迹，总结先父的学术思想，正确评估了先父对中国现代图书馆事业的创建与发展的贡献。本书的编著反映了作者对先师的敬爱，对历史的尊重，对真理的执着追求。如果没有这样的精神，这本书是写不出来的。为此，我对程教授表示衷心的谢意。

手捧程著，边看边忆，思绪起伏，心如潮涌，先父的往事历历在目。我有兄弟姐妹四个，我是最小的，所以父亲、母亲及哥哥、姐姐都昵称我为"小妹"。家里的大小事情一般都是母亲说了算，母亲对我们管教极严，父亲比较宽容，是真正的慈父严母。母亲的社会活动很多，不仅管好家务和子女的教育，连学校的事情，母亲也从旁给父亲以帮助，似乎她有意把一切事事务务都担起来，好让父亲全心全意地办好他的图书馆事业。

我从初中起就住校，只是星期天和寒暑假才和父母一起生活。那时年纪小，程著中所述的许多事情我不清楚，我看到的只是父亲在家里的生活和工作情况。

父亲总是天不亮就起床，轻轻洗漱完毕就关进房间看书写作，等我们起床时，他已经做完了他的"功课"，有的时候早餐都给我们做好了，他不抽烟、不喝酒，不爱社交应酬，爱好打球、游泳，还经

5

常带领图专师生一起做早操。

父亲从不讲究吃穿,脾气很好,平时总是细声细语,慢条斯理地讲话,有时急得脸都红起来,但仍是小声批评,绝不怒吼斥责。

我父母与文华图专师生的关系都很亲切,他们对我父母也很尊重。我父亲把他们看成自己的亲人一样,我经常看到他们在我家与父母谈心。有的教职员家里出了矛盾,父亲还亲自上门调解。学生毕业,父亲与各大学或有关单位联系,为他们安排工作。离校的师生给他的书信不断,他总是耐心地一封一封地写回信。有的亲友学生家境贫困,他都给予帮助,有的从中学到大学都是父亲资助的。不管住在什么地方,他和左右邻居的关系都处得很好。

公书林和图专的经费出现拮据时,父亲就给国外图书馆界友人及美国的基金会写信,他的书房不时地传出打字声。

我的父亲是位真正的爱国者,我听他感慨地说过:"外国人认为中国是'东亚病夫'、'一盘散沙',他们才敢欺侮我们、侵略我们,这主要是因为我们内部不团结,科学又落后,所以一定要兴办教育,图书馆事业正是教育的基础"。他抱着教育救国的思想,把自己的一生定位于发展中国的图书馆事业。解放前,凡是与图书馆事业有关的事,他都积极参加,但与之无关的党派活动,他都避而远之。

朝鲜战争时,为了保家卫国,他把自己在武昌的住房和积蓄都捐献出来。他还讲述过1911年武昌起义时,他给黄兴的起义军抬过伤兵的故事。

我的父亲是个心胸开阔、处世豁达的人,在一些政治运动中,他受了不少委屈和不公正的待遇,但他从不耿耿于怀,而是以大局为重,他认为只要国家兴旺发达,个人委屈算不得什么。

根据教学需要,他以近七十的高龄埋头苦学俄语,在短期内编译并讲授"俄文编目学",退休之后,他仍在编写教材,念念不忘图书馆事业的发展。

我远在广州,因为不能侍奉年迈的双亲而深感内疚。在60年代生活困难时期,我总设法寄饼干、椰子糖之类的东西给二老,但听姐姐说,他俩还将它们分送亲友、邻居。

1977年2月,我父母同一天仙逝庐山,我携女儿、外甥女等去庐山奔丧,我们把父母的骨灰安葬在土八岭的山顶上。我想以先父的事业、贡献、人格在高山之巅安息是当之无愧的。

沈宝媛　1997年5月

# 自　序

　　历史犹如奔腾的江河滚滚向前,当我国图书馆事业即将告别20世纪迈入新纪元门槛的时候,蓦然回首,在20世纪的中国图书馆事业的历史波涛中涌现出了无数的风流人物。他们或则随着滚滚的洪流已在历史的舞台上匆匆而过,或则正在随着滚滚的洪流登上历史的舞台,然而,有的犹如过眼云烟消失在历史的波涛之中逐渐被人淡忘了,有的则犹如不朽的丰碑在历史的波涛的荡涤中越来越伟岸挺拔、光芒四射。这本书所描写的正是20世纪中国图书馆历史上的一座不朽的丰碑——沈祖荣先生的光辉而伟大的一生。

　　我之所以热衷于研究沈祖荣宗师,并最后完成了这部沈祖荣评传,绝不是一时心血来潮,而是为了实现个人多年的夙愿并完成许多人想为而不敢为不能为的心愿。

　　可以说,我写作这本书的第一个动因乃是出自对沈祖荣宗师的无限敬仰与钦佩,而这种无限的敬仰与钦佩则源自于由许多个偶然构成的必然。我出生在大别山那个全国有名的贫困县红安县的一个极其坎坷的知识分子家庭,自懂事起,过高的阶级成分和父亲的莫须有的"历史问题"已压得我几乎要窒息,根本就不敢奢望任何前途。十年浩劫结束后,抱着唯一的一线生机和最后的机会,我参加了全国高考,结果竟在全县名列前茅。为了走出那个封闭的山区,到大城市去寻找一片净土,父亲帮我选择了图书馆学专业,因为只有大城市才有图书馆。于是,我于1979年迈入了中南第一高等学府武汉大学,就读于自己一无所知的由沈祖荣手创的享誉海内外的图书馆学系。本科四年虽然成绩优秀,但对图书馆学既不热衷也不淡漠,平常而已,倒是在片断的学习中了解了不少有关沈祖荣和文华图书馆学专科学校的历史,并由衷产生了几分敬意。1983年,为了实现父亲的心愿,我又在仓促之间报考了研究生,为了保险起见选择了中国图书馆史研究方向这个冷门,尽管考试成绩不理想,但终究是在众人之中脱颖而出,成为大陆第一个中国图书馆史研究方向的硕士研究生,从师于中国图书馆史研究权威谢灼华教授门下。在谢灼华恩师的指导下,我逐渐爱上了图书馆学,而随着对沈祖荣宗师了解的增多,这种情感亦越发加深了。我的硕士学位论文洋洋洒洒近十万言,竟选择了学禁未开的《中华民国图书馆事业的发展与评价》,并由此加深了我对沈祖荣宗师的敬仰,确立了研究沈祖荣宗师的心愿。

事实使我不得不相信缘分。1988年底,也就是在我到中山大学图书馆学系(现改名信息管理系)任教的两年之后,沈祖荣宗师的小女沈宝媛有一天到系里来拜访前辈周连宽教授,我们在系办公室不期邂逅,共同的语言、共同的情感使我们很快成为忘年之交。其后,我曾多次采访沈宝媛和林念祖,他们夫妇二人早年毕业于燕京大学,在学识和年龄上都是我的长辈,我称他们为伯父伯母,而他们待我殷情备至,逢年过节,他们总是不辞辛苦来看望我这个知书不达礼的小字辈,令我感激万分,惭愧万分! 1989年3月,根据个人所掌握的史料和沈宝媛伯母林念祖伯父提供的一手史料,我完成了四万余言的《一代宗师 千秋彪炳——论中国图书馆学教育之父沈祖荣先生的生平及其对中国图书馆事业的卓越贡献》的论文初稿。在这一年的秋天,沈宝媛伯母又及时地给我提供了美国学者 Cheryl Boettcher 在《Libraries&Culture》杂志上发表的论文《Samuel T. Y. Seng and theBoone Library School》,使我及时地对论文初稿作了部分史料补充。1990年,正当我的这篇论文开始在《图书馆》杂志上连载的时候,以王振鹄教授为首的台湾图书馆同仁在隔绝四十年之后第一次大规模地访问大陆,寻根会友。9月22日,沈祖荣宗师的公子沈宝环教授在只身赴广州与家人团聚期间,特地访问中山大学。于是,我作为唯一的小字辈又得缘拜见沈宝环教授。回台北后,沈宝环教授在发表的《本是同根生——我看大陆图书馆事业》一文中还专门提到了我的研究。后来,沈宝环教授被聘为广东省图书馆学会名誉理事,在多次的交往中,沈宝环教授亦成为令我敬仰的良师益友。

1992年10月,我赴美国加州大学洛杉矶分校(UCLA)图书馆学信息学研究生院作一年的访问学者。完全出乎我意料的是,有一天,我的导师、前美国图书馆协会(ALA)主席、研究生院院长林奇教授(Beverly P. Lynch)特地向我介绍了我一直联系未果的美国沈祖荣研究专家 Cheryl Boettcher。我原以为 Cheryl 是位大教授,没想到她当时仅是该院的一位博士研究生。她有一个很好的中文名字叫做白齐茹,现在已改名 CherylBoettcher Tarsala(戴求礼)。尽管她是一个道地的美国人,但中文讲得很好,对中国图书馆的历史,尤其是沈祖荣,了解和研究的程度超过了大陆的许多学人。频繁的畅谈和交往,使我又结识了一个学术知己,在我回国时,齐茹将她所有的沈祖荣研究资料复印,专门送给了我一份,这使我感到了美国学者的无私和真诚,这也不能不说是缘分。在美期间,由于意外得到一笔资助,我又有缘在曼哈顿纽约公共图书馆寻访了半个世纪以前沈祖荣在美国留下的足迹。

资料的积累越来越多,对沈祖荣宗师的了解越来越深入,于是敬仰与钦佩之情也就越来越浓厚,写作的决心也就越来越大。

我写这本书的另一个动因则是出自对大陆图书馆界学人研究的愤懑和个人的历史责任感。

现在图书馆学界的新生代对历史毫无兴趣,甚至厌恶,因而图书馆史的知识几乎一贫如洗，成了盲目追逐时髦的一代。而中老年的能够有所作为而又著力作为的鲜见，这不能不说是一种遗憾。

沈祖荣为中国图书馆事业奋斗了大半个世纪，至今逝世也已近二十年了，但直到九十年代以前对于沈祖荣的研究几乎是一片空白。

1980年，武汉大学图书馆学系主任黄宗忠在《武汉大学学报》（哲学社会科学版，1980年第6期）上发表了《武汉大学图书馆学系六十年》一文，其后又在《图书情报知识》（1981年第1期）上发表了《进一步加强中美两国图书馆学和情报学领域的交流与合作》一文。黄宗忠老师思想很敏锐，更敢于高唱新论，在这两篇文章中，他完全否定了50年代以后大陆图书馆界对韦棣华的种种极"左"批判，重新高度地评价了韦棣华。1981年6月，东北师范大学图书馆学系的两个学生在《吉林省图书馆学会会刊》（1981年第3期）上发表了《关于中国现代图书馆事业史评价上的一个重要问题——就韦棣华评价问题同黄宗忠同志商榷》一文，对黄宗忠的正确而科学的评价给予了回击，重新以极"左"的观点否定了韦棣华，否定了文华图专，满纸的极"左"余毒。事隔四年，另一个人在《四川图书馆学报》（1985年第5期）上发表《评韦棣华》一文，与前面的两个学生一唱一和，对韦棣华、文华公书林、文华图专进行了全面的否定，通篇整个就是一篇"文化大革命"的批判稿或大字报。倒是两年后，徐全廉在《四川图书馆学报》（1987年第1期）上发表的《评〈评韦棣华〉》一文说了一些公道话，重新肯定了韦棣华、文华公书林、文华图专的历史地位与作用。

我要说这些的原因主要有两个：一是，这些文章虽然是评价韦棣华和文华公书林与文华图专的，并没有直接评价沈祖荣，但是，全面地否定了韦棣华、文华公书林和文华图专，不也就是全面地否定了沈祖荣吗？二是，"文化大革命"在1976年就已结束，而在其后的十年中"文化大革命"的余毒竟然还是那么深，"革命小将"还是那样勇往直前以愚昧去与科学斗争，可见，思想观念的转变不是一朝一夕的事。

对于沈祖荣的研究大致起于80年代初。1981年，文华前辈张遵俭在《图书情报知识》(1981年第2期)上发表了《昙华忆旧录——记沈祖荣与韦棣华的遇合》一文，1982年张遵俭又在《图书馆学通讯》(1982年第2期)上发表了《昙华忆旧录——回忆沈绍期师》一文。这两篇短小的回忆录虽然还不是专门的研究论文，但总算是开了个好头，况且当时张遵俭身体健康状况很不好，年事亦高，的确是难能可贵。1983年文华老前辈严文郁在台北《传记文学》(第42卷第5期)上发表《图书馆教育之父沈祖荣先生——为其百年冥寿纪念而作》一文，该文虽亦有回忆性质，但颇多公允评价，尤其是"图书馆教育之父"的提出非常令人钦佩，因此，这篇文章可以算作是研究沈祖荣的开始。

1989年，我的师妹胡先媛在《高校图书情报学刊》(1989年第3期)上发表了《沈祖荣先生传略》一文，虽然文字不多，但可以算得上是当时唯一全面记述沈祖荣生平的著述。几乎与此同时，美国学者白齐茹(Cheryl Boettcher)在美国《Libraries and Culture》上发表了长篇弘论《Samuel T. Y. Seng and the Boone Library School》，对沈祖荣进行了全面的研究和评价(后台湾有译文发表)。她的研究虽不乏可商榷之处，但是，其史料之丰富、论证之充分、观点之正确，无不令我折服。尤其是，她还是身在局外的美国人，美国人尚能做到如此地步，而我们却不能，这既令国内图书馆界学人感到羞愧，又令我们愧对先贤和历史。

自1990年至1991年，我的论文《一代宗师 千秋彪炳——记中国图书馆学教育之父沈祖荣先生》分五期在《图书馆》上连载，这得益于我的挚友，该刊的副主编韩继章的大力支持。韩继章负责《图书馆》杂志的编辑多年，不仅对图书馆学术十分敏感，而且极富开拓精神，他凭藉着一份专业杂志不断地诱导图书馆学术研究,而且造就了一批颇有成就的新人,可以算得上是国内顶尖的图书馆学期刊编辑之一。我的这篇文章虽不乏粗糙和幼稚,但是,由于它不仅创下了在图书馆人物研究上迄今为止无人打破的文字长度纪录,而且连载五期且颇具深情,因而在全国引起了很好的反响,不仅有人发文赞许,而且有人戏称我为"沈祖荣研究专家"。

其后,昌少骞发表了《沈祖荣师对我国图书馆事业的贡献》(《图书馆学通讯》1990年第2期),罗德运发表了《中国图书馆界先驱者的足迹——纪念沈祖荣先生诞辰110周年》(《图书情报知识》1993年第3期)。这两位文华前辈虽然已尽心尽力,但并不够深入透彻。

与此同时,另一位热心于沈祖荣研究的文华前辈丁道凡自1988年7月起一直在努力搜寻沈祖荣的著述,并于1991年11月编辑出版了《中国图书馆界先驱沈祖荣先生文集(1918～1944年)》(杭州大学出版社,1991年11月),这是目前在沈祖荣研究方面唯一的一本书,因而显得很有意义,为此,我在为此书写的书评中很充分地肯定了其积极的一面。

如此说来,如果仅仅就是孤立地审视沈祖荣的研究的话,尽管目前的水平都还不高,但毕竟关心的人越来越多了,应该值得高兴。可是,我根本就高兴不起来,因为横向的比较令我愤懑。

于是,不尽的不平和愤懑使我产生了一种历史的责任感,而这种责任感又驱使我在沈祖荣的研究中选择了一个新的突破口,即撰写一部沈祖荣评传。因为这本评传将是我国有关图书馆人物的第一部传记,因此,不论成功与否,它都将具有非同小可的意义。这是我的自信,或者也可以说是自负。

这部评传的构思起于1989年我撰写《一代宗师 千秋彪炳》之时,至今前前后后已花了八年的时间,但正式的写作只是近来一年多的事。现在,这部书总算是脱稿了,多少总算了却了一桩多年的心愿。

这部评传分上篇生平事迹,下篇学术思想共两个部分。上篇依时序按专题分十三章叙述了沈祖荣的主要生平事迹,下篇则完全是依主题分七章总结了沈祖荣的学术思想,第八章历史评价实际上是对生平事迹和学术思想的最后归纳,因此,可以视为一个独立的部分。书后列有《沈祖荣先生著述目录初编》和《沈祖荣先生年谱初编》两个附录,这两个附录乃是正文的补充和延续,因此,它们是不可分割的整体。

对于这本书,我个人的基本看法是三七开,也就是七成的满意,三成的不足。满意之处在于以下几个方面:第一、不论如何,这是我国第一部有关图书馆人物的传记,它是迄今为止最全面的研究沈祖荣的著作,因此,具有不可忽视的历史意义和现实意义。第二、这本书在史料收集上比较丰富,因此,基本叙述大抵都言之有据。第三、这本书第一次全面而高度地评价了沈祖荣光辉而伟大的一生,还了历史的真面目。不足的是:第一、没有见到沈祖荣的个人档案,一些史实还不全,甚至可能不准确,有待进一步收集考证。第二、尽管这部书的写作费了不少时日,但完全是在忙里偷闲中完成的,断断续续,思路时而清晰,时而模糊,因此,前后可能不够连贯。这些得失,仅是我信手拈来的几点,全面的评述就留待他人去完成。

值得说明的是,这是一部评传,不是一部传记文学作品。尽管我努力使这部评传具有可读性、通俗性和吸引力,但是,它毕竟是一部严肃的学术著作,容不得毫无根据的遐想和添油加醋,甚至文学演绎。与此相关联的是,在写作中如何处理理智与情感的问题。虽然我一直在试图保持冷静的思考,但是,我还是不得不承认,没有情感,我就不会写这本书,也写不出这本书。我只希望我的情感不至于歪曲了沈祖荣的光辉形象。此外,我一向直率,直抒胸臆乃是我的特点,如果这篇序言对其他学者和前辈的评论不正确,甚至多有不敬和冒犯,敬请批评指正。

我个人很幼稚,学识水平极有限,见闻亦狭隘,书中有许多不足,甚至错误,敬请专家学者不吝批评指正,以便我在这本书再版时予以补阙纠谬。

　　最后,我要特别而隆重地向所有帮助和关心过本书的同仁、学者、专家和单位致以最诚挚的感谢!沈宝环教授在百忙之中不辞辛苦欣然为拙著赐序,并在拙著的写作中给予了不少的鼓励和帮助;沈宝媛伯母和林念祖伯父对拙著的写作不仅寄予了厚望,给予了殷切的关怀,而且提供了大量的信函和图片等珍贵的资料。藉此机会,我特向沈宝环教授、沈宝媛伯母和林念祖伯父致以崇高的敬意和真诚的感谢!美国学者白齐茹博士为拙著提供了大量的英文史料,我表示由衷的感谢!我必须特别强调的是,如果没有台北学生书局的大力支持和帮助,拙著的出版几乎是不可能的,藉此机会,我谨向学生书局暨全体同仁致以衷心的敬意和诚挚的感谢!

程焕文

一九九六年十月十八日

于广州中山大学竹帛斋

15

# 目　　录

# 上篇　生平事迹

# 一、纤夫之子:漂泊的少年时代

　　沈祖荣,字绍期,英文名 Samuel Tsu－Yung Seng,简名 Samuel T. Y. Seng,1884 年(清光绪十年)9 月 11 日诞生于湖北省宜昌市一个平民家中①。

　　据说②,沈祖荣的祖先是浙江绍兴人。江浙素为富庶繁饶、文人渊薮之地,硕学鸿儒代不乏人,加之前辈导絜,流风辉映,后生争鸣,蔚成大观。自明清以降,江浙藏书之风气颇盛,藏书之风气盛,读书之风气亦因之而兴,好学敏求之士往往跋跋千里,登门借读,或则辗转请托,迻录副本,甚或节衣缩食,恣意置书,每有室如悬磬而弄书充栋者;亦有毕生以抄诵秘籍为事,蔚成藏家者;而更多的则是在十年寒窗苦读之后,一举成名天下知,入品晋阶,衣锦还乡,极一时之荣宠。在那个万般皆下品,唯有读书高的学而优则仕时代,沈祖荣的祖先在读书成名的仕宦之路上亦创造了令人倾慕的辉煌——科举高中。在科举高中之后,沈祖荣的祖先遂举家迁徙,做官于四川省忠县,并在忠县繁衍生息。

　　其后,沈祖荣的祖先家道中衰,由书香仕宦门第逐渐嬗变为普

---

　　①　关于沈祖荣先生的诞辰日期与籍贯等诸问题,诸说各异,因尚未发现沈祖荣个人档案,暂取此说。详细的考证见本书附录《沈祖荣先生年谱初编》之“1884 年 9 月 11 日”条款的案语。

　　②　1995 年 11 月 15 日上午沈宝环教授应邀在广东省中山图书馆演讲。在演讲之前,沈宝环教授在中山图书馆贵宾室与广东图书馆界人士座谈时曾言及个人家世。

通平民之家。在沈氏家族中,沈祖荣的祖父这一支裔生活日趋顿踣,最后不得不靠在长江上为人拉纤以维持生计。沈祖荣的父亲自少年时代开始亦加入了拉纤的行列,上重庆,下宜昌,过着漂泊的日子。夏日,他们头顶烈日,在滚烫的沙砾上艰难地匍匐行进,汗水撒遍了长江两岸;冬天,他们冒着凛冽的寒风,在刺骨的冰雪上苦苦地挣扎拼搏;辛酸的泪水,悲怆的号子交织着凄厉的猿啼回荡在三峡两岸。纤夫,这是世界上不折不扣的最艰苦的出卖劳力的活计。

在清末,政府腐败无能,卖国求荣,外国列强肆意宰割中国,奴役人民,举国民不聊生,生灵涂炭,纤夫的日子更是处在水深火热之中备受煎熬。为了养家糊口,沈祖荣的祖父不得不凭藉着尚有一丝余力的孱弱身体继续拉纤,最后因年迈体弱不幸跌入江中患病而逝。

沈祖荣的祖父去世以后,沈祖荣的父亲的生活担子更加沉重,不得已,沈祖荣的父亲只好从四川忠县徙家到湖北宜昌落户,并与拉纤的伙计们一起在宜昌江边开设了一间专供过往纤夫和黄包车夫膳食的小饭铺,聊以维持生活。

1844 年 9 月 11 日,沈祖荣在这个贫苦家庭的诞生给他的父母带来了无限的欢愉和希冀。沈祖荣的父亲给沈祖荣取了一个看似平常却饱含着更为深切厚望的名字"祖荣",祈望沈祖荣将来能像沈氏祖先那样读书做官,摆脱贫困,荣宗耀祖;并赐字号"绍期",祈盼沈祖荣将来能够继续完成沈家几代人未竟的期望。然而,希冀与祈盼毕竟只是愿望,它与现实尚有一段遥远的距离。

孩提时代是人生最美好的时刻,然而,沈祖荣的童年却充满了辛酸苦涩。到了启蒙的年龄,殷实人家的子弟大多入塾念书,颂经吟诗,沈祖荣羡煞私塾中的读书子弟,心中充满了读书的奢望。然而,现实又是那么的残酷无情,沈祖荣家贫如洗,一日三餐都难以糊口,哪里还有钱去读书呢? 自记事时起,沈祖荣就开始跟随父母操持家务,为了生计,沈祖荣从十余岁起便开始在父亲开设的小饭铺中跑堂听叫,充当堂倌。

当堂倌,这既非沈祖荣的父母的初衷,亦非沈祖荣的心愿,实在是生活所迫。即便如此,沈祖荣的父母望子成龙之心一直没有改变,沈祖荣渴望读书之心亦始终没有泯灭。为了一个共同的夙愿,沈祖荣的父母决意忍饥挨饿,从微薄的生计中挤出一点血汗钱,以供沈祖荣读书。大约15岁的时候,沈祖荣终于步入了宜昌的一所私塾。读书对于沈祖荣来说的确是来得太晚,但是,它毕竟是梦寐以求的美好心愿的实现,因此,沈祖荣非常珍惜这一读书机会,白天上私塾,晚上帮父亲操持生意,日夜兼作,虽辛劳备至,但其乐亦融融。可惜的是,沈祖荣的这次读书时光实在是太短暂了,沈祖荣只读了半年光景便因无力支付学费而辍学了。

沈祖荣的祖父和父亲靠拉纤只能勉强糊口,而开饭铺也只能艰难度日。按常理,开饭铺会有所盈余,但沈祖荣的父亲所开的一间饭铺却与一般的饭铺大不相同,其规模狭小简陋,食客亦为贫苦百姓,粗茶淡饭,小本经营,自然生计惨淡。生计的惨淡迫使沈祖荣的父亲不得不另寻它法以维持生活。

早在19世纪末,随着外国列强的不断入侵,西方教会的势力由东南沿海逐渐发展到内地,并在入川的重要商埠口岸——宜昌办起了教堂和医院等设施。1898年在四川大足人民掀起"除教安民"的反教会侵略斗争之后,与四川邻近的湖北长乐(今五峰土家族自治县)几千名群众举行起义,起义军纵横长阳、巴东等县,到处攻打教堂逐杀传教士。其后"扶清灭洋"的义和团运动的兴起,更使传教士感到风声鹤唳,人人自危。在这种形势下,教堂招募员工自然十分困难。迫于生计,亦为了让沈祖荣免费学习一点基本的文化知识,在沈祖荣辍学之后,沈祖荣的父亲将沈祖荣送到了宜昌的教堂做勤杂工。沈祖荣出身于贫寒家庭,自幼便养成了坚韧不拔的性格,既吃苦耐劳,又勤奋好学,入教堂做勤杂工之后,自然颇受教士的垂青。这样,沈祖荣不仅在教堂可挣得一点收入,而且亦通过耳濡目染和教士的点拨学到了一些基本的英语知识和文化知识。

然而,教堂毕竟不是学校,做勤杂工也只不过是迫于生活的权宜之计。苦难的日子何时才能走到尽头? 几代人祈盼读书的夙愿何时才能实现? 不知不觉,沈祖荣已十六、七岁,将近弱冠之年,心中的苦闷、彷徨、痛楚和悲哀亦日益加剧。

## 二、主赐福祉:赴武昌昙华林求学

在沈祖荣根本就不敢遐想未来,只是力求生存的时候,中国正在经历着剧烈的振荡,宜昌之外的世界正在发生着急剧的变化,而这不可逆转的社会变化却悄悄地改变了受尽磨难的纤夫之子——沈祖荣的命运。

1900年席卷全国的义和团运动使外国侵略者在中国的教会势力受到了沉重的打击,京师一带的教会几乎全部铲平,东北的教会势力受到程度不等的打击,除南方各省由于所谓的"东南互保"教会势力没有受到打击以外,全国的基督教势力约被削弱了三分之一。为了加紧对中国的控制和掠夺,外国列强决意不仅要恢复,而且要大大加强和扩充教会势力。在八国联军攻陷北京之后不久,美国国内有17个重要的基督教差会负责人于1900年9月21日在纽约召开联席会议,决定不撤退在华传教士,而且一旦局势许可,立即把在华传教事业迅速恢复,加派传教士前往中国,大力扩展教会势力。在义和团运动失败,清政府被迫签订丧权辱国的《辛丑条约》之后,中国已完全陷入了被帝国主义列强所控制的半殖民地地位,因此,教会势力自1901年到1920年的20年间进入了一个发展最迅猛的时期。在"为基督征服世界"的口号下,基督教教会的在华势力发展迅猛:到1904年,仅3年的时间,基督教徒数已从1901年的8万人增加到13万人,到1914年已发展到25万人;传教士人数1901年是1500人,到1914年激增至5400人;

英美传教士的比例在 1900 年之前是 3 比 1，到 1914 年已是 4 比5，美国教会势力已占到很大的优势①。

在美国基督教会大肆发展在华势力，进一步扩张教会学校的时候，美国圣公会差会②传教士翟雅各（James Jackson，1851～1918）博士③于 1901 年来到武昌圣公会，竭力拓展美国圣公会在武昌设立的思文学校（Boone School）④。

思文学校是美国圣公公在华教育机关之一，由韦廉士（Channing Moors Williams，1839～1910）⑤主教提议于 1871 年 10 月 2 日在武昌县华林设立，英文名 Boone School，中文名思文学校，意在纪

① 顾长声著.《传教士与近代中国》.上海：上海人民出版社，1991 年 12 月第 2 版第 250 页。

② 美国圣公会差会（American Church Mission，简称 A. C. M.）成立于 1821 年，开始专注于国内传教，同时参加安立甘会的差会工作，从中累积经验，1834 年 5 月美国圣公会差会正式作出决议以中国为布道区，隔了一年派出骆克武（H. Lockwood）和韩森（F. R. Hanson）两名牧师乘玛利逊号帆船越洋而来，但未能登陆，只在爪哇一带居留。两年后差会又增派文惠廉（W. J. Boone）来加强宣教活动，1884 年文惠廉被选为中国布道区主教。其后美国圣公会在华势力渐由上海发展到全国各地。

③ 翟雅各（James Jackson 1851～1918），美国传教士，1877 年来华，在广州为美以美会教士。1889 年脱离美以美会，加入圣公会，在芜湖、九江、武昌等地传教。1905～1917 年任武昌文华大学校长。死于九江。著有关于宗教的中文书籍，如《创世记注释》，《出埃及记注释》和《利未记注释》等。

④ 《英美委办会建议教育合办案汇志》. 见《文华月刊》第 2 册第 2、3 号，1922 年6 月，第 13～16 页。

⑤ 韦廉士（Channing Moors Williams 1839～1910），美国圣公会教士，1858 年在常熟布道，1859 年到日本长崎传教，1866 年在文惠廉主教去世后当选为圣公会中国——日本教区主教。1868 年来华，并选定武昌作为未来的传教中心，次年即回日本。1870年中日教区一分为二，韦氏任东京教区主教，而中国传教区主教长期悬缺，直到 1877 年施约瑟（S. I. J. Schereschewsky 1831～1906）被选立为继任主教。1908 年退休返美。

念美国圣公会中国布道区主教文惠廉（William Jones Boone, 1811~1864）①。初时仅有教员1位，学生5人。1878年，创立神学班，纯以华文教授。1887年，武昌圣公会贝会长（Sidney C. Partridge）②担任校长，一切仿行西法，特创设英文班。自是厥后，虽渐有发展，但一直只相当中学或中学以下程度，且生源囿于武昌城内。庚子时义和团运动兴起，学校曾一度闭校，旋即开学。翟雅各到校后一方面增建校舍，另一方面则将招生扩大到武昌之外③，竭智尽能，力图进步。

在翟雅各的推动下，武昌圣公会思文学校于1901年开始到宜昌招收新生。其时义和运动余波未尽，民众对教会或则充满仇恨，或则心有余悸，避之犹不及，自然更不愿与之有所瓜葛。虽然思文学校像许多其他的教会学校一样主要招收失学的贫家子弟，入学者以12岁以上之未婚者为合格，在智力上不作任何要求，且条件

　① 文惠廉（William Jones Boone 1811~1864），美国教士，医学院博士毕业，是美国圣公会派来中国最早的人之一。1837年由美国抵巴达维亚（雅加达），在该地华侨中传教。1840年到澳门活动。两年后持英使璞鼎查名帖至厦门鼓浪屿，以英国侵略军为后盾，霸占民房多所，设立传教站。《南京条约》签订后，鼓吹传教士乘英国割据香港和打开广州、厦门、福州、宁波、上海五口通商的时机扩大活动。1843年返美，翌年被选为中国教区主教。1845年再度来华，在上海传教。1848年胁迫上海道吴健彰，将上海苏州河以北虹口地区辟为美租界。1864年患痢疾病死于上海。

　② 贝会长（Reverend Sidney C. Partridge），中文名及生卒年月不详，1885年担任武昌圣公会会长，并主持思文学校，1899年被选为日本京都教区主教赴日本传教。其间在武昌圣公会历时14年，其对于思文学校的拓展主要有以下三个方面：一是将招生人数从30扩大到近100名，二是增加扩充了教学课程，三是新建了几座楼宇校舍，初步形成了文华书院的四方形建筑布局。

　③ 《英美委办会建议教育合办案汇志》。见：《文华月刊》第2册第2、3号，1922年6月，第13~16页。

陈淑达译.《欧美人在中国之教育的设施（节录）》。见：李桂林主编.《中国现代教育史教学参考资料》。北京：人民教育出版社，1987年1月第373~394页。

John L. Coe 著.《Huachung University》. New York；United Board for Christian Higher Education in Asia, 1962.

优越,除免除全部学费外,尚给每个学生发放少量日常零用钱物,但愿意入学者仍寥若晨星,宜昌教堂自然颇难物色到人选。在这种情况下,宜昌教堂竭力说服和推荐当时正在教堂做杂役的沈祖荣到武昌思文学校读书。其时沈祖荣已年满 17 岁,这个年龄的子弟在今日的大陆大抵相当大学入学或高中毕业了,实在是太晚,即便是在当时,不说成家立业,至少也应该有所造就。然而,沈祖荣毕竟只是生活在社会最底层的穷人子弟,一日三餐尚难以糊口,哪里还敢有更多的奢求?但是,读书毕竟是沈氏家族几代人梦寐以求的未了夙愿,更是沈祖荣多年来在备受生活煎熬中一直渴求的遐想。从这一点上讲,到思文学校读书,虽然既不及正规学校,亦远不如越洋镀金,但是,它终究是贫苦人家子弟的一线希望。就沈祖荣的情形而言,它无疑是主赐福祉。

这样,为了糊口,更是为了读书,经宜昌教堂推荐,沈祖荣告别了宜昌的父老乡亲,只身来到武昌昙华林,就读于思文学校的英文神学班。

思文学校既然是教会学校,且只开有神学班,自然灌输基督教教义与精神是最为主要的。但是,教会学校经历了长期的发展,已深深地扎入了中国的土壤,像许多其他的教会学校一样,思文学校的课程大致可分为四部分:宗教教育是摆在首要地位的,其次是中国的儒家典籍,再次是一些科学知识,第四是英语。沈祖荣勤学好问,长进甚快,正因为如此,思文学校的教育奠定了沈祖荣以后人生的基础。宗教的灌输使得沈祖荣树立了对基督的信仰,而更重要的是使得沈祖荣在自身所具备的中华民族传统精神中融入了服务社会的宗教精神;儒家经典的学习使得沈祖荣了解了中国文化的精髓;科学知识的传授使得沈祖荣获得了科学的启蒙,了解了中国以外的世界,燃起了富国强民的思想;而英语的学习使得沈祖荣掌握了与母语难分伯仲的语言工具。

在沈祖荣潜心学习的同时,思文学校在翟雅各的苦心经营下蒸蒸日上,1903年,思文学校改升书院,设立高等科,成为美国圣公会在华三年制高等学校之一,思文学校(Boone School)亦相应更名为文华书院(Boone College),其中文校名除仍含有纪念文惠廉主教的意义之外,又渗入了"文章华国"的中国意义,自然在表面上淡化了宗教色彩。至此,文华书院实际上包含着两个层次的教育,一部分是原有的教育,即六年制中学科,属大学预备科性质,另一部分是新创设的高等教育,设文科和神学两科,属大学正科,规模初具。不过当时入院读书的学生并不多,第一届入院肄业者仅9人而已。

1905年清政府废科举以广学校,新教育制度开始渐次确立。1906年,文华书院开始筹办大学,1907年正式招收第一届四年制本科大学生。1907年初,沈祖荣在读完6年的中学之后,以优等的学业受到文华书院的推荐,继续免费攻读高等科——文科。其时文华书院在教学上已开始发生一些变化,神学科虽设备完善,但已逐渐开始滑落,文科已成为主科,这无疑是清末时势的需要。

1909年,经翟雅各活动,文华书院继苏州东吴大学于1902年在美国田纳西州注册和上海圣约翰大学于1906年向美国哥伦比亚特区注册之后,获得美国纽约州立大学董事会(the Regents of University of the State of New York)的特许,并在哥伦比亚特区注册,正式综合神学、文学、理学各科,组升大学,改名为文华大学(Boone University)。文华大学依然分中学科和大学科两部分;中学科学制6年,大学科分文科、理科、神学科3科,文科理科修业年限4年,神学科入学者为大学分科之毕业生,修业年限2年或3年,各科毕业生均授予文学学士(B. A.)学位。由于文华大学已向美国注册,获得了美国哥伦比亚特区法律的特许,其毕业生可以不经过考试直接升入美国注册过的州立大学,并颁发美国认可的学位,这对抬高身价以吸引学生报考是一种手段。但这同时亦表明文华大学像其他教会大学一样虽然设立在中国的土地上,却敢于无视中国的主权,享受着治外法权和其他各种特权。

1911 年 1 月,沈祖荣以优异的成绩完成了文华大学文科四年的学习,学成毕业并获得文华大学第一届文学学士学位。这时,沈祖荣已 27 岁,将近而立之年,终于实现了沈氏几代人渴望读书的梦想。

# 三、天降大任：立志图书馆事业

大学毕业在教育发达的今天已是极为平常的事，可是在 20 世纪初的中国它却十分地了不起。严格地说，中国的大学只是在 20 世纪初才开始兴起，1905 年（清光绪 31 年）8 月清政府正式停科举以广学校，新教育制度才开始渐次确立，大学才有所发展。1911 年沈祖荣大学毕业之时，中国的教会大学屈指可数，公立大学更是寥若晨星，大学毕业生自然是凤毛麟角，各处竞相聘请，尤奉为至尊。是投身政界求官问职？还是下海经商发财致富？亦或秉笔执教成名成家？……，站在人生十字路口的沈祖荣正面临着五彩缤纷的人生与事业的抉择。一方面是父母的夙愿，兴家立业，脱贫致富，荣宗耀祖；另一方面是山河破碎，列强横行，民族危亡，民智未开，振兴中华，匹夫有责。是行孝？还是尽忠？自古忠孝两难全。

在这个人生抉择的关键时刻，沈祖荣既没有选择执鞭从教，也没有选择投笔从戎，更没有选择升官发财，而是选择了颇为时人讥笑的不起眼儿的图书馆事业——就职于文华大学公书林。当时对于沈祖荣的这一抉择，旁人不可理解，亲朋戚友谁都不赞成。当面阿谀，则说："方今各处需才孔亟，以你大学毕业，何事不可为？乃作此招护书籍的事业，不其长才短驭？"背地议论，不是说："毫无远志"，就是说："学识平庸，不能充当学校的教员，不能做洋行的买办或写字，只有涸亦书丛，做书班的事业，这种整理书籍的工作，花费数元，雇一个失业的书贾担任足矣，何以在大学毕业之后，反去做这种工作,真是不可解"①。类似这样的冷嘲热讽,在风气未开的当时虽然使得沈祖荣倍觉不堪,颇难为情,但是,他只能付之一笑,因为一般的人根本就无法理解沈祖荣的志气和理想。

事实上,沈祖荣立志图书馆事业绝非一时的轻率之为,而是在深思熟虑之后的人生必然归宿和先知先觉之举。

沈祖荣出身贫寒,来自社会的最底层,不仅自己受尽磨难,而且更深悉民众的疾苦,沈家几代目不识丁,沈祖荣17岁才读书,自然对劳苦大众失学的痛楚有着更深刻的体验。在其后的10年求学生涯中,沈祖荣不仅了解到了中国以外的世界,而且对日趋式微的中国有了从感性到理性的更深刻认识。洋务实业最终敌不过列强的坚船利炮,变法改良也未能拯救中国,中国的出路何在? 中国的希望何在? 这是千百万有志之士在那个社会剧烈动荡的时候苦苦探索而又一直未能解决的社会大主题。像当时许多进步的知识分子一样,沈祖荣深深地感到要拯救危亡,振兴中华,启迪民智唤醒民众乃是首要。挥鞭执教固然不失为教育救国的一个途径,但学校毕竟条件十分有限,无以沾溉劳苦民众。清朝的腐败、列强的蹂躏,民众的苦难,无疑燃起了沈祖荣的富国强民思想,而牺牲自我拯救民众的传统精神和基督精神无疑又造就了沈祖荣先天下之忧而忧,后天下之乐而乐的历史使命感。图书馆作为一种民众教育的机关,自然是启迪民智,恩泽大众的无量事业。唯其如是,沈祖荣立志图书馆事业虽面临冷嘲热讽但"并不为大困难"②。

当然,沈祖荣之所以立志图书馆事业,除了上述因素以外,还取决于沈祖荣与韦棣华女士的世纪性遇合。这种遇合不仅促成了

---

① 沈祖荣.《在文华公书林过去十九年之经验》.见:《文华图书科季刊》1 卷 2 期第 159～175 页。

② 沈祖荣.《在文华公书林过去十九年之经验》.见:《文华图书科季刊》1 卷 2 期第 159～175 页。

沈祖荣在人生关键时刻的非凡抉择,而且在某种意义上讲亦改变和加速了中国近现代图书馆历史的发展。

韦棣华(Mary Elizabeth Wood,1861.8.12.~1931.5.1.)女士于 1861 年 8 月 12 日诞生于美国纽约巴达维亚(Batavia,New York)。其祖先为新英格兰血统,美国独立战争期间(1776~1783)住在麻省康科得(Concord,Massachusetts)附近,其先祖埃福雷恩(Ephraim Wood)曾任革命战争将军。韦棣华女士的父亲爱德华(Edward F. Wood)于 1859 年背弃几代人居住的康科得,定居于纽约州巴达维亚附近的一个农场;并与同为新英格兰血统的玛丽(Mary Jane Humphrey)结婚,其后生育七男一女共八个小孩。韦棣华居长,自幼恪守传统在家帮助母亲操持家务,并先后就读于公私立学校。1889 年,韦棣华 28 岁时被指定为在巴达维亚新建的公共图书馆——理奇蒙德纪念图书馆(Richmond Memorial Library)的首任馆长。担任图书馆馆长是韦棣华所谋求的第一项工作,也许是因为工作既可免除操持家务的烦扰,又可获得一份收入,韦棣华十分热衷于图书馆工作,并曾制定实施多项图书馆发展计划,工作颇有成绩。

韦棣华在理奇蒙德纪念图书馆工作了 10 年之后,其人生开始发生重大的变化。1899 年初,韦棣华最怜爱的最小的弟弟韦德生(Robert Edward Wood,1872~1952)①在完成圣公会牧师的培训之后,受美国圣公会国内外差会(The Domestic and Foreign Missionary Society of the Protestant Epsicopal Church in the United States)的差遣赴中国武昌圣公会传教。韦德生赴武昌之后,韦棣华十分牵挂,恰在此时,义和团运动开始在山东兴起,义和团毁教堂、杀教士的活动虽仅限于东北局部,但经西方媒介和传闻的渲染,西方人士普

---

① 韦德生(Robert Edward Wood 1872~1952),美国圣公会教士,1899 年来 华,在武昌圣公会传教 53 年。

遍感到风声鹤唳、草木皆兵,到处充满了血腥的屠杀。出于对幼弟韦德生的担忧,韦棣华在韦德生赴武昌之后不久,遂亦于 1899 年底只身来华,于 5 月 16 日抵武昌探望其弟韦德生。其时韦棣华已年届 38 岁,这次偶然的中国之行最后却使得韦棣华在中国度过了人生的最后 31 年,并成为中国现代图书馆运动之皇后[①]。

韦棣华到达武昌以后,看到其弟韦德生安然无恙,颇感慰藉。然而,义和团运动风起云涌,声势愈来愈大,这又使得韦棣华对其弟韦德生的安全增添了新的忧虑。有鉴于此,韦棣华遂决定暂时居留武昌,以观时局变化。1900 年韦德生取得了美国圣公会武昌圣迈克尔氏教区教堂(St. Michael's Parish Church)的牧师职位,于是,韦棣华便住进了位于文华大院的圣公会差会(the Protestant Episcopal Mission),并应其弟韦德生的要求,在思文学校担任基础英语教员,以缓解学校师资的严重匮乏。

韦棣华在思文学校教授英语既十分投入,又颇注重教学法,效果甚佳,被学生誉为"我们敬爱的老师"(Our Beloved Teacher)[②]。尽管如此,虽然教授英语这固然既可与其弟相依为命,又可助圣公会一臂之力,但是这终究不是韦棣华个人的兴趣和志向之所在,因为她在美国已有了十年的图书馆工作经验,并因此而造就了她对图书馆的终生兴趣与热爱。在教学和闲暇时间,韦棣华通过广泛的接触与访问,逐渐了解了中国的文化、具有九省通衢之称的武汉的重要性、和民众的疾苦与需要,颇有救助服务之意,于是,韦棣华

① 1926 年,韦棣华赴天津游说前民国总统黎元洪将军时,黎元洪称韦棣华为"中国现代图书馆运动之皇后"。见:Samuel T. Y. Seng.《Miss Mary Elizabeth Wood:The Queen of the Modern Library Movement in China》. 见:《文华图书科季刊》(英文之部)3 卷 3 期 1931 年 9 月第 8～13 页。

② George W. Huang(黄文宏).《Miss Mary Elizabeth Wood:Pioneer of The Library Movement in China》. 见:《Journal of Library and Information Science》(台湾)1(April 1975):67～78。

很快将兴趣转向了图书馆服务。

1901年,也就是在韦棣华到达武昌的两年之后,韦棣华开始了其在中国的图书馆服务活动,她积极地向海外的朋友征集捐书捐款,并在其后数年中坚持不懈。韦棣华锲而不舍和竭诚服务民众的精神感动了许多的美国朋友,一些美国图书馆界的朋友,以及美国妇女援助会(Women's Auxilaries)和圣公会期刊俱乐部(Church Periodical Club)等纷纷赠书捐款。其后,韦棣华将征集到的大约3000余册英文书刊陈列在文华校园的八角亭(Octagon)——是为文华公书林的雏形——以供学生使用。八角亭英文藏书的设立在尚无图书馆的文华书院,乃至中国,自然都是一件十分新鲜的事,充满好奇心和求知欲的学生(当时许多学生就读文华并非是为了攻读神学,而是为了学习英语)在课余和节假日经常光顾八角亭。后来,韦棣华又向美国征集教科书在八角亭向学生拍卖,并以拍卖所得增广藏书,于是,八角亭在文华影响日盛①。

鉴于韦棣华工作卓有成就,美国圣公会于1904年任命韦棣华为世俗传教士②。

1905年,清政府废科举以广学校,全国高等教育开始进入一个新的发展阶段。1906年,文华书院开始着手准备组升大学。在这种形势下,韦棣华感到新的大学必须要有新的与之相适应的图书馆,而且八角亭过于狭隘已无法收藏源源不断赠送的书刊,因此,韦棣华决心创建一所图书馆,并向学校提出了建议。为了实现这一愿望,韦棣华在阔别美国七年之后于1906年首次返美,开始了长达18个月的准备工作。

---

① Mary Elizabeth Wood.《Library Work in A Chinese City》见:《ALA Bulletin》1(1907):84~87.

② George W. Huang(黄文宏).《Miss Mary Elezabeth Wood:Pioneer of The Library Movement in China》. 见:《Journal of Library and Information Science》(台湾)(April 1975):67~78.

返回美国后,韦棣华一方面进入纽约布鲁克林的普拉特学院图书馆学校(Pratt Institute Library School in Brooklyn,New York)进修,以将自己培养成一名专业图书馆员;另一方面四处游说,以为创建图书馆筹措资金和进一步收集书刊。此时,韦棣华的精神境界与以前已大不同,由于她已是世俗传教士,因此,她把创办图书馆看作是一件神圣的事业,正如她所说的那样:"我觉得做这项工作乃是神的感召,它是主的中国计划之构成部分"①。

在游说筹措资金的时候,韦棣华参加了 1907 年 5 月 23 日至 29 日在美国北卡罗莱纳州阿什怀尔(Asheville,North Carolina)举行的美国图书馆协会(ALA)第 29 届年会,并在 27 日的第 3 次全体大会上宣读了论文《在一个中国城市的图书馆工作》(Library Work in a Chinese City)。这篇论文不仅介绍了韦棣华在武昌的图书馆工作,阐述了创设图书馆的必要性和可行性,而且第一次将中国的图书馆运动介绍给了美国图书馆界同仁。

在韦棣华的努力下,一批美国友人纷纷解囊相助。原哥伦比亚大学校长塞思·洛博士(Dr. Seth Low)第一个慷捐 1000 美金,并对文华新图书馆的筹建给予了高度的评价和寄予了深切的厚望〔后来文华公书林为此专设了罗公瑟士纪念室(Seth LowMemorial Room)〕。其后,纽约著名的慈善家奥莉维亚·菲尔普斯·斯托克斯女士(Miss Olivia Phelps Stokes)捐赠了图书馆礼堂的费用,并以此纪念其姐姐〔即后来文华公书林之司徒厅(Stokes Hall)〕;波士顿的劳伦斯(Bishop Lawrence)和他的两个姐妹坎宁安(Mrs. Frederick Cuningham)与洛林(Mrs. Loring)、华德女士(Miss Marian De-Conway Ward)、斯图基斯女士(Miss Sturgis);费城的比德尔夫人

---

① George W. Huang(黄文宏).《Miss Mary Elezabeth Wood:Pioneer of The Library Movement in China》. 见:《Journal of Library and Information Science》(台湾),(April 1975):67～78。

（Mrs. Charles Biddle）和马克欧夫人（Mrs. Markoe）；以及韦棣华在巴尔的摩（Baltimore）和理奇蒙德（Richmond）的朋友亦先后捐款。总计共捐美金约10000元。与此同时，韦棣华的美国朋友、妇女援助会和圣公会期刊俱乐部等的赠书亦纷纷不断地寄往武昌文华书院。韦棣华的赴美筹备活动卓见成效[①]。

1908年，韦棣华自美国返回武昌，并随船将家具和个人财物悉数运来中国，决心定居中国，终身致力发展中国图书馆事业。

返回文华书院之后，韦棣华在通过协商取得了图书馆建设用地之后，特聘请汉口的著名建筑师德希斯先生（Mr. De Hees）根据众议设计了图书馆建造图纸；并在收集英文书刊的同时，开始收集中文书刊，使书刊的收集达到了5500余册。

1909年6月1日，文华大学举行了文华公书林（Boone Library）奠基典礼。1910年春文华公书林落成，并举行隆重的开馆典礼。这座古希腊式的建筑充分地糅合了韦棣华的文化思想，其内部装修采用中国风格，家俱全为中国传统红木式样，庄重素雅，予人以如归的感觉，这颇利于吸引一般民众；其外观为希腊式，但花岗石门框的上端以烫金镂刻着横眉"智识诸宝咸蕴基督"，左右镂刻对联"仰之弥高钻之弥坚"，"博我以文约我以礼"，光彩夺目，体现了韦棣华创办华中基督教图书馆的情结[②]。当然文华公书林并非是完全意义的基督教图书馆，尽管其初期的藏书以宗教典籍为多，因为韦棣华还有另一种情结——创办一所公共图书馆。对于这一点，我们今天不难从其馆名中首先窥见一二：从其最初的设计

① Mary Elizabeth Wood.《Boon College Library, Wuchang, China》（from the Boone Review, August,1908）. 见:《The Library Journal》V. 34（Feb. 1909）:54～55. 又见:Samuel T. Y. Seng.《Miss Mary Elezabeth Wood:the Queen of the Modern Library Movement in China》. 见:《文华图书科季刊》（英文之部）3卷3期1931年9月第8～13页。

② Mary Elizabeth Wood.《A Christian Library for Central China》, 见:《The Spirit of Missions》5（1907）:9～14.

图纸上看,其中文名称为"文华书院藏书室"①,而落成后的中文名为"文华公书林";其英文名初为"Boone College Library",而落成后由"藏书室"改为"公书林"的变化体现了公书林的公共性,而"Boone Library"。这"Boone Library"之中去掉了"College"一词,或者说没有加上"University"一词亦正是说明了其公共的意图——即公书林不完全是文华大学图书馆。唯其如是,文华公书林乃是中国较早创办的公共图书馆之一。

文华公书林的创办在文华大学是一件振奋人心的大事,在中国近现代图书馆史上也是不可忽视的事件,其崇楼杰阁颇为壮观,且中西书籍规模初具,自然令人羡慕。但是,要一位大学毕业生去其中工作则并非是人人都乐意的事。在文华公书林开馆不久,韦棣华亟需助手的时候,沈祖荣毅然决定就职公书林正是取决于这种历史的遇合。1901年沈祖荣初入思文学校时,韦棣华正在思文学校教授英语,韦棣华的教学与为人对刚刚启蒙的沈祖荣产生了深刻的影响,沈祖荣曾对此作过十分详尽的描述:韦棣华女士"初至中国,任文华教授为人勤谨和蔼,教学生循循善诱,训诲不倦。每退讲席,必与学生谆谆谈论,随事指点。一字之误,一音之讹,反复告语,卒得正确而后已。论文书札,或有舛误,必详为更正。爱学生若子弟,学生亦视之若慈母。彼此融洽,又如朋友。岁时佳日,或置茶点,招学生至其家,欢呼谈噱以为乐。并出各种游艺,以助其逸兴。学生或有年假期间不能归家者,即特别招至,温语拊循,……,藉以解其寂寞,慰其愁思。……故文华学生于他教授则或忘之,而言女士则未有不倾心悦慕爱戴终身者也"②。对于这样一位值得"倾心悦慕爱戴终身"的师长,沈祖荣自然乐于与其共

---

① 见:《The Library Journal》V. 33(January,1909).

② 沈祖荣.《韦棣华女士略传》.见:《文华图书科季刊》3卷3期第283~285页,1931年9月。

事。而尤为重要的是,沈祖荣在文华的十年,正好是韦棣华白手起家辛勤创办文华公书林的十年。在这十年中,沈祖荣除了从利用韦棣华征集到的藏书中获得不少收益之外,更重要的是,沈祖荣更深刻地了解了韦棣华,尤其是韦棣华的图书馆服务精神;或者说,韦棣华的图书馆服务精神深深地感动了沈祖荣,使得沈祖荣树立了致力于图书馆事业的理念。这样,在文华公书林缺乏馆员,而韦棣华又希望沈祖荣就职的时候,沈祖荣虽面对冷嘲热讽和各种压力,但对作出就职公书林的决定并不感到有大的困难。唯其如是,沈祖荣与韦棣华在其后的数十年中携手创造了中国近现代图书馆历史上的一个又一个辉煌。

万事开头难。沈祖荣就职公书林之初,韦棣华任公书林总理(Librarian),沈祖荣任协理(Associate Librarian)。文华公书林虽有两人,但因为韦棣华身兼教职,实际上仅沈祖荣一人掌理。沈祖荣虽为大学毕业,但并未受过专门的图书馆教育与训练,所以"一切均很隔膜"。全部工作只是摸索着做,"类分书籍,编制目录,就是取美国国会图书馆目录卡,依样葫芦。由之知之,诚属莫名所以"。分类的工具,"除了一本已经够资格排到古物陈列所去的第六版《杜威十进分类法》外,一毫没有。而且分类又不完全依据它,……。至若著者名,标题等规则,更未梦及。不知应当用完全格式,也不知同著者的书,号码还是各有殊别";图书的出纳只"是用流水记帐式,清查统计既不易,又很费时间"。"总之,一切总不一致的",沈祖荣"自己也实莫名其妙"①。

尤为困难的是,在20世纪初的中国,公共图书馆只是刚刚开始在少数省城设立,民众对图书馆尚无任何认识,完全没有利用图书馆的意识,学生也没有在图书馆精心研求的习惯。公书林初成

---

① 沈祖荣.《在文华公书林过去十九年之经验》.见:《文华图书科季刊》1卷2期第159~175页。

之后,每天到馆阅览的人寥若晨星,几乎门可罗雀,但是,沈祖荣并没有因此而气馁,而是积极地采取了一些有力的措施来吸引读者。正如沈祖荣所言:"于是引导诱掖的工夫,不得不极力研究。我们就从文华本校入手,引一些学生前来阅览。口讲指画,如学校内的教师;应接周到,又好像旅社的堂倌,不图学生们来的,不过翻阅几份日报,读几遍杂志。茫然而来,轰然而去"。经过数次的失败,沈祖荣又改变方针,"去运动教员,请他们鼓吹学生到馆阅书。并将与各教员所教授有关的书名,揭示出来,以便他们前来参考。又要求教员将所出的论文题,先行告知我们,我们就将关于那论文的书籍,参考资料,检出陈置一处,以使学生不费翻寻之劳,而得逢源之乐。像这样办理得教员之赞同,颇收效验,学生很多自动到公书林来查阅图书的,不似以前虽招之亦不肯来矣"①!就这样,公书林在文华大学打开了局面。

然而,文华公书林的性质不是专为文华大学服务,韦棣华的初衷乃是要把文华公书林办成一所公共图书馆,因此,仅仅吸引文华大学的师生是远远不够的,还必须吸引武汉的民众。于是,韦棣华和沈祖荣又将在文华大学的经验推广开来,去运动武汉各学校的校长和教职员,请他们劝令学生到公书林来阅书。但是,人们虽口头应承,但实际上并没有行动。这一则是因为人们对图书馆不甚明了,二则是对文华这所教会学校讳莫如深,敬而远之。一些人认为:"天地间安有这好的事,他们从美国捐钱来买书,给中国人读,恐怕当中含有别的臭味,不是招揽学生的方法,就是引人入教的阶梯"。自然也就望而却步,畏缩不前。

运动各校校长的办法失败之后,韦棣华和沈祖荣又改变方针,举行大学扩充演讲,设法邀请中西名人或路过武汉的专家在公书

---

① 沈祖荣.《在文华公书林过去十九年之经验》.见:《文华图书科季刊》1 卷 2 期第 159～175 页。

林定期演讲,每次演讲之前,先将入座券分别送到各校,请他们的学生都来赴会。像这样的会,每月总要举行两次,每次在演讲之先,沈祖荣和韦棣华总要引导一些学生浏览各处书籍,解说公书林的性质,号召人们前来利用。这样既渐渐地消解了藉公书林招揽学生并引人入教的流言,又扩大了公书林的影响。于是,各校到文华公书林阅书的越来越踊跃,公书林的影响亦开始广播武汉三镇。

各校来公书林阅书的人,虽然渐有增加,但是韦棣华和沈祖荣仍以未能普遍为恨。于是,文华公书林先后在圣迈克尔氏教堂(St. Michael's Church)和三一教堂(Trinity Church)设立了阅览室。前者主要供该教区民众、士兵和学生使用,后者则主要供商人店主使用,颇为方便人们就近阅览。

1914年,韦棣华和沈祖荣又在此基础上进一步设立了巡回文库(Travelling Libraries),将各种适用书籍,每50册至100册,装箱分别送到各个学校、机关、工厂陈列,以便就近阅览。起初各处不敢收纳,恐怕一有损毁,要负赔偿责任,沈祖荣等又再三劝说,若非出于有心,并不负赔偿之责,这样各处才欣然接受。

经过这一系列的将文华公书林从文华大学推广到武汉各学校,再从各学校推广到武汉三镇民众的措举和活动,文华公书林遂逐渐成为名噪武汉三镇的公共图书馆,而韦棣华和沈祖荣的遇合亦由此从知遇迈入了合作的阶段。正如白齐茹博士(Dr. Cheryl-Boettcher)所言:"虽然各种报告都详言韦棣华提出了这些服务计划,但是,使其付诸实现的必定是懂得如何才能使这些服务计划在中国社会予以实施的沈祖荣。沈祖荣已成为韦棣华不可缺少的助手"①。

事业的开拓使得韦棣华和沈祖荣的合作愈来愈密切,人生的

① Cheryl Boettcher.《Samuel T. Y. Seng and the Boone Library School》. 见:《Libraries and Culture》Vol. 24, No. 3(Summer 1989):269~294.

理想亦日趋一致,而这种知音般的遇合无疑又使得韦棣华和沈祖荣的友谊愈来愈深,同志之情已甚于师生之情。而这一切透过韦棣华对沈祖荣婚姻的关心不难窥见一二。1912 年,经韦棣华介绍,沈祖荣与姚翠卿结为伉俪。姚翠卿比沈祖荣年幼 5 岁,漂亮、聪明、贤惠,是一位充满了中国传统美德的典型现代女性。她自幼就具有浓厚的反封建意识,在清末新旧交替的时刻,她在姊妹五人中带头反封建,拒不裹足缠脚,主张妇女解放。早年入文华书院绣房当刺绣工,后曾只身赴金陵女子大学求学,既具有与沈祖荣相称的文化涵养,又与沈祖荣具有笃信基督的共同信仰。辛亥革命武昌起义时,姚翠卿曾参与救治国民革命军受伤将士。在文华,姚翠卿则主要是协助教会从事妇女工作,其宣讲的口才和妇女解放的主张颇受时人赞赏。沈祖荣与姚翠卿的结合充满了幸福与美满,这一点已被姚翠卿在其后与沈祖荣同甘苦共患难半个多世纪所证实。而这段美满姻缘的撮合则证实了韦棣华对沈祖荣的深刻理解和真诚的帮助。毫无疑问,如果说韦棣华与沈祖荣的知遇是中国图书馆事业的世纪性遇合的话,那么,沈祖荣与姚翠卿的联姻则是可圈可点的世纪性美满姻缘。

沈祖荣与姚翠卿的美满姻缘不仅奠定了他个人的幸福,而且亦造就了其图书馆事业的再度辉煌。1914 年,沈祖荣的长女沈宝珠(后改名陈培凤)降世。在其后的半个多世纪中,陈培凤与父母相依为命甘苦与共,成为沈祖荣与姚翠卿的事业助手和生活依托。其后,沈祖荣的长子沈宝环的诞生,更是为中国现代图书馆事业造就了新一代的巨擘。这是后话,在此不表。

# 四、远渡重洋:留美攻读图书馆学

随着文华公书林的不断发展,韦棣华越来越感到"肩任公书林管理者,非受此种专门训练,事业必难有发展之希望",于是决定派沈祖荣赴美攻读图书馆学。起初,对图书馆事业"一切均很隔膜"只是凭着一腔热血而工作的沈祖荣对此颇有疑窦,沈祖荣曾言:"管理图书馆的职务,不就止保藏典籍,司理借还吗? 此行赴美,有何研究? 外人如是怀疑,我亦如是怀疑"①。后经姚翠卿劝说,沈祖荣才最终决定受命赴美攻读图书馆学。

1914 年夏,受韦棣华的资助和派遣,沈祖荣带着满腹的疑团,漂洋过海,来到美国纽约公共图书馆学校(The New York Public Library School),成为中国图书馆史上留洋攻读图书馆学的第一人,也是世界图书馆史上赴美攻读图书馆学的第一人。美国图书馆学教育虽然自 1887 年杜威(Melvil Dewey)创办哥伦比亚大学图书馆学校时便已肇始,但是,至沈祖荣赴美时仅有 7 所图书馆学校而已,图书馆学教育正处在兴起的阶段。此时,美国图书馆专业人才的培训只是刚刚从师徒式培训过渡到三种培训形成并存的时期,即图书馆附设培训班、图书馆附设图书馆学校、和独立的图书馆学校。纽约公共图书馆学校即属于第二种类型的图书馆学教育

---

① 沈祖荣.《在文华公书林过去十九年之经验》.见《文华图书科季刊》1 卷 2 期第 159~175 页。

机构。

　　纽约公共图书馆学校肇于 1897 年纽约公共图书馆流通部专为初入馆的人员开设的培训班,而正式设立则主要归功于安德森(Edwin H. Anderson)的影响。安德森原毕业于杜威在停办哥伦比亚大学图书馆学校后于 1899 年在阿尔巴利(Albany)创办的纽约州立图书馆学校——一所在其后 50 年培养了 14 位美国图书馆协会(ALA)主席的著名图书馆学校。安德森毕业后,一直致力于图书馆学教育,他先是在匹兹堡卡内基图书馆(Carnegie Library of Pittsburgh)创办了图书馆培训班,并将其发展成为图书馆学校。1909 年,安德森在担任纽约州立图书馆学校(the New York State Library School)校长三年之后来到纽约市,并向属于老一辈自学成才的学者型图书馆专家纽约公共图书馆馆长比林斯(Billings)提出了将纽约公共图书馆流通部培训班发展成为图书馆学校的建议。为了解决创设该校的经费困难,1911 年春,安德森向曾资助建设了一千余所图书馆的美国巨富卡内基(Andrew Carnegie)提出了资助申请。由于安德森在布拉多克(Braddock)和匹兹堡(Pittsburgh)任职时与卡内基过从甚密,卡内基遂欣然同意连续 5 年每年提供 15,000 美金给纽约公共图书馆,作为其设立图书馆学校的起动资金。

　　于是,纽约公共图书馆学校于 1911 年 10 月正式成立〔该校在开办 12 年后于 1923 年 8 月停办,转为哥伦比亚大学图书馆学校(the School of Library Service at Columbia University)〕。纽约公共图书馆学校开办后第一届入学学生 37 人,其中 14 人为大学毕业免试生,其他为入学考试录取生。学校有教职员 5 人,其中仅 2 人为专职,其他师资则由纽约公共图书馆的馆员、纽约市的教育家和图书馆长担任临时讲席补充。学制为两年,第一年为专业基础课教学,学成之后颁发毕业证书(Certificate);第二年为高级课程教学,重点是实习和实践技能培训,毕业后颁发哥伦比亚大学的学位证书(Diploma)。校长是该校的创办人安德森的姨子(sister – in – law)普兰默女士(Miss Mary Wright Plummer)。普兰默女士亦是美国著名的图书馆学家和图书馆学教育家,她不仅著述颇丰,撰有在美国广为流传的《图书馆经营手册》(A Manual on Library Economy),而且亦是纽约普拉特学院图书馆学校(the Pratt Institute Library School)的创办人和校长①。韦棣华于1906年返美进修图书馆学正是就读于普兰默女士担任校长的普拉特学院图书馆学校,不难想像,韦棣华既十分钦佩普兰默女士的图书馆学识,又与普兰默女士有着良好的交往。也正是因为如此,韦棣华才派遣沈祖荣到纽约公共图书馆学校而不是其他学校攻读图书馆学。唯其如是,韦棣华与沈祖荣又具有了共同的师承关系,而这种共同的师承关系又使得韦棣华和沈祖荣在其后具有更为类似的专业共鸣。

纽约公共图书馆学校设在纽约公共图书馆内,其校舍设在中心馆一楼的中心儿童阅览室隔壁,而最大的教室则设在中心馆二楼馆长室的隔壁②。因此,沈祖荣不仅进入了美国著名的图书馆学校,而且也实实在在地进入了美国最著名的公共图书馆——纽约市立公共图书馆。这一切使得满腹疑窦初来乍到的沈祖荣疑虑顿失,眼界大开,"始知向日所见,浅陋已极。图书馆的工作有:行政、组织、参考、编目、经营、扩充……;图书馆的种类:又有儿童的、专门的,以及利用图书馆的方法,五花八门,诚非浅易短时研究,可

---

① Phyllis Dain.《The New York Public Library:A History of its Founding and Early Years》. New York:The New York Public Library,Astor,Lenox and Tilden Foundation,1972: 331~333. 程焕文.《美国图书馆学教育史》.见《四川图书馆学报》1990年第2期第106~115页。

② Phyllis Dain.《The New York Public Library:A History of its Founding and Early Years》. New York:The New York Public Library, Astor, Lenox and Tilden Foundation, 1972:331~333.

以穷尽之事"①。这种发自肺腑的感受不仅是沈祖荣图书馆观念发生重大转变的个人表白,而且更是激励沈祖荣发奋学习和研究图书馆学的动因之一。

在强烈的求知欲的驱动下,沈祖荣于 1915 年 7 月以优秀的成绩完成了专业基础课的学习,获得了毕业证书;1916 年 7 月又以优异的成绩完成了高级课程的学习,获得了哥伦比亚大学理学学士学位②,成为中国历史上获得图书馆学学位的第一人。

两年的留学时间在沈祖荣的人生中固然十分短暂,但是,它却是沈祖荣最终在中国现代图书馆史上写就光辉篇章的关键时刻。在留美的两年中,无论是在校学习,在馆实习,还是参观调查其他图书馆,甚至参加 ALA 年会,美国的发达的图书馆,先进的图书馆学教育,广博的图书馆学术,以及高素质的图书馆员,还有那颇具文化涵养的民众等等,一切都使得沈祖荣感到钦佩,甚至震撼。但是,沈祖荣并没有被眼前的"花花世界"所陶醉,他无时无刻不在眷恋着自己的祖国,眷恋着祖国的图书馆事业。这种眷恋情结使得沈祖荣在比较和冷静的思索之中清楚地看到了中美图书馆事业的差距和文化背景的差异,而在先进与落后的感受与震撼之中,沈祖荣又在心灵的深处进一步灌注了强烈的历史使命感和责任感。

在留美期间,沈祖荣在潜心学习的同时不断地探索研究,先后撰著发表了《中国能够采用美国图书馆制度吗?》(Can TheAmerican Library System Be Adopted In China)和《中国图书馆员的困难问题》(Difficult Problems of TheLibrarian In China)等两篇论文,这两篇论文正是沈祖荣的祖国情结和留美心迹的真实写照。

---

① 沈祖荣.《在文华公书林过去十九年之经验》.见:《文华图书科季刊》,卷 2 期第 159 ~ 175 页。

② The New York Public Library.《Library School of the New York Public Library: Student Register 1911 ~ 1923》. New York:Printed in the Library,1924.

沈祖荣深深地感到:"一个国家的文明既不依赖于她在海上拥有多少一流的战列航,无畏战舰和潜艇,也不依赖于她能动员多少装备精良的军团,即使这是获得尊重和免受侵犯的必需品,而是有赖于她拥有多少高效的学校、学院、高质的大学、消闲公园和充足的图书馆"。因为"学校乃是人民受教育的场所;博物馆艺术馆是保藏国宝的机构,人民能在其中学习人类的发展历史并亲身接触世界的杰作。图书馆,正如卡莱尔(Carlyle)所称的'人民的大学'一样,是民众日常摄取其知识食粮的机关"。

在经历了心灵深处的剧烈的进步与落后、富强与贫弱的震撼之后,沈祖荣曾发自肺腑地表白:"倘若中国拥有富强的博物馆、艺术馆、图书馆、学校和大学的话,我就不会对中国军备的软弱无能感到懊悔,但是,我现在为一个没有这样令举国感到自豪的教育机构的国家感到羞愧。我将来不会去详研学校制度,也不会去建造博物馆和艺术馆,但是,我会为图书馆事业奋斗终身"①!

在受到美国先进的图书馆事业的震撼的同时,沈祖荣没有被眼前的世界所陶醉,而是在冷静的思索,并率先提出了:"中国能够采用美国图书馆制度吗?"这样一个具有历史意义的诘问。这个诘问恰恰正是当时中国知识分子面对社会变革所经历的是"全盘西化"还是"走中国自己的路"这种激烈的社会思潮碰撞的正面反映。显然,沈祖荣已深深地感到美国的图书馆模式固然先进,但对于中国而言只能依国情而借鉴吸收,不能全盘照搬,不变通美国图书馆模式则无以适用中国情形。对此,沈祖荣曾作过这样的阐述:"藏书宏富之巨型大理石图书馆建筑实为社区亦或国家之骄傲与荣耀,然此等建筑并非中国目前之必需者,盖因中国经费拮据,而又风气未开,民众智识欠缺,堂皇豪华之外观,反倒令人望而

① Tsu – Yung Seng.《Difficult Problems of The Librarian In China》. 见:《The Chinese Students' Monthly》Vol. 12(January 1917):19~24, Vol. 13(February 1917);161~166.

生畏,阻碍图书馆运动之发展。最切要者乃是有得力之馆员将此伟大事业推向前进"①。

沈祖荣能够在比较、思考和探索中寻找到发展中国图书馆事业的关键——"最切要者乃是有得力之馆员将此伟大事业推向前进",这不仅体现了沈祖荣非凡的洞察力,而且亦表明了沈祖荣作为中国留美攻读图书馆学第一人的"国家兴亡,匹夫有责"的历史使命感,而这也正是沈祖荣后来成为"中国图书馆学教育之父"的重要逻辑起点。

沈祖荣一直在思考作为图书馆运动发展的关键的图书馆员,究竟应该是一种什么样模式的馆员这样一个问题。沈祖荣认为一个现代的中国图书馆员应该具备灵活应变能力(Adaptation)、组织能力(Orgarizing power)、行政管理才能(Administrative genius)、智力(Intelligence)、财政能力(Financial ability)和牺牲精神(Sacrifice),而"牺牲精神"尤为重要。沈祖荣认为:"在创业伊始,作为一名图书馆员,他就务必劳其心智,苦其筋骨,置甚于他人之辛劳与低于他人之微薄薪金于度外,牺牲个人之荣华享乐,将其毕生之时间与精力贡献于图书馆事业"②。毫无疑问,沈祖荣的一生正是这种闪光的思想的真实写照。

两年的留学固然十分短暂,但它却十二分的宝贵,因为它不仅使沈祖荣进一步坚定了为中国图书馆事业奋斗终身的远大理想,而且最终导致了席卷全国的新图书馆运动的爆发和中国图书馆事业的一个新时代的到来。

---

① Samuel T. Y. Seng.《Can the American Library System Be Adopted In China》. 见:《The Library Journal》Vol. 41(June 1916):387~388.

② Tsu-Yung Seng.《Difficult Problems of The Librarian In China》. 见:《The Chinese Studnts' Monthly》Vol. 12(January 1917):19~24,Vol. 13(February 1917):161~166.

# 五、指点江山：倡导新图书馆运动

1916 年底，沈祖荣带着先进的美国图书馆学术，肩负着时代的重托，回到了祖国。其时，中国近代图书馆事业的发展正处在黎明的前夜，清朝的衰落导致了中国两千多年来封建藏书的衰落。伴随着传统藏书的衰落，在新学与旧学、中学与西学的剧烈社会思潮冲突中，经过清末改良变法和预备立宪的推动，新式的图书馆已开始在全国悄然兴起，各地纷纷奏设图书馆，到 1916 年时全国各类图书馆已达 260 所①。然而，由于现代图书馆专门人才的匮乏，办理图书馆者只有热忱而无现代图书馆的基本知识，所谓的"现代图书馆"（主要是公共图书馆）貌似神离，只是过去藏书楼名称的改变，一切仍然因循旧制，办理图书馆者不知如何运作，而一般民众又多不知图书馆之需要。中国需要新的图书馆知识和新的图书馆观念，时代正在召唤指点江山的先驱，而沈祖荣的适时到来正好对这一历史潮流起到了推波助澜的作用。1917 年春，在韦棣华的支持下，沈祖荣联合基督教青年会全国协会（The National Committee of The Young Man's Christian Association，简称 Y. M. C. A），在其总干事、沈祖荣的文华校友余日章（David Z. T. Yui）的协助下，开始赴全国各地演讲图书馆事业，从而揭开了中国图书馆史上抨击传统藏书楼之陋习，倡导建立新式图书馆的"新图书馆运动"

---

① 《教育部公报》第 3 年第 10 期，1916 年 9 月（民国 5 年 9 月）。

的序幕。

为了生动、有力且富有建设性地鼓吹提倡新式图书馆事业，沈祖荣"制造各种仪器，揭示于人，使人明了今日之图书馆，非如昔日官府之藏书楼；今日图书馆所藏书，是要供公众阅览的，而非作书蠹之运动场、大餐馆。又用设计法，具体的方法，并携美国赠送之各种关于图书馆之各种展览品，至国内各大城市游行演讲图书馆事业之重要组织并经营大概"①。

有仪器、幻灯、照片、实物和图表的辅助，沈祖荣的演讲自然十分生动、直观，给人以亲临其景的感受。更重要的是，沈祖荣颇注重演讲的技巧与艺术，每场演讲总能根据听众群的文化层次、职业特点相机应变，或专深、或通俗，深入浅出，使各阶层的听众都能有所感触、有所鼓动，效果颇佳。

1917 年 5 月 1 日，沈祖荣应环球中国学生会暨江苏省教育会之邀请，在江苏省教育会会所（南京西门）演讲"图书馆之功用及办法"。面对教育界的听众，沈祖荣首论图书馆之功用，"图书馆一事各国无不注重，盖其效果能促国家之富强，佐工商实业之进步，关于教育功效尤巨"。继论图书馆与教育等诸社会因素的关系，"图书馆与国家教育工商等种种事业均有密切关系，兹事发达而向学之风自见其广，盖陈列各书皆有关系学术以备教育参考之用。又中国工业不振，各地商人尤缺乏商业知识，盖由工无工学商无商学之故，而有志研究者又无书可阅，如地方设有图书馆则工商事业亦必与教育同时发达"②。然后列示《美、德、英、法、日五国图书馆总数比较表》、《中、日、德、英四国决算比较表》、《英、美、日、中四国纺织厂比较表》、《美、英、德、日、中五国商业比较表》等说

① 沈祖荣.《在文笔公书林过去十九年之经验》. 见《文华图书科季刊》1 卷 2 期第 159～175 页。

② 《演讲图书馆之功用及办法》. 见：《申报》民国六年五月二日第三张。

明"吾人如不急急研求而漏卮外溢终无已时,故教育不可不求普及,而图书馆尤宜从速组织"①。最后,沈祖荣再演讲图书馆的组织办法,详细讲解图书馆职员、经济、建筑、参考、出版物选择等种种具体办法,并进一步展示《各国图书馆之比较图表》,为之详细解说。这种环环紧扣、步步深入的演讲方式自然引人入胜,令"观者无不称道"。演讲完毕,江苏省教育会黄任之曾言:"图书馆之功用及办法既如沈君所云实为吾国今日最要之事,鄙意尚拟于暑假时设一研究所再请沈君详为演讲"②。足见其效果之佳。

1917年5月2日晚,沈祖荣在全国基督教青年会演讲"图书馆之功用与办法"。针对来自各大学的职员学生听众,沈祖荣在演讲的同时,又"备各种影片用影灯逐张映射",以为设立图书馆之借镜③。

1917年6月,沈祖荣在报界俱乐部演讲图书馆事业,针对报界人生,沈祖荣首先演讲图书馆与藏书楼的区别,言:"图书馆与藏书楼有别,中国向来所有者为藏书楼,其性质为保存古籍。

或坐拥自豪,并不公诸同好。常人轻易不得一见,是藏书楼于社会人民,初无利益。图书馆则不然,英国康奈尔先生有言曰:'图书馆者,国民之大学也',盖国民不能尽入大学受课,而无不能入图书馆阅书。故国民知识之进步,与图书馆至有关系"。继而展示各种图表说明图书馆与教育出版等诸关系。最后呼吁"诸公皆报界健者,深望大力提倡,俾吾国图书馆事业早日发达也"。并主动承诺:"各处热心士夫,欲办图书馆,可与商榷一切,愿竭所知以为助也"④。

---

① 《再志演讲图书馆功用办法》. 见:《申报》民国六年五月四日第三张。
② 《演讲图书馆之功用及办法》. 见:《申报》民国六年五月二日第三张。
③ 同上。
④ 《沈绍期君在报界俱乐部演说图书馆事业》. 见:《东方杂志》14卷1、2期合刊,1917年6月。

1919 年胡庆生(Thomas C. S. Hu)①自美国攻读图书馆学回国后,沈祖荣又和胡庆生一起继续奔赴全国各地广为宣传图书馆事业。就这样,沈祖荣自 1917 年至 1919 年,在前后约 3 年的时间内,携带着各种影片、模型、统计图表等,奔赴全国各地,猛烈地抨击藏书楼的陋习,广泛地宣传图书馆的功用,讲解创办图书馆的办法,倡导办理具有中国特色的美国式图书馆事业,凡湖北、湖南、江西、江苏、浙江、河南、山西、直隶足迹殆遍②,在全国掀起了一场前所未有的新图书馆运动。

　　新图书馆运动的兴起是各种社会因素发展的必然结果,虽然沈祖荣在 1917 年至 1919 年之间的倡导、宣传、鼓动只是整个新图书馆运动的一部分,而且沈祖荣在后来亦曾自谦地认为"不敢说当时举动,或曾生万分之一之切效"③,但是,其介绍欧美图书馆事业、引进先进的图书馆学术和促使人们转变旧藏书楼意识形成新的图书馆观念等方面具有难以估量的作用。中华图书馆协会曾对此作过这样的评论:"于是国人始稍知图书馆事业之重要,而思有以振兴之"④。金敏甫称:"民国六七年沈祖荣氏由美国回国赴各省都演讲图书馆之重要与方法,是为提倡图书馆之先声"⑤。严文郁亦云:"民 6 以后,沈祖荣由美返国,到各省都会演讲图书馆之

　　① 胡庆生(Thomas C. S. Hu)毕业于文华大学,初为文华中学英语教员,沈祖荣赴美之后,胡庆生始兼职于文华公书林,1917 年受韦棣华派遣赴美国纽约公共图书馆学校留学,1919 年回国,继续与韦棣华和沈祖荣共谋图书馆事业之发展,后曾任文华图书科主任,1928 年 11 月因故辞职,转往武昌上海银行行长。

　　② 沈祖荣.《韦棣华女士略传》. 见:《文笔图书科季刊》3 卷 3 期第 283～285 页,1931 年 9 月。

　　③ 沈祖荣.《在文华公书林过去十九年之经验》. 见:《文华图书科季刊》1 卷 2 期第 159～175 页。

　　④ 《韦棣华女士来华服务三十周年纪念大会启》. 见:《中华图书馆协会会报》5 卷 4 期第 2 页,1930 年 2 月。

　　⑤ 金敏甫著.《中国现代图书馆概况》. 广州:广州图书馆协会,1929 年,第 29 页。

重要与方法,是为西洋图书馆学流入中国之先声"①。

---

① 严文郁著.《中国图书馆发展史》.新竹:枫城出版社,1983 年 6 月,第 198 页。

# 六、筚路蓝缕：创办文华图书科

"我们一定要有图书馆员！纵然有人乐于捐资，倘若没有得力的组织者，仍将一事无成。为此，我们需要乐于为图书馆事业鞠躬尽瘁的人们，向高尚无私的美国榜样学习，在这些榜样心中，美国公共图书馆犹如一座矗立的丰碑将永不枯朽且与国同辉"[①]。这是沈祖荣留美时最深切的感受和最迫切的愿望。沈祖荣正是带着这个与韦棣华两年前资助他留美攻读图书馆学具有同工异曲的愿望回国的，而这种同工异曲的愿望正是沈祖荣与韦棣华的又一次心灵的共鸣，它必然导致沈祖荣与韦棣华在图书馆事业上的完美唱和。

自 1916 年底沈祖荣回国后，这种完美的唱和便已经开始奏响了序曲。这首序曲的演奏既具有二重奏的和谐，又具有交响乐的恢宏。

1917 年，在韦棣华的支持下，沈祖荣第一次登上了中国现代图书馆事业的历史舞台，奏起了抨击旧式藏书楼陋习，宣传新式图书馆功用和倡导办理新式图书馆的引子，使得国人经历了一场欧美图书馆事业声浪的震撼。然而引子毕竟只是引子，它只是主旋律的铺垫，因为"仅仅有宣传，依然不足以发展图书馆之事业，尤

---

① Tsu – Yung Seng.《Difficult Problems of The Librarian In China》. 见：《The Chinese Students' Monthly》Vol. 12（January 1917）：19～24. Vol. 13（February 1917）：161～166.

要在有专门人才善办此种事业"①。"图书馆之发达,非一蹴所能致,必先培养图书馆办理人才,研究专门学识,庶能办理得法,有条不紊"。"虽然,海外留学,所费不赀,远涉重洋,谈何容易? 纵令虚往实归,而桔枳变异,势所必然,所学之件,在外国虽称合法,在中国不能完全采用。由是言之,欲推广图书馆事业,务须在中国组织培养人才之机关,将来学业有成,可以充图书馆之应用"②。这是沈祖荣在新图书馆运动中与韦棣华所产生的事业共鸣,而这种共鸣所引发的反响则是韦棣华的进一步唱和。

1917 年夏,在沈祖荣掀起新图书馆浪潮的时刻,韦棣华又资助文华中学英语教师、文华教堂唱诗班领唱胡庆生赴美国纽约公共图书馆学校攻读图书馆学。1918 年,韦棣华致函美国圣公会伍德主教(Bishop Wood),获得了大洋彼岸对创办图书馆学校提议的应允和支持③。然而,要创办一所图书馆学校绝非易事,其首要的困难便是如何组织一支掌握新式图书馆理论与实践的基本专业师资的力量。此时,学兼中西的沈祖荣在图书馆学识上正扶摇直上,且已明显超然于韦棣华之上,这使得韦棣华感到必须要接受进一步的专业培训,方才能胜任创办图书馆学校的需要。于是,韦棣华于 1918 年第二次返美,赴西蒙斯大学图书馆学校(Simmons College Library School)进行为期一年的专业进修。1919 年,韦棣华和胡庆生相继学成回国。此时,在沈祖荣的倡导、宣传和鼓励下,新图书馆观念经三年的灌输已开始深入人心,各地图书馆的设立渐

① 沈祖荣.《在文华公书林过去十九年之经验》. 见:《文华图书科季刊》1 卷 2 期第 159～175 页。

② 沈祖荣.《民国十年之图书馆》,见:《新教育》5 卷 4 期第 783～797 页,1922 年11 月。

③ John H. Winkelman.《Mary Elezabeth Wood(1861～1931):American Missionary – Librarian To Modern China》. 见:《Journal of Library and Information Science》(台湾)8(April 1982):62～76.

次增多,正处在蓄势待发的时刻。在这个重要的历史时刻,中国图书馆事业的发展最缺乏的便是图书馆专门人才,而在中原的武昌文华公书林却聚集着全国绝无仅有的三位受过先进的美国图书馆学教育的高级专门人才。这是时势的造就和历史的希望,同时,它也标志着沈祖荣和韦棣华的图书馆事业唱和已开始由序曲转入主旋律的合奏。

1919 年韦棣华和胡庆生回国以后,鉴于图书馆事业正在全国兴起而图书馆人才极为匮乏,为了多年的夙愿,韦棣华和沈祖荣正式向文华大学提出了创办图书馆学校的建议。这项建议很快得到了文华大学校长孟良佐牧师(Rev. Alfred Alonzo Gilman)[①]和韦卓民(Francis C. M. Wei)[②]的支持和热心帮助。1920 年 3 月,韦棣华、沈祖荣、胡庆生正式在文华大学创办了我国第一所图书馆学教育机关——文华图书科(Boone Library School)。文华图书科的创办不仅是韦棣华和沈祖荣在图书馆事业上的完美唱和的结晶,而且更是中国图书馆史上的一项壮举,它开创了中国图书馆学教育的先河,标志着中国图书馆学教育的正式兴起。

没有韦棣华,就不可能有文华公书林;没有文华公书林,就不可能有投身于图书馆事业的沈祖荣和胡庆生;而没有韦棣华、沈祖

---

① 孟良佐(Alfred Alonzo Gilman),美国传教士,1918 年继翟雅各之后任文华大学校长,1925 年担任华中大学首任校长和汉口教区副主教,1937 年接替鲁兹主教(Bishop Roots)任汉口教区主教,在中国活动至 1948 年退休为止。

② 韦卓民(Francis C. M. Wei)出身于汉口的一个广东茶商家庭,1901 年与沈祖荣同时入文华中学读书,1907 年升入文华大学,1911 年 1 月与沈祖荣同时毕业,成为文华大学的第一届毕业生。起初,其父及家庭常告诫勿受教会的影响,更不能成为基督教徒,但是,韦卓民在以优异的成绩完成学业的同时,不仅兼修了基督教,而且亦成为一名教徒。毕业后先是在文华大学教授数学和中文,其后于 1916 年赴美国麻省剑桥城之哈佛大学圣公会神学院(the Episcopal Theological School)留学两年,1918 年获硕士学位,同年回国在文华大学教授中文、哲学和逻辑学,并在孟良佐之后于 1929 年担任华中大学校长。

荣和胡庆生,也就不可能有文华图书科,这是韦棣华和沈祖荣历史遇合的必然。毫无疑问,文华公书林和文华图书科的诞生乃是韦棣华在文华大学和中国图书馆事业历史上的两项创举,其为功至巨实在是不言而喻,正因为如此,文华大学在1920年3月的文华图书科开校典礼上隆重地授予了韦棣华名誉文学硕士学位,以资彰显[①]。

然而,创业难,守业更难。就文华公书林和文华图书科而言,如果说韦棣华之功在于创业的话,那么,沈祖荣之功则在于守业和光大之上。这又何尝不是一种历史的完美唱和?

文华图书科创办之初,仿纽约公共图书馆学校之制度,招收大学修业两年以上的学生,期以两年毕业,课程亦颇与纽约公共图书馆学校类似。但是,由于文华图书科的教授仅韦棣华、沈祖荣和胡庆生三人而已,且经费来源除一部分由文华大学开支外,其余多由韦棣华自行筹措,所以,文华图书科在创办初期并不像今日的图书馆学校那样招收专门的学生,而是从文华大学二年级(含二年级)以上的学生中招收兼修图书馆学课程的学生(实际学制为三年)[②],"图书馆学课程皆支配于大学二、三、四年等级学程中,本科毕业生除大学授以文学士学位外另予以图书馆学专科证书"[③],颇类似今日的双学位制。1920年3月,文华图书科创办之初,入学者为文华大学文科三年级学生陈宗澄(Henry T. T. Chen)、裘开明(Alfred Kaiming Chiu)、黄伟楞(William W. F. Huang)和二年级学

---

① Georgr W. Huang(黄文宏)>《Miss Mary Elezabeth Wood:Pioneer of The Library Movement in China》。见:《Journal of Library and Information Science》(台湾)1(April 1975):67~78.

② 文华图书馆学专科学校编.《私立武昌文华图书馆学专科学校一览(二十六年度)》.该校印行,1937年,共104页。

③ 文华图书科编.《武昌华中大学文华图书科》.该科印行,1926年,共14页(中英文对照)。

生许达聪（Coleman T. T. Hsu）、查修（Lincoln H. Cha）和桂质柏（John C. B. Kwei）共 6 人。他们同为一班，且自诩为"快乐六君子"（The Happy Six），但是，"快乐六君子"实际上是一班两届。1922 年 1 月 8 日，裘开明、陈宗澄和黄伟楞三人毕业并获文学学士学位和图书馆学专科证书①。1922 年元月，文华大学在举行完毕业典礼以后调整制度，将春季入学改为秋季入学（即毕业典礼由冬季改为夏季），6 月 24 日许达聪、查修和桂质柏因学制度化提前半年毕业，并获文学学生学位和图书馆学专科证书②。"快乐六君子"中裘开明、查修、桂质柏后来均成为享誉海内外的图书馆学大家，影响深远。

文华图书科创办之后，作为韦棣华不可缺少的最得力助手和伙伴，沈祖荣在文华大学肩负著双重重任，其一是进一步拓展文华公书林，使之成为更为完善的公共图书馆和文华图书科的依托与基地；其二是进一步发展文华图书科，使之逐渐正规化和制度化。这对于沈祖荣来说，既十分的沉重，又颇具挑战性，而沈祖荣对每一项挑战都作了响亮的回应。

如果说文华公书林的创办乃是韦棣华一人的杰作的话，那么，20 年代初文华公书林的扩充则是韦棣华、沈祖荣、胡庆生三人合作的成果。1920 年初在创办文华图书科的同时，韦棣华、沈祖荣、胡庆生便已开始酝酿和筹备文华公书林的扩充，他们请文华大学的萧格耻教授设计了扩充改造蓝图，按其图，楼上大厅较原来可多容 400 余人，演戏台后面增建小房二间，并加避火梯二具，直达楼下，后面第一层与第二层之间增建特别小楼一座，以为静读之所，其计划较大，且显然是为了文华大学迅速发展和文华图书科将来

---

① 《毕业典礼志盛》. 见《文华月刊》第 2 册第 1 号第 9 页，1922 年 5 月。

② 《毕业典礼程序》. 见《文华月刊》第 2 册第 4 号第 9 页，1922 年 7 月。

发展的需要①。

在文华公书林的扩充改造计划制定之后,韦棣华、沈祖荣和胡庆生三人各司其职,分途筹款,合作默契而富有成效。

韦棣华主要负责海外筹款。1920 年底,美国纽约的慈善家斯托克斯女士(Miss Olivia Phelps Stokes)曾寄来捐款 1,000 美金,1921 年正月,又再寄来 2,000 美金,共 3,000 美金,专为扩充文华公书林楼上之建筑费,因该楼大厅原为纪念其姊所建设者(司徒厅),于是文华公书林楼上的改造费用基本有了着落。但是,公书林改造楼下之款项尚需国币约 5,000 元,而这些款项则主要由沈祖荣、胡庆生筹得②。

1921 年春,沈祖荣"应北京政治学会编辑书目之聘,便道至天津,晋谒前总统黎宋卿先生,接谈之顷,黎总统对于本校事业,极表热忱,当慨捐洋一千元,以为扩充公书林之用。返京后,又晋谒前任外交总长陆征祥先生,当慨允向徐大总统募捐五百元,以上二款,均由沈君亲手带归"③。其后陆续捐款的政界要人还有"前任财政总长梁士诒捐洋二百元,前任交通总长叶恭绰捐一百元,前任财政总长周自齐捐洋一百元,现任交通总长张志潭捐洋一百元,前任内阁总理钱能训捐洋五十元,现任外交总长颜惠庆捐洋五十元,前任外交总长陆征祥捐五十元,前任海军总长刘冠雄捐洋五十元,前任外交总长孙宝琦捐洋五十元"④。此外,因沈祖荣、胡庆生在美国纽约公共图书馆学校留学时与纽约公共图书馆馆长"感情颇称融洽,课余谈论,藉知本校公书林所办之事业,颇关重要,故特

---

① 《公书林佳音汇志》.见:《文华月刊》第 1 册第 2 号第 5 页,1921 年 3 月。

② 同上。

③ 《两大总统之捐款热》.见:《文华月刊》第 1 册第 3、4 号第 7 页,1921 年 4、5 月。

④ 《补志政界要人对于公书林扩充之热忱》.见:《文华月刊》第 1 册第 5、6 号第 10 页,1921 年 12 月。

捐书前来,以表示对于沈胡二君之情感,亦所以辅助本校公书林之进行也"。遂于 1921 年元旦"寄来书籍一箱共计一百五十册,皆系历史科学、社会学、文学、传记等类佳篇善本"①。总计,沈祖荣直接筹得捐款 2,250 元,接近文华公书林楼下改造所需费用的一半。在这其间,既反映了社会政界要人对于文华公书林扩充的热忱,又显示了沈祖荣斡旋于政界要人之间,充分调动一切支持图书馆事业发展的力量的能力与才干。因为,文华公书林在全国而言在当时毕竟还算不上一所大图书馆,对于这样一所非政府的图书馆,能够获得如此多的政界要人的关注和支持,颇为难得,这其中自然饱含著韦棣华和沈祖荣的扩广、鼓吹、游说之功。

在积极向海外友人和国内政界要人筹款的同时,韦棣华、沈祖荣和胡庆生又分别组织文华大学毕业的校友在各商埠都会募款集资,许多大城市都组织了"特别委办"担任募捐事宜。"上海委办由中国青年会全国协会总干事余君日章,与上海商业银行协理朱君成章担任。该委办所募捐项,以上海商会会长聂君云台所捐二千元为最多。胡君庆生前至上海时,向本校旧生述及公书林扩充计划,亦得多数旧生之热心赞助,如许君寿康、毛君大卫皆担任巨款,其余旧生踊跃输将,及担任募集者颇不乏人。北京委办由陈宗贤医生、解君光前、余君日宣、庐君春芳数人担任。至北大肄业之本校旧生余上沅等亦皆奋勇争先,多方劝募。南京委办由陈君宗良、罗君光瀛、孙君洪芬、江君之泳担任。南京东南大学之本校旧生一人已担任公书林扩充捐项;复有一人愿每年捐助款项,以为购备经济、政治、社会诸门书籍之用,其书目由捐款人逐年酌定。汉口委办五人,黄君厚卿、桑君祖望、李君贻栋、崔君思恭、闵君绍蕃。长沙委办为高君恩仰、张君海松、龙君永鉴。九江委办为邓君煜棠、陆君德。南昌委办为刘君立齐。芜湖委办为饶君绪先、陈君宗

① 《公书林佳音汇志》.见《文华月刊》第 1 册第 2 号第 5 页,1921 年 3 月。

恕、李君肇文。沙市委办为张君寿、杨君器之、李君镜仙。其余多处，委办虽尚未成立，然热心母校之旧生殊不乏人。其表表者为大冶之蔡君凤书、王君观英；老河口之邬君君植；天津之文君金镛、孙君启濂、袁君隶；四川之胡君成豪、杨君开甲；济南之江君运福、刘君宗义；爪哇之胡君昶；斐律滨群岛之夏君松年等；皆对于公书林之扩充极力赞助"①。

此外，在韦棣华、沈祖荣和胡庆生的感召和影响下，鉴于"公书林扩充房屋之计划"，"美国纽约乐捐，指定为扩充公书林楼上思施堂（注：即司徒厅）之用"，"然此举能否成为事实全赖楼下一层能否募集款项，于是本校学生当仁不让，见义勇为，即印刷捐启，于上学期放寒假时（注：1921年1月）散给各生带归，分向各亲友募集。结果，除已认未曾缴到者外，现收到者有八百五十余元"②。

在韦棣华、沈祖荣和胡庆生各尽所能竭力劝募和社会各界的热忱支持下，仅一年多的时间，文华公书林已筹措到了改造扩充所需的全部费用。1921年春，文华公书林举行扩充改造奠基，经近一年的建筑扩充，"楼上大厅座位已增加至五百余，演戏台亦加大一倍；并在第一层与第二层之间另辟一层，以为好学之士潜修之用"。"楼下一层之特色为光线之充足，藏书室之广大，讲堂之增加，办公处之改良。至于装饰之华丽，犹其余事。另设罗氏纪念阁，其中所藏书籍皆与远东有密切之关系焉"③。1922年1月18日，文华公书林扩充改造工程竣工，乃于文华大学举行毕业典礼时

---

① 《本校旧生对于公书林扩充之努力》。见：《文华月刊》第1册第5、6号第9～10页，1921年12月。

② 《公书林可喜之前途》。见：《文华月刊》第1册第3、4号第6～7页，1921年4、5月。

③ 《公书林扩充建筑之进步》。见：《文华月刊》第1册第5、6号第10页，1921年12月。

正式启用①。改造扩充之后的文华公书林比原来扩大了三分之一，其内部布置有编目室、参考室、阅览室、报纸杂志室、书库、孙公纪念室(专藏商学书籍)、罗瑟纪念室(专藏关于中国情事之西文书籍)、司徒氏纪念厅、及各办公室。文华图书科亦设在其中,包括课堂、实习室、图书馆学研究室和办公室等②。至此,文华公书林的建设便已告结束,其后转入业务的拓展推广时期。作为韦棣华和沈祖荣苦心经营和社会各界热忱支持扶助的结晶,文华公书林除了兼有文华大学图书馆和公共图书馆双重性质之外,从此以后又多了几重功用:其一乃是文华图书科的依托和基地;其二则是文华大学的最主要公共活动场所,各种报告会、演讲会、研讨会、校内大型学生活动,乃至游艺娱乐活动多在公书林内进行,其作用愈来愈大,其影响愈来愈深,并由此而成为中国图书馆历史上独树一帜且迥异其趣的图书馆。

在积极改造扩充文华公书林的同时,韦棣华和沈祖荣又覃思竭智地发展幼小的文华图书科。有趣的是,文华图书科从创办伊始便已显露出韦棣华和沈祖荣在内心深处祈望将文华图书科办成类似美国情形的独立图书馆学校的意向,虽然文华大学当初并没有意识到这一点。与文华大学其他各科不同的是,文华图书科从一开始就具有独立的意识,其他各科均叫文华大学某科,而文华图书科则叫做文华大学文华图书科,较之其他各科在中文科名之前多加了"文华"二字,这显然是别有情趣。而文华图书科的英文名称与文华公书林的英文名称一脉相承,殊路同归,彼此呼应。文华公书林的英文名称全称为 Boone Library, Boone University,而不是 Boone University Library;而文华图书科的英名称全称为 Boone Li-

---

① 《公书林近事汇志》.见:《文华月刊》第 2 册第 2、3 号第 6 页,1922 年 6 月。

② 文华图书馆学专科学校编.《私立武昌文华图书馆学专科学校一览(二十六年度)》.该校印行.1937 年,第 10 页。

brary School,Boone University,而不是 Library School,Boone University。这其中颇有令人回味之处,文华图书科后来发展成为独立的图书馆学校,其中文名称虽由文华大学文华图书科改为私立武昌文华图书馆学专科学校,但英文名称仍为 Boone Library School,这便是韦棣华和沈祖荣在创办文华图书科之时暗示独立心仪的必然发展结果,而这种结果乃是当时韦棣华和沈祖荣极为复杂的心态的充分体现。

　　文华大学作为一所教会学校,至 20 年代初时已有 50 年之发展历史。在美国圣公会的在华教育机构中,文华大学与上海的圣约翰大学(St. John's University)可谓是"双雄鼎立",它们不仅具有中国其他高等学校(不论是公立的、私立的,还是教会的)无可比拟的悠久历史,而且在海内外享有极高的声誉,在中国高等教育的发展历史上,此二校在诸多方面均有开风气之先的作用。虽然随着中国社会的发展变化和外国势力与教会势力在中国的消长,文华大学和圣约翰大学在不断变革之中已愈来愈能渗透到中国文化之中,并被人们所认同和接受,但是,教会学校始终是教会学校,只要其性质不改变,不论它做多少改革,如何去适应中国社会的变化和需求,在中国它始终是不可能完全与社会融为一体的。为了明确文华大学的性质,并探究韦棣华和沈祖荣当时的心态,这里不妨引录一段 1921 年文华大学公布的《本校设立之旨趣》①的内容以资佐证。

---

① 《本校设立之旨趣》. 见:《文华月刊》第 1 册第 5、6 号第 1～4 页,1921 年 12月。

# 本校设立之旨趣

## 一、目的

溯本校开创之始,即抱定培植教会子弟、传播基督福音、服务国家社会为目的。三者之中,尤以培植教会子弟为根基,无论如何,永无变易者也。

## 二、方法

欲达目的,端资方法。本校之方法有三要素焉:(一)以英语教授各学科;(二)培植传道之华人;(三)灌输基督教之真谛。

教授各种学科,何以必用英语也?诚以今日生活程度之高,学者当以谋生为急务。其在本校卒业者,出而应世,生活程度自无问题之可言。即属半途辍学,于社会上亦可谋相当之位置,决不致感受生活之困难。且就吾人方面观之,中国学子果能通达英文,无论研究何种学问,进步较速。此本校之所以毅然决然采用英语教授各学科之一种方法也。

担任传道事业,何以必须陶铸华人也?诚以西国人在中国内宣传主道,纵极热忱,而习惯人情终有隔膜之虞。何若将中国好学之士授以最高之教育,俾能了解基督之原理,出而担任基督教之职务。庶几以中国人之心理,发挥基督教之精神,事半功倍,结果必良。此本校所以培植中国传道人才为惟一善法也。

何谓灌输基督教之真谛也?即正当之服从,尽心之工作是。诚以吾人所作之工,在同一社会内,应彼此守本分,循秩序。庶个人之自由能充量发展,并将荡检逾闲、放纵自恣之陋习一扫而空。更须明吾人所作之事工非直为身家计,乃应上帝之选召,亟宜黾勉从事,劳瘁弗辞。对主对人抱一种牺牲之精神,是皆基督之真谛。本校极力灌输学子之脑海中,俾耳濡目染,习与成性,异日国家教育无论如何改良发达,本校学生有此种之精神终能占优胜之位置,决无倾跌之虞。此本校之所以重视此种方法也。

　　显而易见,"以培植教会子弟为根基,无论如何,永无变易"的文华大学是一所典型的教会大学,虽然它"以英语教授各学科"的方法颇合时宜,且大多数学生亦奔此而来,因而文华大学不断壮大,但是,"培植教会子弟"的宗旨始终是无法被中国社会和文化完全接纳的。正因为如此,自义和团运动以后,中国的反对帝国主义奴化教育活动一直不断,而反奴化教育的活动在文华大学亦时有发生。1922 年 1 月在文华大学正在筹备五十周年校庆庆典[①]的时候,因 1 月 3 日文华童子军第一团第五队学生在举行游戏运动中受到校医侮辱(校方称该医生不明中国习惯),文华大学暴发了一场学潮,其结果是童子军 300 人中有 80 余人于 1 月 7 号愤然离校,其中 21 人后来被校方开除[②]。
　　文华大学暴发的这次学潮表面看来似乎是一个偶然事件,但实质上它是社会对基督教教育强烈不满的一次反映,而这种反映乃是透过童子军(中学生)表现出来的,可见其影响之深。从更广泛的范围来看,它又是自 1922 年起在全国掀起的非基督教运动和反对教会学校奴化教育的斗争在文华的一个投影。1922 年 3 月,中国社会主义青年团在上海发起组织"非基督教学生同盟",并通电全国。同月 9 日,北京各校爱国学生也组织"非基督教学生同

---

　　① 　文华大学 50 周年校庆纪念日应为 1921 年 10 月 2 日(创办于 1871 年 10 月 2 日),但因当时武昌兵变、鄂湘战争之故不得不延期一年,至 1922 年 10 月 2 日举行 50 周年纪念会。
　　② 　《学潮纪实》.见:《文华月刊》第 2 册第 1 号第 4～6 页,1922 年 5 月。

盟",20日,北京各界又成立"非宗教大同盟",参加的有蔡元培、陈独秀、吴虞等人,至此,"非基督教运动"便成为广泛的全国运动。为抗议"世界基督教学生同盟"在北京召开第十一次大会,4月9日,北京非宗教大同盟举行大会,蔡元培发表演说,提出:"(1)大学中不必设神学科;(2)各学校中不得有宣传教义的课程,不得举行祈祷仪式;(3)以传教为业的人,不必参与教育事业"①。从此,非宗教运动发展到全国,有三十多个地区成立了类似非宗教大同盟的组织,影响颇为广泛。

作为世俗传教士的韦棣华和作为基督教徒的沈祖荣,他们因为个人的信仰和生活的关联与教会存在着种种难以割舍的关系,尤其是,文华公书林和文华图书科作为韦棣华和沈祖荣的理想和事业的重要部分,在当时的情形下不得不依赖教会的支持才能得以创办和发展,这使得他们一直存在着一种宗教情结。但是,另一方面,他们又颇能了解国民对宗教的感受和认识,以及中国的反洋教运动,这使得他们在为了实现个人的理想,献身图书馆事业的时候,又不得不考虑如何将宗教的色彩降低到最小限度,甚至尽可能地排除宗教色彩,以便民众能够普遍接受。这或许正是当时韦棣华和沈祖荣对基督教教会既依赖又想摆脱的两难复杂心境。正是因为有这样一种心境,文华公书林(Boone Library)和文华图书科(Boone Library School)才在名称上有了既具有延续文华大学名称纪念主教文惠廉的意义又具有试图独立于文华大学之外的含意。当中国的国情发展呈现出越来越不利于教会发展的时候,这种若即若离的心境自然会迅速地发生转变,独立于教会之外和文华大学之外亦成为势所必然。

在文华图书科创办后的头两年,文华大学的一些人对韦棣华

---

① 《中国教育史简编》编写组.《中国教育史简编》.江苏教育出版社,1986年5月第395~396页。

和沈祖荣的不满已开始演化为在圣公会内的争讼,其焦点就是韦棣华在从事专业活动中的独立行为。作为武昌圣公会的一员,韦棣华经常独立于圣公会之外采取行动。在文华公书林的改造扩充中,韦棣华和沈祖荣没有寻求圣公会的任何物质帮助,而是单独地向海内外征书募款。不仅如此,韦棣华和沈祖荣个人的志向是推动中国公共图书馆运动的发展,这自然是一个非常有价值的个人目标,但它与圣公会的目的并非完全一致。圣公会的最首要的目的是促进基督信仰,对于圣公会而言,圣公会所从事的一切社会活动都是以传播基督信仰为终结的;而对于韦棣华和沈祖荣而言,他们所竭力从事的文华公书林和文华图书科的活动则是以启迪民智或振兴中华为终结的。虽然韦棣华是圣公会的一名虔诚的基督教徒和极有才能的管理者,她的信仰是毋庸置疑的,但是,面对着日益激化的中国非宗教运动和反对教会奴化教育的斗争,韦棣华不得不作出更为明智的抉择。1921年2月16日,韦棣华在给美国圣公会伍德主教(Bishop Wood)的信中曾坦诚相告:她担心中国政府会努力使一切教会机构的管理人员本土化,整个公共图书馆运动将会发展成这一趋势,因而完全剥夺基督教的影响①。显然,韦棣华在内心深处是希望自己的一切活动能够具有宗教色彩的,但是审时度势,客观的现实又使得她感到如果果真如此,个人的事业必将前途暗淡,所以,她尽可能独立于教会之外开展活动。正因为如此,韦棣华雄心勃勃地促进全国公共图书馆运动发展的一系列活动均在圣公会和文华大学内引起了许多的争讼和批评。这其中的细节今天已找不到详细的记载,但仅从沈祖荣的一段不经意的表述中便可窥见其大体:"书架公开否? 这在各图书馆办法上

---

① John H. Winkelman.《Mary Elezabeth Wood(1861-1931):American Missionary -Librarian To Modern China》. 见:《Journal of Library and Information Science》(台湾)8 (April 1982):62~76.

是不一致的。这件事在本公书林也成为一个大问题;因这问题,也发生了不少的争执:公开嘛,难免书籍有遗失的事情;不公开嘛,又背近代图书馆原旨。韦女士是主张应采公开制的,可是有许多人——即如当时翟校长,他们都很反对。韦女士觉得行公开制虽不免有书籍损失的事,可是对于阅者利益更大,终毅然决然的行了公开制。这么一来,翟校长死时,遂遗命将他的遗书送赠上海圣约翰大学图书馆,文华公书林牺牲了不少。"①

事实证明,韦棣华和沈祖荣从文华公书林和文华图书科创办伊始便试图使其独立于教会和文华大学之外不仅是正确的,而且也是具有非凡的远见卓识的。

1924 年 2 月,根据英美教育委办会的建议,经两年多的筹备,武昌文华大学与武昌博文书院②和汉口博学书院③的大学部合并,组成华中大学,孟良佐为校长,初设文、理、商和图书馆学四科。文华图书科因亦改称华中大学文华图书科。

1926 年 2 月,鉴于韦棣华积极游说美国国会议员以通过退还庚款用于中国文化教育事业的法案,为功至巨,且根据韦棣华的请求,中华教育文化基金会董事会遂议决自 1926 年 8 月起至 1929 年 6 月每年补助文华图书科 1 万元,其中 5,000 元为教席金,另外 5,000 元为助学金,计划每年设立图书馆学助学金名额 25 名,每

---

① 沈祖荣.《在文华公书林过去十九年之经验》.见《文华图书科季刊》1 卷 2 期第 159 ~ 175 页。

② 武昌博文书院乃英国循道会之教育机关,创办于 1885 年,初设于武昌城内的长街,1908 年移至武昌城外约一英里处。书院分大学和中学两部,大学课程分文科、理科和机器科三科,但学生只有 20 名左右。该院附设的中学颇形发达,预备学生考入香港大学,颇具吸引力。

③ 汉口博学书院乃伦敦会之教会机关,于 1899 年在汉口创办,7 年后迁至汉口三英里处。该校初不大著名,虽设备颇多,学生终不过 40 名左右。自迁移之后因远离政治上之滋扰,日见起色。书院设大学和中学两部。中学部课程相当于香港大学之预备班,历年香港大学招生亦多在该校举行,颇有影响。

名 200 元。这对于文华图书科来说,自然是一件至关重要的大事。因为合组之后的华中大学已与沈祖荣当初读书时的文华大学大不相同,当时的教会大学是劝人入学,学生自然是全部免费,即便如此,入学者也寥寥无几。而此时社会风气大开,祈望读书者颇众,入华中大学不仅要收费而且还需经过考试方才录取。要维持和发展文华图书科,并扩大其生源,那么经费自然是至关重要的。而中华教育文化基金会的补助对于无法从华中大学得到充足经费的文华图书科和试图使文华图书科独立于华中大学之外的韦棣华和沈祖荣来说,又具有十分特别的意义,因为经济的独立意味着管理体制独立的可能性。

为了实现文华公书林和文华图书科的独立,自 1926 年起,韦棣华开始将文华公书林和文华图书科的发展重任交付给她的两名得力助手沈祖荣和胡庆生,由沈祖荣担任文华公书林总理,胡庆生担任文华图书科主任。这种管理职位的"禅让"和交接既充分地体现了韦棣华对沈祖荣和胡庆生的信任,同时又表现了韦棣华的远见卓识,当然这也是时势的要求和必然。至此,韦棣华与沈祖荣和胡庆生的唱和发展到了一个新的阶段。

1927 年 5 月,因武汉政变,华中大学教职员大半离校引避,华中大学停办。这对于韦棣华、沈祖荣和胡庆生来说都是一个严峻的考验和挑战。在是关门停办还是共赴危难努力维持的选择中,与华中大学相反的是,韦棣华和沈祖荣毅然选择了后者,这既体现了他们的非凡胆识,同时也体现了他们的强烈自立意识。

在这个非常的时刻,并非所有的人都能像韦棣华和沈祖荣那样特别能经受时代的严峻考验,即使是韦棣华和沈祖荣的最密切的合作伙伴亦未必能具有这种意志。其中,胡庆生便是一个典型的例证。由于事业的艰辛和时局的动荡,胡庆生逐渐开始丧失信心。1928 年 11 月 3 日,胡庆生在不堪重负的情况下辞去了文华图书科主任之职,另谋经济丰裕的武昌上海银行之职(1930 年正式脱离文华图书科,并任该银行行长)。这对文华图书科来说是一个损失,对韦棣华和沈祖荣来说又是进一步的考验。

胡庆生辞职之后,韦棣华暂行代理主任①。1929 年 2 月新学期开学时,沈祖荣又接替韦棣华担任文华图书科代理主任。自此时起,沈祖荣已身兼文华公书林总理和文华图书科主任双重重任,正式以主人翁的姿态开始独立地发展韦棣华开创的一切事业。

沈祖荣临难受任,不仅能够不辱使命,而且能充分地展示其创造力,把文华图书科的发展推向了一个新的更高的发展阶段。在胡庆生正式辞职之前,沈祖荣便实际上已肩负起了文华图书科发展的全部重任,自 1928 年 9 月起,沈祖荣即积极谋求独立进行的文华图书科的立案工作,并在其后数月内办理完毕立案手续,等待湖北省教育厅调查后报大学院批准。1929 年 5 月,教育部批准文华图书科立案,俟复察后即正式立案为专门学校。1929 年 8 月,经教育部批准立案,文华图书科更名为私立武昌文华图书馆学专科学校,成为中国第一所独立的图书馆学专科学校。文华图书馆学专科学校的正式成立标志著我国图书馆学教育进入了一个新的阶段,也是韦棣华和沈祖荣自立意识的结晶。从此,文华图书馆学专科学校在沈祖荣的艰苦卓绝的领导下不断地走向辉煌。

1929 年 9 月,华中大学在停办两年之后恢复,韦卓民出任校长,颇希望文华图书馆学专科学校重新回归华中大学,但是,早已立志自创一番事业的沈祖荣谢绝了韦卓民的要求。然而独立地发展和经营文华图书馆学专科学校并非是一件简单的事,一切都必须由沈祖荣亲自规划并实施,其艰难的程度可想而知,好在已有两年的自立经验,沈祖荣已完全能够驾驭一切。

独立之文华图书馆学专科学校必须要有独立的固定经费来

---

① 《本科消息》. 见:《武昌文华图书科季刊》第 1 卷第 1 期第 113 页,1929 年 1月。

源,这是学校发展的保证。为此,沈祖荣自 1929 年起筹划成立了私立武昌文华图书馆学专科学校董事会,董事会成员包括①吴德施(中华圣公会鄂湘辖境主教)、孟良佐(前私立武昌文华大学校长、华中大学代理校长,此时任圣公会鄂湘辖境副主教)、周诒春(前国立清华大学校长、中孚银行行长,此时任实业部常务次长)、陈时(私立武昌中华大学校长)、吴国桢(湖北省政府委员兼汉口市市长)、袁同礼(国立北平图书馆副馆长)、孙洪芬(中华教育文化基金董事会执行秘书)、戴志骞(前国立清华大学图书馆馆长、国立中央大学副校长、此时任上海中国银行秘书长)、陈宗良(前私立武昌文华中学校长)、周苍柏(上海商业储蓄银行汉口分行行长)、卢春荣(私立武昌文华中学校长),以及韦棣华和沈祖荣。并在美国亦成立了相应的董事会,其英文名为韦棣华女士基金会(Mary Elizabeth Wood Foundation in America),董事包括罗素塞基金会主任格兰(Mr. J. M. Glenn, Director of Russell Sage Foundation, New York City)、蒙特拿州圣路易公共图书馆馆长鲍士伟(Dr. Arthur E. Bostwick, Librarian of St. Louis Public Library, St. Louis, Mo.)、哈佛大学比较动物学博物院主任顾理治(Mr. Harold J. Coolidge, Jr., Curator of Museum of Comparative Zoology, Harvard University, Cambridge, Mass.)和麻省妇女传道会干事华德(Miss Marian De C. Ward)。今天看来,文华图书馆学专科学校董事会的设立非常的成功,它为文华图书馆学专科学校的发展提供了十分可靠的保证。据不完全统计②,董事会成立初期共募得基金五项:

1. 基金 23,000 元。

---

① 文华图书馆学专科学校董事会董事名单自成立之后曾有个别调整,此处以 1937 年的名单为准,其中不包括初期的武汉的陈叔澄和杭州的冯汉骥等人。

② 李继先.《韦棣华女士与我国图书馆事业》.见:《华北日报图书馆学周刊》第 8 期第 3～4 页,1931 年 5 月 28 日。

2. 息金每年 1,380 元。

3. 美国圣公会补助费每年 8,000 元。

4. 美国妇女问题研究会补助费每年 2,000 元。

5. 美国庚款补助费每年 13,500 元。

上述资金,第一项基金由韦棣华和沈祖荣自各处募捐而得,平日不能擅自动用;第二项息金拨作学校经常费之用;第三项补助费专为学校聘请教授之资,不得拨作他用。第四项亦为经常费;第五项为中华教育文化基金会于 1930 年 6 月继第一次补助文华图书科之后又一次议决继续补助三年之款项。在此之后,中华教育文化基金会一直未曾中断对文华图书馆学专科学校的补助,总计包括:1933 年 7 月 14 日议决补助维持费及增加研究设备 15,000 元;1934 年 6 月 29 日议决补助学校 15,000 元,1936 年 4 月 18 日议决补助学校 15,000 元。此外,1939 年中华教育文化基金会补助 15,000 元,教育部继续补助 7,000 元,另外补教席一名(袁志刚),管理中英庚款董事会补助临时建筑费 5,500 元;1941 年行政院拨救济费 70,000 元,赈济委员会拨 10,000 元,中华教育文化基金会拨紧急补助费 25,000 元①。

文华图书馆学专科学校董事会的成立和各项基金的募集对于文华图书馆学专科学校来说无疑是十分重要的维持和发展的首要保障,而对于韦棣华和沈祖荣来说则是他们在事业上精诚合作的绝唱。因为,从此时开始尽管年近古稀的韦棣华仍坚持在文华图书馆学专科学校执鞭任教,但是,由于身体和精力的原因,客观上使得韦棣华已难以像过去那样四处奔波、叱咤风云了,历史的重任必须由正当中年的沈祖荣来完成。韦棣华与沈祖荣的这最后一次合作实际上意味着韦棣华已将自己数十年历尽艰辛创办的事业完

---

① 宋建成著.《中华图书馆协会》.台湾育英社文化事业有限公司,1980 年 6 月,第 143~146 页。

整地交付给了自己最信赖的助手、伙伴和朋友,这是历史的重托!从此,沈祖荣便完全走上了充分展示自己才能的独立发展之路。

在韦棣华完成了其历史使命的交接之后,作为韦棣华所创事业的最可靠的接班人,沈祖荣心中最迫切的愿望乃是如何将此事业发扬光大。为了实现这个心愿,沈祖荣首先发起了全国性的表彰韦棣华的活动。鉴于1930年5月16日为韦棣华来华30周年纪念和文华公书林20周年纪念、文华图书科10周年纪念,沈祖荣特于1929年秋以文华公书林和文华图书科的名义发起于1930年5月16日在文华公书林举行大规模纪念大会,并函请中华图书馆协会协助进行。沈祖荣计划通过此次纪念大会募捐6万元建筑韦棣华博物馆,募捐5万元作为韦棣华手创的文华图书馆学专科学校讲学基金,既可为韦棣华之永久纪念,又藉此能促进中国图书馆事业之发展。其后不久,沈祖荣与全国各界名流132人共同启事,在全国发起"韦棣华女士来华服务三十周年纪念大会",并成立了以外交部王正廷为主席、汉口上海银行周苍柏为司库、汉口圣保罗教堂座堂黄馥亭为书记、沈祖荣和孔祥熙等43人为委员的"韦棣华女士来华服务三十周年纪念募款委员会"[1]。

1930年,正当一切筹备就绪,会期将至的时候,因为时局等诸方面的原因,开会颇为不便,不得已遂将"韦棣华女士来华服务三十周年纪念大会"延期至1931年举行。

然而,也许是命途多舛,韦棣华最终还是无缘领受国人对她的隆重纪念。[2] 1931年5月1日,此时离"韦棣华女士来华服务三十周年纪念大会"只差五天,一切筹备活动已进入倒计时的时刻,午

---

① 《韦棣华女士来华服务三十周年纪念大会启》、《韦棣华女士来华服务二十周年纪念募款委员表》。见:《中华图书馆协会会报》5卷4期第2~4页。

② 《韦棣华女士来华服务三十周年纪念大会启》、《韦棣华女士来华服务三十周年纪念募款委员表》。见:《中华图书馆协会会报》5卷4期第2~4页。

饭后,沈祖荣校长带领全体学生在公书林司徒厅练习校歌。12 点 55 分,韦棣华女士病逝于武昌私邸,享年 70。消息传来,歌声立刻停止,一种紧张沉寂的空气充满了司徒厅,窒息的情绪紧紧压在众人的心头。沈祖荣校长首先打破这异常的沉寂说:"我们的韦棣华女士,毕竟是死了!她!以全部生命牺牲在发展中国文化事业上,今后的责任,未死的我们应当如何地去担负啊!希望你们要……继续地去努力你们的事功……开垦你们的新园地……也就是说——要秉着韦女士的遗志,发展中国文化教育,努力图书馆事业……"①。

韦棣华的逝世,对于沈祖荣来说是一次人生的重大打击和更为严峻的考验,因为沈祖荣从此失去了自己最崇拜的导师、最亲密的战友和最信赖的知音。这不仅是沈祖荣个人的重大损失,而且也是中国图书馆事业的重大损失,从此,中国失去了一代现代图书馆运动的皇后,美国失去了一座中美图书馆事业的桥梁。这不能不引起海内外同仁的震惊和悲痛!

中国现代图书馆运动的皇后——韦棣华毕竟殒落了,虽然她走得过于匆忙,但是,她没丝毫遗憾,因为她以自己毕生的精力服务于中国的文化教育事业,既无愧于中国,也无愧于她的祖国。虽然她走得过于匆忙,但是,她没有丝毫牵挂,因为不仅她手创的事业有她最信赖的接班人沈祖荣继承和发扬,而且她的精神也有了更多同仁的继承和发扬。

的确,韦棣华无愧于历史的使命,同样,沈祖荣更无愧于时代的重托。自 1929 年文华图书馆学专科学校成立以后,沈祖荣不断开拓、创新,在短短的几年之内把文华图书馆学专科学校发展到了巅峰。

在学制上,文华图书馆学专科学校重新规范了新的制度,专收

①　邓衍林.《火葬》.见:《文华图书科季刊》第 3 卷第 3 期第 345～355 页。

大学二年级肄业的学生,入学后再受两年专门图书馆学训练,改变了文华图书科时代兼修图书馆学的制度,这使得图书馆学教育更为专门化和专深化。自 1930 年起,为了适应我国图书馆界的要求,文华图书馆学专科学校又专门附设了图书馆学讲习班一班,修业期限定为一年,嗣后视需要而定,随时与专科同时招收。这种在图书馆学本科专业教育的同时辅以短期培训的形式,无疑既增加了文华图书馆学专科学校的办学层次和活力,而且也适应了我国图书馆界的急切人才需要。

在课程设置上,沈祖荣不断总结经验,借鉴欧美图书馆学教育的模式,结合中国图书馆的具体情况,在调整和充实原有专业课程的同时,对整个课程体系进行了逻辑化和系统化,使得两年的图书馆学专业课程在教学上能够做到由浅入深、由中到外、循序渐进。同时,沈祖荣秉承文华大学的传统,特别地强调外国语言能力的培训,除英语作为学生必备的语言能力之外,又特别增加了第二外国语德语、法语和日语三门课程,以供学生自由选修。在此基础上,沈祖荣制定了一套我国最完善的图书馆学课程体系,这套体系的大致情况如下[①]:

第一学年第一学期

图书馆经营法 A(书籍之购求保管与应用)     2 学时

图书分类法 A(分类法通论)     2 学时

图书编目法 A(西文编目法)     2 学时

图书馆史 A(西洋图书馆史)     2 学时

目录学 C(中国目录学)     2 学时

参考书 A(西文参考书)     2 学时

打字与习字     2 学时

---

[①] 文华图书馆学专科学校编.《私立武昌文华图书馆学专科学校一览(二十六年度)》.该校印行,1937 年,共 104 页。

| 索引与检字 AB（索引法、检字法） | 2 学时 |
| 博物馆学 B（古器物学） | 2 学时 |
| 簿记与会计 | 1 学时 |
| 外国语 | 3 学时 |
| 军事训练 | 2 学时 |
| 国术 | 1 学时 |
| 实习 | 4 学时 |

第一学年第二学期

| 图书馆经营法 B（图书馆组织行政与建筑） | 2 学时 |
| 图书分类法 B（分类法专论甲西方分类法） | 2 学时 |
| 图书编目法 A（西文编目法） | 2 学时 |
| 图书馆史 B（中国图书馆史） | 1 学时 |
| 目录学 C（中国目录学） | 2 学时 |
| 参考书 A（西文参考书） | 2 学时 |
| 书籍选择 A（书选通论） | 1 学时 |
| 索引与检字 C（序列法） | 2 学时 |
| 博物馆学 B（古器物学） | 2 学时 |
| 簿记与会计 | 1 学时 |
| 外国语 | 3 学时 |
| 军事训练 | 2 学时 |
| 国术 | 1 学时 |
| 实习 | 4 学时 |

第二学年第一学期

| 图书馆经营法 C（图书馆宣传及推广事业） | 2 学时 |
| 图书分类法 B（分类法专论甲西方分类法） | 2 学时 |
| 图书编目法 A（西书编目法） | 2 学时 |
| 儿童图书馆学 | 2 学时 |
| 目录学 A（西洋目录学） | 2 学时 |

58

| 参考书 B(中文参考书) | 2 学时 |
| 书籍选择 B(西洋各科名著选要) | 2 学时 |
| 档案管理法 | 2 学时 |
| 外国语 | 3 学时 |
| 国术 | 1 学时 |
| 实习 | 4 学时 |

第二学年第二学期

| 图书馆经营法 D(特种图书馆研究) | 2 学时 |
| 图书分类法 C(分类法专论乙中国分类法) | 2 学时 |
| 图书编目法 B(中文编目法) | 2 学时 |
| 毕业论文 | 1 学时 |
| 目录学 B(西洋书籍史) | 2 学时 |
| 博物馆学 A(博物馆学通论) | 2 学时 |
| 书籍选择 C(中国各部名著选要) | 2 学时 |
| 档案管理法 | 2 学时 |
| 外国语 | 3 学时 |
| 国术 | 1 学时 |
| 实习 | 4 学时 |

以上课程中目录学 C(中国目录学)包括目录学 D(版本学)，外国语分 3 种:法语、德语、日语,其中法语和德语分别用两年授完,日语则仅一年授完,学生可任选一门。

在教学设施与设备的建设上,沈祖荣在不断发展公书林的同时,努力建设图书馆学专藏,使得文华公书林成为与文华图书馆学专科学校不可分割的整体。据统计①:到 1937 年时,文华公书林总计有:中文普通各科书籍 15,348 册,专门图书馆学及目录学书

---

① 文华图书馆学专科学校编.《私立武昌文华图书馆学专科学校一览(二十六年度)》.该校印行,1937 年,共 104 页。

籍1,215册;英文普通各科书籍27,478册,专门图书馆学书籍1,811册;普通中英文杂志395种,共有3,672订册,专门图书馆学中英文杂志63种,共有646订册。此外,更备置有图书馆学工具书、参考书籍和各项应用卡片、表格、器具多种。另有图书馆展览表证、适用之图表、模型、幻灯、及电影机设备。而文华公书林旧有博物古物陈列室一间,内藏有古物矿物人文标本约1,100余件,对于图书馆学修习亦有资参考。1934年夏,沈祖荣又将毗邻文华公书林的文华图书馆学专科学校宿舍改建为西式三层楼房一座,命名为华德楼,藉以纪念文华图书馆学专科学校校董华德女士(Miss Marian De C. Ward)。其最下层为客厅,男女宿舍则分别在二楼三楼。

在师资队伍的建设上,沈祖荣广延四方贤俊,使得文华图书馆学专科学校的师资队伍不断壮大。1926年时,文华图书科专职教员仅韦棣华、沈祖荣、胡庆生、周楚蘅(清贡生、日本明治大学法政科毕业)和李登伯夫人(曾任职美国依阿华州立大学图书馆和州立儿童图书馆多年)5人。10年后,到1937年时,文华图书馆学专科学校的教职员已发展到18人[①],其中包括:教授4人,即沈祖荣校长、汪长炳教务主任(文华图书科毕业、美国哥伦比亚大学图书馆学硕士、曾任国立北平图书馆参考部主任、美国国会图书馆中文部编目主任等职)、周爱德(美国籍、华盛顿大学图书馆学士、曾任华盛顿大学图书馆参考部主任)、毛坤(国立北京大学文学士、文华图书科毕业、兼任文华公书林中文编目主任);讲师6人,即格拉赛(德国籍、德国哈勒大学毕业、历任德国林斯德罗克实验语言学校、武昌方言学堂、高等师范商科大学、中山大学、武汉大学教授)、易忠箓(日本早稻田大学毕业、曾任湖北省立图书馆馆长)、

---

① 文华图书馆学专科学校编.《私立武昌文华图书馆学专科学校一览(二十六年度)》.该校印行,1937年,共104页。

徐家麟(文华图书科毕业、曾任中华教育改进社图书馆主任、清华大学和燕京大学图书馆中文编目主任)、张春蕙(法国黎尔大学硕士、曾任武昌光华报主编)、叶承澍(武昌中华大学商学士、任武汉执行会计师职务)、熊寿农(武昌中华大学文学士、日本东北帝国大学研究所进修);其他教职员 8 人,即军事教官谢复华、国术教员赵子虬、女生看护教员蒋美德(美国籍、美国纽布雷埠护士专科学校毕业)、事务主任兼舍监范礼煌(兼公书林西文编目主任)、注册主任兼教员汪应文、秘书张树滋、事务员骆继驹和崔思孝。

在学校的管理上,沈祖荣亲自制定和组织制定了一系列的规章制度,使得文华图书馆学专科学校在管理上制度化、规范化。这些规章制度包括:《本校组织大纲》、《校董会章程》、《本校学则》、《校务会议章程》、《本校各处办公总则》、《教务会议规程》、《出版委员会章程》、《本校丛书出版规程》、《本校季刊社章程》、《刊物交换简章》、《刊物代售简章》、《图书馆借阅书籍规则》、《宿舍规则》、《考查操行规程》、《考查操行细则》、《学生实习规则》、《毕业论文规则》、《本校群育讨论会章程》、《中华教育文化基金董事会图书馆学免费学额简章》、《袁母韩太夫人图书馆学奖学金简章》、《武昌文华图书馆学专科学校北平同学会纪念韦棣华女士奖学金暂行简章》、《招生简章》、《本校附设图书馆学讲习班章程》、《讲习班课程大纲》等共 24 项,巨细无遗,使得学校一切事务的进行均有章可行,有案可索。在行政管理上,沈祖荣亲自制定了一整套的管理机构,各部门既有分工又有合作,职责和权利明确,一切有条不紊,详见下列文华图书馆学专科学校组织系统图①(见下页图)。

---

① 文华图书馆学专科学校编.《私立武昌文华图书馆学专科学校一览(二十六年度)》.该校印行,1937 年,共 104 页。

私立武昌文华图书馆学专科学校

校董会

校长

校务会议

出版委员会　招生委员会　考试委员会

丛书编审委员会　季刊社

注册处主任　总务处主任　教务处主任　教育会议

兼训育员　事务主任兼舍监　秘书　图书馆管理员　教务员

助理员　助理员　书记录事　助理员　助理员

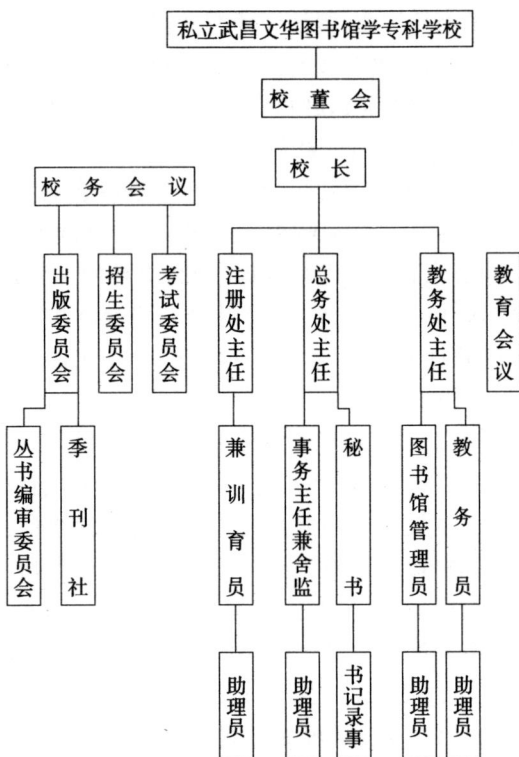

上述学制、课程设置、教学设施与设备建设、师资队伍建设和行政管理制度与系统的确立,为文华图书馆学专科学校的发展奠定了坚实的基础,是文华图书馆学专科学校继往开来的基石,也是沈祖荣总结历史经验的结晶。然而,沈祖荣并不满足于此,他认为图书馆学人才的培养不仅在课堂专业知识的传授,而且,更重要的是,在于事业精神的培养,在于实践技能的培养,在于研究能力的培养,在于知识面的拓广。只有这样才能培养出真正适合中国图书馆事业建设之需要的图书馆学全才和通才。而这一切在很大程度上有赖于课余丰富多彩的生活。为此,沈祖荣不断求实创新,手创了一套中国图书馆学教育史上绝无仅有的图书馆学课外学习法、实践法和研究法。

沈祖荣认为："图书馆虽渐次设立多了，然管理若不得人，设施不以其道，则仍与无图书馆等。所谓得人者，不仅指馆员须曾受图书馆学专门教育与训练也，尤须有极热烈之感情，伟大的服务社会之精神……。执事所须之热烈情感、服务精神两要素，不可不于今日养成之"①。为此，沈祖荣于1930年秋亲自制定了文华图书馆学专科学校校训——智慧与服务（Wisdom and Service）和以此为主题的校歌，藉此表达全校师生的共同理想，以求唤起爱校观念及求学精神，使知有所趋向。毫无疑问，"智慧与服务"这一校训乃是沈祖荣参透美国图书馆事业发达的内在原因，洞悉韦棣华人生的动力，反思中国图书馆事业发展的经验，经过千锤百炼而抽象出的事业精神和理想结晶。正是这一校训的精神力量使得文华图书馆学专科学校的师生在以后数十年中历尽千辛万苦仍然能百折不挠，在平凡的图书馆事业上谱写了一曲又一曲可歌可泣的颂歌。

为了培养学生的研究能力，沈祖荣于1929年1月亲手创办了《文华图书科季刊》（后改名为《文华图书馆学专科学校季刊》）为文华图专学子提供了一块研究图书馆学的园地。沈祖荣鼓励学生注重实事研究，不避琐细题目，审合社会情形，整理丛书，介绍新知识，大力开展图书馆学研究，并确立了以发表与介绍中外图书馆界对于图书馆学术之研究及心得，以资促进我国图书馆事业的办刊宗旨。尤为可贵的是，为了充分地施展学生的才能，沈祖荣确定了《文华图书科季刊》以学生为主体，以教师为辅导的办刊方式。这种方式是一个创举，一个古今中外图书馆界迄今绝无仅有的创举！事实证明：沈祖荣的这项创举取得了十分辉煌的成果。尽管《文

---

① 沈祖荣.《我对于文华图书科季刊的几种希望》.见：《文华图书科季刊》1卷1期,1929年1月。

华图书馆学专科学校季刊》因"七·七事变"不得已于1937年停刊,只存在了八年之久的时间,但是,《文华图书馆学专科学校季刊》独树一帜,以崭新的姿态从一开始便跻身于中国近代图书馆学刊物的前列,并成为继《中华图书馆协会会报》和《图书馆学季刊》之后的三大图书馆学刊物之一。正如《浙江省立图书馆馆刊》所言:"现今国内关于图书馆学术的刊物,除国内各大图书馆馆刊外,其纯粹研究图书馆学,而内容比较充实的,要算中华图书馆协会出版的《图书馆学季刊》和《武昌文华图书馆学专科学校季刊》了"①。不仅如此,通过《文华图书馆学专科学校季刊》,还造就了诸如李钟履、吕绍虞、张葆箴、于镜宇、戴镏龄、蓝乾章、张正鹄、徐家壁、李继先、周连宽、耿靖民、钱存训、邓衍林、毛坤、于震寰、汪应文等等一大批的图书馆学研究新人和未来的著名图书馆学家。

尤为令人惊叹和佩服的是,为了充分地培养和提高文华图书馆学专科学校师生的科研水平和能力,在文华图书馆学专科学校独立之后的短短八年内(1929～1937),沈祖荣亲自规划,指导出版了文华图书馆学专科学校丛书共计19种,这些丛书包括:

1. (美)骆约翰著.章新民译.《民众图书馆行政》.1934年出版,136页。

2. (美)卫迟著.戴镏龄译.《图书馆的财政问题》.1934年出版,136页。

3. 李钟履著.《乡村图书馆经营法之研究》.1931年出版,52页。

4. 赵福来著.《图书馆建筑与设备》.1935年出版,178页。

5. (英)萨费基著.毛坤译.《西洋图书馆史略》.1934年出版,108页。

---

① 《国内图书馆刊物提要介绍·文华图书馆学专科学校季刊》.见《浙江省立图书馆馆刊》2卷3期第16～17页,1933年6月30日。

6. (美)鲍士伟著. 徐家麟等译.《世界民众图书馆概况》.1934 年出版,230 页。

7. 皮高品著.《中国十进分类法》.1934 年出版。

8. 沈祖荣编译.《标题总录》.1937 年出版。

9. 刘子钦著.《分类之理论与实际》.1934 年出版,66 页。

10. (美)爱克斯著. 沈祖荣译.《简明编目法》.1929 年出版,128 页。

11. 黄星辉著.《普通图书馆编目法》.1933 年出版,196 页。

12. (日)加藤宗厚著. 李尚友译.《标题目录要论》.1934 年出版,140 页。

13. 钱亚新著.《拼音著者号表》.1937 年重印本,20 页。

14. (英)福开森著. 耿靖民译.《目录学概论》.1934 年出版,23 页。

15. (美)哈勒斯著. 喻友信译.《图书馆使用法的指导》.1934 年出版。

16. 吴鸿志著.《图书之体系》.1935 年出版,54 页。

17. 戴镏龄著.《字典简论》.1935 年出版,100 页。

18. (美)美利尔著. 张鸿书译.《图书分类指南》.1935 年出版,128 页。

19. (德)Konrad Glatzer(格拉赛)编.《Library Terms in German With English Equivalents》.1936 年出版。

在上述 19 种著作中,竟有 13 种出自文华图书馆学专科学校在校学生的手笔! 这是一个奇迹,一个我们今天都难以企及的奇迹! 这是沈祖荣诱导、学子们积极参与的结晶,更是文华图书馆学专科学校人才辈出的原因之一。

为了培养学生的实践技能,自 1929 年秋起,沈祖荣"以学贵切用,乃提议组织一编目股,将公书林旧有中国书籍四十余箱分类整理,股中一切计划、预算、采办材料用具,分配工作事宜均由学生自动办理,……每星期工作四小时,每人轮流当股长一次"①。以此增加学生的实践机会,培养其管理与组织才能。

不仅如此,为了进一步培养学生的实践技能和事业精神,自1932年春起,沈祖荣又开始组织"私立武昌文华图书馆学专科学校学生服务团",发动学生利用课余时间在武汉三镇宣传和扩广图书馆事业,办理巡回文库,实施民众教育。同样,学生服务团的一切均由学生自己办理。为了不致使此活动夭折,在学生募捐时,沈祖荣总是捐款最多最及时。在沈祖荣的亲自扶持下,学生服务团一直坚持活动了十几年,直到抗战西迁重庆,学生服务团仍在坚持利用巡回文库为受伤将士服务。这无疑是图书馆事业的推广,是图书馆服务精神的推广,是文华图书馆学专科学校校风的推广。

为了扩大学生的知识面,增广学生的见闻,活跃学生的研究兴趣,沈祖荣继续发扬光大文华公书林聘请专家演讲的作风,于1929年专门成立了"私立武昌文华图书馆学专科学校群育讨论会"。群育讨论会以"利用课外休闲时间研讨图书馆学以外,或与图书馆学相关之其他学科问题,藉以联络校内师生间、与同学彼此间,以及校外人士之感情"为宗旨,每两个星期举行一次演讲和讨论,讲员聘请:(a)专科以上学校之教授讲师;(b)中外之著名学者及专家;(c)在文化教育机关团体中任重要职务者;(d)新近由外洋留学归来者。具体组织管理工作完全由学生负责,沈祖荣只在聘请专家演讲方面予以协助。据不完全统计,曾应邀前来演讲的有:周鲠生(武汉大学教授):国际联盟及研究书目,时召瀛(武汉大学教授):中国外交关系书目,燕树棠(武汉大学教授):法学及法学之分类,陈西滢(武汉大学教授):近代文学之趋势,闻一多(武汉大学文学院院长):唐代的文学,曾定夫(医师):公共卫生及书目,陈祖源(武汉大学教授):中国史籍节略,黄秋圃(华中大学

---

① 《本科消息》. 见:《文华图书科季刊》1卷4期第473～474页。

院长):教育意义,蔡尚思(华中大学教授):中国哲学之直接研究及客观批评,查修博士:国际航空公法之趋势,查啸仙(武汉大学理学院长):我国科学之过去与未来,陈淑元(华中大学教授):如何研究中国文化,桂质庭(华中大学理学院长):近代物理学研究的什么,韩德霖(文华图专法文教授):圣诞节的意义,严文郁(校友):德国图书馆事业之现势,湖北省政府张主席:中国为什么要有国难及其解决的途径,严士佳(华中大学教务长):中国职业问题,吴其昌(武汉大学教授):殷墟契文发现之历史与对于中国文化上之影响,郭斌佳(武汉大学教授):历史为科学吗,韦德生教父:圣公会之历史,吴子彬(中华大学教授):九一八事件之回顾,徐行可(藏书家):四库提要类目,张镜澄(武汉大学教授):细菌与人生,黄秋圃(华中大学代理校长):中国现代教育应注意的几点,包鹭宾(华中大学教授):文心讨源,胡稼胎(武汉大学教授):从哲学观点来探讨青年精神上的出路,谈锡恩(湖北省图书馆馆长):宇宙间人生之意义与价值,陈淑元(华中大学教授):目前中国文化运动问题之检讨,吴其昌(武汉大学教授):十世纪来中国私家藏书之沿革及其所培造的学风,王育之(湖北省立民众教育馆馆长):广西省民团及乡教情形考察记,陈序庠(华中大学化学系主任):工业化学及与国防之关系,胡毅(华中大学教授):从心理学的立场上来讨论图书馆阅览办法,桂质庭:最近游美的感想,游国恩(华中大学教授):宋王荆公新法的检讨,刘乃诚(武汉大学教授):科学管理与图书馆管理,吴施德主教:交友之道。群育讨论会一直持续到抗战西迁重庆之时,极大地开拓了学生的视野,丰富了学生的知识。

沈祖荣还十分注重学生语言能力的培养,先后从美国、德国、瑞典等国聘请了斐锡恩女士、华玛丽女士、盈格兰女士、克若维女士、韩德霖先生、毕爱莲女士、郝露斯女士、格拉赛先生等多名外籍教员和留学归国教员到文华图书馆学专科学校来讲授英语、法语、德语、日语等多种外国语。由于沈祖荣自文华图书科创办起就十分注重学生外语能力的培养,重视外语能力已成为文华图书馆学专科学校的传统。正因为如此,文华图书馆学专科学校的学生均具有较高水平的外语能力,毕业后留洋攻读图书馆学,或就职于外国图书馆者颇不乏人,如徐家麟、王文山、桂质柏、裘开明、严文郁、查修、刘延藩、汪长炳、陆秀、曹柏年、房兆颖、黄星辉、岳良木、李芳馥、曾宪三、戴镏龄、葛受元、田洪都等等都曾先后留洋,其中不乏后来成为海内外著名专家学者之人,其影响颇为广泛深远。

为了丰富学生的课余生活,沈祖荣经常率领全校师生或赴汉口大波楼、省立图书馆、英文楚报馆、汉阳兵工厂、私人藏书楼等处参观游览,或赴中山公园、东湖等处踏青郊游,或在校园内植树、游艺,在谈笑、游艺和娱乐之中活跃了师生的业余生活,陶冶了学生的性情。

作为校长,沈祖荣充分地展示了他的卓越才能,可以毫不夸张的说,迄今为止,在中国图书馆学教育界无人可以与沈祖荣相提并论。作为一名教授,沈祖荣兢兢业业,循循善诱,诲人不倦,一人讲授《西文编目法》、《图书馆行政学》等多门课程,他无愧于教师这个崇高的职业。在课余,沈祖荣经常率领学生打篮球、排球、游泳、做体操,俨如学生的朋友;学生经济有困难,沈祖荣常常解囊相助,令许多学生终生难忘,夜间沈祖荣常到学生宿舍巡房,嘘寒问暖,又俨如慈父。这些细微之处不正是体现了沈祖荣的伟大吗?!

文华图书馆学专科学校之所以能够在30年代走向辉煌,除了社会的其他因素以外,它取决于沈祖荣非凡的领导能力和组织才干,尤其是文华图书馆学专科学校的精神。对此,毛坤在1930年曾作过这样十分精辟的阐述[1]:

---

① 毛坤.《华中大学文华图书科十周年纪念》.见:《文华图书科季刊》2卷2期第137～139页,1930年6月。

"一、创办人之精神。创办图书科者，美国韦棣华女士也。……女士一生志愿，在辅助中国，发扬文化。其首先着力点，为图书馆事业。欲发展图书馆事业，首在人才之养成；故创办图书科以为根基。……对于经费则中外奔走，劝募维持；辛苦倍尝，十年一日。其坚忍卓绝，远思长虑之精神，不可及也。

二、维持人之精神。语云创业固难，守成亦不易，诚哉言矣。图书科自创办而后，使无沈祖荣、胡庆生两先生辛苦维持，图书科恐早已烟消云散矣。二先生……学识优良，经验丰富，全校事物教务皆亲任之。口无余暇，手不停批；面命耳提，循循善诱。十五年武昌围城，十六年时局混乱；其他学校皆已停办，独图书科赖二人之力仍得维持。岁寒然后知松柏之后凋，其谓是乎？

三、学生之精神。我国学子，往往心神不定，见异思迁。学工程而入教育，学教育而入政治，比比皆然，习非成是。其紊乱系统，减低效能，莫此为甚。惟文华图书科之毕业学生，对于此点，至足称道。……全数皆在图书馆服务。而图书馆事务至为繁苦，自朝至暮，饮食而外，无休息之时。且在今日图书馆员者，地位低微，报酬亦啬。见异思迁之士，鲜有能忍受之者，而文华图书科诸同学，安之若素，且益奋发，其忠于所学，为何如哉？

以上三端，皆文华图书科赖以巍然存于国中之理由，国家亦以受其福利者"。

# 七、急流勇进:在中华图书馆协会中

经过 1917 年至 1919 年沈祖荣的倡导,新图书馆运动开始在全国蓬勃兴起。随着西方图书馆学术的不断流入和国民图书馆意识的不断加强,20 年代以后,各地开始普遍地设立公共图书馆、通俗图书馆和学校图书馆,中国的图书馆事业开始进入了一个新的发展时代。然而,由于各地图书馆的设立乃是有识之士的自发行为,图书馆均各行其是,彼此之间缺乏交流与联系,更谈不上统一的图书馆组织。这种局面显然不符合现代图书馆发展的需要,建立全国性的图书馆组织以加强图书馆彼此之间的协作协调已势在必行。面对着这样的形势,沈祖荣继在全国倡导新图书馆运动之后,在创办文华图书科的同时,又不失时机地急流勇进,迅速地投入到了创建全国性图书馆组织的活动之中。

在沈祖荣倡导新图书馆运动的同时,中国的平民教育运动亦正在全国蓬勃兴起。自 1919 年"五四运动"以后,平民教育运动中的右翼开始把平民教育变成为杜威式的"平民主义教育",并进而将其演化为"公民教育"。为了宣传杜威式的"平民主义教育",中国教育界人士于 1921 年 12 月在北京将实际教育调查社、新教育共进社和新教育编辑社三个团体合组成了旨在"调查教育实况,研究教育学术,力谋教育进行"的全国最大的教育学术团体——中华教育改进社(其后有一百多个机关参人)。为分工研究起见,改进社下设若干个专业组,鉴于图书馆乃是重要的教育机关,特设图书馆教育组。在全国尚无统一的图书馆组织的时候,中华教育改进社图书馆教育组的设立无疑为全国性图书馆组织的创立提供了一个良好的契机,而正是沈祖荣等充分地利用了这个契机,最终才使得全国性图书馆组织的创立成为可能。

1922 年 7 月 3 日至 8 日,中华教育改进社在山东济南召开第一次年会,戴超(志骞)、沈祖荣、洪有丰、杜定友、戴超夫人、朱家治、孙心磐共 7 人出席图书馆教育组会议。这是中国现代图书馆四大名流沈祖荣、戴志骞、洪有丰和杜定友的第一次正式集会,具有不可忽视的意义。

这个不可忽视的意义就在于四大图书馆界名流思想的撞击迸发出了酝酿全国图书馆组织的火花。在赴会之初,四大名流不过是带着"促人深省,使知图书馆与教育本不可离"①的心态相聚于济南的。正因为如此,图书馆教育组在会前收到的总共 13 件议案(其中沈祖荣提交议案 7 项、洪有丰 2 项、杜定友 2 项、戴志骞 1 项、杨成章 1 项)几乎全部都是有关设立图书馆的议案。例如,沈祖荣所提 7 项议案最后经过讨论成为决议案的 3 项分别为:一、拟呈请教育部通咨各省省长转饬各教育厅长除省会内必须建设省立图书馆外凡所属之重要商埠(如上海汉口等)亦必有图书馆之建设案;二、拟呈请教育部会同财政部筹拨相当款项重建京师国立图书馆案;三、凡著作家出版之书籍欲巩固版权须经部审查备案注册者应将其出版之书籍尽两部义务一存教育部备案一存国立图书馆以供众览案②。当然,这些决议案对于推动我国图书馆事业的发展都具有积极地建设性的意义。

---

① 沈祖荣.《提倡改良中国图书馆之管见》. 见:《新教育》6 卷 4 期第 551～555 页,1923 年 4 月。

② 《分组会议记录·图书馆教育组议决通过案》. 见:《新教育》5 卷 3 期第 611～612 页,1922 年。

7月7日上午,当图书馆教育组举行最后一次会议时,随着议案讨论的深入,代表们的初衷亦开始升华。杜定友因事返粤,委托孙心磐代表提出"请教育部添设图书馆教育司案",代表们讨论此案咸以现在尚非其时,故亦主张暂为搁置,决议将此案暂为搁置。在会议行将结束的时候,戴超在于7月5日会议上提出的组织图书馆管理学会案因无附议,暂不讨论的情况下即席提议中华教育改进社组织图书馆教育研究委员会案。这个临时动议即刻得到了沈祖荣、洪有丰的赞同和附议,并成为图书馆教育组所通过的8项决议的最后一项决议。毫无疑问,戴志骞的这个动议道出了沈祖荣和洪有丰的心声,因而特别能引起共鸣。经过戴志骞、沈祖荣、洪有丰等代表的讨论,最后拟定了如下理由及组织大纲①:

请中华教育改进社组织图书馆教育研究委员会案

理由:

一、图书馆教育与改进问题,本有密切之关系。例如美国图书馆协会与教育会互相独立原非妥当办法,以致常生隔阂。

二、中华教育改进社已设立各处办事机关,并以图书馆教育为新教育问题之一,设立图书馆教育研究委员会于中华教育改进社内,对于经济上即属节俭,而与教育事业上亦大有裨益。

组织:

一、定名:中华教育改进社图书馆教育研究委员会。

二、宗旨:本会以研究图书馆教育问题为宗旨。

三、委员:委员名额暂定十五人,由改进社函请国内研究图书馆教育及热心研究教育者充之。

四、职员:本委员会设干事一人、副干事一人、书记一人,由本

---

① 《分组会议记录·第十八图书馆教育组》.见《新教育》5卷3期第555~561页,1922年。

委员会互选之;并由中华教育改进社聘任之。

五、研究计划:本会研究计划分二种:

　　甲、共同研究　以分组研究之结果,应由全体委员讨论决定之。

　　乙、分组研究　暂分四组,遇必要时增减之:

　　　　(1)图书馆行政与管理。

　　　　(2)征集中国图书。

　　　　(3)分类编目研究。

　　　　(4)图书审查。

六、出版:研究结果暂由《新教育》发表。

　　上述组织大纲虽为临时之作且十分粗糙,但其中显然已蕴含着创建全国图书馆组织的端倪,而这个端倪经沈祖荣在会后的阐述便已昭然若揭。

　　在中国教育改进社第一次年会之后,应中华教育改进社主任干事陶知行的邀请,沈祖荣于1922年11月在《新教育》杂志5卷4期上发表了《民国十年之图书馆》一文。在这篇论文的最后,沈祖荣特别提出提倡图书馆应当注意的5个方法,其中第5个方法即是"全国图书馆研究会"。沈祖荣认为:"中国图书馆,其所以不能发达者,又在该馆各自为法,孤立无助;推原其故,由未联络研究机关,以谋协助也。诚能组织全国图书馆研究会,以馆中馆长馆员主任为基础,再征求全国同志,及热心赞成家,加入此会,则会员愈多,见闻愈广,集思广益,知识交换,合群策群力,以改良其办法,则此种事业,定有进步。不然,一盘散沙,毫无系统,同为此种事业,而意见纷歧,各处异制,即有良法,无人学步,纵多流弊,不知铲除,长此以往,欲谋发展,未之有也"①。显然,沈祖荣关于"组织全国

　　①　沈祖荣.《民国十年之图书馆》.见:《新教育》5卷4期第783~797页,1922年11月。

图书馆研究会"的思想比图书馆教育组的"组织中华教育改进社图书馆教育研究委员会"要深刻得多。在立足点上,"全国图书馆研究会"注重于全国的图书馆事业,而"图书馆教育研究会"则偏于图书馆教育方面;在办理方式上,前者强调征求全国同志,会员多多益善,而后者只限于15名委员且寄于改进社之篱下;在目的上,前者着重于改良图书馆事业,而后者则仅以研究为目的。

值得注意的是,虽然沈祖荣的这篇论文发表于改进社年会召开的4个月之后,但是,迄今为止,我们尚无法判断这篇论文究竟是作于年会之前还是之后。从文章的题目《民国十年之图书馆》和文内"中华教育改进社主任干事陶先生,致书祖荣,命将关于全国图书馆之事实,略为陈述,缀为短篇,登诸《新教育》杂志,俾众周知",以及文中内容与第一次年会毫无牵涉来看,似应作于第一次年会之前。而发表时因《新教育》5卷3期悉数刊登第一次年会内容,只得移至5卷4期发表。倘若如此的话,那么,沈祖荣提出的"组织全国图书馆研究会"的建议,要比戴志骞提出的"组织中华教育改进社图书馆教育研究会"的建议更早。即便是沈祖荣的这篇论文作于改进社年会之后,从目前的史料来看,沈祖荣仍然是公开倡导全国性图书馆组织的第一人,因为改进社的图书馆教育研究会仅仅只是一个代表性非常有限的改进社下设机构。

值得肯定的是,中华教育改进社第一次年会对沈祖荣具有相当的激发作用,这个作用突出地体现在会后沈祖荣所发表的另一篇论文之中。1923年3月,沈祖荣在《新教育》6卷4期上发表了《提倡改良中国图书馆之管见》一文。此时,沈祖荣乃是以中华教育改进社图书馆教育委员会委员的身份呼吁中华教育改进社组织"图书馆责任委员会"(即美国的 Library Commission)以推进图书馆事业的改良。

沈祖荣认为:"图书馆责任委员会,为一种重要的机关,为能扶助扩充此种事业之强有力机关"。其任务包括:

（1）划分全国为数区，以便分任调查，或通函，或亲到，临时斟酌之。

（2）调查已经设立之图书馆的成绩，以及管理方法之有无缺点。

（3）介绍一切最新之管理法，须与各馆之管理员，互相磋商，助其改良。

（4）对于未经设立图书馆之地，须负提倡讲演，及著述之义务。

（5）将所调查之结果，汇成报告书，分寄各处图书馆，俾该馆之管理员，知其优劣之所在，因之可以联络声气，群策进行。

（6）须于每月对于图书馆应办及改良事宜，或自身，或请人，出著作一篇，登载《新教育》杂志以资鼓吹。

沈祖荣呼吁："此时不谋改良则已，如欲改良，非个人之力所能胜任，鄙见以为非有责任委员会，为有统系的研究，不能扫除积弊，收美满之结果，此设立责任委员会所以刻不容缓之组织"①。

显然，沈祖荣呼吁组织的"图书馆责任委员会"与改进社的"图书馆教育委员会"是完全不同的。在不到半年的时间内，沈祖荣连续发表两篇论文分别提倡和呼吁组织"全国图书馆研究会"和"图书馆责任委员会"，前后呼应，在全国宣传了组织全国图书馆机构的意义及办法，为全国图书馆组织的创立作了舆论上的准备。

1923年8月20日至24日，中华教育改进社第二次年会在北平清华学校举行，文华图书科因已有韦棣华、胡庆生参加，沈祖荣没有与会。这次年会图书馆教育组共通过决议案五项，其中两项

---

① 沈祖荣.《提倡改良中国图书馆之管见》. 见:《新教育》6 卷 4 期第 551～555 页,1923 年 4 月。

对于全国性图书馆组织的创办具有重要的意义。

其一是戴志骞提出的"组织各地方图书馆协会案"。该决议案提出"由中华教育改进社将地方图书馆协会组织之紧要,通告各地方图书馆"。其后,中华教育改进社首先敦请戴志骞发起北平图书馆协会。1924年3月,戴志骞、冯陈祖怡、查修等发起成立我国第一个地方图书馆协会——北平图书馆协会。其后,各地图书馆协会纷纷成立。同年4月,章仲铭、陈益谦、高克潜发起浙江省会图书馆协会。5月,何日章、李燕亭等发起开封图书馆协会;杨廷宪等发起南阳图书馆协会。6月,王文山等发起天津图书馆协会;杜定友、孙心磐、黄警顽等发起上海图书馆协会;洪有丰等发起南京图书馆协会。再后,各地图书馆协会的成立已蔚然成风。地方图书馆协会的纷纷设立,既为全国图书馆协会的成立奠定了不可缺少的基础,也使得全国图书馆协会的成立成为可能。

其二是韦棣华代表文华大学图书科全体提出的"呈请中华教育改进社转请政府及美国政府以美国将要退还之庚子赔款三分之一作为扩充中国图书馆案"。该议案提出在今后20年内,就尚未退还之庚子赔款下,每年提出20万美金用于发展图书馆事业。在"希望我国政府推广图书馆事业,现已如泡影,绝无成为事实之可能。故吾人如欲发展中国图书馆事业,舍仰给于'美国退还赔款'外,并无第二捷径"①的情况下,如此决议案能实现,将具有重大的意义。值得注意的是,人们常常忽视了该决议案中关于全国图书馆协会组织的内容。该议案在实施办法中提出管理美国退还赔款的组织架构为:由美国驻京公使、中国外交部、教育部、及全国高等教育联合机关、总商会等组织"选举部"→由"选举部"推选"董事部"→由"董事部"派选"图书馆委员会"→"图书馆委员会"得扶

---

① 《图书馆教育组·议决案汇录》.见:《新教育》7卷2、3期合刊第304~307页,1923年10月。

助"中国图书馆协会"组织及其发展。这其中不能忽视的是该议案第一次提出了"中国图书馆协会"这个名称,而且由"以美国将要退还之庚子赔款三分之一作为扩充中国图书馆事"到"扶助'中国图书馆协会'组织及其发展"这一"逻辑谶语"果真在日后得到了应验。可以说,这一议案的产生乃是韦棣华、沈祖荣、胡庆生三人唱和的又一典型例证,因为在此之前,"沈祖荣、胡庆生、洪有丰与戴志骞四人曾为此事致函美国图书馆协会年会,请其在美国方面给以相当之赞助,覆函亦已收到"①,而且该议案的起草显然是由沈祖荣和胡庆生完成的。

1924 年 7 月,中华教育改进社在南京东南大学召开了第三次年会,沈祖荣未能与会,王文山代表沈祖荣和胡庆生在图书馆教育组第四次会议上宣读了论文《中学图书馆几个问题》。会上曾通过裘开明提议的"刊行图书馆学季报案",并举定沈祖荣为编辑部主任,戴志骞为副主任,洪有丰为经理部主任,朱家治为副主任②。其后,由于诸多原因的影响,中华教育改进社的年会逐渐失去对图书馆事业发展的意义,图书馆教育委员会在 1925 年完成历史使命之后亦迅速地退出了历史的舞台。尽管如此,我们必须充分肯定的是,中华教育改进社图书馆教育组是我国图书馆界领袖最早聚集的组织,它对全国图书馆协会的产生起到了重要的宣传、倡导和奠基的作用,而沈祖荣、戴志骞、洪有丰、杜定友等则不言而喻地成为中华图书馆协会的早期重要倡导者。正如金敏甫所言:"教育团体所附设之图书馆会议,以教育改进社之图书馆教育组为最有精神"③。中华图书馆协会亦称:"我国图书馆协会之组织,首推北

---

① 《图书馆教育组·议决案汇录》.见:《新教育》7 卷 2、3 期合刊第 304～307 页,1923 年 10 月。

② 《图书馆教育组》.见:《新教育》9 卷 3 期第 649～669 页,1924 年。

③ 金敏甫著.《中国现代图书馆概况》.广州:广州图书馆协会,1929 年,第 15 页。

京图书馆协会,……。至于全国之总会,则发轫于民国十一年成立之中华教育改进社图书馆教育委员会"①。

如果说中华教育改进社图书馆教育组(委员会)和各地方图书馆协会设立,与沈祖荣和戴志骞等人的极力倡导奠定了中华图书馆协会产生的基础的话,那么,韦棣华致力于将美国退还庚款用于中国图书馆事业则是中华图书馆协会产生的催化剂。

所谓"庚子赔款"乃是自鸦片战争以后帝国主义对中国空前大规模的敲诈勒索。俄、英、美、日、德、法、意、奥、西、比、荷共十一个帝国主义列强在1900年镇压了义和团运动之后于1901年9月7日胁迫清朝政府签订了丧权辱国的《辛丑条约》。《辛丑条约》的一项重要内容是:清政府向各国赔款白银四亿五千万两,以关余、盐余和常关三项税收作为担保,分三十九年还清,本利共九亿八千多万两,外加各省地方赔款二千多万两。这就是所谓的庚子赔款。而所谓的"退还庚款",并非是实际意义上的"退还",实际上只是帝国主义列强不再勒索或放弃勒索中国按年度尚未付清的赔款余额。从这一点上来讲,帝国主义列强在"退还庚款"后限定"庚款"的用途乃是对中国的继续干涉和侵略,实际情况亦是如此。

最先退还庚款的是美国,1909年(清光绪三十四年),美国退还一部分庚款,创办清华学校暨派遣留美学生。1917年第一次世界大战爆发,因中国对德奥宣战,德奥两国庚款自动取消,中国亦要求美国取消赔款。其后历年中国政府均与美国政府交涉要求取消庚子赔款剩余部分,惜因多种原因,美国国会一直没有通过。

也许是历史的巧合,或者韦棣华也确实起到过某种程度的催化作用,美国最后通过了退还庚款的议案。尽管我国图书馆界迄

---

① 中华图书馆协会编.《中华图书馆协会概况》.北京:中华图书馆协会,1933年8月25日,第1页。

今为止一致认为美国退还庚款是韦棣华努力的结果,但是,从美国国会讨论的原始记录中根本就找不到韦棣华所起作用的任何痕迹①。

1923年,美国国会曾开会讨论退还庚款的议案,但未获通过。不知此次重提议案是否与前述1923年沈祖荣、胡庆生、洪有丰、戴志骞四人致函美国图书馆协会请予赞助,和文华图书科的要求美国退还庚款之三分之一用于图书馆事业的议案有关联。

据韦棣华个人的叙述②:根据基督教青年会全国委员会总干事余日章博士(Dr. David Z. Y. Yui)的建议,韦棣华于1923年冬赴北京拜见美国公使舒尔曼博士(Dr. Schurman)和在京中美要人,商讨如果美国退还庚款是否具有依照美国的意图管理庚款并将庚款部分余额用于发展中国现代公共图书馆的可能性。为了促成此事,中国人起草了一份请求书,并获得了中国各界名流150人的签字,以支持这一计划。这份请求书寄给了美国总统柯立芝(President Calvin Coolidge)。此外,65位在华美国教育者、传教士和商人亦向美国总统呈寄了第二份建议将部分庚款用于图书馆的

①　参见:(1)U. S. Statutes at Large, V. 43, pt. 1, P. 135, ch. 24(Pub. Res. No. 21);(2)U. S. Serial Set No. 6228, 68th Cong. ,1st Session, House Rept. No. 601;(3)U. S. Serial Set No. 8221,68th Cong. ,1st Session, Sen. Rept. No. 519.
此外,美国学者白齐茹博士(Dr. Cheryl Boettcher)一直对韦棣华在美国退还庚款中的实际作用表示怀疑,惜其手稿《Mary Elizabeth Wood and the Boxer Indemnity Bill》一直未见发表。

②　Mary Elizabeth Wood.《Recent Library Development In China》. 见:《ALA Bulletin》,18(1924):178~182.

请求书①。由四百多位中国教育界名流组成的中华教育改进社一致投票赞成此项计划。一些中国政界要人,包括前总统黎元洪、外交部长顾维钧博士、湖北和山西的省长、冯玉祥将军,因其政府职位不便签署请求书,均各自写信支持使用部分庚款。这一切表明:中国要人和在华美国代表都一致希望看到模范图书馆的开始。

有人向韦棣华建议:如果要将部分庚款指定用于公共图书的话,那么有必要亲自回国以促该议案通过。于是韦棣华再次回到了美国(具体时间不详,大约在 1923 年底或 1924 年初)。韦棣华在首都华盛顿停留了六个月,其间拜谒了对中国庚款案有兴趣的82 位参议员和 420 位众议员②。1924 年 5 月 21 日美国参众两院通过议案并获总统批准同意将总数为 6,137,552.90 美元的庚款余额退还中国,以进一步发展中国的教育和其它文化事业③。

鉴于美国退还庚款并未详列具体的用途,且中国外交部已决定成立中华教育文化基金董事会(同年 9 月成立,由中美共 15 人组成)以管理和制定庚款使用方案④,韦棣华试图借助美国图书馆

---

① 宋建成在其所著《中华图书馆协会》(台湾育英社文化事业有限公司出版,1980 年 6 月,第 18 页)中说:"韦棣华女士……拟定一篇请求书携赴当时在北京美国驻华大使叔尔曼博士(Dr. Schurman)洽谈,……。此举获致热烈支持,获有 150 位中国朝野人士签字。韦女士将之连同 65 位旅华美侨所签具的请求书,于 9 月呈送美国总统及国会"云云。宋先生所言与韦棣华的自述有很大出入:其一,两份请求书均非韦棣华拟定;其二,两份请求书均非经韦棣华呈送;其三,寄送的时间不可能是 9 月,因为韦棣华自言是冬季赴北平。由此可见,宋先生所言有违史实,于情于理亦不符,实乃过于美化和夸张韦棣华的作用。

② Mary Elizabeth Wood.《Recent Library Development In China》. 见:《ALA Bulletin》,18(1924):178~182.

③ 参见:(1).U. S. Statutes at Large, V. 43, pt. 1, p. 135, ch. 24 (Pub. Res. No. 21);(2).U. S. Serial Set No. 6228, 68th Cong. ,1st Session, House Rept. No. 601;(3). U. S. Serial Set No. 8221,68th Cong. ,1st Session, Sen. Rept. No. 519.

④ 《各国庚款余额退还情形》. 见:教育部编.《第一次中国教育年鉴》(戊编《教育杂录·庚款与教育文化》).上海:开民书店,1934 年,第 86~114 页。

协会的支持,以促成庚款用于图书馆事业。1924 年 7 月 1 日韦棣华在美国图书馆协会第 46 届年会(6 月 30 日至 7 月 5 日在 Saratoga Springs 举行)第二次全体会议上藉宣读论文《近来中国图书馆之发展》(Recent Library Development in China)之机,竭力呼吁:"我们必须派遣一位美国图书馆专家去调查中国图书馆事业!他必须是出自美国的图书馆代表;他应被视为是美国图书馆界的权威;其言辞应有极大的分量;他应建议我们成立一个令中国外交部感到荣耀且获美国政府认可的组织;他应将一些中国最著名的教育家吸纳到该组织之中"。"这位代表应努力掀起一场真正的图书馆运动。应要求他组建中华图书馆协会(the Chinese Library Association),并将其与美国图书馆协会联系在一起。这将是将中美这两个伟大的国家联系在一起的一条新的纽带。美国图书馆协会正处在 50 周年纪念的前夕,而中华图书馆协会则正处在诞生的前夜"①。由于韦棣华的竭力呼吁和斡旋,美国图书馆协会决定派遣圣路易斯公共图书馆(St. Louis Public Library)馆长、前美国图书馆协会主席鲍士伟博士(Dr. Arthur E. Bostwick),作为美国图书馆协会的代表于 1925 年 4 月 26 日至 6 月 16 日来华考察图书馆事业。

在经过数年的新图书馆运动,美国图书馆学术已深入人们心中且备受尊崇的时候;在经过数年的舆论和组织上的准备,全国图书馆协会已呈现出呼之即出的态势的时候,鲍士伟来华的消息犹如一石击起千层浪,催促了中华图书馆协会的产生。

1925 年 3 月,北京图书馆协会"以美国图书馆协会派遣代表来华,欲于中国图书馆事业有所赞助,认为有提前组织之必要,特

---

① Mary Elizabeth Wood.《Recent Library Development In China》. 见:《ALA Bulletin》,18(1924):178～182.

组委员会筹备一切"①,率先开始筹备全国图书馆协会。并随即邀请各地方图书馆协会和海内教育文化界名流蔡元培、梁启超、黄炎培、张伯苓、沈祖荣、韦棣华等56人首揭缘起,"请集全国图书馆及斯学专家为中华图书馆协会"②。

4月12日,中华图书馆协会发起人大会在北平中央公园来今雨轩召开。会议推邓萃英为临时主席;议决组织筹备会,推定沈祖荣等15人为筹备委员,并推北京图书馆协会会长袁同礼为临时干事,洪有丰、查良钊为书记。4月19日又在北京师范大学乐育堂召开第一次筹备会会议,正式推熊希龄为筹备会主席,干事书记仍旧,同时推举候选董事,并订下次筹备会在上海举行。

与此同时,4月份,上海图书馆协会"因迭接安徽、山西、浙江、河南、江西等处图书馆之函请,皆以全国图书馆协会之组织,刻不容缓,而为便利起见,地点以在上海为宜;故托该会筹备,该会因即集会讨论,金谓义不容辞,遂乃从事筹备,并定四月二十二至二十五日为全国图书馆代表集会之期,会场借南洋大学,各地图书馆遂先后遣代表到沪"③。

由于信息阻塞,会期将至,上海方面始悉北京方面已有中华图书馆协会之筹备。为避免中华图书馆协会出现"南北朝"局面,经杜定友紧急电信斡旋,北京方面鉴于各省图书馆代表应召莅沪者已有十四省,爰议决合组中华图书馆协会。

4月22日,沈祖荣等各地代表60余人在上海徐家汇南洋大学举行谈话会,推定杜定友为主席。23日,沈祖荣等全国代表参

---

① 中华图书馆协会编.《中华图书馆协会概况》.北京:中华图书馆协会.1933年8月25日,第1页。

② 中华图书馆协会编.《中华图书馆协会概况》.北京:中华图书馆协会.1933年8月25日,第1页。

③ 金敏甫著.《中国现代图书馆概况》.广州:广州图书馆协会.1929年,第18~19页。

加全国图书馆协会第一次筹备讨论会,讨论有关组织办法等事项,并组织审查会。因各地代表主张太多,意见颇不一致,会议终日,仍无结果。24日继续开会,通过了组织办法,并将全国图书馆协会定名为中华图书馆协会,章程则另组起草委员五人拟定之。25日,上午10时,沈祖荣等各省代表在北四川路横滨桥广肇公学三校开讨论会,讨论、修正和通过了会章草案,讨论毕遂由主席杜定友宣告中华图书馆协会正式成立。下午2时改开成立大会,会议推选蔡元培、梁启超、胡适、丁文江、沈祖荣、锺叔进、戴志骞、熊希龄、袁希涛、颜惠庆、余日章、洪有丰、王正廷、陶知行、袁同礼等15人为董事部职员;推选戴志骞为执行部部长,在戴志骞回国之前,由袁同礼暂行代理部长职务,杜定友、何日章为执行部副部长;并聘定执行部干事33人。会议最后议定6月2日在北京举行中华图书馆协会成立仪式。

中华图书馆协会的成立是中国图书馆界同仁和美国友人共同努力的结果,是中国现代图书馆事业发展的必然结果。中华图书馆协会以"研究图书馆学术,发展图书馆事业,并谋图书馆之协助"为宗旨,表明中国图书馆事业开始由自为发展阶段进入到自觉发展阶段,标志着新图书馆运动发展的顶峰。从此,中国图书馆运动开始由学习、借鉴和模仿西方图书馆的观念、学术和模式进入到一个洋为中用、古为今用的中国化图书馆发展的新时代。

1925年4月26日下午3时,美国图书馆协会代表鲍士伟抵沪。作为以外国图书馆学专家和代表的身份来华的第一人,鲍士伟的到来受到了在中国图书馆史上绝无仅有的隆重欢迎。参加中华图书馆协会成立大会的全体代表为鲍士伟召开了隆重的欢迎会,熊希龄、陶知行、洪有丰、杜定友等相继发表了最诚恳、热烈和极为赞誉与希冀的欢迎辞。其后,鲍士伟开始了由中国"超一流"的图书馆专家杜定友、洪有丰、沈祖荣、胡庆生、袁同礼分别担任翻译的长达七周的考察。5月11日鲍士伟自南京乘船抵汉口,沈祖荣等到汉口码头迎接,下午陪同鲍士伟赴长沙,14日再返回武昌,17日晚11时最后送鲍士伟乘火车北上河南。鲍士伟每至一地所受到的礼遇自然可想而知。

6月2日下午3时,中华图书馆协会假北京欧美同学会礼堂举行成立仪式,各省图书馆代表共有王永礼、李小缘、何宪琦、彭清鹏、孙子远、沈祖荣、胡庆生、严献章、何日章、李燕亭、王文山、臧家佑、徐续生、许毅、侯与炳、郑道儒、袁同礼、吴凤清、邹笑灵等17人参加。颜惠庆主席致开幕辞后,教育次长吕健秋、鲍士伟先后演说。奏国乐后,继由中华图书馆协会董事部部长梁启超和韦棣华先后演说,最后合影留念,仪式方告结束①。中华图书馆协会遂彻底地成立了。

值得赘述的是,在中华图书馆协会成立仪式上,中华图书馆协会特赠给鲍士伟"牛车一具,用作纪念。该车瓦质,长营造一尺六寸,为明器之属。出洛阳邙山象庄。制作古朴。审为元魏时物"。"并赠鲍士伟搨本多种。藉谢其来华盛意"②。其后,鲍士伟于6月3日向中华教育文化基金董事会提交了《致中华图书馆协会和中华教育改进社报告》的初稿,7月7日,鲍士伟在美国西雅图完成并正式分别提交了《致美国图书馆协会执行委员会报告》和《致中华教育改进社和中华图书馆协会报告》,其使命便告结束。有趣的是,鲍士伟在《致美国图书馆协会执行委员会报告》中言:中华教育文化基金董事会于6月5日在天津举行第一次会议,董事会在此之前已收到中华教育改进社正式提交的请求将部分基金用于图书馆事业的报告③。事实上,中华教育文化基金董事会在6

---

① 《会务纪要》.见:《中华图书馆协会会报》1卷1期第6页。

② 同上。

③ Arthur E. Bostwick.《Reports of Arthur E. Bostwick's Mission To China As A. L. A. Delegate》.见:《A. L. A. Bulletin》20(1926):35～47.

月的第一次年会上已决议："美国所退还之赔款，委托于中华教育文化基金董事会管理者，应用以……（二）促进有永久性质文化事业，如图书馆之类"①。而在该董事会的 10 名中方董事中（美方 5 人，共 15 人）中竟有 7 人参与了中华图书馆协会的发起②。韦棣华促使美国图书馆协会派鲍士伟来华的目的之一是促使以美国退还赔款的一部分用于中国图书馆事业，之二是建议中国成立全国图书馆协会，究竟是中国人自己达到了这两个目的，还是鲍士伟实现了韦棣华的意愿呢？这其中颇值得回味！

中华图书馆协会成立以后，沈祖荣一直担任着重要的组织领导工作，先后被公推为董事（1925 年 5 月～1929 年 1 月），执行委员（1929 年 2 月～1937 年 1 月）、理事（1937 年 2 月～1949）；并先后担任图书馆教育委员会主席、委员，编目委员会副主任、委员，检字委员会主席，编纂委员会委员等多项职务，成为中华图书馆协会中最活跃、最有影响力的少数几个关键领导人物之一。

为了将社会各界的图书馆力量都组织起来，共同推动中国图书馆事业的发展，沈祖荣又积极促成了中华基督教教育联合会图书馆组的设立。1926 年 2 月中旬，中华基督教教育联合会在上海举行年会。沈祖荣担任图书馆组主席，书记汤美森女士，参加的其他会员 12 人（其中华人 5 人，西人 7 人），共代表九个机关。在年会期间，图书馆组共举行会议五次，与国文组合议一次，先后讨论了（1）协同编制索引，（2）各图书馆互借办法，（3）编制与交换各种书目，（4）各图书馆之预算标准，（5）养成办理合购图书馆用品之商店，（6）培养图书馆流通部人员，（7）教员与图书馆之联络，（8）

---

① 《各国庚款余额退还情形》. 见：教育部编. 《第一次中国教育年鉴》（戊编《教育杂录·庚款与教育文化》）. 上海：开民书店，1934 年，第 86～114 页。

② 参见①第 88 页之《中华教育文化基金董事史系表》第 1 档和中华图书馆协会编. 《中华图书馆协会概况》. 北京：中华图书馆协会. 1933 年 8 月 25 日，第 2 页中华图书馆协会发起人名单。

图书馆中之中文部,(9)组织委员会等。尤为值得一提的是,在图书馆组的会议中一共宣读了 11 篇论文,这 11 篇论文全部是沈祖荣主席在会前预先拟定题目,请各代表撰写的。在最后一次会议时,沈祖荣主席曾代表中华图书馆协会,称述基督教学校图书馆之合作,并呼吁国内图书馆界应切实赞助中华图书馆协会①。

中华图书馆协会成立之后,因受时局影响,年会迟迟未能按计划举行。1928 年,协会决定于 1929 年 1 月在南京召开第一次年会,聘定李小缘、杨杏佛、钱端升、陈剑翛、柳翼谋、崔萍村、王云五、何日章、沈祖荣、胡庆生、杜定友、徐鸿宝、洪有丰、万国鼎、章桐、陶知行、锺福庆、俞庆堂、刘季洪、戴志骞、刘国钧为年会筹备委员,袁同礼为当然委员。筹备会常务委员会曾举行筹备会议三次,议决了年会的各种事项。其中,在年会之事务组织中,由戴志骞、沈祖荣、杨立诚、王云五、袁同礼、何日章组成论文组,负责管理征求论文及讲演等;在分组讨论会中拟请沈祖荣、王云五、陈立夫、万国鼎、陈文、张凤参加组织②。

1929 年 1 月 28 日至 2 月 1 日,中华图书馆协会第一次年会在南京金陵大学召开。1 月 29 日上午索引检字组举行分组会议,沈祖荣主席、万国鼎书记,讨论完善检字法之标准。下午在科学馆举行中华图书馆协会第一次会务会议,杜定友主席,首由董事沈祖荣报告董事部年来之经过及中华图书馆协会以后之希望。继由执行部长袁同礼报告会务之进行与现状。晚 7 时举行公开讲演,戴志骞主席,继莱斯米和胡庆生之后,沈祖荣讲演"文华图书科概况",并代表韦棣华女士向大会表示祝贺。1 月 30 日,索引检字组在沈祖荣主席的主持下继续首次会议讨论完善检字法之标准,确定了

<hr />

① 沈祖荣.《中华基督教教育联合会图书馆组开会记》.见:《图书馆学季刊》1 卷 2 期第 362～363 页,1926 年 6 月。

② 《本会年会筹备之进行》.见:《中华图书馆协会会报》4 卷 3 期第 22～23 页。

三项标准:(1)简易:简单、自然、普及;(2)准确:一贯、有定序、无例外:(3)便捷:便当、直接、迅速。并通过若干议案与动议。1 月31 日上午分类编目组开会,继刘国钧之后,沈祖荣宣读论文《中文编目中一个重要问题》。2 月 1 日上午会务会议举行职员选举,戴志骞、袁同礼、李小缘、刘国钧、杜定友、沈祖荣等 15 人当选为中华图书馆协会执行委员。下午赴国民党中央执行委员会之欢迎会。晚中华图书馆协会第一次年会在教育部举行的宴会中落幕①。

继组织和参加中华图书馆协会第一次年会之后,沈祖荣在1929 年一年之内完成了在中国图书馆史上具有里程碑意义的两大壮举:其一是正式创办独立的私立武昌文华图书馆学专科学校(见前述),其二是作为中国的唯一代表参加第一次国际图书馆和目录学大会。这些标志着沈祖荣的人生与事业在 1929 年发展到了一个新的高峰。

第一次国际图书馆与目录学大会的召开和国际图书馆协会联合会(International Federation of Library Associations, IFLA)的成立乃是世界图书馆事业由分散迈向“大同”的标志和世界各国图书馆界同仁共同努力的结果。经过数十年的酝酿,在 1927 年 9 月英国图书馆协会在爱丁堡举行英国图书馆协会 50 周年大会时,应各国的要求,大会在开会的首日组织了一个委员会专门讨论发起成立国际图书馆协会联合会的有关事宜,共有来自奥、比、加、捷、丹、英、法、德、荷、意、挪、瑞典、瑞士、美国和中国等 15 国的图书馆协会代表 21 人与会。中华图书馆协会以韦棣华为代表出席了此会。与会代表联合倡议并签署了正式成立国际图书馆和书目委员会(International Library and Bibliographical Committee, ILBC, 此为 IF-LA 的原名)的协议。9 月 30 日会议闭幕式上又最后通过了由上

① 《中华图书馆协会第一次年会纪事》.见:《中华图书馆协会会报》4 卷 4 期第 5~14 页。

述 15 国代表联合签署的一项决议案,即人们所说的 IFLA 成立"宣言",IFLA 遂告成立。会后,人们将爱丁堡决议作为进一步协商的基础,呼吁各国图书馆协会加入。该决议文本后经各国图书馆协会批准生效,最终成为 IFLA 的正式章程。爱丁堡会议之后,中华图书馆协会董事部以此事关系国际图书馆之联络甚巨,遂于1927 年决定正式加入 IFLA,并推定戴志骞、袁同礼、沈祖荣三人为中华图书馆协会代表①。1928 年 IFLA 在罗马宣告正式成立。

1929 年 3 月 8 日,中华图书馆协会因迭接 IFLA 关于召开第一次国际图书馆和目录学大会的来函三件,遂于本日组织参加国际图书馆会议委员会,敦聘杨铨、戴超、刘国钧、柳诒征、傅增湘、徐鸿宝、洪有丰、袁同礼、赵万里、张元济、王云五、杨立诚、刘承干、沈祖荣、杜定友、金梁为委员。其后,中华图书馆协会执行部公推沈祖荣为中华图书馆协会正式代表前往罗马参加第一次国际图书馆与目录学会议,并复呈请教育部,即委沈祖荣兼办部派代表事务,并请提出行政会议,由政府拨助旅费。同时,中华图书馆协会一方面特约国内图书馆专家为国际图书馆大会撰写论文,后收到戴志骞撰《中国现代图书馆之发展》、沈祖荣撰《中国文字索引法》、胡庆生撰《中国之图书馆员教育》和顾子刚撰《中国图书制度之变迁》等四篇,并在北平将此四篇论文合印为《Libraries in China》论文集,以便携往大会。另一方面又在国内征集图书准备参加大会期间的国际图书馆展览②。

1929 年 5 月 13 日,沈祖荣自武昌起程由海道至北平。5 月 23 日,沈祖荣奉教育部委任令及津贴旅费 300 元,携带中国展品两巨箱自北平启程,经西北利亚赴意大利罗马参加国际图书馆第一次

---

① 《国际图书馆界之联络》.见:《中华图书馆协会会报》3 卷 4 期第 17 页。

② 《中华图书馆协会筹备参加国际图书馆会议报告》.见:《中华图书馆协会会报》4 卷 5 期第 4～25 页。

大会。6月10日,沈祖荣安抵罗马。6月15日,第一次国际图书馆与目录学会议在意大利议院内开幕,赴会代表计32国,正式代表150人,非正式代表约900人。大会期间,沈祖荣除参加各种会议,参观罗马、拿波利(Napoli)、西西里、佛罗伦斯(Florence)、波罗那(Bologna)、马典拿(Modena)、威尼斯(Venice)等处图书馆与文化名胜之外,于6月19日的图书馆事业总计组分组会议上宣读了中华图书馆协会所选论文5篇,即上述《Libraries in China》中的4篇外加《中国图书馆今昔观》1篇;于6月20日在罗马近代美术院第一层楼上与英、法、德、美、丹、荷、芬兰、挪威、捷、加等国一起举行图书馆展览会。作为东方唯一的参展国家,中国的展品数量不多,但内容丰富,计有图书馆统计图表、图书馆学著作、美术影印片、古籍善本等项,各国代表观后皆赞许中国文化之悠久进步。此外,还在宴会时演讲两次,各国代表对于我国派遣代表与会深致谢意。6月30日大会闭幕,沈祖荣亦出色地完成了与会的使命①。对于沈祖荣此次与会,严文郁先生曾做过这样的评论:"我国代表除正式参与各种盛会,宣读论文,竭力宣扬文化外,并与各国代表沟通,表示愿意东西双方交换有经验之图书馆学者,互相协助图书整理工作。当时有数国代表甚表赞同。德国莱不锡德国书库(Deutsche Bucherei)馆长邬南德,普鲁士邦立图书馆馆长顾柔司(HugoA. Kruss)表示我国若有此种人才,欲赴德国研究其管理方法,则德国同仁必推诚接纳。此一诺言,数年后一一实现。由此可知我国此次参加国际会议,极有成果"②。事实上,沈祖荣此次与会尚有更深刻的意义,正如笔者多年以前所言:"如果说1927年在英国爱丁堡召开'英国图书馆协会50周年大会'发起成立'国际

---

① 沈祖荣.《参加国际图书馆第一次大会及欧洲图书馆概况调查报告》.见:《中华图书馆协会会报》5卷3期第3~29页。

② 严文郁著.《中国图书馆发展史》.新竹:枫城出版社,1983年6月,第241页。

图书馆协会联合会'时,中华图书馆协会作为发起者之一,只是请外人韦棣华女士代表中国签字,虽然确立了中华图书馆协会在国际图书馆协会联合会之地位,但似有辱国之嫌的话,那么,沈先生作为堂堂正正的中国代表出席'国际图联'的第一次大会,则不仅巩固了中华图书馆协会作为国际图书馆协会联合会发起人的地位,而且亦大长了中国图书馆界在国际上之志气,其功绩是永垂青史的"①。

6月30日国际图书馆大会结束之后,受中华图书馆协会的委托,沈祖荣开始在欧洲进行长达两个月的图书馆事业考察②。

在德国,沈祖荣参观考察了莱比锡的德国图书馆(Deutsche Bucherei),并会晤其馆长邬兰德(Uhlendahl),受到热情接待。沈祖荣谈及中国将来派人来欧洲研究图书馆之事,请其协助。邹博士竭诚接受,并谓凡由华赴该馆研究之人,在服务时,非特照拂其依食住,尤愿酌给津贴与凭证。还分别参观考察了普鲁士省立图书馆(馆长克柔司)、柏林大学图书馆、通俗图书馆(馆长柔敦伯)、科学改进社图书馆(馆长亚耿司)、柏林市立图书馆(馆长弗锐思)、孟力克工业高等学校图书馆(馆长锐丁那),并分别与各馆馆长进行了会晤。鉴于我国图书馆界与英美出版界时相来往,互有联络,而于欧洲各国及其售书事业亦应明了,受袁同礼之托,沈祖荣还分别参观考察了最有影响的海惹斯所非司、海也司满、格司他夫法格书店和德国出版界协会。

在意大利,沈祖荣参观考察了罗马教皇图书馆、费尔特以满鲁图书馆、马提迦西诺图书馆、锐迦丁安图书馆、中央图书馆、科学哲

① 程焕文.《一代宗师 千秋彪炳——记中国图书馆学教育之父沈祖荣先生》.见:《图书馆》1990年第4期第54~58页;第6期第64~67页:1991年第1期第71~76页;第3期第60~64,73页;第5期第69~73页。

② 沈祖荣.《参加国际图书馆第一次大会及欧洲图书馆概况调查报告》.见《中华图书馆协会会报》5卷3期,第3~29页。

学图书馆、威尼斯马可图书馆等。

在荷兰,沈祖荣参观考察了京城爱母特米司坦图书馆、海牙图书馆、若特丹图书馆。

在英国,沈祖荣参观考察了大英博物院图书馆、米氏图书馆、中央大学图书馆、伦敦大学图书馆学校。

在法国,沈祖荣参观考察了巴黎国立图书馆、巴黎美国图书馆、美国巴黎图书馆学校。

在瑞士,沈祖荣参观考察了国际联盟图书馆、国际劳工局图书馆。

在俄国,沈祖荣参观考察了列宁图书馆、莫斯科图书馆学校。

在奥地利,沈祖荣参观考察了维也纳图书馆等。

9月1日,沈祖荣自欧洲回国抵武昌,完成了前后三个月的欧洲之行。在这三个多月中,沈祖荣艰难跋涉数万里,足迹遍及俄国、意大利、德国、法国、英国、荷兰、瑞士、奥地利八个国家,既参加了第一次国际图书馆与目录学大会,又先后参观考察了数十所欧洲的著名图书馆,三所图书馆学校,以及书店等相关事业,这在中国图书馆事业发展史上可谓是开天辟地第一回。像沈祖荣这样在3个月间孤身一人独闯欧洲八国,行程数万里考察图书馆事业在我国不仅是前无古人,可能也是后无来者。这既需要气魄和胆量,更需要毅力和智慧,甚至吃苦和耐劳,而这一切正是沈祖荣所具备的,因而沈祖荣也就能担此重任。

12年前沈祖荣留美归国时,中国图书馆事业正处在现代化的前夜。沈祖荣不仅为中国图书馆界同仁带来了美国图书馆事业的新气象,而且及时地发动了一场倡导新图书馆、抨击藏书楼的新图书馆运动。12年过去了,美国图书馆事业虽然魅力犹存但已失去了往日的神秘,中国的图书馆事业正在迅速地现代化和中国化,但是,西欧的图书馆事业究竟如何,对中国图书馆界来说,虽知其一二,但仍然没有揭开其神秘的面纱。12年后沈祖荣自欧洲考察图书馆事业回国,这块神秘的面纱便开始荡然无存了。

总观欧洲图书馆事业,沈祖荣认为其有六大特点:(1)国家必人民之赞助也,(2)努力于文化之建设与保存也,(3)注意不同也,(4)重视东方文化也,(5)人才之培植也,(6)图籍之收藏也。那么我国图书馆今后应采取什么方针呢? 沈祖荣精辟地总结说:"查欧美两洲之图书馆,其注重有不同者。欧洲之各大图书馆,大抵于图书多重在保存,于应用多顾及专门之学者。美国图书馆,大抵于图书多重在普及,于应用则多顾及于公民。盖欧洲有较长之历史与文献,美洲开国不远,因之所从之道以异。我国图书馆今后究当以何为归耶? 荣以为我国文献悠长,同时民智未开,于国立图书馆当以欧洲为法,重专门与保存,于公共图书馆当以美国为法,注应用与普及。如斯则文献可以不坠,民智可以增进矣"①。

自从欧洲调查图书馆事业回国之后,沈祖荣又受命在国内作了两次重要的图书馆事业调查。

因南昌江西省立图书馆在百花洲建筑新馆请求中华教育文化基金董事会补助,基金会以此项调查非专家不可,乃特请沈祖荣去南昌调查一切,沈祖荣遂于1930年5月18日至23日对江西省图书馆进行了调查,其后亦向基金会呈送调查报告一份②。

为改进图书馆教育方针,并促进图书馆事业发展起见,中华图书馆协会于1932年特委托沈祖荣到华北各省及长江一带调查图书馆教育和图书馆一般情况。1933年4月6日至5月6日,沈祖荣遵中华图书馆协会之托赴各处调查图书馆教育和图书馆现状,先后奔赴开封、定县、北平、天津、济南、青岛、上海、杭州、南京等十

① 沈祖荣.《参加国际图书馆第一次大会及欧洲图书馆概况调查报告》.见:《中华图书馆协会会报》5卷3期,第3～29页。

② 沈祖荣.《调查江西省立图书馆报告书》.见:《文华图书科季刊》2卷3、4期合刊第465～467页,1930年12月。

余城市,调查图书馆 30 所,曾在三处对图书馆界同志公开讲演,并会晤中外诸教育名流,如胡适博士、燕京大学代理校长高厚德博士、北京协和医学院顾临先生、齐鲁大学代理校长戴维士博士、圣约翰大学校长卜舫济,以及蔡元培先生、叶恭绰先生、黄炎培先生等,与他们一一商讨如何改进图书馆事业和图书馆人才的训练方法等问题,而更多的是与各地图书馆专家讨论图书馆新兴的各种问题,以及训练人才时应如何使其适应需要。嗣后,沈祖荣曾提交调查报告两份,颇多合理化建议,效果颇佳①。

1933 年 8 月 4 日,中华图书馆协会第二次年会第一次筹委会议在国立北平图书馆召开,会议推定由王文山、沈祖荣、袁同礼组成年会主席团,并聘定沈祖荣为图书馆教育组分组讨论会主席②。8 月 28 日至 31 日,中华图书馆协会第二次年会在北平清华大学举行。沈祖荣向大会提交了《中华图书馆协会第二次年会图书馆教育组报告暨意见书》③。

1936 年 6 月 15 日,中华图书馆协会执行委员会在国立北平图书馆召开第三次年会筹备会议,会议议决先设总委员会、论文委员会和招待委员会等三个委员会,并公推青岛市长沈鸿烈为年会名誉主席、山东省教育厅长何思源、青岛市教育局长雷法章为名誉副主席,沈祖荣被推为年会总委员会委员、图书馆教育组主任。筹备会议还议决在年会闭幕后设一民众图书馆讲习会,授课三星期,并请沈祖荣、刘国钧、严文郁、吴光清、莫余敏卿五人组织一委员会,拟具具体计划④。

---

① 沈祖荣.《中国图书馆及图书馆教育调查报告》. 见:《中华图书馆协会会报》9 卷 2 期第 1～8 页。

② 《第二次年会之筹备》. 见:《中华图书馆协会会报》9 卷 1 期第 12～15 页。

③ 沈祖荣是否参加了中华图书馆协会第二次年会,因笔者尚未找到明确史料,不敢妄论,留作待考。

④ 《第三次年会之筹备》. 见:《中华图书馆协会会报》11 卷 6 期第 25～26 页。

1936 年 7 月中旬,沈祖荣携夫人姚翠卿女士及男女公子沈宝环、沈培凤、沈宝琴自武汉起程赴山东青岛参加中华图书馆协会第三次年会。7 月 19 日,中华图书馆协会执监委员会在青岛山东大学举行临时联席会议,大会主席团推定叶恭绰、袁同礼、马衡、沈兼士、沈祖荣、柳诒征六人组成。会议还推定了各提案审查委员会委员,沈祖荣、毛坤、李文裿被推为民众教育组提案审查委员会委员①。

7 月 20 日,中华图书馆协会第三次年会暨中国博物馆协会年会联合会于上午 9 时在山东大学礼堂举行开幕典礼,到会会员及来宾 150 余人,其中正式代表 131 人,文华图书馆学专科学校师生和校友代表除沈祖荣一家五人以外尚有 26 人出席,占代表总数的五分之一。

7 月 21 日上午,中华图书馆协会第三次年会在山东大学科学馆大讲堂召开演讲会,主席严文郁,首由沈祖荣演讲《公共图书馆在行政及事业上应有之联络》,继由陈训慈、侯鸿鉴、皮高品先后演讲。下午召开讨论会,主席沈祖荣,共议决议案 40 项。

7 月 22 日在科学馆大讲堂召开讨论会,主席沈祖荣,讨论教育部交议之 8 项议案。下午 4 时举行闭幕式,继叶恭绰主席致闭幕词之后,严文郁报告中华图书馆协会分组讨论会经过,马衡报告博物馆协会讨论会经过,袁同礼、马衡再分别报告两会会务情形,沈祖荣报告教育部提交议案讨论之经过,其后联合年会遂告圆满闭幕②。

中华图书馆协会第三次年会如同前两次年会一样无疑是一次

---

① 李文裿.《写在第三届年会之后》.见:《中华图书馆协会会报》12 卷 1 期第 1 ~ 5 页。

② 李文裿.《写在第三届年会之后》.见:《中华图书馆协会会报》12 卷 1 期,第 1 ~5 页。

十分成功的年会,沈祖荣作为这次年会的少数几个主要组织者发挥了十分积极的主导作用。尤为值得记述的是,这次年会具有几重十分特别的意义。

首先,沈祖荣率一家五口参加中华图书馆协会第三次年会这本身就是一件特别有意义的事情。沈祖荣率全家赴会并非是出于旅游之目的,而是为了让全家去感受和分享中国图书馆事业的盛况,去培养和陶冶后代的图书馆理想。也正是因为如此,沈祖荣的男女公子沈宝环和沈培凤在这次年会时同时加入了中华图书馆协会[①],从此,在中国 20 世纪的图书馆史上开始出现了一个绝无仅有的图书馆世家。

其次,在某种意义上说,这次年会是文华图书馆学专科学校的一次盛会。文华图书馆学专科学校自 1920 年创办至此虽只有仅仅 16 年的时间,但已是成就彪然,桃李满天下。在与会的 150 位代表与来宾中,文华师生校友竟有 31 人之多,占去总数的五分之一。不仅如此,文华的校友还在年会中起到了十分重要的组织作用,如担任年会总委员会委员的有王文山、田洪都、皮高品、沈缙绅、吴光清、查修、桂质柏、严文郁等 8 人;还有论文委员会委员严文郁、毛坤;图书馆行政组书记田洪都;图书馆教育组书记毛坤;分类编目组副主任吴光清、委员皮高品;索引检字组书记钱亚新、委员查修;民众教育组主任王文山等。这表明文华图书馆学专科学校的毕业生已迅速成为中国图书馆事业的中坚力量。

最后,这次年会是文华图书馆学专科学校凝聚力、团结精神和浓厚师生情谊的一次巡礼。第三次年会闭幕后,7 月 24 日,文华图书馆学专科学校校友近 30 人于中午在山东大学食堂会餐,一面为聚谈,一面为欢请沈校长沈师母及其男女公子。餐前摄影,餐后举行谈话会,异常快乐美满。晚上,服务于青岛之校友陈颂又在青

---

① 《会员简讯》.见:《中华图书馆协会会报》12 卷 1 期第 19 页。

岛咖啡店招待全体师长校友。沈祖荣一行自青岛到天津后,天津校友闻讯,立即全体出动,引领沈校长沈师母等各处游玩。离津抵北平时,北平校友事先早已准备,除诸校友公请公宴外,更每日陪伴沈校长沈师母,甚为热诚殷切①。从这些不经意的历史记载中,我们不仅能够窥见到德高望重的沈祖荣在校友和学生心目中的地位和感染力,而且更可窥见到文华校友的那股团结精神、向心力和凝聚力。

---

① 《同门消息》.见:《文华图书馆学专科学校季刊》8 卷 3 期第 432～433 页。

# 八、生死与共：西迁重庆的危难岁月

　　1937 年 7 月 7 日，日本侵略军发动卢沟桥事变；8 月 13 日，日本侵略军大举进攻上海。中国军队奋起抵抗，抗日战争全面爆发。

　　日寇发动全面侵华战争后，妄图在三个月内灭亡中国。面对着日寇的疯狂侵略，中华民族掀起了全民族的抗战高潮，中国军队在正面战场上浴血奋战，粉碎了日寇三个月内灭亡中国的计划。然而，由于客观上的敌强我弱，以及主观上和军事上的原因，日寇在一年多的时间内攻陷了我国的半壁河山。在华北，自 1937 年 8 月至 1938 年初，在全面战争开始半年内，日寇相继侵占了河北、山西、察哈尔、绥远、山东各省和河南的一部分。在华中，由于中国军队的顽强抵抗，日寇于 1938 年 11 月才侵占上海。12 月 13 日南京失陷后，扬州、芜湖、苏州相继沦陷。1938 年 5 月在台儿庄会战之后徐州失守。日寇侵占徐州后沿陇海路西进，6 月初攻占开封，准备夺取郑州，围攻武汉。蒋介石为阻止日寇攻势，下令炸开郑州以北花园口的黄河大堤，但仍未能阻挡日寇的进攻。武汉保卫战自 1938 年 6 月开始，日寇出动 12 个师团 35 万兵力进攻武汉；中国动用军队上百万，在大别山区、长江两岸数千里战线上层层设防。结果仍未能顶住日寇的进攻。10 月 25 日，武汉陷落。从七七事变到武汉失守的一年零三个月内，日寇侵占了北平、天津、上海、南京、广州、武汉等几十座城市，掠去华北、华中、华南十几个省区的大片国土，祖国的半壁河山陷入敌手。日寇铁蹄所至，无不烧杀掠抢,进行了诸如南京大屠杀之类的形形色色的惨绝人寰的大屠杀,中华民族遭到了空前的劫难[①]。

　　1938年6月在武汉保卫战刚刚开始时,文华图书馆学专科学校奉令由武昌迁往重庆,自本月底起,即准备一切,开始西迁。6月底,文华图书馆学专科学校沈祖荣校长、汪长炳教务长和毛坤教授三人,先到重庆筹划临时办公地点,其时陪都重庆由于华北华东诸多重要机关的纷纷西迁已是拥挤不堪,寻觅办公地点十分困难。经多日努力,在国立中央图书馆筹备处主任蒋复璁的帮助下,始在石马岗川东师范大礼堂内办公的国立中央图书馆筹备处借得房屋一间,设立办事处,积极筹备开学及招考新生事宜。

　　沈祖荣等在设立了办事处之后开始四处寻觅校址,其时在渝服务的文华图书馆学专科学校毕业生获悉母校准备迁渝纷纷献计献策,但因为校址的寻觅比办事处更为艰难,进行十分不易。后经沈祖荣与各方接洽,始获得求精中学当局之同意,借得一部分房屋。求精中学校址在重庆曾家岩,地位宽敞,风景清幽,环境甚为适宜,但因其他学校,如南京金陵大学、汇文女中、教育部电化人员训练班等校,均假求精中学上课,房屋颇不敷用。因此,沈祖荣又多方设法,在求精中学院内空地,自建西式单层新屋一座,作为教室、办公室、及图书阅览室之用。而学生之宿舍、餐堂、盥洗室、操场等则借用求精中学的场所。于是,经过两个月的紧张而艰难的筹备,文华图书馆学专科学校的西迁预备工作已基本就绪。8月至9月,文华图书馆学专科学校陆续将重要文卷、图书、机件、用品等西迁至重庆;全体教职员除少数兼任教员未予续聘,以及职员中决定一人留守外,其余均在此两月间亦陆续抵渝,学校的各项工作

---

　　①　梁山主编.《中国革命史》.中山大学出版社,1988年3月,第361～368页。

至此乃逐渐恢复[1]。

10月25日,武汉失守,日寇侵占武汉,文华图书馆学专科学校校舍亦遭日寇破坏和侵占。此时距文华图书馆学专科学校撤离西迁仅一月之遥,倘若文华图书馆学专科学校没有及时撤离,其后果将不堪设想;倘若没有沈祖荣与文华图书馆学专科学校共存亡的精神,文华图书馆学专科学校也就不可能比较完整地撤出。这一切发生得既十分突然,又十分自然,它是文华精神的再一次集中体现。

在国难当头、山河破碎、民族危亡的时刻,沈祖荣充分地展现了千百万优秀中华儿女的那种炽烈的爱国主义精神。作为文人学者,沈祖荣虽没有浴血疆场,但却肩负起了与战死沙场同等重要的抗日救亡责任。沈祖荣说:"敌人强夺我土地,吸尽我资财,残杀我人民,犹不足以填其欲壑,而必将我们的国性铲除殆尽而后快。我们虽然不能执干戈以卫社稷,但是我们要负责保存文化的这种责任。……这不仅可以恢复我们的国性,且可以使敌人看见吾民族非凉血动物"[2]。正是因有沈祖荣具有这种国家兴亡,匹夫有责的爱国主义精神,在抗战爆发以后,沈祖荣一直与文华图书馆学专科学校和中国的图书馆事业同生死共存亡,谱写了一曲又一曲可歌可泣的历史篇章。

如果说西迁重庆的文华图书馆学专科学校是抗战时我国硕果仅存的图书馆学教育之"火种"的话,那么,沈祖荣不仅是这火种的播种人,而且更是让这星星之火燎燃的人。在国破人亡,战火纷飞的时代,对于一项事业而言,以维持图生存已是相当不易,而以

---

① 《文华图书馆学专科学校由鄂迁渝后工作概况》.见:《中华图书馆协会会报》13卷5期第22~23页。

② 沈祖荣.《国难与图书馆》.见:《文华图书馆学专科学校季刊》4卷3~4期合刊第223~234页,1932年12月。

发展图生存更是难上加难,而沈祖荣率领全体同仁不畏艰辛跨过的正是这条"难于上青天"的"蜀道"。

沈祖荣认为:"抗战最紧张的时候,就是图书馆教育工作最应紧张进行的时候。现在打仗不专是靠武力的;没有钱我们不能打仗,没有粮食我们不能打仗,没有教育文化的培养我们更不能打仗。没有钱,我们可以向别国借贷;没有粮食,我们也可设法购运;可是教育力量不够;文化水准太低,致使国民没有国家民族的观念,没有现代知识,没有生产能力,即使有较好的国际友人,也将爱莫能助。……,一个国家整个国力的养成,完全靠着教育。我们现在能向日寇面对面拼一气的,就是靠了过去和现在不断增强的教育力量。我们的武器不及敌人,我们的战士却有以血肉作长城的精神,这种精神就是由教育而产生的"[1]。因而,沈祖荣大声疾呼图书馆应担负起"前方将士精神食粮的供给"、"受伤将士休闲教育的顾及"、"难民的教育"和"一般民众的教育"的职责。为此,自八一三全面抗战开始,在沈祖荣的号召下,文华图书馆学专科学校的学生便已开始在武汉组织巡回文库,按照规定的期间到附近各伤兵医院去服务,供给受伤将士们合宜的图书杂志。西迁重庆以后,为了使难童能受到教育,自1938年10月起,沈祖荣便在重庆郊外歌乐山第一儿童保育院内,先设阅览室一所,专供该处数百难童阅览之用,文华图书馆学专科学校出资购书,并雇员常住院内工作。为了"使民众真正认识到个人与国家之关系,认识到亡国奴何以不可为,怎样才不致亡国","以达到使他们'进而入伍出征杀敌,退而努力生产工作'的目的"[2],自1938年10月起,文华图书

---

① 沈祖荣.《图书馆教育的战时需要与实际》.见:《中华图书馆协会会报》13卷4期第4~6页,1939年1月。

② 沈祖荣.《图书馆教育的战时需要与实际》.见:《中华图书馆协会会报》13卷4期第4~6页,1939年1月。

馆学专科学校又在重庆市内继续办理巡回文库和服务伤兵等工作,以裨益抗战,嘉惠市民。

在大力开展图书馆教育以为抗战服务的同时,沈祖荣积极筹备开学及招考新生事宜,1938年10月,文华图书馆学专科学校就已基本上恢复了教学工作。在努力维持文华图书馆学专科学校的同时,沈祖荣又因时制宜,不断开拓,使得文华图书馆学专科学校在枪林弹雨中再次创造出一段辉煌。

这段彪炳历史的辉煌首先便体现在沈祖荣继开创了我国图书馆学正规教育的先河之后,又开创了我国档案学正规教育的先河。

早在1934年秋,当全国"文书档案改革运动"初兴时,文华图书馆学专科学校就已由教育部补助经费设立了档案管理特种教席,并在图书馆学课程中增设了《中文档案管理》和《西文档案管理》两门课程,且积极开展档案学研究。与此同时,文华图书馆学专科学校的毕业生亦积极开展档案学研究,1930年本科毕业的周连宽于1935年撰写出版了"我国档案学历史上具有划时代意义的两部著作:《县政府档案处理法》和《县政府文书处理法》(国民党军事委员会武昌行营第五处印行,1935年)";1934年讲习班毕业的程长源亦于1936年撰写出版了《县政府档案管理法》。这些著作的诞生标志着中国近代档案学的正式产生①。1936年2月,沈祖荣又聘程长源担任文华图书馆学专科学校档案管理员,将学校所有档案施以科学管理,藉作教学上之试验,档案学课程的开设亦逐步开始完善。从1937年印行的《私立武昌文华图书馆学专科学校一览》来看,《档案管理法》课程乃是第二学年的课程,分中英文两方面,每周各授课一小时,二学期授毕,共4学分。这种将中文档案管理法和英文档案管理法两门课程在名称上统一为"档案管

---

① 程焕文.《周连宽先生生平及其学术贡献简述》.见:《高校文献信息学刊》1994年第1期第34~40页。

理法",而在讲授中又同时平行展开的方式确实十分的特别。其内容包括:1.通论:档案意义、性质、功用、中外档案概况等;2.公文:(1)制作:上行、平行、下行、新式公文各项规则,(2)处理:收文、登记、拟稿、具签、缮写、校对、用印、封发等;3.现档:收发、分类、编目、储藏、出纳、销毁等;4.旧档:接收、保管、清查、排比、修补、印刷、展览等;5.官书:官书之获得、分类、编目、收运等;6.馆务:档案室或馆之建筑、设备、用览、组织、人员等。该课程除由教授编写有讲义外,另列有6部英文参考书,从参考书的出版年代均在1922年以前来看,显然沈祖荣早已开始注意到档案学这一尚未在中国诞生的学科。这门课程的特色在于"理论与实习兼顾,尤注意此项新兴科目材料之搜求与研究兴趣之提高"①。由此可见,该课程已相当成熟,而在中国档案学教育史上,文华图书馆学专科学校于1934年设立档案管理特种教席和课程无疑标志着我国档案学教育的开始。

西迁重庆以后,鉴于各级机关迫切需要档案管理专门人才,为扩大造就并期速成起见,沈祖荣于1939年9月将第五届图书馆学讲习班改为"档案讲习班",招收高中毕业生和同等修业生11人,施以管理档案之专门训练,修业期限一年,并聘定刚从美国留学研究图书馆学和档案管理回国的前教务主任徐家麟,以及毛坤等教授担任主讲②。于是,文华图书馆学专科学校由在图书馆学课程中附设档案管理课程发展到了档案管理人才的专门培训,这无疑又是我国档案学教育发展的一个标志。

1940年3月和9月,文华图书馆学专科学校正式以"档案管

---

① 文华图书馆学专科学校编.《私立武昌文华图书馆学专科学校一览(二十六年度)》.该校印行,1937年,第37~38页。

② 《私立武昌文华图书馆学专科学校开设档案管理讲习班》.见:《中华图书馆协会会报》14卷2、3期合刊第17页。

理训练班"的名称分别招考了第二届和第三届档案管理训练班。经过多年的档案管理法教学、研究、试验和一年多的档案训练班的实践,沈祖荣认为:"档案管理之内容并不简单,而许多有关科目,如行政组织、公务管理以及文书之制作与处理等,必须循序研究,始能组成一完备知识。故档案管理再不能以图书馆学之附庸视之,而实有独立成科之必要。办理短期训练班,课程繁多,时间不敷分配。为求不断供应此项技术人才,绝非短期开班或附带于其他学科中研究所能为功,必须设科专门训练以宏造就"。而设立专科"不仅在吸引人力致力于此种新兴学科,而最大目的尤在使改革档案管理之理想容易见诸实行"①。有鉴于此,文华图书馆学专科学校于1940年9月26日向教育部呈文"拟请于本年度(廿九年度)起于图书馆科外,添设档案管理科",并拟将已有的1940年春季招收的训练班旧生改该专科一年级下学期继续修业,1940年秋季招收的训练班新生改入该专科一年级上学期修业。1940年10月17日,教育部长陈立夫正式签发批准文华图书馆学专科学校设立档案管理科。遵照部令,文华图书馆学专科学校正式将1940年春季和秋季所招档案管理训练班分别改为档一级和档二级,档案管理科正式成立②。

　　档案管理科学制两年,学生入学资格仍定为高中毕业或大学肄业,实行学分制,必修课22门,选修课8门,以修满72学分为合格,所设课程有:中国档案论、档案行政学、西洋档案学、档案经营法、档案编目法、档案分类法、档案管理、索引法、检字法、立排序列法、史料整理法、公文研究、公务管理、公文管理、研究方法、簿记与会计、打字与习字、政府组织概要、行政管理学、分类原理、编目原

　　①　钱德芳 程晓端.《文华图书馆学专科学校开办档案教育始末》.见:《图书情报知识》1984年第2期第36~41页。
　　②　同上。

理、图书馆学概论、中国目录学、图书分类、图书馆行政、社会科学概论、史地概论、博物馆学、国文、英文、日文等，课程体系十分完备。

文华图书馆学专科学校档案管理科的设立是我国档案事业史上的一件大事，它不仅开创了我国正规档案学专门教育的先河，而且为我国档案事业的发展作出了重大的贡献。档案管理科自1940年创办到1949年7月停办，共招收6届共83名学生，毕业53人。1942年春，教育部又指令文华图书馆学专科学校办理档案管理短期职业训练班，旨在"养成管理档案之中级技术人才以适应各机关增进行政效率之需要"。该训练班以初中以上毕业生和机关保送的现职档案工作者为招生对象，经费由教育部拨给，学制为一个学期（约4个月）。训练班自1942年3月开班到1945年7月停办，共办过7期，毕业学生200余人，其影响甚为广泛深远。

沈祖荣在办理图书馆学教育的同时，又增广其事，办理档案学教育，这本身就十分困难，而当时正处在战火纷飞的时刻，这就更是难上加难。这不仅需要气魄、胆识和才干，而且更需要信心和毅力。

1941年5月9日，日寇飞机轰炸，在曾家岩求精中学院内之文华图书馆学专科学校办公处后侧附近落弹多枚，房屋全被震坏，后经鸠工修葺，勉可住居。7月7日，在日寇飞机的轰炸中，文华图书馆学专科学校在求精中学内的康宁楼宿舍，直中两弹，全部倾毁，片瓦无存，损失之重，不堪言状。该宿舍为两层楼房，楼上住教员家眷，楼下有大礼堂、女生寝室、客堂及员生餐堂、厨房等，共20间，总计建筑费在6万元以上，教员及学生衣物之损失，至少1万元。幸重要图书与实习用具大部分早经疏散，未行全罹浩劫。

文华图书馆学专科学校校舍的全部被毁对于日寇在中国犯下的滔天罪行来说的确是微不足道，但是，对于文华图书馆学专科学校来说，这无疑是一场灭顶之灾，这意味着文华图书馆学专科学校的全体师生将流离失所,学校可能因此而停顿关闭。但是,以沈祖荣为首的全体师生并没有因此而气馁、屈服,而是愈加顽强、坚毅。正如7月9日中华图书馆协会致函文华图书馆专科学校慰问时所说的那样:"阅报获悉贵校于抗建纪念之夕,惨遭敌机炸毁,兽敌暴戾,曷胜恸愤? 比年以来,贵校所受之重重损失,应不只为贵校师生之一部分物质而已,实亦影响我国图书馆界人才作育及前途发展者甚为深大;所幸,贵校全体师生一本百折不挠之精神,艰苦奋斗,能始终维持校务于不坠,殊令会中同人同深兴奋,无纫钦佩"①。

在文华图书馆学专科学校处在最危难的时刻,沈祖荣以大无畏的精神,立刻投身于重建校园,救亡图存之中,以不屈不挠的精神回应了日寇毁我事业的暴行。自1941年7月7日以后,沈祖荣多方募集款项,先后获得行政院拨救济费7万元,赈济委员会拨救济费1万元,中华教育文华基金董事会给紧急补助费2.5万元。于是,沈祖荣经多方接洽购置江北相国寺廖家花园为校址,开始自建校舍。廖家花园旧有平房一栋,只可供办公厅、礼堂及一部分教室之用,沈祖荣遂又包工建造男女宿舍各一栋、校长住宅一栋、厨房厕所各若干间、教职员宿舍一栋,总计造价达10万元以上。为了使教学不致中断,10月下旬,文华图书馆学专科学校全校师生搬迁过江,赓续行课。其时因房屋一时未及竣工,尝进餐于露天之下,讲授于卧房之间,但全体师生,对此不仅毫不气馁,反而精神振奋有加,万分令人钦佩!

迁入廖家花园之后,为了充实课程与推动工作,沈祖荣在续聘毛坤长教务、汪应文主训导、徐家麟分担图书档案课程、汪长炳兼任教授、姜文锦任军事教官、夏之秋为音乐讲师、骆继驹负责中西

---

① 《本会慰问文华图书馆学专科学校及西南联大图书馆》. 见:《中华图书馆协会会报》16卷1、2期合刊第12~13页。

文打字的基础上，又新聘国文教授许学源、日文讲师林荣光、图书馆学教授皮高品。由于这些教员多能与沈祖荣同舟共济，力谋图书馆事业之发展，故各事皆履险如夷。在课余之时，全体师生员工或则一齐出动，荷锄负筐，布置庭园，修治道路；或则办理巡回文库与平民夜校，充满了生气。为了使得图书档案免受空袭破坏，文华图书馆学专科学校又特作手提书箱书袋两种。平时列成书架，便于取阅；一遇空袭警报，则男生提箱，女生背袋，转运至防空洞内①。

1943 年春，文华图书馆学专科学校发起募捐修建礼堂，承社会人士热心赞助，共捐得捐款国币近 20 万元。是年暑假内，文华图书馆学专科学校礼堂开始动工，计建筑可容 200 余人礼堂一座，并附建可容 30~40 人图书室一座和可容 20 人教室一座，共费国币 23 万元。12 月 25 日，新建筑全部落成。②

在西迁重庆的短短几年内，在战火纷飞的年代，在经历了一次又一次重大打击和挫折之后，文华图书馆学专科学校能够在危难之中求得生存，在生存之中求得发展，这不仅是沈祖荣图书馆精神的体现，而且也是文华全体同仁精神的体现。正如沈祖荣当时所言："本校自二十七年奉令西迁重庆以来，由于全体教职员之持续努力与政府当局及有关机关之多方协助，不独武昌时代之旧绪仍保持于不坠，而种种新的成就亦逐年加多。其荦荦大者，如以前只秋季招生，常年开办两班，现在春秋二季招生，常年开设五六班之多；以前只设图书馆学一科，自二十九年秋季起，增设档案管理一科，为国内研究以科学方法管理档案之唯一教学场所。再如以前

---

① 沈祖荣.《私立武昌文华图书馆学专科学校近况》. 见：《中华图书馆协会会报》16 卷 3、4 期合刊第 7~8 页。

② 《文华图书馆学专科学校近讯》. 见：《中华图书馆协会会报》，18 卷 2 期第 15 页。

图书馆学科新生入学资格,规定至少须在立案大学肄业满二年以上者,三十年春起,始与档案管理科一律招收立案高中或同等学校之毕业学生,以宏造就。又如以前公费之给予并无严格标准,而名额亦不多,现在公费分甲乙丙丁四种等第(甲种年给四百元,乙种三百元,丙种二百元,丁种一百元),新生依录取成绩,旧生依学行成绩而给予之,含有奖学意味,而名额亦较前增加数倍。其余如课目之加多(新增者有社会科学概论、史地概论、史料整理法、博物馆学通论等),训导工作之推进(如导师制度、小组讨论、劳动服务、社教工作等,均为以前在武昌时所无者),以及每年毕业学生之供不应求(如二十七年夏,本校毕业生只有十人,而各图书馆来校聘请者有廿余处,廿八年度毕业六人,各方函校聘请者有十七处,廿九夏毕业七人,来校聘请者又廿余处),均为本校同仁所辛苦经营之结果,皆堪引以自慰者"①。

在西迁的危难岁月,沈祖荣一方面以百折不挠的精神维持、发展和光大文华图书馆学专科学校,另一方面又以高度的责任感毅然承担了维系和发展中华图书馆协会的重任。

1938 年 9 月,为便于联络,中华图书馆协会加入了随国民党政府自南京西迁来渝的中国教育学术团体联合办事处。其后因接该处拟于双十节在重庆举行中国教育学术团体联合年会(后因筹备不及而改期),并函请派负责代表出席联合年会筹备委员会的通知,鉴于中华图书馆协会会员迁散,交通不便,难于召集年会,为办事便利与集中意见起见,中华图书馆协会遂决定与各教育学术团体举行联合年会,并于 10 月间推请沈祖荣、蒋复璁、洪有丰三理事为代表出席参加筹备。

为筹备与各教育学术团体联合年会合办的中华图书馆协会第

---

① 沈祖荣.《私立武昌文华图书馆学专科学校近况》.见:《中华图书馆协会会报》16 卷 3、4 期合刊第 7~8 页。

四次年会,蒋复璁、沈祖荣和洪有丰曾先后召集座谈会三次。11月10日,沈祖荣于上午10时召集在渝中华图书馆协会会员金家凤、金敏甫、汪长炳、汪应文、钟发骏、毛坤、孙心磐、张吉辉、岳良木、于震寰等在文华图书馆学专科学校沈祖荣公馆中举行座谈会,讨论有关筹备事宜。11月26日,中华图书馆协会理事监事联席会议于下午6时在重庆都城饭店举行,会议讨论通过有关举行中华图书馆协会第四次年会的各有关事项共15条。其中包括推定沈祖荣一人代表中华图书馆协会参加联合年会主席团;推定沈祖荣、洪有丰、彭用仪、汪应文、于震寰五人组成事务组,负责办理文书会计等事宜;报上年会专刊应用论文,请金敏甫、沈祖荣、毛坤各撰一篇,分别题为《抗战建国期间的政府机关图书馆》、《图书馆教育的战时需要与实际》和《建国教育中之图书馆事业》[①]。

1938年11月27日至30日,以"抗战建国中之各种教育实施问题"为中心议题的中国教育学术团体联合年会暨中华图书馆协会第四次年会在重庆新市区川东联立师范学校举行。27日联合年会举行开幕式和会务报告。28日举行宣读论文和分组审查议案,沈祖荣等中华图书馆协会会员参加第三组——社会教育、图书馆及电影组审查议案。29日大会讨论议案,共通过有关图书馆事业议决案7项。30日上午8时至10时半在川东师范大礼堂举行中华图书馆协会议案及图书馆技术讨论会,沈祖荣等48人出席,10时半联合年会举行闭幕式;下午1时至2时,中华图书馆协会在重庆都城饭店举行会务会议,主席王文山,出席代表46人,首由年会筹备委员沈祖荣报告,继讨论通过10项议案,其中包括推定洪有丰、蒋复璁、沈祖荣为中华图书馆协会加入中国教育学术团体联合办事处代表,互推一人为值年代表案。下午2时至5时召开

---

① 《本会第四次年会筹备及经过报告》.见:《中华图书馆协会会报》13卷4期第13~15页。

座谈会。晚7时,中华图书馆协会第四次年会在重庆青年会西餐堂举行联谊会,一以联络会员间之情谊,一以聆闻来宾中对于图书馆事业之意见。首先由沈祖荣介绍南开校长张伯苓先生等,其后应沈祖荣主席之请,蒋复璁讲述中华图书馆协会成立前后之故实,沈祖荣亦详细说明文华图书馆学专科学校之沿革与现状,其后多位来宾与会员亦相继发言,9时散会,第四次年会遂告结束①。

　　第四次年会结束以后,沈祖荣又迅速地投入到了发起战时征集图书的活动之中。1938年12月6日,战时征集图书委员会发起人会议在重庆川东师范教员休息室召开,主席张伯苓,沈祖荣等23人出席,会议通过了战时征集图书委员会组织章程,英文名称,并推定中宣部、教育部、外交部、中英庚款董事会、国际出版品交换处、中华图书馆协会各派一人及学术团体代表张伯苓担任执行委员②。其后,中华图书馆协会推定袁同礼和蒋复璁为执行委员,沈祖荣虽未被推为执行委员,但因袁同礼常不在渝,诸多活动均请沈祖荣代表,故沈祖荣在执行委员会中亦有相当作为。1939年1月14日,战时征集图书委员会在重庆举行执行委员会第二次会议时,沈祖荣曾代表袁同礼报告中华图书馆协会向美国图书馆协会征集图书情形;会议鉴于英国H. N. Spalding先生来函表示愿意捐赠图书仪器,拟分昆明、重庆、成都、南郑四个区域,各就其最需要之图书开列名单寄英,而重庆区域则请蒋复璁、沈祖荣两人拟定名单③。其后,沈祖荣先后多次参加执行委员会会议,为战时征集图书委员会拟定,审查选书范围、选书书目等做了大量的工作。

---

　　①　《本会第四次年会会务记录》.见:《中华图书馆协会会报》13卷4期第10～13页。

　　②　《全国学术机关团体组织战时征集图书委员会》.见:《中华图书馆协会会报》13卷5期第18～19页。

　　③　《全国学术机关团体组织战时征集图书委员会》.见:《中华图书馆协会会报》13卷5期第18～19页。

1942年2月8日至9日，中国教育学术团体第二届联合年会暨中华图书馆协会第五次年会在重庆国立中央图书馆举行。2月8日上午举行开幕式，到会各团体会员共200余人，代表13个团体，其中中华图书馆协会到会机关会员6单位，个人会员34人，沈祖荣代表文华图书馆学专科学校和个人出席开幕式。下午举行中华图书馆协会会员座谈会，主席沈祖荣首先报告年会准备情形，继由蒋复璁、陈训慈、何国贵依次报告。最后，主席沈祖荣临时动议，在座会员酌捐款洋补助协会经费每人至少五元，全体通过。9日上午联合年会宣读论文，下午讨论提案，并开闭幕式。晚6时，中华图书馆协会在国立中央图书馆举行会员联谊会，首由蒋慰堂演讲，继由沈祖荣演说。在抗战的艰难岁月，沈祖荣时刻不忘鼓舞士气，沈祖荣在演讲中说："本人对于图书馆运动，素具信心，认此为最崇高而有益人群之事业，我国新图书馆事业发展三四十年，降及今日，虽云非常时期而政府奖励倡导有加无已，深愿我图书馆界同志，振奋精神，各守岗位，努力职守"①。最后姜文锦临时动议组织陪都区图书馆员联谊会，决议通过，并推沈祖荣、陈训慈、蒋复璁等备，由沈祖荣负责召集。

这次年会虽然因为中华图书馆协会接到全国教育学术团体联合办事处的通知过于突然，仓促之间无法认真筹备，但是，在当时的情况下，沈祖荣能藉此机会鼓舞同仁志气，联络同仁之情谊，亦颇不乏积极的作用和意义。

1943年12月8日，在日寇行将失败，抗战节节胜利的时刻，中华图书馆协会在渝举行理事会，会议议决5项，其中第1项为：中华图书馆协会除参加1944年2月在渝举行之全国教育学术团体第三届联合年会外，同时举行中华图书馆协会第六次年会。第3项：年会讨论中心问题为：一、战后图书馆复员计划，二、战后

---

① 《年会报告》.见：《中华图书馆协会会报》16卷5、6期合刊第14～19页。

图书馆所需人才培养计划,视出席人数之多寡分组讨论,第一组由袁同礼、陈训慈召集,第二组由沈祖荣、汪长炳召集①。

　　1944 年 5 月 5 日至 6 日,全国教育学术团体第三次联合年会暨中华图书馆协会第六次年会在重庆国立中央图书馆举行。在联合年会期间,中华图书馆协会共举行会议两次。第一次会议于 5 月 5 日下午在国立中央图书馆杂志阅览室举行,主席袁同礼,沈祖荣及其公子沈宝环等 65 人出席,同时沈祖荣之女公子沈宝琴等 23 位文华图书馆学专科学校学生列席。在会上,沈祖荣提出培养战后图书馆需用人才案,主张吸取大量人才、利用专门人才、训练现职人才、造就领导人才、保持已有人才等五种有效之方法,获得会议通过②。5 月 6 日上午,中华图书馆协会在国立中央图书馆三楼举行第二次会议。继讨论修改中华图书馆协会组织大纲案之后,会议举行理事、监事候选人选举,结果沈祖荣以最高票数当选为理事候选人③。在其后于 11 月 29 日在重庆中美文化协会召开的中华图书馆协会理监事联席会议上,经开箱检点全国通讯选举票数,沈祖荣继续以最高票数与蒋复璁、刘国钧、袁同礼、毛坤、杜定友、洪有丰等 15 人一起当选为下届理事。这既表明沈祖荣在同仁心目中享有极高的声望,同时更是对抗战期间沈祖荣致力于中华图书馆协会的活动、贡献殊深的一种充分肯定。

　　在沈祖荣为中国图书馆事业忘我奋斗的时刻,不知不觉沈祖荣已开始步入花甲之年。鉴于沈祖荣校长为倡导我国图书馆事业之先进,作育人才,贡献殊深,文华图书馆学专科学校校友特发起

---

　　①　《中华图书馆协会三十二年度工作报告》.见:《中华图书馆协会会报》18 卷 2 期第 18 ~ 21 页。

　　②　《中华图书馆协会第六次年会第一次会议记录》.见:《中华图书馆协会会报》18 卷 4 期第 6 ~ 9 页。

　　③　《中华图书馆协会第六次年会第二次会议记录》.见:《中华图书馆协会会报》18 卷 4 期第 9 ~ 11 页。

于 1944 年 9 月 11 日举行沈祖荣六旬寿辰暨从事图书馆事业卅周年纪念双重庆典,以申敬意并彰勋绩,除分函征集当代名人题词以资纪念外,并分别呈献尊师礼金①。这次极为热烈的双重庆典活动既是对沈祖荣的历史功绩的一次迄今为止绝无仅有的充分而又高度的肯定,同时也是沈祖荣毕生所从事的图书馆活动发展到高峰的一个标志。从此,由于客观的原因,沈祖荣的人生开始步入一个更为坎坷的年代,沈祖荣的图书馆事业生涯亦开始转入一个壮志难酬的时代。

---

① 《会员消息》. 见:《中华图书馆协会会报》18 卷 5、6 期合刊第 15 页。

# 九、壮志未酬：
## 一项五十余年来鲜为人知的庞大复兴计划

　　抗战爆发以后，日寇的疯狂劫掠和破坏致使中国的文化事业遭受了空前的浩劫。面对着日寇的惨绝人寰的屠杀和侵略，亿万中华优秀儿女前赴后继奋勇抗敌，以血肉筑起新的长城，誓死捍卫我们的祖国。作为中华民族的优秀儿女，沈祖荣在枪林弹雨之中与祖国的图书馆事业同生死共存亡，在危难之中不仅能够维持文华图书馆学专科学校，而且还使之与战前有了更大的发展。这既是对日寇兽行的一记响亮回应，亦是抗战救国的一项壮举。在流离颠沛历尽千辛万苦之中，文华图书馆学专科学校的发展进步使得国人看到了图书馆事业的希望，使得沈祖荣更加坚定了战后振兴图书馆事业的信心。随着抗战的节节胜利和和平曙光的到来，沈祖荣开始策划并制定了一套雄心勃勃的战后图书馆事业复兴计划。

　　为什么沈祖荣在抗战胜利后便立刻推出了一套雄心勃勃的复兴计划呢？这一方面是基于战时文华图书馆学专科学校的发展和战后复兴图书馆事业的迫切需要，另一方面则是基于初见端倪的战后中美图书馆界的交流合作计划。

　　战前，由于新图书馆运动的开展，美国图书馆事业毫无疑问已成为中国图书馆事业发展的楷模，而中美图书馆界的密切交流与合作加速了中国图书馆事业的现代化进程，促进了中国图书馆事业的繁荣。抗战爆发以后，由于战争的原因，中美图书馆界的交流和合作受到了极大的阻碍,中国图书馆事业的发展实际上一直处于独立而缺乏国际支持与交流的境地。然而,即使是如此,中国图书馆界仍然通过十分有限且并不畅通的管道努力保持与美国图书馆界的联系。而正是通过这断断续续的中美图书馆联系管道,中国图书馆界感受到了世界反法西斯的共同力量,感受到了中美图书馆界进一步交流合作在战后振兴我国图书馆事业的希望。

"七七事变"后,日寇的大举军事侵略和疯狂文化破坏致使我国华北和东南沿海的图书馆和藏书遭受了史无前例的劫难。在文化教育机构纷纷内迁西移的过程中,中华图书馆协会亦从北平撤到了长沙。协会理事长、国立北平图书馆馆长袁同礼于1939年11月19日分别致函美国图书馆协会主席克雷沃(HarrisonWarwick Craver)和常务秘书长米兰(Carl Milam),陈述中国25所大学图书馆遭日寇毁灭或受严重劫损,以及大多数内迁文化教育机构没有随迁图书馆之惨状,并建议美国图书馆协会组织一特别委员会在美国各图书馆和私人之中募集捐书以不断支持中国的图书馆重建藏书,同时,还说明中国教育部业已组织了一个专门负责接受和分发捐书的委员会①。其后,袁同礼的信函被转交 ALA 国际关系委员会讨论。虽然 ALA 国际关系委员会在1937年12月29日的备忘录中提出应立即筹划有关救济事宜,对中国的情形给予了同情,但是,由于 LAL 国际关系委员会主席杰诺尔德(James Thayer Gerould)和副主席萨沃德(Ruth Savord)因身体健康原因不得不相继退出该委员会,因此,这项建议被搁置起来了。此外,由于12月29日的备忘录中规定不公开袁同礼的请求和该委员会的审议,袁同礼的请求书亦因此一直不被该委员会以外的 ALA 成员所知晓。

---

① 袁同礼致 Carl Milam 和 Harrison Warwick Craver 函(1933年11月19日).见:美国伊利诺斯大学厄尔巴那分校藏美国图书馆协会档案,7/1/6,Box 3.

长沙沦陷后,袁同礼随中华图书馆协会撤至香港冯平山图书馆。1938年5月27日,袁同礼致函米兰请求ALA给予紧急援助,并请求在将于6月在堪萨斯市(Kansas City)举行的ALA第60届年会上宣读他的请求书。其后,在6月的ALA年会第3次全体大会上,圣路易斯公共图书馆(the Saint Louis Public Library)副会长、中华图书馆协会名誉理事长鲍士伟博士(Dr. ArthurBostwick)宣读了袁同礼的请求书,并获得了与会者的支持。作为回应,ALA当选主席弗格森(President – Elect Milton J. Ferguson)宣布将向全美国图书馆馆长散发中国的捐书请求书①。

　　1938年7月15日,米兰向ALA国际关系委员会签发了一份包括为中国图书馆募书的预备声明在内的备忘录②。大约在此时,米兰的办公室还与史密苏林协会(the Smithsonian Institution)达成了一项协议,根据该协议,史密苏林协会的国际交流服务部(International Exchange Service)同意作为接收美国各地向中国捐书的一个中心,并在接收捐书后将捐书寄往香港。8月,丹顿(J. Periam Danton)被指定为ALA国际关系委员会主席,8月11日,丹顿在给该委员会委员的备忘录中宣布他计划在美国几家最有影响的期刊和报纸,以及各图书馆期刊上发表袁同礼的请求书。9月,国际关系委员会向全美128个大学图书馆、98个公共图书馆,81个学会社团、36个出版商和5个大学出版社分发信函,宣布自1938年10月1日至1939年1月1日开展"赠书助中国"(Books for China)运动③。其后各大报刊亦相继刊发了这一消息。在各界

---

① 《Kansas City Conference》. 见:《Bulletin of the American Libary Association 32》(October 15,1938):766.

② Milam 致 the Committee on International Relations 函(Jnly 15,1938). ALA Archives,University of Illinois,Urbana,7/1/6,Box11.

③ Danton 致 the Committee on International Relations 函(October 10, 1938). ALA Archives, University of Illinois,Urbana,7/1/51, Box 2.

的踊跃捐赠下,经多方努力,曾有 36 箱捐书于 1939 年 5 月船运至香港。

　　与此同时,西迁重庆的沈祖荣与南下香港的袁同礼遥相呼应,沈祖荣于 1938 年 12 月 6 日与张伯苓等 23 人在重庆发起成立了战时征集图书委员会,并积极开展各项活动(见前述第八部分)。

　　然而,由于当时美国公众对"赠书助中国"运动的兴趣有限,且美国当时尚未参战因而缺乏政府的支持,中美图书馆界之间的这项活动困难重重。1941 年 12 月 7 日,日本偷袭珍珠港后,英美对日、德意对美正式宣战,太平洋战争爆发。12 月 25 日,日本占领英属殖民地香港。1942 年 4 月 29 日,日寇攻陷缅甸,由中国于 1937 年至 1938 年修筑的贯通中国昆明和缅甸腊戍(Lashio)的中国陆上给养线中缅公路被切断。于是,重庆与外界的给养通道仅剩下自印度飞越喜马拉雅山的美国空中航线。中美国图书馆界之间的交流开始进入最困难的时刻。

　　即使是在如此困难的时期,中美图书馆界之间的交流与合作仍未完全中断。1942 年初,鉴于美国洛克菲勒基金会(the Rockefeller Foundation)先后于 1941 年 6 月和 12 月向 ALA 提供了 50,000 美金和 60,000 美金的资助,以用于为欧洲和太平洋地区被占领国家(包括中国)购置期刊,ALA 将原国际关系委员会改组成立了"赠书援助战区被毁图书馆国际关系董事会"(Books for Devastated Libraries in War Areas Committee of the International Relations Board),以选购美国的重要学术和科学期刊,并存于美国各图书馆,以备战后海运至各国[①]。

---

　　① 《Report to the Rockefeller Foundation on the Periodicals Project of the American Library Association's Committee on Aid to Libraries in War Areas, Covering the Period June 20, 1941 – December 31, 1942》. ALA Archives, University of Illinois, Urbana, 7/1/6, Box 2.

1942 年夏,该董事会易名为"援助战区图书馆委员会"(the Committe on Aid to Libraries in War Areas),并在该委员会之下又成立了"东方和南太平洋委员会"(the Committee on the Orient and South Pacific),前 ALA 主席(1941～1942)、衣阿华州立学院图书馆馆长布朗(Charles Harvey Brown, Librarian of Iowa State College)担任东方和南太平洋委员会主席。

与此同时,在中美图书馆关系史上还出现了两个重要人物,即费尔班克(John K. Fairbank)和他的妻子威尔玛。费尔班克原为哈佛大学中国史教授,美国向日本宣战后,费尔班克被指派到美国国务院工作,其妻亦同时被指派到国务院工作。威尔玛(Wilma Fairbank)在美国国务院新成立的位于华盛顿的文化关系处(the Division of Cultural Relations)工作,而费尔班克则被指派为重庆美国大使馆大使特别助理,并同时担任美国政府外国出版物收集部际委员会中国主任(China Director for the United States Government Interdepartmental Committee for the Acquisiton of Foreign Publications)和美国国会图书馆远东代表(Far Eastern Representative of the Library of Congress)[1]。由于费尔班克的主要工作是收集中日出版物并海运至美国,因而费尔班克夫妇与 ALA 的米兰(Milam)和布朗(Brown)有着十分广泛的联系。

1943 年初,费尔班克和袁同礼向国际关系董事会及其东方和南太平洋委员会提交了一份联合备忘录。在这份备忘录中,他们提出了进一步发展中美文化关系的建议,包括由 ALA 为更多的中国图书馆购置资料,通过美国国会图书馆为美国图书馆购置中文出版物,和两国之间图书馆学学生与教师的交换[2]。由于该建议

---

[1]　John K. Fairbank and Tung - li Yuan.《Sino - American Intellectual Relations》(December 31,1942):6. 见:ALA Archives,University of Illinois, Urbana. 7/1/51,Box 1.

[2]　同上。

包括有利于美国的因素,在布朗的进一步推动下,1943 年 6 月 18
日,美国国务院召集国务院文化关系处的威尔玛(Wilma Fair-
bank)和佩克(Willys R. Peck)、国会图书馆的汉默尔(Arthur W.
Hummell)和米尔兹维斯基(Marion A. Milczewski)、美国学术协会
理事会(American Council of Learned Societies)的格雷夫斯(Morti-
mer Graves)、国务院战争情报处(Office of War Information)的泰勒
(George Taylor)、华人图书馆馆长肖才如(音译? Dr. Tsai – yu
Hsiao)、ALA 国际关系协会室主任莱登堡(Harry M. Lydenberg),
以及米兰(Milam)和布朗(Brown)等在国务院专门讨论了费尔班
克和袁同礼的备忘录,以及国立北平图书馆的购书计划。由于美
国政府的支持,在布朗、米兰和费尔班克等人的积极活动下,在洛
克菲勒基金会和各图书馆的支持下,费尔班克和袁同礼的建议经
多方周折之后终于成为美国的一项计划,并自 1944 年起开始正式
实施。

　　1944 年 5 月 20 日,美国副总统华莱士(Vice – President Henry
Wallace)访问重庆,随飞机运来美国国务院文化关系处的 600 磅
赠品,其中包括图书、地图、电影片、艺术复制品、实验室设备等,首
次直接向中国运来了赠书。作为回报,华莱士返美时亦随飞机带
走了由袁同礼购置的 100 磅中文出版物[①]。

　　华莱士副总统的来访对重庆方面是一个极大的鼓舞,对中国
图书馆界亦是一个极大的鼓舞,对沈祖荣则尤其是一个极大的鼓
舞,因为在华莱士副总统随机带来的有限几包图书中,竟有一包由
ALA 赠送给文华图书馆学专科学校的图书。虽然这包赠书仅只

　　　　　　　　　　　　　　　　　　　　

　　① 袁同礼致 Brown 函(June 14, 1944),Brown 致 Wilma 函(June 3, 1944),和
Brown 致袁同礼函(July 29, 1944). 见:ALA Archives, University of Illinois, Urbana, 7/1/
51, Box 1.

有四种图书而已①,这在今天简直微不足道,但是,在当时这比千里送鹅毛更令人欢欣鼓舞,因为它不仅使得多年来沈祖荣向美国发去的无数封如石沉大海的请求赠书函终于有了回应,而且更使沈祖荣在危难之中看到了新的希望。从沈祖荣后来给 ALA 常务秘书长米兰的致谢信中,我们大抵可以领略到沈祖荣当时的无比振奋心情。沈祖荣写道:"我们不仅要感谢你们的赠书,而且还要感谢你们随书而带来的一片深情。当我们开包拿出赠书时简直高兴极了,你要是能在重庆亲自目睹此境那该多好啊!这批书虽然数量很少,但均为精选之作,且将对师生大有裨益。我可以肯定地告诉你:当他们实际使用这些书时,他们的心情将比我所能表达的要更为快乐!"②

自美国副总统华莱士访华以后,随着世界及法西斯战争的节节胜利,中美图书馆界之间中断了数年的交流与合作逐渐开始恢复和活跃起来。继费尔班克－袁同礼的备忘录之后,布朗又提出了建立中美文献关系的建议,在此基础上,布朗和米兰又进一步提出了一项派遣美国图书馆专家来华协助恢复和进一步发展图书馆事业的新计划。中美图书馆界交流合作的逐渐恢复、加深,尤其是抗日战争的节节胜利,使得沈祖荣已深深地感到了战后振兴图书馆事业的希望之光,而正是这希望之光燃起了沈祖荣准备在战后大展鸿图的雄心壮志。

---

① ALA 赠送给文华图书馆学专科学校的四种图书分别为:1. Jennie M. Flexner. Making Books Work:A Guide to the Use of Libraries. New York,Simon and Schuster, 1943. 271p. 2. Wilhelm Munthe. American Librarianship from A European Angle:An Attempt at An Evaluation of Policies and Activities. Chicago, ALA, 1939. 191p. 3 Effie L. Power. Work With Children in Public Libraries. Chicago, ALA, 1943. 195p. 4. Elizabeth H. Thompson. A. L. A. Glossary of Library Terms With A Selection of Terms in Related Fields. Chicago, ALA, 1943. 159p.

② 沈祖荣致 Milam 函(July 16, 1944). ALA Archives, University of Illinois, Urbana. 7/1/51,Box 1.

大约在 1944 年初夏之际,袁同礼向沈祖荣转交了一封美国图书馆协会东方和南太洋委员会主席布朗(Charles H. Brown)给中华图书馆协会的信。在这封信中,布朗提出了一系列加强国际图书馆合作和推进中国图书馆事业发展的建议,因其中特别提到与文华图书馆学专科学校有关的问题,袁同礼请沈祖荣代做答复。因事关重大,沈祖荣一直延至 1944 年 7 月 18 日才正式给布朗复函。在这封长达五页的复函中,沈祖荣已初步产生了进一步光大文华图书馆学专科学校的意向①。

沈祖荣在称赞布朗提出的发展中国图书馆事业的建议和详细陈述文华图书馆学专科学校的发展与作用的基础上,着重回答了布朗提出的三个问题:

关于文华图书馆学专科学校能否满足中国图书馆培训需要的问题,沈祖荣认为:只要有足够的支持,文华图书馆学专科学校就能够且应该能满足中国图书馆培训的需要,因为文华图书馆学专科学校一直是中国历史最长、规模最大、师资力量最强、学生质量最高的图书馆学教育机构。由于抗战期间中国图书馆损失惨重,因而战后必然面临着大量的图书馆复员、组织和发展工作,而在这一切中文华图书馆学专科学校应该能发挥重要的作用。对于美国方面提出的在中国不同区域建立五所图书馆学校的建议。沈祖荣答复道:原则上,我们不反对多设立几所图书馆学教育机构,因为在图书馆领域设立新的学校可以带来新鲜的血液,且任何一门学科都能从各学校的相互竞争中获益。然而,当中国尚处在名符其实的图书馆在数量上非常有限、图书馆极少开放且缺乏吸引力、图书馆学校的师资十分匮乏、且图书馆学校的学生在数量和质量上都不高的时候,我们认为在此时增加图书馆学校的数量不啻是自

---

① 沈祖荣致 Charles H. Brown 函(July 18,1944). ALA Archives, University of Illinois, Urbana. 7/1/51, Box1.

取灭亡。因此,沈祖荣极力主张应全力发展文华图书馆学专科学校。

关于文华图书馆学专科学校是否需要美国图书馆学教员来校执教的问题。沈祖荣回答道:我们当然需要,而且迫切需要具有专家水平的美国教员。

关于布朗准备为文华图书馆学专科学校提供奖学金的问题。沈祖荣表示:此举将受到极大的欢迎,并希望此举应持之以恒,而不是一两次而已。

最后,沈祖荣还十分恳切地希望布朗能够帮助文华图书馆学专科学校在美国征集一些赠书,以弥补由于战争给文华图书馆学专科学校图书馆带来的严重藏书损失。

可以肯定地说,沈祖荣经过长时间的考虑之后才于7月18日完成的这封长达五页的信既是对布朗来函的一次十分认真细致的答复,同时也是在与美国图书馆界的联系中断了数年之后,沈祖荣就文华图书馆学专科学校的发展向美国投去的一颗问路石。而正是这颗问路石在后来激起了沈祖荣心中的波澜。

布朗在收到沈祖荣的这封长达五页的信函后于1944年9月21日给沈祖荣寄来了复函。这封复函虽然在邮路上走了差不多两个月才寄达沈祖荣手中,但是,它却比前一次由袁同礼转交沈祖荣的布朗来函更加令沈祖荣激动和兴奋,因为这封信给沈祖荣带来了两条振奋人心的消息:一是布朗表示他将和ALA国际关系办公室主任莱登堡(Harry M. Lydenberg)博士一起尽全力支持文华图书馆学专科学校;二是美国图书馆协会为协助中国图书馆事业之复兴,并增进中美图书馆界之联系起见,建议美国国务院派哥伦比亚大学图书馆学院院长兼大学图书馆馆长怀特博士(Carl-White)于1944年12月来华考察,翌年暑期返美,希望怀特以实际考察中国图书馆事业的结果,作为将来美国协助中国战后图书馆复兴的推动(此消息中华图书馆协会在此以前已获悉)。显然,布朗的这封来信乃是沈祖荣后来提出的雄心勃勃的计划的一个催化剂。对于这一点,我们不难从沈祖荣在接到布朗的来函后立刻以十分激动的心情于 1944 年 11 月 20 日给布朗寄去的复函中窥见一二①。

在沈祖荣给布朗的 11 月 20 日复函的附言中,沈祖荣又再次提出请求布朗帮助催问文华图书馆学专科学校在 1940 年之前向美国订购但一直未见音信的出版物的下落。虽然沈祖荣的这一请求最终仍是没有下落,但是,1945 年 7 月由美国大使馆(重庆)二等秘书帕克斯顿(J. Hall Paxton)先生转交给文华图书馆学专科学校的 ALA 赠送的八本小册子则着实又令沈祖荣兴奋不已。

值得一提的是,对于怀特博士准备来华考察图书馆事业并将为美国在战后协助中国复兴图书馆事业作准备这一计划,中华图书馆协会给予了可与 20 年前欢迎鲍士伟博士相提并论的重视,因为二者颇具异曲同工的意义。为此,中华图书馆协会在 1944 年 10 月专门成立了招待怀特博士委员会和募捐委员会,并在其后募得招待费 35 万元。可惜,正值各方积极进行之际,不料美国军事当局,以时局紧张,对于与军事无关之访问拒绝发给登陆护照,因而,怀特不得不取消原定计划,这使得中国各方均感到失望。这也是战后中美图书馆界的交流与合作注定不可能恢复到战前状态的一个先兆。

然而,在失望之余,种种可能的迹象,又使得沈祖荣坚定了在战后大展鸿图的信心。

1945 年春,沈祖荣荣幸地参加了由国民党政府教育部指定成立的一个由 12 人组成的专门委员会。该委员会专门负责讨论和决定如何使用由战时物资董事会(the War Production Board)拨给

---

① 沈祖荣致 Brown 函(November 20, 1944). ALA Archives, University of Illinois, Urbana. 7/1/51, Box1.

的 20,000 英镑和 430,000 美金购买科学仪器和图书的有关事宜。这无疑抵消了沈祖荣对怀特取消来华计划的部分失望。其后,布朗又先后给沈祖荣寄来了两封热情洋溢的来信。这两封信不仅进一步抵消了沈祖荣对怀特取消来华计划的失望,而且进一步促成了沈祖荣最终提出其雄心勃勃的计划①。

　　沈祖荣收到布朗的这两封来信后由于健康的原因一直迟迟没有回覆。1945 年 6 月,沈祖荣患了严重的类伤寒病,两周后又转化为严重的心脏病,为此,沈祖荣在病榻上足足躺了两个月尚未完全康复。即使是如此,沈祖荣时刻都没有放松对战后复兴图书馆事业的筹划。1945 年 8 月 9 日,沈祖荣在患病两个月后拖着虚弱的身躯第一次出门便是前往位于重庆一山丘上的美国大使馆拜会费尔班克的夫人威尔玛(Wilma Fairbank),以商谈有关发展文华图书馆学专科学校的事宜。这次会见虽因威尔玛公务繁忙比预约的时间要短,但却给了沈祖荣极大的鼓舞。8 月 10 日,沈祖荣以无比激动的心情给布朗写了一封复函。在这封复函中沈祖荣写道:因为全球战争很快就要结束,我们将再次迎接发展图书馆学教育的和平时代,我已经分别致函给美国各图书馆学校,请他们向我们提供一切他们能够提供的最新图书馆学教育资料,请你惠予协助②。由此可见,沈祖荣对文华图书馆学专科学校的战后发展酝酿已久。有趣的是,历史往往有许多惊人的巧合,8 月 9 日沈祖荣拜会威尔玛的当天美国在日本长崎投下了加速日本军国主义统治集团投降的第二颗原子弹,8 月 10 日沈祖荣致函布朗的当天日本政府发出了乞降照会。也正是在 8 月 10 日致布朗的复函中,沈祖荣以附录的形式首先向布朗提出了一份长达三页的文华图书馆学

---

　　① 沈祖荣致 Brown 函(November 10,1945). ALA Archives, University of Illinois, Urbana. 7/1/51,Box2.

　　② 同上。

专科学校计划草案,以征求布朗的意见,并请求予以支持。为了详细地展示沈祖荣对于战后发展文华图书馆学专科学校的雄心勃勃的构想,现节译该计划如下①:

# 文华图书馆学专科学校战后工作计划

致文华图书馆学专科学校的全体支持者和朋友:

为了中国战后教育和文化的发展,我们全体签名者谨代表文华图书馆学专科学校,高兴地向你提交这份呼吁书。我们希望你对文华图书馆学专科学校的兴趣和对文华图书馆学专科学校之壮志的共鸣将使你对下述计划给予你巨大的支持,以便能迅速而全面地实现这一计划。

## 1. 建立韦棣华纪念图书馆

美国圣公会传教士韦棣华女士在华服务的三十年中建立了文华公书林,并以各种方式展现了现代图书馆的实务。

为了满足中国图书馆的人才需求,她创办了文华图书科。为促使美国政府将庚款余额退还中国,她不辞劳苦,四处奔波,最后确保了将庚款的大部分余额用于中国图书馆事业。她对邀请鲍士伟博士来华指导图书馆事业和组织中华图书馆协会颇有帮助。在其最后一次返美期间,她力促废除与中国签订的和有关的一切不平等条约。自韦棣华女士于1931年逝世以来,文华的全体同仁一直不负韦棣华女士的重托努力经营文华图书馆学专科学校。最为遗憾的是,武昌文华公书

① 沈祖荣致 Brown 函(August 10,1945). ALA Archives, University ofIllinois, Urbana. 7/1/51,Box2.

林在日寇的蹂躏下已沦为牺牲品。为了永久地纪念韦棣华的功绩，我们相信：一切像韦棣华一样在心中对中国的福利真正关心的人们一定会携手共建一所更好的图书馆以弥补这一损失。

韦棣华纪念图书馆应体现如下特点，即：将实现韦棣华女士的多项遗愿，与文华图书馆学专科学校的工作协调一致，并与中国图书馆的发展融为一体。这里仅提一下这些基本特点就够了。韦棣华女士是一位名符其实的注重公共服务的美式图书馆倡导者，是一位主张一切形式的知识资源都应同时供学生使用的多才多艺的人。在文华公书林，不仅有韦女士收集的图书，而且还有影片、幻灯片、录音带和古器物。因此，韦棣华纪念图书馆最好应是一所包罗各种博物的免费流通图书馆。为了给文华图书馆学专科学校的学生提供学习和研究的一个充足设施和一个良好的实习实验室，韦棣华纪念图书馆应该拥有较好的图书馆学、档案学和博物馆学图书、期刊和工具的馆藏，且其基本馆藏还必须突出各主要研究领域的参考书和基本著作。

毫无疑问，随着和平的到来，文华图书馆学专科学校即将迁返的武汉三镇将会成为一个非常重要的商业、工业和通讯中心。显然，韦棣华纪念图书馆将还会注重商业和技术，以服务于该社区。总之，鉴于内在和外在的各种原因，应该建立韦棣华纪念图书馆，这将成为中美图书馆界之间的一条永久的纽带。回想文华公书林成为中国图书馆运动中心的过去岁月，我们感到由衷的满意。是否可能在汉口或武昌建立一所有点类似匹兹堡的纽瓦克公共图书馆（Newark Public Library）或卡内基理工学院图书馆（Carnegie Institute of Technology Library）模式的图书馆以使韦棣华女士为中国首创的服务事业永垂不朽呢？

## 2. 实施本计划的建议方案

我们完全明白：在实施上述计划中，所需费用将是一个很大的数目。当然，文华图书馆学专科学校没有财力启动该计划，更不用说将其进行到底了。无疑，中国的现状是希望有人或有几个财团承担其全部费用。因此，我们不得不对美国给予文华以实际帮助寄予巨大的希望。第一次世界大战以后，通过卡内基的捐款，曾重建了卢温大学图书馆(the University of Louvain Library)。东京帝国大学(Tokyo Imperial University)图书馆在 1923 年的大地震之后通过洛克菲勒基金会的资助而完全复原。美国图书馆协会在巴黎已经建立了所谓的美国图书馆学校(American Library School)。最近由美国国务院或在美国国务院的赞助下在拉丁美洲建立的图书馆组织已发挥了多种效益。诚然，就美国而言，如果这三方或任何一方能够把文华的这个请求看作是真正有价值的，并进而给予大力的支持的话，那么，这将是一个高尚的行为。

我们不敢说因为文华图书馆学专校能够得到其美国的支持者和朋友的关照，她就是一所特别重要的学校。但是，我们仍然相信文华图书馆学专科学校必将会得到美国、美国图书馆界和韦女士家乡的这样或那样的帮助。这种来自国外的帮助将比其捐款更有意义，因为它将使得文华图书馆学专科学校更易获得国内民众的贡献和捐赠。同时向中国的一些有兴趣的各方提出建议亦是我们计划的一部分。

## 3. 把文华图书馆学专科学校发展成为一所授予学位的图书馆学、档案学和博物馆学学院

自 1920 年继文华公书林之后创办文华图书馆学专科学校以来，在其 25 年的发展历史中，文华图书馆学专科学校已经形成了始终不渝地坚持服务之理想、倡导学术研究、竭力满

126

足中国图书馆之需求、忠诚图书馆教育事业的特点。战后必须从两个方面加强文华图书馆学专科学校的建设,即继续发扬其优良传统和保证其进一步的发展。我们认为:在战后文华图书馆学专科学校的规划中,我们应采取立即的步骤将其发展成为一所名实相济的授学位的学院,而不是作为韦棣华纪念图书馆的组成部分。

这个发展计划是一项可行的计划,而且我们有理由规划文华图书馆学专科学校的近期发展,这些已为我们提供了基础。文华图书馆学专科学校对中国图书馆事业的贡献是一个世人皆晓且无需数说的事实。早在 1936 年,文华图书馆学专科学校因预见到政府档案管理人才的巨大需求而率先开始开设了档案培训课程以提前满足档案管理人才的需要。这个新的专业教育领域的创设已完全证明是正确的。1940 年教育部在我校原有的图书馆科的基础上又批准设立了档案管理科。教育部还进一步连续四年拨款在文华图书馆学专科学校开办了为期四个月的档案管理短期培训班。

遵照中国政府的有关条例,建立授予学位的学院必须要有三个科系。文华图书馆学专科学校已经在组建第三个科,即博物馆学科。在文华图书馆学专科学校开办博物馆学教育曾是文华图书馆学专科学校创办人韦女士的远大抱负。因为去年文华图书馆学专科学校已经开设了两门博物馆学课程,并且目前正在建设一个小规模的博物标本研究专藏,因此,文华图书馆学专科学校多年自身努力的真正结果就在于在事实上承认文华图书馆学专科学校是一所高等学校。这种变化将吸引很多的有志青年选择图书馆、档案馆和博物馆事业作为终身职业。

我们还渴望将来邀请美国和英国的档案学、博物馆学和图书馆学专家在培训中国学生和管理韦棣华纪念图书馆的各部门方面与我们合作。这份计划和韦棣华纪念图书馆以及文华图书馆学专科学校将因此而成为中国的一所真正的国际文化学院。如果能够荣幸地获得资助建立一所与韦棣华的荣誉相称的良好图书馆的话，那么，文华图书馆学专科学校就会享有其他学校所不具备的优势。拥有整整25年图书馆学教育经验的文华图书馆学专科学校将能胜任这项工作。25名以上的文华图书馆学专科学校毕业生已在美国接受了进一步的专业培训，其中五位现在仍在美国从事图书馆实际工作，如果将他们召回，那么，他们将会倾全力于未来的韦棣华纪念图书馆和文华图书馆学专科学校。所以，在战争胜利后建设一个新中国的过程中，文华图书馆学专科学校将会在这一特定事业中发挥领导的作用。中国将会像其在中世纪以前一样在未来为世界作出巨大的贡献。

1945年8月15日，也就是在沈祖荣将上述计划草案寄给布朗的五日之后，日本天皇裕仁广播《停战诏书》，宣布接受波茨坦公告，向盟国无条件投降。这是一个多么激动人心的喜讯！世界在欢呼，中国在沸腾，遭受了八年战乱的沈祖荣再也无法按捺心中盼望已久的喜悦，再也无法像战时那样耐心地等待大洋彼岸布朗的回音。在短短的数日内，沈祖荣便迅速地修改、补充和完成了《文华图书馆学专科学校战后工作计划》定稿，并以惊人的毅力在一个月左右的时间内用手动打字机打印了数十份共达数百页的该项计划，不断地发往国内外各地，以争取各界的支持①。

1945年8月22日，沈祖荣首先向可能是他认为最有希望资助其计划的美国洛克菲勒基金会远东区域主任巴尔弗博士（Dr.

---

① 从ALA所存的沈祖荣的有关档案来看，沈祖荣寄给各处的该项计划全文共有八页（16开纸），所有计划与信函均在格式、行文和打印字面上完全一致，由此可以肯定的判断：全部文字均由沈祖荣亲自打印。

M. C. Balfour)寄去了《文华图书馆学专科学校战后工作计划》定本。全文共八页,其中正文四页,附录四页。正文内容与草案大同小异,附录包括六个部分,即:(1)韦棣华纪念图书馆初始费用;(2)三年详细维持预算;(3)组织;(4)文华图书馆学专科学校董事会董事名单;(5)国内外250名拥有图书馆职位的文华图书馆学专科学校毕业生统计表;(6)过去三年文华图书馆学专科学校所得收入表。从这份附录中,可以更进一步地了解沈祖荣的广大计划。

规划中的韦棣华纪念图书馆乃是一座三层的现代建筑,底层为文华图书馆学专科学校。整幢楼房配备暖气系统和现代设施,以及诸如书架、阅览桌椅、办公桌椅、目录柜格、立式文件柜、打字机、玻璃窗门展览架等之类的钢筋栅柱、家具和设备。预计共需200,000美元。计划购买约100,000册英文书刊(另外100,000册中文书刊由中国方面解决),依每册约需2美元计,共需约200,000美元。计划在市区购置旺地1.5英亩,空地留作以后藏书增多时再建群房,共需约80,000美元。全部初始费用预算共需480,000美元。前三年每年维持费需49,100美元,其中薪金35,000美元、年购英文书刊3,500册7,700美元、大楼维持费2,000美元、日常行政开支1,900美元、邮费400美元、应急费用2,100美元,共计三年所需维持费预算为147,300美元。也就是说,沈祖荣的一揽子计划共需627,000美元,这在当时确实是一个十分庞大的计划预算。文华图书馆学专科学校在1943年至1945年这三年中总共获得的收入共折合13,250美元,另100英镑。在这样的条件下,文华图书馆学专科学校尚能取得令人称道的业绩,可以推想,如果沈祖荣的计划能够实现的话,文华图书馆学专科学校将会发生翻天覆地的变化①。

1945 年 9 月 28 日,沈祖荣致函美国图书馆协会常务秘书长米兰(Carl H. Milam)博士进一步阐述《文华图书馆学专科学校战后工作计划》的必要性和重要性,并邀请米兰博士作为该计划的发起人之一②。大约至此,沈祖荣已将其计划全部寄给了有关各方。

从后来的情况来看,各方面均在道义上对沈祖荣的计划给予了积极的反应。英国议会议员(Representative of the British Council)罗克斯拜(Percy M. Roxby)在接到沈祖荣的计划后曾嘱托其办公室将沈祖荣的计划通过英国议会(the British Council)和设在印度加尔各答(Calcutta)的中国关系处转交英国大使馆(重庆),并特地附了一封推荐信。这封推荐信写道:"我曾有机会亲自察看过在非常困难的条件下文华图书馆学专科学校一直在从事的杰出工作,并热忱地推荐该项韦棣华纪念图书馆计划。我确信:在中国最需要高效的图书馆服务的时候,这项计画会给处在重建的重要时期的中国提供极大的服务"③。1945 年 9 月 26 日,重庆英国大使馆文化关系处主任布洛菲尔德(John Blofeld)亦曾写过一封很好的推荐信:"我已经阅读了文华图书馆学专科学校关于建立新图书馆和在武昌扩展其图书馆学校的计划。鉴于该校在过去曾取得优异的成绩和中国亟需图书馆与受过良好教育的馆员,我极

---

① 沈祖荣致 M. C. Bolfour 函(August 22, 1945). ALA Archives, University of Illinois, Urbana. 7/1/51, Box2.

② 沈祖荣致 Carl H. Milam 函(September 28, 1945). ALA Archives, Vniversity of Illinois, Urbana, 7/1/51, Box2.

③ Percy M. Roxby 致重庆英国大使馆函. ALA Archives, University of Illinois, Urbana. 7/1/51, Box2.

力推荐尽一切可能给予他们积极的支持"①。

1945年11月20日,美国图书馆协会常务秘书长米兰在给沈祖荣的复信中亦表示了美国方面对沈祖荣计划的关注。米兰写道:道:"虽然你可能会收到我们的国际关系办公室或东方委员会主席布朗的复信,但是,我还是想个人对你的9月28日来函作一答复。你的来信唤起了我们对我们的中国朋友对图书馆服务和图书馆教育的热忱的美好回忆,并且我们都把这一切归功于韦棣华女士。在最近召开的一次国际关系董事会会议上,不仅讨论了你的建议,而且还讨论了其他几项计划。自然,现在还不可能找到这些非常艰难的问题的现成答案。会议决定到12月举行另一次会议时再作进一步的讨论。现在仍需等待那时能否作出令人满意的建议。不管怎么说,我肯定你明白:我们对你的建议有兴趣且会认真地考虑"②。

然而,道义上的支持毕竟只是道义上的支持,虽然它能给人以进一步的希望,且意味着一个良好的开端,但是,它始终与实际行动上的支持尚有一段距离,而对于沈祖荣的庞大计划来说,这段距离则尤为遥远。

显然,虽然沈祖荣的计划在理论上颇具必要性,且富有挑战性,但在实践上却并不具备完全的可行性,因为时代与历史条件的制约已注定沈祖荣的计划在实施上将困难重重。从沈祖荣的计划本身来看,仅三年的时间就需要资金共627,300美元,这个数字确实过于庞大,它已远远超出了中国当时的历史条件。战后的中国正处在百废待兴的时刻,经济的凋敝使得政府根本就不可能给予

---

① John Blofeld 的推荐信. ALA Archives, University of Illinois, Urbana. 7/1/51, Box2.

② Carl H. Milam 致沈祖荣函(November 20,1945). ALA Archives,University of Illinois, Urbana. 7/1/51,Box2.

文化教育事业以充足的拨款,加上国民党政府的战后重心亦不在文化教育事业之上,因此,文化教育事业的发展也就难上加难。显然,沈祖荣对这一时势具有十分清醒的认识,也正是因为如此,沈祖荣才把希望寄托在美国方面的支持上。然而,即使是美国,其战后与战前的形势亦已发生了重大的变化,在中美图书馆界关系上亦是如此。就文华图书馆学专科学校而言,战前其创办与发展除沈祖荣等人的作用以外在很大程度上乃是美国影响的结果,战时其发展则基本上是独立进行的。到了战后,因为缺乏像韦棣华那样能够真心实意和全心全意地致力于中国图书馆事业,且能利用个人的影响将美国民间的支持力量汇集到文华公书林和文华图书馆学专科学校之上的美国友人,文华图书馆学专科学校与大洋彼岸的美国图书馆界的关系和距离也就显得更为遥远,更为鞭长莫及。也正是因为如此,在尚存一线希望的时候,沈祖荣必须充分地利用韦棣华的声望去影响诸如米兰、布朗之类的美国图书馆界的关键人物,而要做到这一点,则需要做更多的工作,需要更为持久的耐力和耐心,而沈祖荣恰恰正具有这种毅力和耐心。

在积极地游说美国图书馆界要人的同时,沈祖荣又全力投入到了文华图书馆专科学校的战后复员工作之中。1945 年 12 月,沈祖荣曾由渝飞沪,并到京汉一带视察,以为复员作准备。

1946 年 4 月 3 日,沈祖荣在与布朗的信中曾专门附寄了一份文华图书馆学专科学校缺书目录,请布朗帮助补充战时阙如之藏书。5 月 10 日,布朗在给沈祖荣的复函中答复说:"我已经将你寄来的目录复制并送给了美国图书中心和华盛顿 ALA 办公室。但是,我们要向你提出如下问题:文华图书馆学专科学校的未来如何? 它是否会与中国的某个正规大学联合? 如果是,那是什么大学? 文华图书馆学专科学校将设在何处? 它获得永久财政资助的可能性有哪些? 能够从中国政府得到哪些帮助? 在这些问题没有答案之前,别指望我们寄给你们任何图书。如果文华图书馆学专科学校与某个私立大学联合的话,那么就有可能得到资助的基金,因为中国的私立大学正在制定财政争取计划,这将使私立大学的各系得到充足的经费支持。我认为:在中国为任何一个完全独立于大学之外的学校筹措基金都将是非常不可能的。实际上,我所交谈过的所有人都同意这一点。就我所知,现在有好几所大学想办图书馆学校,而你正处在为文华图书馆学专科学校的未来作出最有希望的安排的值得羡慕的位子上。你晓得中国图书馆学校的历史,知道所有这些图书馆学校一直是怎样与大学联合在一起的。我们希望在中国的各种协商都能按照最有希望的目标进行。中国非常感谢你所做的一切,但是,从你的开明看法来看,你会轻易地明白:新的形势需要一个与20年前的情形不同类型的图书馆学校"[1]。

显然,布朗的复信对沈祖荣的计划既缺乏热情,又没有帮助的诚意。姑且不说沈祖荣的计划,就是赠书一事,布朗亦提出了一系列的先决条件。毫无疑问,作为沈祖荣认为最可靠且寄予深切厚望的人,布朗的这种态度和"设关卡"、"踢皮球"的做法的确令沈祖荣失望不已。尤其令沈祖荣难以接受的是,布朗的先决条件是要文华图书馆学专科学校并入一所合适的大学,这正好与韦棣华和沈祖荣多年的努力与心愿背道而驰。

与此同时,经过整整一年的准备,待川江航运已畅通无阻时,文华图书馆学专科学校遂于1946年1月自重庆迁回了武昌。此时,离异了八年之久的文华图书馆学专科学校昙华林原址已日换星移,今非昔比了。公书林已被先期迁返的华中大学全部占用,文华图书馆学专科学校的校舍仅剩华德楼一幢。在这种甚至不如文华图书馆学专科学校在重庆的条件的情况下,沈祖荣丝毫也没有

① Charles H. Brown 致沈祖荣函(May 10,1946). ALA Archives, University of Illinois, Urbana. 7/1/51,Box2.

气馁,他一方面将华德楼全部改作宿舍用,并从武昌圣公会处借得武昌高家巷文华中学两间房屋作为教室,另一方面又即刻聘请了桂质柏博士、汪绂熙、汪应文、汤成武诸校友,以及鲁润玖、任松如、胡伊默诸教授来校执教,并积极向美方洽聘外籍教授来校任教。经过两个月的准备,文华图书馆学专科学校在 1947 年 3 月初正式开学①。

　　文华图书馆学专科学校复校以后,沈祖荣一面忙于校务,一面仍在执着地游说美国图书馆界要人。沈祖荣在给 ALA 国际关系办公室主任莱登堡(H. M. Lydenberg)的信中再一次十分真切地表露了自己的心情:"自文华图书馆学专科学校创办人韦女士辞世以来,文华图书馆学专科学校的重担就一直完全落在我一个人身上! 韦女士逝世于 1931 年。对于我来说,使文华图书馆学专科学校渡过八年战争困难时期,这是一项多么艰巨的任务! 我说这些可能也是枉然的。抗战胜利后,这份担子一直没有减轻! 很多时候,我觉得我不能胜任这项工作,但是,没有经过一番艰苦的奋斗,我绝不会放弃! 我觉得:如果我没有奋斗到最后一刻就撒手不干,那么我将无颜以见九泉之下的韦女士! 我知道如果你了解我已经为文华图书馆学专科学校的利益竭尽了全力的话,那么,你的好朋友韦女士的在天之灵会助我一臂之力。当然,在我校迁渝以后,我已使全国知道了我的决心"②。沈祖荣的这封信既是发自肺腑的真情流露,也是对或许还存在着一线希望的莱登堡的再一次呼吁。或许,沈祖荣对莱登堡并非有十足的信心,所以,在这封信中,沈祖荣更多的是请求莱登堡在赠书方面多予支持。

　　后来,莱登堡将沈祖荣的信转给了国际关系董事会的基普夫

---

　　① 《文华图专新况》。见:《中华图书馆协会会报》21 卷 1、2 期合刊第 17 ~ 18 页。

　　② 沈祖荣致 H. M. Lydenberg 函(July 12,1947)。ALA Archives, University of Illinois, Urbana. 7/1/51,Box2.

人（Mrs. Rae Cecilia Kipp），基普夫人又再将沈祖荣的信转交给了布朗。1947年7月31日，布朗在给基普夫人的复函中说："沈先生拒绝将其学校并入大学，热衷于保持其独立学校的地位。他不接受联合董事会、他的校友们、或一个小基金会的董事们关于将其学校并入某所大学的忠告。他已要我帮忙从洛克菲勒基金会争取一小笔拨款。如果我乐意去做的话，我也不会争取到一笔拨款，况且如果他不将其学校与某大学合并的话，要争取到对其学校的财政帮助简直难于上青天。……中国国内的通讯现在几乎是不可能的。共产主义者已将中国一分为二。……，现在还不是董事会讨论沈祖荣所提出的所有问题的时候"①。从布朗的这封信来看，布朗不仅自己固执己见，不肯帮助文华图书馆学专科学校，而且还在试图阻止他人帮助文华图书馆学专科学校。这实际上是美国的价值观的一种体现，也是西谚"没有免费的午餐"的一个应证。美国的帮助往往是以本国亦能从中得到利益为前提的，当他们无法从资助文华图书馆学专科学校中看到利益的时候自然不会对此有多大兴趣，尤其是当他们看到他们所敌视的共产党兴起的时候也就更不可能对未来可能属于红色中国的图书馆事业予以帮助了，也就是说，国家利益始终是超然于其他一切利益的。

1948年初，沈祖荣的公子沈宝环（Harris Bso – Hwen Seng）赴美国丹佛大学图书馆学院留学。为了文华图书馆学专科学校的发展，沈祖荣不得不作出一定程度的让步，他特地委托沈宝环作为其代表，专门与布朗商谈文华图书馆学专科学校并入大学的有关事宜。沈宝环不负重托，赴美之后很快与布朗等人建立了良好的关系，并积极组织文华图书馆学专科学校的在美校友与有关人士商讨文华图书馆学专科学校的发展规划。1948年8月20日和9月

---

① Charles H. Brown 致 Rae Cecilia Kipp 函（July 13, 1947）. ALA Archives. University of Illinois, Urbana. 7/1/51, Box2.

5 日,沈宝环曾先后组织了两次专门讨论会,讨论文华图书馆学专科学校的发展计划。这两次会议形成了一项成果,即会议备忘录——《关于文华图书馆学专科学校与一大学合并计划的建议》。这份长达四页的建议从目的、合并后的名称、财政、学生、职员、时间、学院、步骤等多个方面阐述了合并的各有关问题。为了使这份备忘录发挥其作用,沈宝环于 9 月 8 日特地将这份备忘录寄给了布朗,一是请他审阅这份备忘录,二是请他与沈宝环作为双方的代表共同签署这份备忘录①。其后,布朗倒是签署了这份备忘录,然而,合并之议不过是布朗不愿给予实际帮助的一个借口,这个借口使沈祖荣的计划整整耗费了三年多的时间仍然毫无进展。当沈祖荣等历尽艰难最后作出退让,排除了因这个借口而带来的障碍的时候,沈祖荣所得到的不过是又一个新的借口而已。9 月 20 日,布朗在给沈宝环的回信中说:"我自 1942 年开始担任 ALA 东方和西南太平洋委员会主席,我的任期将到 1949 年 9 月时届满。……,我真不希望我给你们的是这样的印象:我在口头上给文图书馆学专科学校的帮助远远多于我实际上能给予的帮助"②。事实确实如此!不仅如此,布朗的这封简短的信还实际上宣布了一个"最后通牒",即,随着布朗任期的届满,这种口头上的支持亦将随之而去。这实际上已表明沈祖荣对于美国图书馆界的深切厚望已成为泡影,三年多的努力除了让人们知道了沈祖荣的心迹以外一切均是枉然,这不能不说是沈祖荣人生的一大遗憾。

至此,沈祖荣的庞大复兴计划在经过近四年的努力仍然没有取得美国方面的任何支持的情况下已经被窒息在摇篮之中了。所

---

① 沈宝环致 Brown 函(September 8,1948). ALA Archives, University of Illinois, Urbana. 7/1/51, Box2.

② Brown 致沈宝环函(September 20,1948). ALA Archives, University of Illinois. Urbana. 7/1/51, Box2.

幸的是,大约 40 年之后,武汉大学于 1984 年成立了图书情报学院,这使得沈祖荣的鲜为人知的庞大复兴计划得以复活,这也是沈祖荣的继承者们对沈祖荣在天之灵的莫大告慰,尽管他们并不知道沈祖荣宗师早已有此蓝图。

1948 年底,随着国内战争的展开,国民党政府在全国的统治逐渐开始衰退,在国民党政府机关和要人纷纷南下的时候,基督教会曾在湖南长沙召集两湖的教会学校去开"应变会",其时,华中大学、文华中学、博文中学等武汉教会学校均派遣了代表前去参加会议,唯沈祖荣不仅自己没有去,而且也没有派任何代表前往。这倒不是沈祖荣对共产党充满了热爱和期待,因为沈祖荣在 1949 年以前几乎就与共产党没有什么瓜葛;不是沈祖荣对国民党充满了仇恨和失望,因为沈祖荣在 1949 年以前一直就生活在国统区,其所有的事业亦正是在国统区发展起来的;完全是因为沈祖荣对其事业崛起的故土——武昌昙华林充满了无限的眷恋,他不忍心让韦棣华和他手创的文华图书馆学专科学校再像抗战时期那样流离颠沛,而且复员不久的文华图书馆学专科学校也经不起连续不断的折腾。沈祖荣要与自己认定的崇高事业同在。或许经过几十年的磨炼,沈祖荣已深刻地认识到了这样一个道理,那就是,只要中国不再受帝国主义列强的蹂躏,祖国的建设和兴盛总会需要图书馆事业,图书馆学教育始终具有美好的前景。

不管怎么说,沈祖荣很坦然地留下来了,具有近 30 年历史的享誉海内外的文华图书馆学专科学校亦完整地留下来了。而这一切为今日中国图书馆学教育事业的繁荣奠定了不可缺少的基础,使得文华图书馆学专科学校最终获得了新生和兴旺。

# 十、老骥伏枥：无法了却的教坛情结

1949 年 5 月 14 日，第四野战军在武汉以东的团风至武穴一百余公里战线上强渡长江，16、17 日解放华中重镇汉口、汉阳和武昌，武汉开始进入一个新时代，文华图书馆学专科学校开始进入一个新时代。

解放军的到来对于沈祖荣来说无疑产生了一次强烈的震撼，那种由于误导而产生的或然的疑虑和不安经过亲身的经历已经烟消云散，随之而来的是一种由衷的喜悦和慰藉。后来，沈祖荣在给友人的信中曾作过这样的表露：有生以来，我第一次看到如此纪律严明、深受民众爱戴的军队，中国大有希望。

1949 年 10 月 1 日，中华人民共和国宣告成立，中国的历史正式进入一个新的纪元。

1950 年元月 1 日，文华图书馆学专科学校全体师生"以无比的热情迎接新中国诞生后的第一个元旦"，为了"感念人民解放军的丰功伟业"，文华图书馆学专科学校特地"约请驻在附近的湖北军区参谋训练队的学员，来校联欢，举行元旦劳军大会，即席分赠战士们许多毛巾肥皂等日用品。此外教职员和同学又捐出价值二百斤食米的人民币，订制印有纪念字样的毛巾、肥皂与慰劳袋等汇送市慰劳会,赠给海南作战的军队"①。

与此同时,为了适应新的形势,在沈祖荣校长的领导下,文华图书馆学专科学校开始进行了一系列的改革。

为了健全行政领导,改革校务,文华图书馆学专科学校首先改组了董事会。1950年初,文华图书馆学专科学校敦聘查谦、朱裕璧、陈经畬、陈时、张海松、厉无咎、曹美成、崔思恭、李辉祖、骆伟芳、桂质柏等十一位热心图书馆教育人士为董事,会同当然校董沈祖荣校长组成董事会。经选举,张海松主教为董事会主席、桂质柏为书记,曹美成、骆伟芳和沈祖荣三人为常务委员,合组常委会主持校政。2月,文华图书馆学专科学校全体教职员参加武汉市高教联寒假讲习会。经过短短的两个星期的学习,全校教职员一致认为新民主主义教育行政的基本精神是民主集中制。于是,自学习返校后,文华图书馆学专科学校又改组了校务会,下设各会处,分层负责,搞好行政工作。暑假期间,又奉到教育部颁布的《专科学校暂行规程》,遂于11月20日根据该规程第十九条所规定之组织形式,重新组织了由校长、教务主任、总务主任、图书馆主任、各科主任、工会代表四人及学生代表二人组成,由校长为当然主席的校务会,以襄助校长处理校务②。

经过沈祖荣的努力,文华图书馆学专科学校的教职员队伍在1950年时已发展到20人,其中包括:校长沈祖荣、讲师兼教务主任李廉、教授兼图书馆科主任田洪都、讲师兼档案管理科主任汤成武、教授兼图书馆主任吕绍虞、教授张文焕、赵子和、讲师吴鸿志、陈培凤、陈庆中、张遵俭(兼秘书)、孙德安(兼图书馆主任、在假)、

---

① 文华图书馆学专科学校校友总会编印.《文华图书馆学专科学校简讯》新1卷,1950年12月15日出版。

② 文华图书馆学专科学校校友总会编印.《文华图书馆学专科学校简讯》新1卷,1950年12月15日出版。

教员张承祯、昌少骞、助教汪柏年、张毓邨、代理总务主任汪觉民、书记尤明轩、孙铭新、教务员陈晓葵。

在学校行政改革的同时,自1950年2月起,文华图书馆学专科学校又进行了课程改革。这次课程改革的初步目标是理论结合实践,其具体措施有二:一是精简课程,归并了一些重复课程,暂时停开了一些理论空泛且脱离实际的课程。精简的结果是课程的内容更充实,提高了质量,减少了数量。节省出来的时间分配给政治课,一年级每星期一与武昌各大专学校合班上课,学习社会发展史,二年级每星期三去华中大学听大政治课报告。二是加强实习,特别注重图书馆事务的实习,每个学生每周起码有两次实习的机会,而教员们的精力则大部分也都花费在实习指导与编写讲义之上。

为了适应中南军政委员会所辖各机关的急迫而广泛的需要,在中南军政委员会人事局和中南教育部的协助下,文华图书馆学专科学校自1950年10月1日起开办了为期四个月的档案资料管理训练班。第一期学员45人,除由中南人事局调派奚自省、马天麟二人领导政治学习外,全体学员每日上午听讲并讨论,下午实习。课程仅设档案经营、档案分类、资料经营、索引检字、图书管理等五门,目的是通过短期的重点学习,以掌握方法搞好业务。

为了推广图书馆事业,自1950年起,文华图书馆学专科学校图书馆开始对外开放,馆务由各班学生负责,教师从旁辅导,目的在于训练学生的图书馆业务工作能力,因而称之为实验图书馆。为了建设好实验图书馆,沈祖荣尽能力所及,为实验图书馆添购了新知识书籍近三千种。所惜交通不便,一般市民较少到馆阅览,仅因附近为校区的原因,儿童读书非常踊跃。有鉴于此,张海松主教慨捐美金三百元,专供充实儿童图书与实验图书馆设备之用。为了弥补实验图书馆地点偏僻的不足,沈祖荣又特地与解放路三一堂约定,在三一小学内专门辟室一间,于1950年11月间开设了校外儿童阅览室。为了照顾路远的读者,实验图书馆特举办了巡回书车,每星期六下午巡行武昌各街道,向市民们服务。此外,还在第一纱厂、武昌邮局、青年会、青年服务处等处专门设立了书报供应站。各站由实验图书馆寄存书箱一只、箱内置书三四十册,两周更换一次。沈祖荣还约集武汉市各机关、学校,及省市立图书馆资料室的负责人先后来校参加过两次座谈会,以交流经验、交换图书馆学新知识,并研究各馆室在工作上所发生的具体问题,共同商讨解决的途径。

鉴于沦陷期间,文华图书馆学专科学校校址遭日寇侵占破坏,房屋失修已久,1950年暑假期间,经在上学期余存经费下,拨款修葺,沈祖荣又商得圣公会主教董事会主席张海松同意,由教会方面拨给美金100元,补助不足部分。因学生人数增加,原有礼堂不敷应用,遂将文华图书馆学专科学校的食堂改建为大礼堂。改建后的大礼堂,其舞台部分,面积宽广,坚固美观;台下空间可容观众200人,所有地坪、天花板、门窗等均经油漆粉饰一新,灯光配备,尤具匠心,美轮美奂,俨然一小型剧场。此外,校内其他房舍如图书馆等处,多经粉刷油漆修建,宿舍课堂窗户,亦均添配玻璃。所有大小工程,在精打细算下,共耗费700余万元。

在此期间,文华图书馆学专科学校还相继完成了一系列社团组织的建设。在建国以前,文华图书馆学专科学校的学生就已有部分人参加了共产主义青年团,当时,他们用一个文艺团体"春潮社"的名义作掩护进行革命工作。建国以后,学生中要求入团的越来越多,先后有10余人被批准入团。根据同学们的要求,文华图书馆学专科学校遂于1950年6月15日正式成立了团支部。1950年初,文华图书馆学专科学校员工在中国教育工会武汉市委员会的指导下与华中大学共同成立了"华大图专工会分会"。11月,又自行组织基层小组,直接与市委员会联系。1950年5月16日,文华图书馆学专科学校在校友大会上成立了校友总会,通过了校友总会章程,并选出了执行委员七人,田洪都任主席,张毓邺任组织,李廉、张遵俭任秘书,徐家麟、汤成武任学术,昌少骞任会计。其后,校友总会于1950年12月编印了《文华图书馆学专科学校简讯》新1卷。

也正是在1950年,文华图书馆学专科学校迎来了三十周年校庆。文华图书馆学专科学校的校庆纪念日本来是每年的五月一日,建国后因与国际劳动节日期冲突,遂于1950年起改为5月16日。是日,武汉的校友携带各种珍贵的礼物,如挂钟、湘绣等来校,并捐献给实验图书馆书籍共数百册。下午举行了隆重的庆祝会,晚上又举行了节目丰富的晚会,甚为热烈。

三十年在历史的长河之中不过是一瞬,但是对于"而立之年"的文华图书馆学专科学校来说,它却具有十分特别的意义。在这三十年中文华图书馆学专科学校在沈祖荣的领导下走过了一条由创办、独立、发展到西迁、复员、复兴的曲折而坎坷的发展道路,历尽了艰难、困苦和挫折,创造了一个又一个的成就与辉煌。作为中国图书馆学教育的脊梁,文华图书馆学专科学校从一开始便一直就在中国图书馆学教育中发挥着中流砥柱的作用,并因此而享誉海内外,垂名青史。也许是历史的巧合,在新中国成立后的第一年,文华图书馆学专科学校正好经历了整整三十年;而也正是这而立之年最终成了文华图书馆学专科学校告别过去,走向未来的转折和标志。

显然,在大约一年的时间内,沈祖荣在恢复文华图书馆学专科学校的历史传统的同时所作的一系列改革,既已开始重现了文华图书馆学专科学校的昔日风采,亦已为文华图书馆学专科学校的平稳过渡创造了良好的条件。

1951年8月16日,中央文化部接办私立武昌文华图书馆学专科学校,并暂时委托中南军政委员会教育部领导。中南军政委员会教育部遂于本日召集文华图书馆学专科学校行政负责人、校董会、教工会、学生会等代表宣布有关接管事宜①：接管后的"私立武昌文华图书馆学专科学校"改名为"公立武昌文华图书馆学专科学校"，王自申任校长，甘莲笙、沈祖荣任副校长。从此，沈祖荣亲手创办并呕心沥血经营了三十年的文华图书馆学专科学校开始由一所私立学校正式转变为共和国的一所公立学校，沈祖荣再也不必为筹措学校的经费而四处奔波。同时文华图书馆学专科学校在管理上开始由沈祖荣的个人领导正式转变为集体领导；而沈祖荣个人则从事必躬亲的校长职位上正式退居专管教学业务的副校长职位，并进而完全不再担任任何管理职位，专任教授之职。这些转变无疑是时势的必然，但是，对于沈祖荣来说，这些转变多少亦使沈祖荣感到有些惆怅。

与此同时，应朝鲜民主主义共和国政府的要求，中国政府于1950年10月决定派遣中国人民志愿军赴朝鲜援助朝鲜人民抗击美国侵略，并自1951年起在国内掀起"抗美援朝，保家卫国"的运动。在人民纷纷推行爱国公约，捐款购买武器，慰问志愿军和志愿军家属，开展增产节约运动，支援前线战斗的运动中，为了保家卫国，沈祖荣和夫人姚翠卿不惜将自己节衣缩食积攒下来的金银细软和在武昌的私人住宅全部捐献给了国家，以表达自己的崇高爱国主义精神。

在文华图书馆学专科学校发生迅速变化的同时，沈祖荣的思想亦开始发生了急剧的变化。

这种变化肇始于政府接管文华图书馆学专科学校。这所学校乃是韦棣华和沈祖荣手创的私立学校，在其三十年的发展中，沈祖荣倾注了自己的全部心血和精力，历尽了无数的艰难困苦。可以毫不夸张地说，文华图书馆学专科学校在某种意义上乃是沈祖荣

---

① 《当代中国的图书馆事业》编辑部编.《中国图书馆事业纪事（1949～1986）》.书目文献出版社,1988年1月第18页。

的事业和生命的寄托。也正是因为如此,在政府准备接管文华图书馆学专科学校之初,沈祖荣的思想包袱比较重,所以在争取人民政府接管时态度并不积极,这是顺理成章且可以理解的。但是,经过学习,沈祖荣最后改变了自己的看法,对政府的接管给予了积极的配合,顺应了时代的要求。

其后,在抗美援朝期间的"反亲美、反崇美、反恐美"的"三反"活动中,沈祖荣的思想受到了又一次强烈的震撼与冲击。沈祖荣的一生一直与美国有著密不可分的亲密关系,因为美国圣公会的关系,沈祖荣才有机会就读于美国圣公会所办的文华书院和文华大学;因为美国友人韦棣华女士的关系,沈祖荣才在大学毕业后就职于美国人韦棣华创办的公书林,立志于图书馆事业,并受美国人韦棣华的资助第一个赴美国纽约公共图书馆学校攻读美式图书馆学;因为接受了美国图书馆观念且崇拜美国图书馆事业,沈祖荣倡导了宣传欧美图书馆事业,抨击旧式藏书楼陋习的新图书馆运动,并与美国人韦棣华一起仿照美国的制度创办了文华图书馆学专科学校;因为上述关系,沈祖荣一直讲授《西文编目课程》,且其英语水平在某种意义上甚至高于其汉语水平;……。总之,尽管沈祖荣是一个地地道道的不折不扣的爱国主义者,但是,沈祖荣一直存在着较强的"亲美"、"崇美"(绝没有"恐美")的情结。尽管沈祖荣在"亲美"、"崇美"上丝毫也没有半点民族虚无主义的成分,而且"亲美"、"崇美"也并非与爱国主义相矛盾,但是,在当时的情景下,时势要求人们割裂这种情结。这对于沈祖荣来说无疑是一次强烈的思想震撼和情感冲击。今天,我们已无法去想像和体会沈祖荣当时的激烈思想斗争和心灵感受,但是,我们尚可从个别事实中窥见沈祖荣思想的变化。在建国初的头两年中,即 1949 年和 1950 年,经沈祖荣接洽,文华图书馆学专科学校曾连续两年分别得到美国韦棣华女士基金会自基金利息项下拨到的 2000 元美金作为维持费用①,而在抗美援朝中沈祖荣却又向国家捐献了个人的大量财产。这种反差和转变说明了这样一个事实,那就是,在国家利益和个人情感的冲突中,沈祖荣把国家利益放在了首位,因而,也就能够用理智去战胜情感。

再后便是1952年前后国内开展的大规模的知识分子思想改造活动。如果说"接管"与"三反"是对沈祖荣情感的两次冲击的话,那么这次"思想改造"则是对沈祖荣灵魂的一次冲击。通过学习马列著作和毛泽东著作,沈祖荣对社会主义有了基本明确的了解和认识。虽然,并没有迹象表明沈祖荣在思想改造之后树立了共产主义信仰,但是,可以肯定的是,在思想改造之后,沈祖荣至少是在行动上已经放弃了个人的宗教信仰。这种抉择虽然是明智的和势所必然的,但是,它同时也是复杂的和不得已的。

1953年8月,全国高等学校院系调整,教育部将武昌文华图书馆学专科学校并入华中第一高等学府武汉大学,改名为武汉大学图书馆学专修科,学制由原来的两年改为三年,甘莲笙担任专修科主任,沈祖荣仅担任教授职位。院系调整无疑为文华图书馆学专科学校的未来发展提供了良好的历史契机。由于文华图书馆学专科学校没有并入与其有着历史渊源和复杂关系的主要由华中大学组成的华中师范大学,而是并入了华中第一高等学府武汉大学,这使得文华图书馆学专科学校获得了华中最好的教育环境。也正是因为如此,图书馆学专修科在其后的发展中虽然亦经历了由于历史造成的艰难曲折,但是,它不仅没有中途夭折,而且最终发展

---

①　文华图书馆学专科学校校友总会编印.《文华图书馆学专科学校简讯》新1卷,1950年12月15日出版。

成了世界上规模最大的图书情报学院①。

院系调整以后，文华图书馆学专科学校的师生与设备等亦随之迁到了武昌珞珈山之武汉大学校园。从此时开始，沈祖荣继思想开始发生急剧变化之后在教学与研究的方向上又经历了一场急剧的变化。

由于时势的原因，传统的美式图书馆学教学内容受到了尖锐的批判，沈祖荣一直讲授了30余年的以美国图书馆编目技术为中心的"西文编目"课程停开了。这对于沈祖荣来说无疑是一个沉重的打击，对于专业教育和学生来说无疑亦是一个不小的损失，尽管当时因为时势的原因大多数盲从的人并不对此怀有缺憾。

然而，沈祖荣并没有因此打击而气馁。为了弥补这一缺憾，在全国"一边倒"学习"苏联老大哥"的风潮中，沈祖荣以古稀之年开始从头学习俄文，全力准备开设"俄文图书编目"课程，并且在年余的时间内达到了良好的俄文阅读和翻译水平，以及较好的俄语口语水平，其毅力与精神至今仍令许多人赞叹不已！

而尤为令人赞叹的是沈祖荣始终不渝的教坛情结。在经历了种种冲击和变化之后，沈祖荣不仅没有放弃执教工作，而且还对执教产生了更加浓厚的依恋。其时，年逾古稀的沈祖荣身体状况已远远不如从前，生活上行动上均不方便，需要有人帮助。所幸的

---

① 武汉大学图书情报学院设有图书馆学系、情报科学系、出版发行学系、图书馆学情报学研究所和科技信息培训中心，下设图书馆学、情报学、档案学、出版发行管理学四个专业，分设有图书馆学基础、文献管理、目录学、档案学、图书发行学、情报理论、情报技术、图书情报现代技术等八个教研室，形成了拥有专科函授生、本科生、硕士研究生、博士生等多层次多类型的专业教育体系。学院拥有一栋5000平方米的七层教学大楼，内设有专业藏书在全国最雄厚的图书资料室、计算机实验室、缩微实验室、声像实验室、复印与维修实验室、文献保护实验室、打字室，并配备了专供学生实习用的文献分编实习室、中外文工具书实习室、目录学和古籍整理实习室、科技文献检索实习室、科技文献管理实习室。现有在编教职工约150人，在校学生500余人，函授生1000余人。在规模上令世界各国的同类院系难以望其项背。

是,沈祖荣的大女儿陈培凤和女婿陈昌恕亦均住在武汉大学(陈培凤其时在武汉大学担任英语教师),成了沈祖荣和姚翠卿在生活上的最得力帮手。而在教学上,专修科特地安排了文华图书馆学专科学校专科第十三届(1950年8月至1953年2月)毕业留校的付椿徽担任沈祖荣的助教。傅椿徽虽然在沈祖荣所教的学生中算不上最优秀的弟子,但在文华的女性毕业生中却是数得着的佼佼者。她为人恭谦、厚道,且十分地朴实、热忱,尤其是对于自己的老师沈祖荣教授敬佩有加。在担任沈祖荣的助教期间,傅椿徽一直十分克勤克力忠于职守,在课余,傅椿徽或亲自到图书馆帮助沈祖荣搜集教学资料,或陪伴沈祖荣到图书馆查找资料;在上下课时,傅椿徽又亲力亲为地来往携带沈祖荣所指定的教学示例书刊。也正是因为如此,傅椿徽从中学到了不少的未然知识和技能,并由此而在武汉大学兢兢业业地教授了30余年的编目课程,成为著名的中文编目专家之一。

1954年6月,沈祖荣根据个人的见解编撰完成了《俄文图书编目法》(初稿)。经过一个学期的讲授和试用之后,沈祖荣根据新见到的克连诺夫的《图书馆技术》中译本和《小型图书馆目录及出版物的著录统一条例》俄文原本,参考《图书馆员》中的有关编目资料,听取专修科1954级同学和各图书馆俄文编目工作人员的一些意见,并结合我国图书馆的具体情况,对"初稿"作了适当的修改和补充,并于1955年5月完成了再版《俄文图书编目法讲义》。再版的"讲义"中增添了马克思列宁主义著作和多卷书的著录,扩大和修改了政府机关、党团以及工会出版物和定期刊物的著录法,并改写了标题目录编制和书评著录法,以及如何采用印制目录卡的方法,示例方面也比较初稿增加了一倍有余。1957年,"反右"运动开始以后,在反右教学两不误的原则下,沈祖荣又对再版讲义进行了大量的修改和补充,除根据当时需要省略或精简了主题目录,期刊和连续刊物的著录法,以及印刷一式卡片及其使用法以外,重点是加强了讲义的通俗性、方便性和简明性。对此,沈祖荣曾作过这样的说明:"根据过去教学经验,部分学生俄语知识基础较差,学习此课程查生字所费时间过多,故将所举例句,一律用中文译出,以精简同学的时间。其次又考虑到学生只知著录俄文图书而不知怎样组织目录。尤其是苏联字顺目录的组织有许多特殊的规则,以及排架目录的编制等问题,将在讲义中拟定有关的规则,着重讲授,共举出三百余种实际例子,组成字顺目录的形式,使同学认识包括二十余种卡片的苏联字顺目录的复杂性和优越性。并纠正他们对苏联字顺目录的看法,以为苏联字顺目录只包括著者卡片或书名卡片,或著者与书名卡片的错误概念。为了帮助同学将来在实际工作中,便于使用起见,将人名变格,大写和移行等规则,以及著录上常用词的缩写,和出版机关的简称,丛书一览表和题下事项中常用的词句,附以中文解释,集以附录中"①。1958年2月,沈祖荣在此基础上编撰出版了《俄文图书编目法》(第三版)。

从1953年沈祖荣开始编写《俄文图书馆编目法》(初稿)开始,到1958年《俄文图书编目法》(第三版)出版为止,在大约五年左右的时间内,沈祖荣三撰《俄文图书编目法》讲义,而且每次均有大量的修改和补充,仅此一点便足以显示年逾古稀的沈祖荣对图书馆学教育事业的执著和热恋。也正是因为如此,沈祖荣兢兢业业为教学服务,为教学献身的精神不仅得到了武汉大学领导的一致肯定,而且亦成为老师和学生们的楷模。

在沈祖荣专注于教学的同时,武汉大学图书馆学专修科亦先后发生了几次变化。1955年7月,徐家麟教授接替甘莲笙担任图书馆学专修科主任。徐家麟乃是沈祖荣的得意门生和文华图书馆

① 沈祖荣编.《俄文图书编目法》(第三版).武汉大学出版,1958年第1页"第三版简略说明"。

学专科学校的一流优秀毕业生,他于 1924 年 9 月至 1926 年 6 月就读于文华图书科沈祖荣门下,为文华图书馆第五届毕业生。1929 年秋,沈祖荣聘徐家麟为文华图书馆学专科学校图书馆学及图书分类法助教,1930 年加聘为文华公书林参考部主任,1932 年 3 月再聘为文华图书馆学专科学校研究部主任和教务主任。其间,徐家麟在编撰文华图书馆学专科学校丛书和完善专业教学诸方面成绩斐然,成为沈祖荣的最得力助手之一。1935 年 8 月 27 日赴美国哈佛大学深造,1936 年毕业后曾任哈佛大学燕京图书馆参考部主任,其后曾在美国深造和工作多年,在海内外均有相当名望。徐家麟出任图书馆学专修科主任对于沈祖荣由文华图书馆学专科学校从私立转为公立,从专家治校转为外行治校所产生的失落感是一种心灵与情感的抚慰;对于图书馆学专修科来说,这无疑亦是一次良好的命运抉择。徐家麟担任专修科主任以后励精图治,积极推进专修科的发展,1956 年,经教育部批准,武汉大学图书馆学专修科改升为图书馆学系,由三年制专科升为四年制本科,事业向前大大地迈进了一步。1958 年,沈祖荣的另一名学生、文华图书馆学专科学校第十三届毕业生(1958.8～1953.2)孙冰炎出任图书馆学系副主任。从此时开始,徐家麟和孙冰炎二人密切合作,在他们于 1966 年同时卸任之前,保持了图书馆学系的稳步发展。

在社会主义改造和社会主义建设事业的迅速发展的基础上,1956 年中共中央提出了"向科学进军"的号召和繁荣社会主义科学、文化、艺术的"百花齐放,百家争鸣"政策。在这种新形势的要求下,中共中央又制订了"积极发展、提高质量、全面规划、加强领导"的文化事业方针。文化部于 1956 年 7 月召开了全国图书馆工作会议。会议根据全国文教总方针确定了"积极发展、提高质量、全面规划、加强领导,又多、又快、又好、又省积极稳定地发展图书馆事业"的方针,并且明确地规定了图书馆事业应当积极地为社会主义建设、为人民大众、为科学研究服务。在这个方针任务的指导下,全国的图书馆事业开始出现了一个良好的发展态势。1956年12月11日,中国图书馆学会筹备委员会在北京成立,并于本日在北京举行了筹备委员会第一次会议,主席左恭。会议推选文化部副部长兼北京图书馆馆长丁西林为筹备委员会主任委员,洪范五、李小缘、向达、左恭、徐家麟、刘国钧、贺昌群、杜定友、张照、王重民等为常务委员,左恭兼任秘书长。其后,在京筹备委员会委员又先后召开了两次筹备会议,并在第三次筹备会议上通过了《中国图书馆学会章程(草案)》和《中国图书馆学会筹备委员会暂行办法(草案)》。1957年2月15日,筹备委员会正式向沈祖荣等各筹备委员函发聘任通知,并征求全体委员对上述两个"草案"的意见①。经过建国后约七年的图书馆事业恢复、建设和发展,中国图书馆学会已呼之欲出。然而,在筹备委员会正式向各筹备委员函发通知积极筹备中国图书馆学会的同时,1957年2月,毛泽东在最高国务会议上作了《关于正确处理人民内部矛盾》的报告,其后在全国范围内掀起了一场整风运动和反右斗争。随着思想战线上和政治战线上反右斗争的不断扩大化,大批的"资产阶级右派分子"受到批判,处于萌芽状态的中国图书馆学会亦随之被窒息,直到1979才在共和国成立30年之际正式成立。

　　1957年反右斗争开始以后,知识分子最集中的高等院校首先受到冲击,一些激进的青年学生纷纷开始"鸣放",提出各种违反教育规律的意见。在武汉大学图书馆学系,学生们在鸣放中提出俄文图书编目课程应提前开课,不得已,沈祖荣只能将俄文图书编目课程"特予提前",并对只使用了两年的《俄文图书编目》(第二版)讲义作再一次的大修改。对此,沈祖荣曾作过这样的说明:

　　① 中国图书馆学会筹备委员会发文(57)筹秘字第1号,1957年2月15日,中山图书馆图书馆学资料室藏。

"为了结合目前情况和实际教学需要本拟将本讲义大事修改和补充,但是修改时间非常有限,同时在反右教学两不误的原则下,教学时数减少,教材内容不得不予精简"①。从沈祖荣所言"修改时间非常有限"和"教材内容不得不予精简"来看,沈祖荣已深深地感到了反右斗争的压力。好在当时运动的发展仅仅只是刚刚开始,尚未达到残酷无情的阶段,加之沈祖荣又德高望重,沈祖荣并没有成为运动的主要对象。当然这也得益于沈祖荣当时既没有担任任何行政职务,也不参加政治学习,不过问政治问题,除上课以外多在家从事研究和休息。

　　然而,一些"当权"的"资产阶级右派分子"则没有沈祖荣那么幸运,他们纷纷成为运动的众矢之的。在武汉大学图书馆学系,一场轰轰烈烈的"拔白旗,插红旗"的斗争直接指向了皮高品教授和徐家麟教授。1958年8月26日至9月3日,武汉大学图书馆学系进行了一次空前的群众性的课程大检查。当时的"武汉大学图书馆学系通讯组"曾做过这样的总结报导:"'双反'运动开始后,全系师生进行了一次空前的教学大检查。数以千计的大字报、丰富多彩的教学展览会把我系长期存在着的问题和矛盾揭开了。我系的主要问题是资产阶级的教学思想和教学路线根深蒂固,社会主义的教学思想和教学路线极为薄弱,或者说还没有真正的树立起来。旧教学体系的特点,在于教学脱离实际,即脱离当前的形势、脱离图书馆工作的实际和脱离同学的实际。这种脱离实际的倾向在教学中的表现就是厚古薄今、重外轻中、盲目崇拜资本主义国家的图书馆事业和图书馆学,轻视社会主义国家的图书馆事业和图书馆学。……事实表明,过去武大图书馆学系教学上挂的旗子是彻头彻尾的资产阶级白旗"。为了"坚决拔掉白旗"、"全系师生在党的领导下,开始向资产阶级教学路线的白旗围攻,比较集中地批

---

① 沈祖荣编.《俄文图书编目法》(第三版).武汉大学出版,1958年第1页。

151

判了图书馆学教研组主任皮高品先生和系主任徐家麟先生的资产阶级思想,取得了很大的胜利"。作为一面"白旗",皮高品所讲授的两门课程——"中国图书史"和"图书分类法",尤其是其《中国图书史》讲义和《中国图书十进分类法》("皮氏法")受到了彻底的揭发和批判。作为另一面"白旗","在教学上更是坚持资产阶级路线",且"一贯地崇拜欧美,颂古非今,生搬硬套,食而不化"的徐家麟亦被批得体无完肤。为了插上红旗,武汉大学图书馆学系在"大破了旧的资本主义教学体系"的同时还"大立新的社会主义教学体系"。"全体师生边学边做,苦干巧干,终于在短短一个月之内,顺利地完成了编制新型图书分类法(即《红旗图书分类法》,后改名为《武汉大学图书馆分类法》)的任务"。"为适应技术革命与文化革命的需要,根据多快好省的精神,学制由原来的四年制改成三年制"。并在此基础上开始"着手准备编写新的教学大纲和教材"①。虽然在这场所谓的"两条教学路线的斗争"中,武汉大学图书馆学系拔掉了系里的白旗,插上了红旗,取得了"翻天覆地的变化"和斗争的胜利。但是,这场运动却在历史上留下了永远无法抹去的笑柄和痛楚:1958 年 9 月 8 日至 15 日,武汉大学图书馆学系 150 位青年师生,"以冲天的干劲苦战了八昼夜,终于编成了红色的分类法",创造了一项历史上罕见的"纪录"。而为了多快好省,将学制由原来的四年制改成三年制,更是对客观规律的嘲

---

①　武汉大学图书馆学系通讯小组.《批判皮高品先生和徐家麟先生的资产阶级教学思想——记武汉大学图书馆学系教学中的拔白旗、插红旗斗争》. 见:《图书馆学通讯》1958 年第 5 期第 11 ~ 13 页。

武汉大学图书馆学系通讯组.《武汉大学图书馆学系课程大检查总结(摘要)》. 见:《图书馆学通讯》1958 年第 6 期第 22 ~ 23、54 页。

何定华.《"武汉大学图书分类法"序言》. 见《武汉大学人文科学学报》(图书馆学专号)1959 年第 3 期第 36 ~ 38 页。

图书馆学系三年级学术思想批判小组.《皮高品"中国十进分类法"的商榷》. 见:《武汉大学人文科学学报》(图书馆学专号)1959 年第 3 期第 48 ~ 55 页。

弄。

"在比较彻底地清算了系里旧的、资产阶级教学路线的基础上",在1958年全国"大跃进"形势的鼓舞下,为了贯彻"教育为无产阶级政治服务,教育与生产劳动结合"的教育方针,武汉大学图书馆学系"二、三年级同学及部分教师共98人于1958年11月17日至1959年2月3日下放到湖北省浠水县的十月人民公社、洗马人民公社和兰溪人民公社。在下放期间,一边劳动、一边上课、一边通过建立和开展人民图书馆的实际工作,进行科学研究,把教学、科学研究同生产劳动紧紧地结合起来"。于是,武汉大学图书馆学系又再一次地上演了一场"破除迷信,解放思想","把课堂搬到农村,拜劳动人民为师"的历史活剧①。

随着"运动"的不断深入,武汉大学图书馆学系的正常教学受到冲击和破坏,政治运动取代了专业教育,著名的图书馆学专家教授亦逐渐失去用武之地。在这种形势下,鉴于沈祖荣年寿已高且身体状态每况愈下,或许亦是出于徐家麟等文华门徒对沈祖荣的爱护,1959年武汉大学正式通知沈祖荣退休。75岁的沈祖荣获悉这一通知以后,心中久久不能平静,他不愿走下自己奋斗了一辈子的讲台,他要继续发挥其余热。为此,沈祖荣先后会晤了多位武汉大学校领导,请求允许继续执鞭任教。在领导和同事的再三劝说下,沈祖荣最后不得不接受了这一既成事实的通知,留下了一段无法了却的教坛情结。

① 中共武大图书馆学系总支委员会.《党的教育方针的胜利——下放浠水总结报告》.见:《武汉大学人文科学学报》(图书馆学专号)1959年第3期第28~33页。徐家麟.《从人民公社图书馆工作中学习》.见:《武汉大学人文科学学报》(图书馆学专号)1959年第3期第34~35页。

# 十一、通告一号:"文化大革命"中的坎坷岁月

退休以后,本来就从不过问政治现在又脱离了政治喧嚣的沈祖荣曾经享受了一段短暂的安怡的晚年生活。

1960年以后,中国的政治气氛出现了一段短暂的宽松,经济形势亦逐渐开始好转,而知识分子在经历了"反右"斗争之后开始变得沉寂而老实,过着"夹着尾巴做人"的生活。这种形势使得沈祖荣着实逍遥了几年。

坐落在武昌珞珈山的武汉大学依山傍水,风景秀丽,在全国高校中首屈一指,十分适合消闲养老。在这种环境中,沈祖荣按照自己恪守了几十年的生活习惯,每日清晨起床以慢步锻炼身体,早膳以后,便俯案钻研,终日手不释卷,笔不停耕,潜心整理自己数十年来的研究成果,其乐也融融。在其后的数年中,沈祖荣曾撰写了数十万言的著述,惜当时学术研究受到无形的压力,人们惧怕"走白专道路",沈祖荣亦心有余悸,只能将其著述束之高阁,不敢供诸同好。而这些著述在"文革"以后最后亦散佚殆尽。

就这样,沈祖荣在平静的生活中由古稀步入了耄耋。然而,历史往往总是那么无情,随着1966年5月"无产阶级文化大革命"的开始,十年浩劫毫不留情地将已隐退多年的沈祖荣卷进了一场残酷的革命运动之中。历史注定沈祖荣逃得过初一,逃不过十五。命运再一次开始嘲弄这位曾经叱咤风云而已差不多销声匿迹的年过八旬的老人。

154

1967 年，"文化大革命"开始在全国轰轰烈烈地展开。此时，沈祖荣的身体状况由于年寿已高开始逐渐衰退，常常不得不住院治疗。1967 年 4 月至 6 月，沈祖荣因病在武汉大学校医院住院达两个多月。6 月上旬，病情略有好转并出现平稳，沈祖荣鉴于自己属老年慢性病，一时难以治愈，而校医院床位又紧张，便主动让出床位给急症重号病人，自己出院自行调养。其时，具有火炉之称的武汉正值天气炎热之际，为避酷暑，沈祖荣和夫人姚翠卿遂自武汉赴江西庐山寓所静心休养。沈祖荣一向不问政事，尽管"文化大革命"正处在如火如荼的热潮之中，沈祖荣并没有意识到这场运动的严重性，更没有料到"革命"就要降临到自己头上。

6 月底，在沈祖荣依照退休后的习惯远离喧嚣的武汉市赴庐山寓所避暑休养后，红卫兵开始到沈祖荣在武汉大学的住宅中"鸣放"，因沈祖荣夫妇已去庐山，"鸣放"遂不了了之。7 月 6 日午夜，武汉大学红卫兵造反派"农派"（又称"龙派"）通过有线广播在武汉大学发出了气势汹汹且令人颤栗的"清理阶级队伍"的第一号通告，宣告了必须清理出阶级队伍的 34 位老教授的名单与"罪行"，并勒令第二天上午到"农派"司令部报到，听候处置。早已隐息数年的沈祖荣因犯有大量的莫须有的"反动罪行"首当其冲地被列入了黑名单。"通告第一号"宣称：

**"亲美洋奴、美蒋文化大特务沈祖荣：**

图书馆学教授，C.C. 分子，自幼受帝国主义分子豢养，是个典型的亲美洋奴。美帝国主义分子直接地把他送到美国留学。回国后一直任美帝国主义分子开办的'文华图专'校长，充当美帝国主义分子侵华的马前卒，专为帝国主义间谍分子翻译拍摄我国情报的照片和资料，干尽了出卖国家和民族利益的罪恶勾当，他还是蒋介石、孙科等匪首的座上客，蒋介石亲自接见过他，孙科为他祝过寿。这样一个反动透顶的家伙，被我校王、刘、庄、蒋反党集团搜罗来校，长期包庇屡次政治运动都未受到处理。……"①云云。

午夜的高音喇叭犹如游荡在武汉大学夜空上的幽灵，令人在酷暑之中不寒而栗，毛骨悚然。所幸的是，沈祖荣当时身在庐山并没有像其他在校的老教授那样经受这从天而降的恐怖之夜。然而，这丝毫也没有影响"革命小将"的"革命斗志"。

第二天，"龙派"和"虎派"的大字报铺天盖地，开始大肆地批判沈祖荣等老教授的"反动罪行"。"美蒋文化大特务"沈祖荣被正式"确认"为犯有"四大罪状"："为帝国主义分子搜集科技情报"；"秘密与帝国主义分子沟通"；"国民党特务"；"搜罗包庇美蒋特务"。沈祖荣俨然已成为一名十恶不赦的"罪人"。

"无产阶级文化大革命"的确是来得十分地迅猛，仅一两日时间，武汉大学便风云骤变，形势如决堤的洪水急转直下，肆意泛滥。具有讽刺意味的是，武汉大学这边"批沈"的浪潮一浪高过一浪，正热火朝天；而庐山那边，沈祖荣幽居寓所，正在安谧地休养，全然不知武汉大学所发生的骤变，更不知道灾祸和劫乱已经降临。

时间一天天地过去，红卫兵小将们不断地到沈祖荣家里抄家，四处搜罗沈祖荣的"黑材料"，进而威逼沈祖荣的长女陈培凤与沈祖荣划清阶级界线，大义灭亲，主动检举，以求立功赎罪。情况一天天恶化，陈培凤在百般无奈之下向家住广州的小妹沈宝媛寄去了"文革"开始后有关父亲问题的第一封家书②：

"小妹：

……，勒令快过了两周，本人（笔者注：指沈祖荣）不在

---

① 陈培凤致沈宝媛家书内附摘抄件（1967年7月）。本著在引用中未完全征得沈宝媛及家人的同意，文责完全由笔者自负，以下引用家书的情形亦与此相同。

② 陈培凤致沈宝媛家书（1967年7月）。

家,当然不能去。……,我的意见是相信群众,相信党,可惜我对政策理解不深,也不知道怎样划分界线。但无论如何,你应当站稳立场,不能再提1952年思想改造的事,否则,别人要说您想翻案。千万不可随便,因为您远在广东,境况了解不够,而且作为一个党员,地位不同,立场不同。作为一个阶级来说,我们资产阶级是应被打倒的,自己应当对自己有正确的估计。不过,我虽然出身旧社会,旧的思想、习惯多,但是我没有参加任何反动党团,我没有做坏事,我经得起审查。当然爸爸的问题,由于他不在,又年老,可能搞不清,或者会牵涉到我,但我不怕。最后终会搞清楚的,爸爸的问题,我相信最终还是会搞清楚的,但是目前群众受蒙蔽,特别是小将们不了解过去的情况,有时会有'武斗',就是'打人'现象也是有的。

……

**姐姐字"**

转眼勒令已过了一个多月,尽管红卫兵小将在紧锣密鼓的"大鸣、大放、大字报"中不断地取得了"批沈"的一个又一个"辉煌战果",但是,造反派们对于沈祖荣的"缺席审判"终竟是隔靴搔痒,难泄心中之恨。于是,"农派"决定从庐山将年迈体病的沈祖荣押回武汉大学进行现场批斗。8月初,"农派"派遣两名干将亲自上庐山去完成这一"伟大使命"。事后,陈培凤在给小妹沈宝媛的接连两封家书中曾这样地记载了造反派干将的惨无人道的卑劣行径[①]:

**"小妹:**

好久未给您写回信了,近来很忙,心情也不好。上前天(16日)下午,爸爸和妈妈突然由庐山回来了,是图系的学生

---

① 陈培凤致沈宝媛家书(1967年8月)。

弄回来的。爸爸身体极衰弱,上船下船都是人背。回来的当天,就昏厥了一次,在九江路上也昏过去一次,昨天中午又休克一次,经医生急救,现已略好一些,但完全不能吃东西,一吃就吐,每天只喝牛奶少许。我发现他神经不太正常,也许是打击太大,他常喃喃自语:一生未作对不起人的事。由于他退休近十年,一向少与外界接触,对于此次文化大革命的伟大意义,还了解不够,年纪又大。虽然我们一再声明事情会搞清楚的,应当相信党,相信群众,但他总是害怕说不清楚,他说真是受了别人的栽诬。同学们又说他的问题比韦卓民还大,更使他害怕,他说他和韦是两个不同的人。解放后,他自己深深感到人民政府对他和韦是有区别的,怎能说他的问题比韦还大呢?他自己都难以相信,他自己都难以相信!他说他们问的多少事都是他不知道的,而且几十年了,他又记不得,他怕说不清,他知道自己不是 C.C.分子,他也曾向图系学生谈过,他不是 C.C 分子。现在他们又提出说在重庆时,他是图专三青团的辅导之类的人,据他们说相当于辅导员之类的名义,爸爸说他不是,因为他不是国民党员。我不知道这些话从何而来,我也难以说明。……。

爸爸的问题,究竟怎么办?假使就这样死去,更是含冤不白了,可是活着,他又未必能搞清楚。他太不会说话,也分析不到,又不了解政策,年纪又大,事情又记不清,他现在神智也不太清楚。我每天上午学习一个半小时,又工作(编英语词条)一个半小时,家中又未请人,回家又得弄饭,还要照料病人,母亲年纪大,又不会帮忙,我怎么办?

姐姐字"

"小妹:

爸爸和妈妈是本月 16 日由庐山和图系学生一起回汉的,

图系革命委员会的两个成员（一个老师一个学生）曾到庐山去了解情况，在上面住了两周。他们认为爸爸必须回汉，以便继续要他写材料，他们说他的问题比韦卓民还大，因此他很紧张。我不了解在山上的情况，我感到他受到了很大的刺激，神经不太正常，常常喃喃自语。他说一生未做亏心事，更没有做对不起国家和人民的事，他死也不甘心。他说他不是 C.C. 分子，更不是特务。我向图系同学反应过他不是 C.C. 分子，我也提出抛出来的材料不符合事实，但他们似乎定有框框，非如此不可，而且把上次大字报的材料进一步印出来了，一次没有照片，另一次有了照片。……。

爸爸在庐山时就不能行动，上车下车都是人背，在上船下船都是图系那个老师背，据母亲说在九江昏死过一次。回家后休克过两次，经医生打针抢救，现在已有好转。本来完全不能吃东西，吃什么吐什么，现在能吃一点牛奶。医生说他需要注射葡萄糖针药，但武汉缺货，家里有的已打完了（很少），外面买不着。学校是不会给他们认为有问题的人打葡萄糖的，特别是上了第一号通告的人。现在看来（根据政策），他完全不属于清理对象，但是他年纪大，自己说不清楚，我们又无法替他说清楚，两派又来联合，更是难上加难。……。

**姐姐字"**

红卫兵在振聋发聩的"抽他的筋，剥他的皮"，"批倒、批臭"，"再踏上一只脚叫他永世不得翻身"的"革命口号"声中，以"挂牌示众"、"戴高帽子游行"、"架飞机批斗"等无所不用其极的残酷手段对"反动的教授们"进行着惨无人道的精神蹂躏和身体折磨。然而，奄奄一息的沈祖荣根本不需要经历这些"革命斗争"就已经不批自倒了。巨大的精神打击和折磨使得83岁高龄的沈祖荣一再地休克，自然，沈祖荣也就无法再去亲临现场经受"无产阶级文化大革命的战斗洗礼"。然而，具有旺盛"革命斗志"的造反派并没因此而善罢甘休,他们在"宜将神勇追穷寇,不可沽名学霸王"号召下迅速将斗争的矛头指向了沈祖荣的长女陈培凤,勒令陈培凤彻底地交代"特务老子"的"反革命罪行",坚决与"反动父亲"划清阶级界线。面对着造反派的"逼供刑讯",陈培凤一直不屈不挠,她在一份"对我父亲的看法"的"交代材料"中客观而实事求是地写道[1]:

> "我父亲从青年时代一直到1959年退休时止,他从未离开过图书馆学的教育岗位,几十年来,他都在从事图书馆学的教学和研究工作。他的社会关系虽然复杂,也有一些是反动的,但他从未参加国民党、三青团及其他反动组织,和从事反动政治活动。在旧社会,他不问政治埋头学习,以'清高自居',专心致志于教授图书编目学。解放后,他响应党的号召,与教会断绝了关系,逐步放弃了他主动停止教授欧美图书编目学,苦修俄语,终于在极短的时间内改授苏联图书编目学。在土改、镇反、思想改造等各项政治活动中,他是拥护党的。1928年(?),华中大学美国教授薛士和(原名Taylor)要无理开除图书馆学系二女生,我父亲坚决不答应,双方争执起来,华中大学校长韦卓民、美国圣公会孟良佐站在薛士和一边,向我父亲施加压力。由于我父亲和他们之间一向存在矛盾,他们就藉此机会强迫图书馆学系离开华中,拒绝给予经费。我父亲负气之下,就把它迁往昙华林,租借民房,继续办下去。临走前,我父亲向美国主教孟良佐表示:'无论如何,我一定要坚持把图专办下去'!
>
> ……。"

陈培凤在写给沈宝媛的另一封信中亦就红卫兵所列举的沈祖荣的几大罪状一一作了详尽的说明。在这封长达七页的家书中,

---

① 陈培凤致沈宝媛家书(1967年9月)内附材料。

陈培凤诉说道①:

"小妹:

收到来信,看到你提及的关于父亲的几个问题,使我感到很吃惊。没有想到在我们这儿没有听说过的某些材料,居然会出现在你的档案中,我很奇怪为什么我们这里尚未给父亲作结论,你那里倒根据他们以前调查的材料就把它写上去了。我们这里正在落实政策,很认真地对每人作出结论,所以有很多人尚未看到自己的结论,这不等于说某人就有很大的问题。我们这里有很多人的材料是工宣队进校前派性很严重的时候所调查的,现在正逐步落实。最先抛出的父亲的第一批材料,就是'农派'首先抢时间抛出来的。

关于你提出的问题,经过问了父亲本人,以及我所了解的一些材料,一一给你答复。

1. 关于解放后(笔者注:着重号为原文所有,以下情况雷同),他散播大批反革命言论以及向国外美帝分子输送政治、经济、……情报问题(我很奇怪,不知是什么内容,对谁讲的?)。

关于这一点,我认为很奇怪,原因如下:(1)本校革命群众的大字报从未提过。(2)图书馆学系管他专案的负责同志也从来没有要他交代过这一点。(3)解放后,他从来没有与国外帝国主义分子通过信,只是解放之初,学校没有经费,曾由学校校董董事长(张海松)的名义(是校董会大家决定的)写了一封信给在美国波斯顿城的韦氏基金董事会(韦棣华基金董事会,该基金……)要求将该基金利息2000美元付给学校作为学校经费,……。以后1950年周总理作了报告,与外

---

① 陈培凤致沈宝媛家书(1967年9月29日)。

国割断关系,不要外国人的书,教会学校收归国有,父亲就一直没有与他们(帝国主义分子)任何人通信,谈不上散布反动言论,也更谈不上输送政治、经济情报了。(4)反右时,张副校长请几个年老教师去鸣放(每次请几个人去),有的人就讲了一些反党的话,他却完全没有(有案可查)。甚至于当时图书馆学系的学生(后来成了右派的),来访问他,说他工资太低(四级)(笔者注:当时教授工资共分四级,四级为最低),因刘国钧是二级,想挑起他对党不满,他当时回答说,我四级已够了,我有病,也不能担任很多工作。他当时是带病坚持上课。同时学生又问他,你的助教付椿徽(付是父亲培养的青年教师,系里指定的),是不是想夺你的权,想代你的课?他们想藉此攻击学校,父亲说'没有',是我叫她单独上课,我培养她正是为了她可以上台讲课。(5)解放后,他努力学习俄语,改教俄文编目,同时也批判英美编目法(当然做的很不够),但从这里也可以看出,他没有对党感到丝毫不满意,他怎么能有大批反革命言论呢?(6)帝国主义分子解放后回国时,韦卓民以及其他很多人都去送了行,他却一次都没有去。(7)解放前夕(1948年)各个教会在湖南召集武汉的教会学校去开'应变会',去的有华中大学、文华中学、罗以中学、博文中学、希中……等,可是文华图专没有去,也没有派任何代表去,父亲平时很少与人来往,连左邻右舍他都不认识,从那里去散播反革命言论?当然像×××、×××、×××(早已清洗出去)、×××(已清除)(笔者注:为慎重起见,现略去这些人名)之流是会乱揭一通的(他们自己都有各种各样的问题)。但我想总会落实的吧?徐家麟是文化大革命中清出来的不戴帽的右派分子,是从宽的样板,他自己承认了反党言论288条,难道他的问题会搅到父亲的头上,因为他们说父亲是图书馆界的祖师爷,徐又是他的学生,我想各人的问题,各人负责,总不能张冠李戴吧?

**2. C. C. 外围组织问题:……**

革命群众的大字报,曾说到他是 C. C. 分子,后来图系学生跑到我家里来了解他的情况,说他参加过 C. C. 外围组织,我当时就回答他们说,他不是国民党,也不是三青团,更不是 C. C. 分子,请你们再调查。管他专案的同志也曾问过父亲说:‘你是 C. C. 分子’,父亲说:‘我没有参加过国民党,更不是 C. C. 分子’。后来其人又说:‘你不是 C. C. 分子,但 1932 年你参加过 C. C. 外围组织中国新文化建设协会湖北省分会,你还是委员’!父亲说:‘我没有参加,我只参加过一个乡村建设委员会,是作为图书馆专家被请去了,只参观过乡村一次,吃过一次饭,以后没有开过会,也没有其他活动,以后就没有参加过’。其人又说:‘新文化建设协会还有你的名字’,于是他把那份材料掩盖住,只将下面的三个名字给父亲看,……。

**3. 193×年给美帝分子任翻译,还带仪器模型……**

(1)1916 年父亲学完图书馆学归国,……。(2)1925 年鲍士伟来华,在上海演讲时,是杜定友翻译,在南京时是刘国钧翻译,在武汉是沈祖荣翻译,在北京是袁同礼翻译。在武汉讲的内容是图书馆的重要性。鲍去长沙雅礼大学,父亲和他一起去的,但未翻译,鲍未带模型。……。

……。

我有时很后悔,为什么父亲要读书,要是和他的父亲与祖父一样,一直是文盲,又是木船上拉纤的工人该多好,那我们就都不是资产阶级知识分子,也不会发生这些问题了,阶级出身好该有多好,当然也重在表现。想不到父亲 17 岁才识字,读了一点苦书，倒取得今日的结果（我这话是受刘修的毒吧！）（笔者注：刘修指刘少奇修正主义），话又说回来，我想问题会搞清楚的，只是需要时间。马上就是国庆了，大家都很忙，一片欢腾迎接伟大的节日，我只能在家里呆着，总说外面很好看！

姐　9月29日"

83 岁的沈祖荣不明不白地受到冤屈和迫害，处在身边的女儿陈培凤受到威胁和恐吓，就是远在千里之外广州的女儿沈宝媛也受到牵连，简直就是不折不扣的祸及九族。身体孱弱的沈祖荣不断经受着审讯所带来的精神折磨：挺身而出奋力力争的陈培凤"只能在家里呆着"，连一片欢腾的国庆节都不敢去庆祝，因为她是"特务"的女儿；革命了几十年的沈宝媛也在蒙受不白之冤，因为她有个"问题严重"的父亲，这其中的冤屈、痛楚、悲哀、折磨、迷惘、……，非亲身经历根本就无法用文字形容。

随着"文化大革命"的逐渐升级，红卫兵造反派逐渐开始失去对像沈祖荣这样的无足轻重的老人的兴趣，他们还有更重要的"革命工作"亟待他们去做。"文化大革命"的暴风骤雨很快将战斗在第一线的造反派卷入了"文攻武卫"的派系"武斗"和"抢班夺权"的动乱之中。在这场劫乱之中，尽管蒙受不白之冤的沈祖荣及其家人一直祈望搞清楚自己的问题，但是"运动"就得向前运动，根本就不可能停下来为沈祖荣这样的令他们搞不清楚问题的人作个什么结论，更不用说昭雪了。当然，如果真是有个什么结论，那么，结论没有事便罢，要是有事的话，沈祖荣的晚年会更惨。

沈祖荣的问题始终没有搞清楚，尽管蒙受不白之冤的沈祖荣和陈培凤一直希望"讨个说法"，但是，无知的造反派除了无限地"上纲上线"和"挥扛子"、"打棒子"之外根本就毫无人性和人道。沈祖荣的问题始终不可能搞清楚，因为沈祖荣不仅不是"当权的走资派"，而且岁月和疾病已使沈祖荣的生命日薄西山，这对勇往

164

直前的造反派来说自然毫无利用价值,他们不会再去关注这样一位老人。也正是因为如此,沈祖荣开始在激烈的阶级斗争夹缝中获得了一丝喘息。

然而,不甘屈辱的沈祖荣不愿就这样不明不白地离去,他要坚强地活下去,一直等到搞清楚问题的那一天。正是因为具有这种坚强的意志,沈祖荣一直没有在暴风骤雨中倒下,没有像许许多多不堪负重和侮辱的知识分子那样"畏罪"而去。

信念和意志支撑着沈祖荣,支撑着沈祖荣的整个家庭,一股共渡危难的力量使他们更为坚强。在大女儿陈培凤和二女儿沈宝琴及女婿们的细心照料,沈祖荣和姚翠卿又在武汉渡过了艰难的六年。

# 十二、重见天日:在晨曦中悄然离去

　　时间在日复一日地流去,"运动"在浪复一浪地前进,而"阶级斗争要年年讲,月月讲,日日讲"的浩劫一直难以看到尽头。1974年初,沈祖荣的一位庐山的邻居给沈祖荣寄来了一封最终改变了沈祖荣最后岁月的信。在这封信中,沈祖荣的工人朋友不仅告诉了沈祖荣,其多年闲置的庐山寓所已被人占用,而且还向沈祖荣诉说了沈祖荣在庐山的左邻右舍和工人、农民朋友的生活变故。这封出自工人朋友的信虽然极为普通而平淡,但是,它却勾起了沈祖荣对庐山的眷恋,勾起了沈祖荣对庐山那里的劳动民众的眷恋,勾起了沈祖荣对田园生活的向往。为了等到搞清楚问题的那一天,沈祖荣必须离远红尘,去寻找一方净土。而五十年前,沈祖荣在庐山购置的那栋寓所恰好为此提供了一个绝好的契机。这或许是命运之神的安排,因为五十年前沈祖荣根本就没有料到这栋普通的寓所会给其晚年生活带来喧嚣中的寂静。

　　为了远离那不忍卒睹的运动,年逾九旬的沈祖荣决定与夫人姚翠卿上庐山去安享晚年,这个想法很快得到了孝顺的女儿们——陈培凤和沈宝琴的支持,因为只有她们才最了解这两位老人的心思。沈祖荣后来在给小女儿沈宝媛和女婿林念祖的信中曾说:"这完全是我的主张,姐姐(注指陈培凤)和宝琴同意我这样做,你们住远了不便商量,时间不容许了,就这样做了,没有机会等你们"! 仅此一句话,就足以显示沈祖荣与家人之间的浓厚亲情,更足以显示沈祖荣对远离红尘的迫切向往。

1974年春节过后,沈祖荣和姚翠卿急切地来到了阔别六年之久的庐山香山路557号寓所,开始享受没有城市的喧嚣、没有运动的硝烟、没有人性的险恶的世外桃源生活。

上山以后,沈祖荣给远在广州的女婿和女儿写了一封充分表达其心情的家书[①]:

"念祖

宝媛:

……

我也趁此机会告诉你们这房子的事和我是怎样喜爱它的。这栋房和地皮是汉口一位居士王森甫的,我只花了八百元。人人都说很便宜,修建工资也不止这么多,因为这所房屋出售很久,无人愿买,穷人嫌贵不爱;有钱人看它只有一层而不是高屋大厦,不愿买;其他人又怕屋里有鬼,因为这屋未曾住过人家,而只有和尚和居士们日夜打坐念经像庙宇一样用的,故不敢买。而我的看法不同,就因为这栋房屋矮小不张风、地势又平坦,故绝无倒塌的危险;最方便的就是过路那边有泉可饮,有井水可用,就像在我院子内的东西一样方便。另有一件我最喜爱的就是我五十年前亲自栽的柏树苗,现已长得又高又苗,高到三丈余尺,苗得一个成人的双臂还抱不住它的树身!又直又茂盛,三棵一样高,排列成行在我后门口,如同三个警卫保(笔者注:因此信写作多日,此处应缺"卫着这栋房子"之类文字)这三棵树若砍伐下来,作为全家做桌椅、衣柜、板凳、床铺等家俱的材料还用不完呢!使人羡慕的不仅是山上景致优美,空气新鲜,气候适宜,或房屋小巧玲珑,屋的四面八方都有日光射进,并不强烈,光线充足,虽关闭几年打

---

① 沈祖荣致林念祖家书(1974年8月(?))。

开门时不觉霉味;而且上山的人们,特别是劳动人民对我二老,不论认识的不认识的都很热情对我二老问长问短,与武汉城市人民有天壤之别,实在令人留念! 因此种种原因或因素,我二老能住山上与世相离真是莫大幸福,也是因为这些,我情愿冒者种种危险,生命危险上山走一趟(注:着重号为笔者所加)。……我深觉惭愧,但是我不灰心,有你们和你们的朋友、战友相助,和党的关怀,我更相信党定能很好解决我的困难。你们不批评,我自己也要批评我罗嗦,我完全无法,只想把事情说明,我就心满意足了! 希望你们身体健壮和工作愉快。

父字 1974.4.10.写

6 月 10 日写完"

其后不久,沈祖荣又紧接着给女婿林念祖写了第二封信①:

"念祖:

在我上次给你们的那封信中,我却忘记告诉你们关于一件对我来说是有趣味的事! 我在五十年前(四十岁时)我常生病,害的是赤痢,慢性痢疾,每年暑天是要常发一次,一次比一次厉害。经医生诊治,一再劝告,若要避免复发,非上庐山不可,因为庐山对此种病是很有效,山上清洁卫生,水又干净,温度适合,空气又好,小孩少生疮疖,痢症差不多绝迹,况且山上生活不比山下贵,有时还便宜,鸡蛋一元一百零几个! 这样就被他说动了,果然上山一半时就风凉了,在山上饭又吃得,觉又睡得,真是仙地! 首先租借房屋,既贵又不方便,出路不好,常常缺水,且在租界,帝国主义分子又狠又厉害,不让中国人在租界购买地皮或修建房屋,连租买现成房屋也不许可,这是多么欺侮中国人,是何等可恨可恶! ……"。

----

① 沈祖荣致林念祖家书(1974 年 8 月(?))。

168

从现存的沈祖荣写的这两封残信中,我们不难窥见到沈祖荣当时的心境。第一封信共有 11 页,现仅存最后两页,从信中所言"因此种种原因或因素,我二老能住山上与世相离真是莫大幸福,也是因为这些,我情愿冒着种种危险,生命危险上山走一趟。"以及"这完全是我的主张,姐姐和宝琴同意我这样做,你们住远了,不便商量,时间不容许了,就这样做了,没有机会等你们!"等言语来看,前面遗失的内容无疑是在诉说自己自"文革"以来所遭受的种种迫害和危难。也正是因为如此,为了奔赴"与武汉城市人民有天壤之别"且"与世相离"的庐山,两位九旬老人才毫不犹豫,毅然决然地"冒着种种危险,生命危险上山走一趟",以追求"莫大幸福"。这怎能不令人叹为观止!

看得出:沈祖荣远离尘俗安居净土之后心情异常地兴奋。为了倾诉衷肠和让亲人分享这份难得的快乐,沈祖荣不惜花费整整两个月的时间(4 月 10 至 6 月 10)去全力地完成这封长达 11 页的家书,那颤抖的笔迹和字里行间的修正补充,亦正是年迈体衰的沈祖荣的坚强毅力和意志的写照。

那种对往事的娓娓倾诉正是年逾九旬的沈祖荣踏入恬淡、静谧、充满人间温情的世外桃源生活之后开始淡泊达观、超凡脱俗的真实写照。

自此以后,庐山秀丽的风景、宜人的气候、温馨的人情、朴素的生活使得沈祖荣和姚翠卿又渡过了几年安逸恬适的光阴。

转眼历史进入了 1976 年,9 月 9 日毛泽东逝世,这一噩耗迅速传遍神州大地,举国悲恸,年届九十三岁的沈祖荣惊悉这一消息以后,悲痛不已,感慨万千。由于无法按捺心中澎湃的思绪,沈祖荣向远方的亲人又再一次地倾诉了自己的衷肠[1]:

---

① 沈祖荣致林念祖沈宝媛家书(1976 年 9 月 13 日)。

"念祖

宝媛：

有一青年人来我家（九日下午）告诉我们说毛主席逝世了，我们听了半信半疑，以为他听错了瞎说的。谁知我把收音机打开一听，果然逝世了，如像平地一声雷，从梦中把我惊醒了一样，人像痴了，心里极其悲痛，不知不觉地眼泪汪汪就自然流出来了！晚饭也不想吃了，真是有精无神。这种损失太重太难以估计。

在我们老一辈人中，回忆我们的前半世，那时中国的情形：我们在国外是不受人敬重的，三等国家还不如。人民如一盘散沙，别的不提，只说在一八四〇年鸦片之战，我国英雄林则徐孤军作战，而其他省份不派一兵一卒参战，一人与一国作战怎能不败？在1894中日之战，败于小小的日本，庚子年败于八国联军，清廷放弃北京而逃西安，日本军国主义入侵占领东北，……幸有毛主席举起抗日红旗，号召人民起来抗日寇，毛主席苦战八年终于使日帝国主义投降。……。

在毛主席英明领导之下，把一个破难不堪的乱摊子以短短二十余年建成一个新的威望空前的而国际地位提高、受世界各国尊敬的社会主义的国家，中华人民共和国一跃而成为世界五大强国之一。他老人的逝世怎能不使我们曾受过帝国主义的耻辱的老人不敬爱他老人家而又悲痛他的逝世呢！我想你们'中年'的干部受了多年的培养和教诲，更为沉痛异常，但应响应党中央的号召，化悲痛为力量，抓革命，促生产，一定要积极推进毛主席为世界被压迫的民族和国际解放事业未竣的伟大事业，加倍努力，早日实现。我老了，掉队多年，无法为力，有雄心而无壮志，就要你们替年老多病而又受党政府各样照顾的我去报答他们的关怀。我也认为你们在这种宏伟的事业中贡献你们的微薄的力量是我家的光荣，引为自豪。

遵照毛主席的遗嘱和党中央的指示而工作,既负责又积极,就能使毛主席安息吧!

你们寄来的红泉茶叶和水果糖都是我们喜爱的,电池也是很需要的,茶叶以后莫寄,因为庐山可以买得着,至于其他吃的东西不要专为我俩老,你们也要吃点,克苦自己会把身体搞坏了,怎能搞好工作呢?

**父字 76. 9. 13. "**

显然,出于强烈的爱国主义情怀,沈祖荣对亲手发动"无产阶级文化大革命"的毛泽东充满了敬爱,对这样一位20世纪的巨人的逝世充满了悲痛,这正是数千年来中国知识分子重义轻利、先国后家、先天之忧而忧、后天下之乐而乐、忍辱负重等传统精神的再现。

同样,沈祖荣对晚辈的关怀、鼓励、怜爱和林念祖、沈宝媛对慈父的敬重、孝顺,这种传统的美德和人间真情亦跃然纸上。

1976年10月,以华国锋为首的党中央一举粉碎"四人帮"历时十年的"无产阶级文化大革命"遂告终结。历尽十年浩劫的人民终于盼到了黎明,开始重见天日。山河在歌唱、举国在欢腾、沈祖荣更是无比兴奋。为了表达自己的喜悦心情,沈祖荣向女儿和女婿写了最后一封家书[1]:

**"念祖**

**宝媛:**

我们从报纸上和收音机听到深深知道华国锋主席是毛主席亲自选定的接班人,这也是合乎全国人民的心愿,受到人民真心爱戴的。不料江、王、张、姚'四条疯狗'、'害人虫'阴谋诡计跳出来搞鬼,幸而华主席英明果断一跃而粉碎这个'反动集团',挽救了国家,人民未受损害,大快人心。我们九十

---

[1] 沈祖荣致林念祖沈宝媛家书(1976年11月4日)。

171

余岁的老人就心安体乐了！全国欢腾，我们更加愉快！

……。

**父字  1976.11.4."**

祸国殃民的"四人帮"被粉碎了，中国开始初现拨乱反正、正本清源的曙光。只有历尽了恐怖的黑夜的人，才知道阳光的可爱；只有历尽了漫长的严冬的人，才知道春天的可贵。历尽磨难的沈祖荣终于盼到了希望的曙光。

然而，历史总是那样残酷无情，沈祖荣盼了整整十年，终于还是没有看到祖国万象更新的时刻。1977 年 2 月 1 日清晨，93 岁高寿的沈祖荣再也没有从睡梦中醒来。一代伟人、一代宗师、中国图书馆学教育之父沈祖荣就这样带着静谧的微笑，含着不白的冤屈，在晨曦中悄然地离去了。沈祖荣的悄然离去犹如一场天崩地裂强烈地震撼着姚翠卿。年近九旬的姚翠卿与沈祖荣风雨同舟、甘苦与共、相依为命半个多世纪，再大的困难、再大的屈辱、再大的打击，她都坚强地挺过来了，唯有这一沉重打击她再也无法承受了。当发现沈祖荣已先她而去时，一阵昏厥，姚翠卿再也没有醒过来。六个小时后，姚翠卿亦悄然地随着沈祖荣离开了人世。

两位世纪老人就这样静悄悄地走了，他们走得是那样的安详、那样的平凡，又是那样的福气，庐山的人都说：沈家二老有福气，他们没有同日来，却携手同日去。沈祖荣和姚翠卿的确是有福气，善良的左邻右舍和庐山居民惊悉这一噩耗后悲痛万分，纷纷前来吊唁，自发地装殓两位令他们敬爱和爱戴的老人，并立刻分别向沈祖荣在各地的亲友发出了特急唁电。2 月 4 日，沈祖荣的小女儿沈宝媛带着两个外甥女日夜兼程赶到了庐山。当日，在向遗体告别后，沈宝媛、张维萍（沈宝媛之女）、邹维琳（沈宝琴之女），还有数十名自发而来的庐山乡亲，遵照沈祖荣和姚翠卿生前的愿望，挽着沈祖荣和姚翠卿的灵柩，缓缓地向庐山群众公墓移去，将二老安葬在安乐园之中。这一切是那样的简朴，既没有奢华的殡殓，也没有宏大的墓冢，更没有神父的祷告；又是那样的悲壮，悲切的恸号交织着凄怆的唢呐在庐山的山谷久久回荡，久久回荡，……。

3月8日，沈宝媛等自庐山来到武汉后，在极"左"思潮尚未清算，"文革"尚未彻底否定的时刻，武汉大学为沈祖荣举行了隆重的追悼会。文华图书馆学专科学校的最后一届毕业生（1951.8～1953.8），武汉大学图书馆学系彭斐章副系主任毅然地在追悼词中肯定了沈祖荣光辉的一生。遵照沈祖荣生前的愿望，陈培凤、沈宝琴和沈宝媛三姐妹将父亲在庐山的故居和全部家什捐献给武汉大学，作为退休老教授到庐山疗养的住所，完成了沈祖荣的最后一个心愿。

历史还是那么的残酷无情，一直盼望"搞清楚"父亲的问题的陈培凤和沈宝琴，等了十年，终于还是没有等到这一天。1977年5月，沈宝琴因患胃癌医治无效紧随父母而去，10月，陈培凤亦因心肌梗塞溘然而逝。历史再一次留下了永久的悲哀。

# 十三、两代巨擘：
## 二十世纪中国图书馆事业的骄傲

　　一代宗师沈祖荣虽然静悄悄地去了,但是,他所倡导的图书馆事业和图书馆学术并没有停止。他亲自播下的图书馆事业"火种"犹如熊熊烈火燃遍了神州大地,他亲手培养的一代又一代弟子犹如顽强的种子在海内外不断生根、开花、结果。这是九泉之下的沈祖荣的莫大快慰,这是二十世纪中国图书馆事业的骄傲。不仅如此,沈祖荣还亲手营造了二十世纪中国图书馆史上绝无仅有的"图书馆学世家"。沈祖荣一家六口,除最小的女儿沈宝媛以外,师母姚翠卿虽未专门任职于图书馆,却辅佐沈祖荣半个多世纪,算得上是地地道道的"图书馆人",长女陈培凤自抗战时起便紧随沈祖荣身边,曾在文华图书馆学专科学校执教十余年;二女沈宝琴早年亦毕业于文华图书馆学专科学校,还是中华图书馆协会的会员;尤其是长子沈宝环后来竟成为台湾"图书馆界的巨擘"①。这不仅是九泉之下的沈祖荣的最大快慰,而且更是二十世纪中国图书馆事业的骄傲,甚至是二十世纪世界图书馆事业的荣耀!

　　1948年初,27岁的沈宝环带着父亲沈祖荣的热切希望,肩负着发展文华图书馆学专科学校的使命,重走沈祖荣三十余年前走过的路,赴美国丹佛大学图书馆学院攻读图书馆学。万万没有想

---

①　沈宝环著.《图书馆学与图书馆事业》.台北:台湾学生书局,1988年11月,第287页。

到的是,沈宝环这一去竟是与父母的诀别。自此以后,沈宝环再也没有见到父亲沈祖荣,母亲姚翠卿,以及姐姐陈培凤和沈宝琴。然而,早已在预料之中的是,从此以后,沈宝环沿著父亲沈祖荣的足迹不断地攀登,最后在海峡的对岸台湾开创了中国图书馆事业的另一番新天地,并成为继沈祖荣之后中国图书馆事业的新一代巨擘!

沈宝环获得美国丹佛大学图书馆学硕士学位以后,一边在丹佛大学教育研究生院继续攻读教育学博士学位;一边在丹佛市公共图书馆兼任图书馆工作,并从一般从业职位逐步升到了一级馆员读者顾问,成为一名学识丰富,业务技能过硬的专业馆员。

1955年沈宝环获得教育学博士学位以后,急切地希望回到祖国,服务于祖国的图书馆事业,然而,当时大陆的政治形势颇不利于海外赤子的回归,其时正值岛内号召留学生回国服务,于是,沈宝环毅然地率先回到了没有一个亲人的台湾,开始在祖国的另一片图书馆事业的处女地拓荒、耕耘和收获。

与亲人隔绝无疑是痛苦的,但是,有图书馆界前辈的提携、有众多昔日校友和同仁的襄助,尤其是有亟待开垦的图书馆事业,这对于沈宝环来说无疑又是痛苦中的慰藉。

沈宝环到台湾以后,当时虽然岛内不乏由大陆迁来的图书馆界名流,但是,拥有图书馆学硕士学位者,除蒋复璁以外,仅沈宝环一人而已,作为图书馆界的新秀,沈宝环到台湾以后在事业上日新月异,突飞猛进。先是沈祖荣的故交蒋复璁馆长聘请沈宝环担任省立台北图书馆(现台湾分馆的前身)研究员。其后,沈宝环又相继先后转任科学资料中心总干事、台湾省立台北图书馆研究员、台湾大学、辅仁大学、淡江大学兼任教授、东海大学图书馆长、教授、美国文化研究所研究员、图书馆顾问、世界新闻传播学院教授等多项图书馆馆员职位、研究员职位和图书馆学教授职位,在台湾岛内开辟了一片图书馆事业的新天地。

在近四十年的图书馆事业、图书馆学教育和图书馆学术研究生涯中，沈宝环取得了许多令人称道的业绩。

在自始规划成立的东海大学图书馆、（台湾）中山大学图书馆、美国文化研究所图书馆中，沈宝环率先引进"开架制"，成为岛内图书馆界提倡"开架制"的先导，并因而影响全岛广泛采用"开架制"。

沈宝环认为："图书馆学是一种偏重行动的科学（adiscipline of action）；图书馆学是一种不断变动的科学（adiscipline of change）；图书馆学是一种进入自动的科学（adiscipline of automation）"①。因此，在70年代初美国图书馆电脑化刚刚开始时，沈宝环首先在台湾提出了"图书馆自动化"的名词与概念，并由此开创了台湾图书馆界图书馆自动化的研究。

从"变"（change）和"动"（action）的观点出发，沈宝环认为图书馆的馆际关系经历着竞争→协调→合作的不断变化，并由此率先在台湾提出了"资源共享"（Resource Sharing）的概念和观念，为台湾资源共享系统的理论研究和实践应用奠定了基础。

在图书馆学术研究上，沈宝环先后撰著出版了《教师兼图书馆员手册》（道路拉斯撰、沈宝环译，台北：中华文化出版事业委员会印行，1958年）、《中文标题总目》（台北：东海大学印行，1970年）、《西文参考书指南》（台北：东海大学印行，1966年）、《图书馆学与图书馆事业》（台北：台湾学生书局，1988年）、《图书·图书馆·图书馆学》（台北：台湾学生书局，1983年）、《图书馆事业何去何从》（台北：台湾学生书局，1993年）、《图书馆读者服务》（台北：台湾学生书局，1992年）等多部学术著作，在国内外发表中英文图书馆学学术论文近百篇，影响十分广泛。

---

① 沈宝环著.《图书馆学与图书馆事业》.台北：台湾学生书局，1988年11月，第133页。

在学术活动方面,沈宝环曾先后担任美中 Phi Tau Phi 荣誉学会会员,美国信息学会台北分会会长(1986 年)、(台湾)图书馆学会理事长(1990 年、1991 年)等多项学术要职,以及《图书馆学报》主编、《资讯传播与图书馆学》主编、美国《International Journal of Reviews in Library and Information Science》编辑顾问等多个学术期刊的编辑工作,在组织图书馆学信息学研究,活跃图书馆学信息学学术气氛,加强图书馆界联系与协作,进而推动图书馆事业发展诸方面贡献殊深。

作为 20 世纪下半叶中国的杰出图书馆学家和信息学家,沈宝环先后荣获台湾特别优秀教师奖,图书馆学会杰出服务奖,华美图书馆协会杰出服务奖,美国信息学会杰出服务奖等多项奖励。

尤为可贵的是,1990 年 9 月,沈宝环等一行十四人上北京,转天津,下武汉,访上海,至杭州,开创了海峡两岸图书馆界在隔绝四十余年后的第一次大规模接触。这次非同寻常的访问不仅使沈宝环在武汉大学图书情报学院寻找到了父亲沈祖荣手创的文华图书馆学专科学校之根,而且亦使沈宝环在广州与阔别四十余年的至爱的妹妹沈宝媛一家有了第一次幸福的团聚。这次大陆之行既是成功的亦是美好的,沈宝环曾感慨地写道:"埋首图书里,人心想统一,本是同根生,交流应积极"①,以表达自己的真挚情感。

作为众多"有大陆情结的人"之一,自 1990 年以后,年逾古稀的沈宝环虽然业已退休且身体状况欠佳,但仍然本着"不妄自揣测,不期望必然,不固执己见,不偏袒自己"的心态,以"无比的耐心,无穷的爱心,无限的信心"②的处事方式,多次穿梭于海峡两岸

① 沈宝环.《本是同根生——我看大陆图书馆事业》.见:沈宝环著,《图书馆事业何去何从》.台北:台湾学生书局,1993 年,第 157～178 页。

② 沈宝环.《有关海峡两岸图书馆人士纸上座谈的省思》.出处同上第 179～185 页。

图书馆界,积极架设海峡两岸图书馆界联系与合作的桥梁,推进祖国的统一。为此,广东省图书馆学会特于1995年聘请沈宝环担任名誉理事,以表达广东图书馆界热切希望加强海峡两岸图书馆界交流和合作的愿望。

如今,沈宝环虽然已经从图书馆岗位退休下来了,而且因年迈而身体多病,但是,他的身影一直活跃在海峡两岸,相信沈祖荣和沈宝环两代巨擘以毕生精力致力的中国图书馆事业在不远的将来必将迈入大同的时代。

# 下篇　学术思想

# 一、图书馆学研究观

据不完全统计①：沈祖荣一生共出版学术著作 8 部，校订著作 4 部，发表学术论文 55 篇（其中中文学术论文 45 篇、英文学术论文 10 篇）、撰写序文 10 篇（其中中文序文 9 篇、英文序文 1 篇）。这些著述几乎全部集中于分类学、编目学和图书馆事业建设等三个主题，形成了沈祖荣的鲜明的图书馆学术研究特色；而这一学术研究特色乃是沈祖荣的图书馆学研究观的集中而具体的体现。

沈祖荣在一生的图书馆学术研究中一直坚持从图书馆事业和图书馆工作的实际情况出发，去研究图书馆事业的各种问题，探寻图书馆事业的发展规律，因而形成了贯穿其全部著述的实事求是图书馆学研究观。

沈祖荣认为："图书馆学为实用科学"②。因此，沈祖荣在图书馆学研究中一直坚持实事求是的哲学观，从实际出发，理论联系实际，努力把世界图书馆事业的普遍原理同中国图书馆事业的具体实践相结合，从而开辟和建筑了一条中国图书馆学研究之路。

从实事求是的哲学观出发，沈祖荣认为图书馆学术研究应坚持四项基本原则：

---

① 见本书附录《沈祖荣先生著述目录初编》之"编纂说明"。

② 沈祖荣.《我对于文华图书科季刊的几种希望》.见：《文华图书科季刊》1 卷 1 期第 3～6 页。

其一,"要特重实事"。既然"图书馆学为实用科学",那么,图书馆学研究就"更当实事求是,特重图书馆实际困难问题。若中书分类法、中书编目法、汉字排列法等等,皆应研究。而尤应急亟研究的,则如何引寻民众,使能利用图书馆。民众既知利用图书馆矣,馆员应如何以应其需求。须一一作系统之研究,探求解决之方法,不稍蹈空言。至于图书馆各种高深学理,海内外专家,颇多研究之者,正不烦我们侧身其间"①。显然,在图书馆学基础理论研究,即"图书馆各种高深学理",和图书馆学实践应用研究,即"图书馆实际困难问题",这二者的研究关系上,沈祖荣认为首先应该研究图书馆的实际问题,其次才是图书馆学的理论问题;而在图书馆的实际问题研究中,首先亟需研究的是图书馆事业建设问题,如如何引导民众使能利用图书馆和馆员应如何满足民众的需求等问题,其次才是图书馆学技术方法的研究,如分类法、编目法、汉字排检法等之类。沈祖荣的这种图书馆学研究原则与中国近现代图书馆事业发展的实际情况是完全一致的。20世纪初,虽然中国近现代图书馆开始在全国普遍兴起,但是,由于民智未开,民众对具有公共、公开、共享性质的现代图书馆缺乏足够的认识。作为社会化、平民化的现代图书馆事业如果不能引导和吸引民众利用图书馆,图书馆事业也就失去了发展的基础和基本意义。因此,图书馆学研究必须以此为首要研究重点。而现代图书馆的建设、运作和发展又离不开新式的图书馆技术和方法,因此,在新旧图书馆事业的转变中,务必要特重实际管理技术与方法,如分类法、编目法等之类问题的研究。这是图书馆业务发展的迫切需要。正因为如此,沈祖荣一生所发表的学术论文绝大部分都集中于图书馆事业建设的研究,而出版的全部著作则完全集中于分类学和编目学之

---

① 沈祖荣.《我对于文华图书科季刊的几种希望》. 见:《文华图书科季刊》1卷1期第3~6页。

上。即使是图书馆实际问题的研究,沈祖荣认为亦应做到"不稍蹈空言",应以务实为先。当然,沈祖荣虽然特别强调图书馆实际问题的研究,但是,并不反对图书馆学的"纯理论"研究,不仅如此,沈祖荣还认为应该侧身于"图书馆各种高深学理"的研究之间。关键的是,图书馆学研究应该实事求是,正确地处理好研究的轻重缓急。

其二,"不避琐细题目"。如何才能做到实事求是,沈祖荣认为在图书馆学研究上首先应该做到脚踏实地地去研究各种具体的问题,而不应该好高骛远,眼高手低。因此,沈祖荣主张在图书馆学研究上"不特应特重实事,即最琐碎、最微末之事件,亦当详细讨论。何则? 盖惟小事正足以贻误大事,故虽书脊背上之书签,应用胶粘或用浆糊,亦有研究之必要"①。唯其如是,作为一代图书馆学大师,沈祖荣在研究各种亟待研究的重要实际问题的同时,从未忽视过一些琐细的实际问题的研究。为了解决实际困难,沈祖荣曾认真地研究过书本装订、目录橱和出纳台的制作,各种图书馆应用品表格的制作等微小的实际问题,并于细微之处有许多发现和研究所得。也正是因为如此,沈祖荣不仅是一位图书馆学理论家,而且更是一位图书馆实践家。

其三,"审合社会情形"。沈祖荣认为在图书馆学研究上要做到实事求是,最关键的是要"审合社会情形",即一切从中国的国情出发,反对墨守陈规、食古不化和盲目崇洋、生搬硬套,主张古为今用,洋为中用。"图书馆之设立,所以谋当地人民之福利也。故一切经营方法之取舍,一视便利人民与否为转移。譬之张之洞所著书,当用张之洞为著者名。若夫抱冰、南皮、文襄、概不可用。何则? 不便于人民也。推之其他一切,亦莫不然。我们所研究的一

---

① 沈祖荣.《我对于文华图书科季刊的几种希望》.见:《文华图书科季刊》1卷1期第3~6页。

切,不可忘此要件"①。亦即是说,是否便利人民乃是判断"一切经营方法"之研究是否符合社会情形的标准。对于"谨守成规","不论适宜与否,一味抱残守缺"的"嗜古癖者",沈祖荣认为不仅是"食古未化,中毒太深",而且还"与现时潮流,讲求新学说者,适相凿枘"②。因此,沈祖荣主张对于古代一切"甚有价值"者,应"一一研究而揭示之",使之"能为我们所用"。对于西洋图书馆学术,沈祖荣亦曾有过十分深刻的体会。沈祖荣曾言:"留美数年,返国,满意既经专门研究,学得一切方法,又带回了一些工具,如《美国目录》(U. S. Catalogue),客特氏《著者三字号码法》,匹兹堡以及其他几个大图书馆的目录,则昔日所遇种种分类、编目之困难,不难迎刃而解。而事竟大谬不然。东西国情不同,文字亦异。我国书籍,旧以甲乙丙丁四部分门,彼则用杜威十类法,客特氏展开分类法,国会图书馆分类法;同门同类之书,我则大都依著者时代之先后排列,彼则根据著者姓名字母之顺序。既有如是之差别,自未可一概因袭模仿"③。对于海外留学,沈祖荣亦曾言:"纵令虚往实归,而桔枳变异,势所必然,所学之件,在外国虽称合法,在中国不能完全采用"④。因此,沈祖荣反对一味地依样画葫芦,因袭模仿,主张依中国的国情合理地借鉴采用。

其四,"介绍新知识"。沈祖荣认为:"图书馆学为属世界性的科学,无畛域之分,无种族之异。而英美图书馆事业发达完善之国家,一切颇多足资我国借镜者。故凡有何英美新出版之图书馆学名著,或业经人实验之改良新法,已发表于英美图书馆学刊物者,

①　沈祖荣.《我对于文华图书科季刊的几种希望》.见:《文华图书科季刊》1 卷 1 期第 3～6 页。

②　沈祖荣.《民国十年之图书馆》.见:《新教育》5 卷 4 期第 783～797 页。

③　沈祖荣.《在文华公书林过去十九年之经验》.见:《文华图书科季刊》1 卷 2 期第 159～175 页。

④　沈祖荣.《民国十年之图书馆》.见:《新教育》5 卷 4 期第 783～797 页。

当量力翻译介绍,俾大家研究,而采行其与我国情相合者"①。亦即是说,学术无国界,对于一切新的、先进的图书馆学术研究成果,都应采取积极的欢迎态度,尽力地宣传介绍,供大家研究借鉴,而不应该固步自封,夜郎自大,盲目骄傲。只有这样,图书馆学研究才能不断发展壮大,并最终走向世界大同。

在坚持上述四项基本研究原则的基础上,沈祖荣认为:要想在图书馆学术研究上有所造就,首先必须要有对图书馆和图书馆学术的"热烈情感",即浓厚的专业兴趣。因为兴趣是能力和成就的营养品,如果不养成这种"热烈情感",也就不可能在图书馆学研究上有所造就。其次是要持之以恒,不要半途而废。沈祖荣曾言:"靡不有初,鲜克有终,此吾人所深知者"。"自己的不满意,外界的批评,在在足以挫折我们的意气,阻挠我们的前进。设不幸一旦际遇此情形,我们务须仰望前途的光明,继续最初的热情,抱著决心"②,不断前进。只有这样,才可能在图书馆学研究上取得丰硕的成果,否则,"若夫一息奄奄,不死不活,则亦等于半途夭折也"③。

由于沈祖荣一生坚持实事求是的图书馆学研究观,因而,沈祖荣在图书馆学研究上形成了一套十分独到的迥异其趣的图书馆学研究方法和风格。

其一,沈祖荣特别重视实际调查,从不做无根无据的空洞理论研究,或从书本到书本的研究。从 1917 年自美国留学归国以后,沈祖荣曾先后发表过《中国全图书馆调查表》(《教育杂志》10 卷 8 期,1918 年 8 月)、《中国各省图书馆调查表》(《新教育》5 卷 1 ~ 2

①  沈祖荣.《我对于文华图书科季刊的几种希望》. 见:《文华图书科季刊》1 卷 1 期第 3 ~ 6 页。

②  沈祖荣.《我对于文华图书科季刊的几种希望》. 见:《文华图书科季刊》1 卷 1 期第 3 ~ 6 页。

③  同上。

期合刊,1922年8月)、《参加国际图书馆第一次大会及欧洲图书馆概况调查报告》(《中华图书馆协会会报》5卷3期,1929年12月)、《调查江西省立图书馆报告书》(《文华图书馆学专科学校季刊》2卷3、4期合刊,1930年12月)、《中国图书馆及图书馆教育调查报告》(《中华图书馆协会会报》9卷2期,1933年10月)等许多学术性调查报告,以及大量的以实际调查为前提的学术论文。在调查方式上既有沈祖荣个人自发的调查,也有受机关委托,如中华图书馆协会、中华教育文化基金董事会等委托的调查;在调查方法上既有问卷调查,又有实地调查;既有抽样调查,又有全面调查;在调查范围上既有国内个案的实地调查,又有全国范围或区域范围的问卷或实地调查;既有国内的实地调查,又有国外,如美、英、俄、意等国的实地调查。可以说几乎使用了所有的调查方式方法。与教育部、中华图书馆协会,以及其他个人调查图书馆、出版品、书店等迥异其趣的是,这些调查的成果基本上只是各项数据、名目的简单罗列或大罗堆砌,而沈祖荣的调查成果则是以调查的数据与事实作为素材,通过比较分析,来全面分析图书馆事业的现状、存在的问题,进而提出改进的措施和发展的前景。因而,沈祖荣所提出的许多问题都能做到一针见血、切中要害,所提出的许多建议和措施都能切实可行、且行之有效。正是因为如此,沈祖荣的许多精辟见解和闪光思想具有旺盛的生命力,直到今天仍然未曾过时。

今天看来,沈祖荣不仅开创了我国私人调查图书馆事业之先河,而且独树一帜成为中国图书馆历史上调查图书馆事业次数最多、时间最长、范围最广的图书馆学第一人。

其二,沈祖荣特别注重审合国情,一切坚持符合中国的习惯和便利民众。在积极引进、介绍西方图书馆学术,虚心向先进的图书馆学术学习的同时,沈祖荣一直都反对盲目照搬外国的模式,生吞活剥,死搬硬套。对中国传统的东西在继续和发扬优良部分的同时,一直反对因循守旧、食古不化。早在留美攻读图书馆学期间,沈祖荣就已对执世界图书馆事业牛耳的美国图书馆事业提出了"中国能够采用美国图书馆制度吗?"的诘问。回国后,尽管沈祖荣极力倡导欧美图书馆事业,但是对于西方的图书馆制度与学术,沈祖荣始终保持著清醒的认识,一切均要求按照符合国情的原则予以采用,其《仿杜威书目十类法》等许多著述和实际图书馆活动都充分地体现了这一点。可以说,对于古今中外图书馆学术的继承和批判、吸收和借鉴,沈祖荣做到了既不妄自菲薄,又不狂妄自大的境地。

正因为沈祖荣具有一套较为完整的实事求是的图书馆学研究观,所以,沈祖荣在图书馆学研究上取得了许许多多被世人称道的研究成果。又由于沈祖荣极力倡导和宣传实事求是的图书馆学研究观,因此,又使得文华图书馆学专科学校和文华同仁形成了优良的实事求是的图书馆学研究传统。这个传统甚至直到今天仍在不断发扬光大。

# 二、图书分类学思想

在图书分类学方面,沈祖荣先后编撰出版了两部分类法:1917年,沈祖荣编撰出版了《仿杜威书目十类法》,20年后,沈祖荣又于1937年编撰出版了《标题总录》。前者集中地体现了沈祖荣的体系分类法思想,后者则集中体现了沈祖荣的主题分类法思想,二者前后呼应,构成了沈祖荣的较完整的图书馆分类学思想体系。

中国图书分类法源远流长,历代相承,无不宗于七略四部,虽偶有变异,但大体总是难以越其樊篱。进入近代社会以后,"西学东渐,我国思想学术,类多逸出旧有藩篱,图书馆界自亦不能外"①。于是,中国的图书分类法开始发生了两重变化:一重是对旧有四库分类法的改革。"迨至清末,西学东渐,新书迭出,旧有部类,势难统摄,当此之时,书籍之分类,在中国乃成为一大问题"②。民国初年,图书馆渐次设立,"然以经费困难,无所发展,部次之法,仍循旧制。然以中西书籍种类激增,四库之法,已现露襟见肘之象,故乃稍昌改革之议。然笃旧者虑改之未见其优,转授人以击驳之资,辄畏难而中止;或仅增减一二,姑因陋以就简。此清

---

① 沈祖荣,《〈三民主义中心图书分类法〉序》.见:杜定友编,《三民主义中心图书分类法》(油印本).广州:国立中山大学图书馆印行,1948年第4页。
② 蒋元卿编.《中国图书分类之沿革》.上海:中华书局,1937年6月第139页。

末民初,图书馆所以仍用四库旧法之最大原因"①。其后,一些图书馆乃基于四部之法,酌加变通,以容新出各书,于是出现了四库分类法的改革。然而,对于四库法的改革,虽然已打破了中国金科玉律式的四库法,其创造性固足钦佩,但是,各分类法均属草创,恒将各种学术任意列入一类,妥当与否,概未计及;且类名之采用,更多含糊武断之处,因而使用颇为不便。另一重变化是引进和采用西洋分类法。"中国过去所有的七略四部,在科学昌明的今日,既已不能应用,新的合于科学方法的分类法又未产生,在这种过渡的时期,于是便有采用西洋任何一种分类法,来代替中国原有分类法的图书馆"②。1909 年,孙毓修在《东方杂志》上发表《图书馆》一文,首先介绍了《杜威十进分类法》。其后杜威法相继传入我国,一些图书馆或直接采用,或略作增补而采用,但是,采用西人之成法,又因中西学术范围方法问题不同者太多,难于适合;勉强模仿,近于削足适履,同样颇不便于使用。于是,在中国图书馆界出现了进退两难无所适从的四库法与杜威法新旧并行的局面。

　　然而,"类例之设,原以制驭书籍,非以书籍强隶类例也。书籍为主,类例为客;学术之内容变,书籍之种类增,则类例亦因之而易。墨守成规,因袭四库者,诚难免露襟见肘之虞;而纯用西法,略事增补者,亦不免有偏于一方,削足适履之讥。折中之道,端在参酌中西情形,详制类目,以适于新旧中西之籍,庶云有济。因此,新创之分类法即应时而生矣"③。沈祖荣正是顺应这种时代的需要,而率先在中国创制了新旧混合制的图书分类法。

　　1917 年,沈祖荣留美回国时,初"满意既经专门研究,学得一

---

① 蒋元卿编.《中国图书分类之沿革》.上海:中华书局,1937 年 6 月第 140～141 页。

② 同上第 189 页。

③ 蒋元卿编.《中国图书分类之沿革》.上海:中华书局,1937 年 6 月第 206 页。

切方法,又带回了一些工具,如美国目录(U. S. Catalogue)客特氏著《著者三字号码法》,匹兹堡以及其他几个大图书馆的目录,则昔日所遇种种分类、编目之困难,不难迎刃而解。事竟大谬不然。东西国情不同,文字亦异。我国书籍,旧以甲乙丙丁四部分门,彼则用杜威十类法,客特氏展开分类法,国会图书馆分类法;同门同类之书,我则大都依著者时代之先后排列,彼则根据著者姓名字母之顺序。既有如是之差别,自未可一概因袭模仿"[1]。而且"美洲各图书馆之采用杜威者,迄今颇感困难。……况我国与美洲,文字书册,大相悬殊"[2],自然不可完全采用《杜威十进分类法》。同时,中国传统分类法,"迄清代《四库全书》,分经史子集为四部,张南皮著《书目答问》,益以丛书合为五部,目录之学,始详备矣。虽然,五部之编定,仅足概括中国古今之书,自欧亚交通,新学发明,著书立说,浩如烟海,繁若列星,断非五部所能赅括"[3],自然四库之法亦不可用。于是,为了"实际应用",沈祖荣"不得不于五部之外,创立新法,包罗中外之书,无遗漏之患,并求检阅之便利"[4]。自1917年起,沈祖荣"根据新法,混合中西,创为仿杜威十类法,以类分书籍,又用 Williams 永字八笔母笔法,为排列次序之根据,行数月觉不可行,只得仍改用笔划多少法"[5]。并于1917年正式编撰出版了我国第一部中西混合制的图书馆分类法《仿杜威书目十类法》(汉口:圣教书局)。

《仿杜威书目十类法》"分图书总目为十类,以一千号数为次

---

① 沈祖荣.《在文华公书林过去十九年之经验》.见:《文华图书科季刊》1卷2期第 159~175 页。

② 同①第 204 页引沈祖荣语。

③ 沈祖荣著.《仿杜威书目十类法》.汉口:圣教书局,1917 年第 1~2 页"自序"。

④ 沈祖荣著.《仿杜威书目十类法》.汉口:圣教书局,1917 年第 1~2 页"自序"。

⑤ 沈祖荣.《在文华公书林过去十九年之经验》.见:《文华图书科季刊》1卷2期第 159~175 页。

序,如零数至九数,分总目为十类。每类分十部,每部分十项,例如五百为科学类,五百一十为算学部,五百一十一为珠算项,余以此类推;如某项书多,十数不能容纳,则于十数之后,以小数志点之法代之以济,例如四百为政治类,四百八十为财政部,四百八十三为租税项,四百八十三又点一为海关税,余亦以此类推。据此编法,所有书籍均以类、部、项、三者依次分别,以某数目,代表某书名,开明某数,取阅某书,较为简便"①。

《仿杜威书目十类法》的十类总目如下:

○　经部及类书　Classics(including Reference Books)

一　哲学　　　Philosophy

二　宗教　　　Religion

三　社会学　　Sociology

四　政治　　　Political Science

五　科学　　　Science

六　医学　　　Medicine

七　美术　　　Fine Arts

八　文学　　　Literature

九　历史　　　History

对于十大部类的设立,沈祖荣的看法是:"经书为四库首部,其性质近于<u>丛书</u>,所有经解注疏以及字典<u>丛书</u>杂志及百科全书悉编入之。哲学为新名词,与中国子学理学相近,今分中西哲学为两类,凡周秦诸子宋明理学诸书列入中国哲学类,论理伦理心理诸书列入西国哲学类。宗教凡正教与杂教以及神学神话诸书皆编入之。社会学与政治互相关系,但政治属于社会学,部分甚大,宜分为两类,凡政治与社会学诸书,各依其类编入(教育学亦附于社会学内)。科学发明,如声光电化测算之类,书籍甚多,分为一类。

① 　沈祖荣著.《仿杜威书目十类法》.汉口:圣教书局,1917 年第 1~2 页"自序"。

191

医学为专门学术,近日更加发明,著作益富,宜分为一类(附卫生学)。美术为专门学宜分为一类,字画属美术一种,亦编入之。各国文言一致,故文学与语言学合为一类,凡新旧翻译小说及幼年文学诸书,皆依类编入之。历史地理,互相关系,宜合为一类,凡传记游记及省府县志诸书,皆编入之。目录分类愈多,检阅愈难,现仅分目录为十类,凡古今中外书籍,考其性质与某类相近者,悉编入之,不拘成例,阅者谅之。此项目录,系为办理图书馆者,示一编列书籍之法,与检阅书卷之目录,迥有区别,本书林阅书目录,另有专书"①。

由于沈祖荣编撰《仿杜威书目十类法》的目的"系为办理图书馆者,示一编列书籍之法"所以,该法较之文华公书林所用之分类法要简略得多。也正是因为为此目的,1922年,沈祖荣又在此分类法的基础上,与胡庆生一起力加修正补充,出版了第二版《仿杜威书目十类法》(武昌:文华公书林)。修订后的《仿杜威书目十类法》与第一版相比,作了如下几个方面的大的变化:一、各类类目基本上分为三级,但有的类目因具体情况分为四级、五级、六级、甚至七级类目;二、在标记制度上,将原来的全部中文数码一律改为阿拉伯数字;三、调整修订了各类类目;四、末尾增加了一个附录,即检字目录(Relative Index),亦即是今日所言的相关索引。其十大部类如下:

| | |
|---|---|
| 000 | 经部及类书 |
| 100 | 哲学宗教 |
| 200 | 社会学与教育 |
| 300 | 政治经济 |
| 400 | 医学 |
| 500 | 科学 |

---

① 沈祖荣著.《仿杜威书目十类法》.汉口:圣教书局,1917年。

| 600 | 工艺 |
|---|---|
| 700 | 美术 |
| 800 | 文学及语言学 |
| 900 | 历史 |

沈祖荣的《仿杜威书目十类法》第一版和第二版问世以后,迅速在海内外产生了广泛的影响。1918 年美国《The Library Journal》(V. 43,October,1918)在第一版《仿杜威书目十类法》出版的第二年便以题为《Library Expansion in China Begun》的新闻报导,报导了《仿杜威书目十类法》的基本情况,并专门刊出了该分类法十类总目和九〇〇历史地理共两页的书影。1923 年《The Library Journal》(July,1923)又对《仿杜威书目十类法》第二版的修订情况作了详细的报导。在国内,沈祖荣的《仿杜威书目十类法》的影响更自不待言。金敏甫曾说:民国初期的各种分类法,"大部分成新旧二部,或竟分成数部,惟是新旧二字,并无绝对界限;且平行之制,管理上颇多不便,此则以上诸法之根本缺点耳"。"民国六年,文华大学图书馆沈祖荣氏,创中西混合之制,而著《仿杜威书目十类法》,将中外书籍,合用一法,可免上述之弊,中国之图书分类法,遂现一线光明;后复加以更改,遂于民十一再版发行,其于门类方面,颇具科学精神;沈胡二氏,更因试验结果,尚有未妥,正在修改之中,三版问世,为期当已不远矣"①。蒋元卿亦曾评论道:"新旧混合制之创始,当以沈祖荣、胡庆生二氏为首。二氏曾仿杜威法著《仿杜威书目十类分类法》,于民国六年由武昌文华公书林印行。……。首事创造,厥功极伟。惟览其简表所列,此法虽为中籍而设,然能为中籍用者极少,似仍有中籍凑合西籍之嫌。且所列类名,亦欠明了。第一类'经部及类书'即其一也(蒋复璁说)。而

---

① 金敏甫编.《中国现代图书馆概况》.广州:广州图书馆协会,1929 年第 37～38 页。

医学独立一门,似亦有轻重失当之嫌。总之,此法既系开山之书,较之近人著作,自为简略,然其所设类名,后之师之者,颇不乏人。如语言文学之合并,刘国钧氏及安徽省立图书馆,均仿其例。如哲学宗教之合并,杜定友、裴开明、陈子彝,亦依其法。此足见其影响于吾国图书馆分类改进之功,实未可泯也。闻近中有最完备之分类法,行将问世,且待异日"。"自沈胡二氏之后,各图书馆之从事分类者,大都仍以杜法为根据,或增改其类目,以容中国特有之籍;或采用其符号,另立新目,以新旧于一炉。诸说纷纷,莫衷一是"①。蒋复璁亦言:"仿杜威法创自民十二年文华大学图书馆沈祖荣及胡庆生合著之《仿杜威十类分类法》,继之者甚多,予图书馆界发生重大之影响,首事改革,厥功甚伟"②。

虽然,以今日之眼光去看八十年前的《仿杜威书目十类法》,甚至以30年代国内流行之其他分类法去比较《仿杜威书目十类法》,《仿杜威书目十类法》在我国新分类法创始之初,确实颇显简陋,但是,初创之陋丝毫也不影响其巨大功绩。正如沈祖荣后来所言:"我常想到我与胡庆生先生所编的《仿杜威十进分类法》一书,是为我国图书馆首先的一本工具书籍。以后看来,是一本很简单的书,而在当时所采用的实为不少。此理诚无足怪,每逢一种学术在萌芽的时候,偶尔产生一种帮助的工具,是会叫人们去欢迎的,比如严复在中国最早仰望科学的时候,翻译天演论原富以及穆勒名学等,是开辟了我国新思想一个最大的途径。如果以现在的眼光去看他,翻译这种的著作,是有许多的人可以应付的,而在那个时候,却成为稀世之珍。到了现在,研究科学的人,年有增加,而科学的著作,亦常有所见。图书馆之在我国进程中,亦是如此,除了

---

① 蒋元卿编.《中国图书分类之沿革》.上海:中华书局,1937年6月。

② 蒋复璁.《中国图书分类问题之商榷》.见:《图书馆学季刊》第3卷第1、2期合刊第37页。

194

《仿杜威十进分类法》那本书,在首先作一部分之贡献外,接连杜定友、王云五、刘国钧,诸位先生们,随编有图书分类法,给国内图书馆在新进之中有一个很大启示"①。

继《仿杜威书目十类法》之后,在 20 年代和 30 年代国内图书馆界掀起研究和编撰各种体系分类法热潮的时候,沈祖荣又开辟了中国图书分类学的另一块处女地——主题分类法的研究。早在 1920 年,沈祖荣已开始在文华公书林编制主题目录。1929 年 6 月,沈祖荣在《图书馆学季刊》第 3 卷第 1、2 期合刊上发表了一篇题为《中文编目中一个重要的问题——标题》的论文。在这篇长达 30 页的宏篇学术论文中,沈祖荣第一次全面而系统的阐述了主题分类法的各种理论和方法,从而开创了我国主题分类法的全面研究。

"Subject Headings"一词传入中国以后,曾有诸如类名、标题、主题标题、科目标题、主题标目、标题汇典、件名目录等多种不同译名,沈祖荣认为图书馆中"常用名词,务求单简便用",故上述名词中"可用者,惟'标题'一词。既甚明确,又已应用于一部分图书。或谓标题似仅指 Headings,而非 Subject Headings,且似近专门术语,不便阅者。余以为凡各名词,皆系为本界同志应用,与阅者不生何影响。对于外界,无论译作何词,亦少人明白。若为阅者计,只须于目录规则上,略加解释即可。若谓标题仅指 Headings 则非此论,盖 Subject 之意,已含于标题之中,惟 Headings 一字,现亦译作标题,两相雷同,似嫌不便。为区别 Headings 与 Subject Headings 计,可将 Headings 译作别字。……于 Subject Headings 暂用标题表之;Subject 则作主题;Headings 仍作标目。至于 List of Subject

---

① 沈祖荣.《〈中国十进分类法〉沈序》.见:皮高品著.《中国十进分类法》,武昌:文华图书馆学专科学校,1934 年第 1～3 页。

Headings 则作标题总录"①。显然,尽管沈祖荣对这些名词的选用虽并非完善,但是其意义已十分清楚明了。

沈祖荣认为标题之意义在于"标题系采一以词或短语作成之主题。作标目(Headings),以标明一书之内容——所讨论者何,与该书之体裁;并藉以将凡同主题之书籍,编置其下"。其目的在于"使各书之功用增大",即于著者、书名和分类检索之外,提供读者更常用的主题检索方法②。

沈祖荣认为:"欲充分使人利用图书,端赖标题目录。故标题在编目位置上实占首位"。沈祖荣的这种观点在分类检索、著者检索和书名检索甚为流行,而主题检索鲜为人使用的 20 年代的确显得有点言之过重,但今天看来却具有非凡的洞察力和远见,尤其是在计算机检索网络流行的今日,主题检索已远远超乎分类、著者、书名等检索方法的使用,而成为"实占首位"的最流行最有效之检索方法。沈祖荣敏锐地洞察到了"标题"的重要性和发展态势,同时也看到了当时的困难,虽然"标题在编目位置上实占首位","然此亦为编目中最烦难之事。盖著者名、书名皆有一定之规则可循,标题则不然"。所以,要使用和推广"标题法",首先就必须制定"标题总录",即今日所言"主题词表"③。

为此,沈祖荣提出了"标准之制定,所以便编制标题卡,以利阅者。故一切当以阅书人为主位"的主题词选择原则和主题词表制定原则。基于这一原则,沈祖荣提出了选择标题的基本标准和普通标准④:

---

① 沈祖荣.《中文编目中一个重要的问题——标题》.见:《图书馆学季刊》第 3 卷第 1、2 期合刊第 61 ~ 90 页。

② 同上。

③ 沈祖荣.《中文编目中一个重要的问题——标题》.见《图书馆学季刊》第 3 卷第 1、2 期合刊第 61 ~ 90 页。

④ 同上。

**一、基本标准,分二项:**

1. 某书所含之内容为何? 所标标题,该标题所代表之材料为何?

二者须相切合。

2. 视图书馆所在地方之需求。

**二、普通标准,分四项:**

1. 选择标题,务极审慎,必采其能将书之内容完全表明者。

2. 不特须能表明书内容各方面也,且须正确明了;使普通中人检用目录者,迅速易晓。所谓明确之标题者,即所用标题怡与书内容合,而非范围较大,含义甚广,足以包括该标题之标题。

3. 所用标题,前后务须一致。凡内容各相同之书,皆须有同一之标准。所用标题,前后一致,实为第一要务。

4. 用最普通简单之名称。

上述普通标准可以分别归纳为准确、规范、一致、简易四项标准,这四项标准亦正是今日图书馆界分类编目的通行标准,足见沈祖荣在此研究领域的深远影响。

在此基础上,沈祖荣又进一步提出了选择标题的两种方法①:

**一、选择各不同之主题为标题法**

1. 普通主题与有特性之主题。编制一书,当以该著作之有特性之主题为标题。

2. 人名与国名。凡论某元君或某统治者之传记,与该元君该统治者在位时之历史书,俱以该元君或统治者名为标题。但非专

---

① 沈祖荣.《中文编目中一个重要的问题——标题》.见:《图书馆学季刊》第3卷第1、2期合刊第61~90页。

论该朝之历史书与该朝之重要大事；及一切政治小册书，非显然评论该元君该统治者，皆以国名为标题。

3. 大事与国名。凡论一国历史中有特别名称之大事或时代之书，则以大事或时代之特别名称为标题（如鸦片战争、直奉战争，以鸦片战争、直奉战争为标题是）。但须作引照卡，由国名引至此大事或时代之名称上。若夫为各国所同有之事实，则以国名为标题（如革命、光复、内讧诸事是）。以事为细题。如中国－史－革命。

4. 主题名（或体裁）与国名。关于此条，其最满人意之法，即制二标题卡，一以主题名为标题，一以国名为标题。

5. 选择包含相同材料之各主题为标题法。凡包含同材料之各主题，视各主题所特重者为何？该书特重点为何？择定应用之主题。再由其不用者，作引照卡引照之。

## 二、选择各不同之名号为标题法

6. 实同名异之名号。凡两极端同实异名之名号，择其中一名为标题，再由他一名号作引照卡引照之。

凡实同名异之标题，择其：

（a）为来馆查阅书籍人等所最熟谙者。

（b）为其他目录上常用者。

（c）除所用一义外，不含其他意义者。

（d）能使此主题与他有关系之各主题，紧邻一处者。

7. 书名字为主题。无论系见于书名上或否者，总择其最能标明书之主题之名号为标题。

由于 20 年代时，中国的主题词表编制尚属空白，而"标题在编目位置上实占首位"，有鉴于此，沈祖荣建议首先采用外国标题总录为蓝本增改之后权作应急之用。当时国际上最有影响的主题词表主要有两部，一是美国图书馆协会于 1911 年编制的主题词表

（List of Subject Headings），二是美国国会图书馆于1928年编的主题词表（List of Subject Headings）。通过比较研究，沈祖荣认为："《美国图书馆协会标题总录》，是集美国各图书馆标题之大成，系积数十年之经验，耗无数人之心力，通力合作，所编成者，实为一有系统之著作。书中所立各标题程式，颇含归纳演绎之作用。……《美国国会图书馆标题总录》则少此种功用。惟国会图书馆总录，搜罗新名词甚多，所定标题，尤均合理。图书馆协会者，则出版十八年前，于近代发生诸新名词皆未补入，惟于书左留有空白页，备人添载而已；不若国会编制者之完善。我国现尚无标题专书，急应从事编纂，顾兹事体大，非短时所能办，故余主张暂时可用美国国会编制者为根据，以协会编制者作参考，稍加增改，以资应用。此书虽标题繁赜，然以图书馆改编目录与一切卡片，殊非易事，持远大之目光，就将来图书馆事业扩大计，诚不可用其他之单简标题总录"①。

为此，沈祖荣提出了"采用西国标题总录应增改之事项"共十项②：

1. 凡西国节令与我无关者，易以我国节令。

2. 凡纪念西国伟人及其诞辰，亦与我国无关，无记载之必要，即以我国贤俊伟人之纪念或诞辰增入。

3. 佛教由东汉输入我国，其经典流传，多至不可纪极，……不啻为我国惟一国教，标题选录，自应特别注重。东京帝国大学图书馆及南开大学图书馆两种目录，对于佛典，收藏甚富，标题详备，尽可借鉴。

4. 各省风俗、名胜、古迹、药物、碑帖等，于人群文化美术，所关

---

① 沈祖荣.《中文编目中一个重要的问题——标题》.见：《图书馆学季刊》第3卷第1、2期合刊第61~90页。

② 同上。

重要。……自应尽量采录。

5. 历代文学如骈文、散文、诗词、歌曲；其沿革及种类，均应分别记载。

6. 关于历史，可区别洪荒、上古、中古、近古、近世各时期。其间古代大事均应详细记载，近现代大事尤宜精意求详。

7. 关于非重要人种之语言，及其文化、历史、政治、兵刑、生活等事项，为我国人少所考究者；撰述既少，收藏又属绝无。故此等标题，无须致力，但取其人种之名可也。

8. 除英美少数与世界大势有重大关系国家外，其余国之细目，概可从略。

9. 西书目录所标标题，依字句之形式可概分为五类（外尚有二类）：(a)单独名词，(b)复合名词，(c)单名词后标短横再加细题者，(d)复名词中连有连续词者，(e)名词后殿有形容词者。（如图书馆，农业）。(a)至(d)四类，仍从西书例，以前一名词为主。惟彼于(e)类，或以名词为主，或以形容词为主，颇不一致。揆之我国习惯，此项标题之形式，又甚不适宜。今整齐划一，适合我国习惯。……规定凡此类标题，俱以形容词为主，作一普通引照卡。

10. 加入大部类书已用之标题。

此外，沈祖荣还就"见"、"参见"等"引照法"的编制，以及"标题之排列法"等一一作了详尽的解说。

当然，沈祖荣并不满足于增改西国标题总录而用之，因此，沈祖荣提出："暂用美国国会图书馆与美国图书馆协会《标题总录》，此为救济目前，不得已之办法：如前所述，实多违离我国习惯之处。故余仍主张急速从事自行编纂。编纂方法，或如美国图书馆协会编制标题目录法，取我国现日各图书馆所用标题，择各书中最善之点，集成之。或由中华图书馆协会聘请专家，从新编纂。选择标题之标准方法，余前述现日各图书馆通用标准与方法，可以撷用。至根据之书，如下：

一、普通名词,可以《汉英双解综合辞典》作根据,因此书最近出版,采引博洽。

二、科学名词,取曾经中国科学社审定诸名词。

三、医学名词,用医学会所定者。

四、关于新学术、新思潮诸名词,取《新文化辞书》中所用者。

五、此外各专门辞书,如《教育辞书》、《法律经济辞典》《动物辞典》、《植物辞典》……等,皆可作参镜。

附带之重要问题,则为检字问题,亦深望中华图书馆协会,有以规定"①。

显然,沈祖荣在 20 年代末不仅全面地探讨了主题法的一系列理论问题,而且就主题词表的编制提出了应急措施和长远计划。这些观点和看法均是切实可行的,和行之有效的,可惜编撰主题词表兹事体大,且较之编撰分类法更为艰难,所以,无人敢于问津。

为了实现个人的构想,并填补我国图书馆界的一项空白,自 1932 年起,沈祖荣以美国国会图书馆《主题词表》为依据,参酌其他主题词表,结合我国的具体情况,开始著手编纂我国的主题词表——《标题总录》。其后,经四年多的辛勤工作,沈祖荣于 1936 年完成了《标题总录》的编纂,1937 年文华图书馆学专科学校正式出版了《标题总录》。沈祖荣在《标题总录自序》中说:"我虽采用美国国会图书馆标题总录作为底本,但在编译时,有增的,有减的……。我的用意,一不是好奇,二不是不满于原著,实在是想求合乎我国图书馆实际的用途"。《标题总录》共分上下两册,卷帙浩繁,全部主题词均以汉英对照,是为 20 世纪上半叶中国第一部,也是唯一的一部真正的主题词表。沈祖荣的《标题总录》的问世标志著我国分类学研究发展到了一个新的阶段,从此,我国已初步形

---

① 沈祖荣.《中文编目中一个重要的问题——标题》.见:《图书馆学季刊》第 3 卷第 1、2 期合刊第 61 ~ 90 页。

成了 20 世纪检索语言体系的基本格局,和图书馆目录体系的基本格局。可惜的是,《标题总录》问世后正值抗战爆发,历史的灾难湮没了《标题总录》的作用。从此以后,中国的主题法研究差不多沉寂了 40 年,直到 70 年代大陆出版《汉语主题词表》,主题法的研究才重新开始兴盛起来。但这丝毫也不能动摇《标题总录》的历史意义,因为 40 年后大陆在主题法研究方法所取得的成就不过是沈祖荣 40 年以前工作的继续和沈祖荣关于主题法构想的进一步实现。

# 三、图书编目学思想

如同图书分类一样,图书编目是沈祖荣就职文华公书林开始图书馆工作后最先遇到的一个大难题,因而,沈祖荣一生对图书编目学的一系列问题都十分地关注。沈祖荣不仅从执教以后一直主讲《西文编目法》和《俄文图书编目法》等编目课程,对图书编目给予了高度的重视,而且先后撰写出版了《简明编目法》和《俄文图书编目法》等著作,发表了一批颇具见地的学术论文。相对而言,可以说,如果说沈祖荣的其他图书馆学术思想是通过其他途径得以发生社会影响的话,那么,沈祖荣的编目学思想则更多的是通过讲授而得以传播的。由于沈祖荣讲授了近40年的图书编目课程,因此,沈祖荣的图书编目学思想实际上教育了几代图书馆学家,并通过他们在图书编目的理论和实践中发挥着不可估量的潜移默化的作用和影响。

20年代初期,当各地图书馆普遍设立,图书馆工作尚处在草创阶段时,图书馆界曾出现了一种论调:一些人对图书编目提出了"图书馆为什么要编目录? 编目录有什么作用? 有什么功效?"的疑问,而且不少人反对编目,认为"编目是耗费金钱,耽延时日的一桩事。……以为只要得一个有学识有经验的馆员,周知图书馆的办法,熟悉馆内所有书籍,就能够备阅者的顾问,供给他们的需要,尽可不必要靠目录了"。针对这种论调,沈祖荣及时地指出:"这种论调,是很不对的。固然图书馆员负有指导的责任,但是新旧书籍汗牛充栋，专靠馆员的记忆力来指导阅者，是绝对不可能的"。因为"一、古今中外的书籍太多，馆员绝没有全能记忆这些书籍的能力。二、就是馆员富有记忆能力，也只知著者姓名，或书的概要，若是阅者问某丛书内有某一种书没有，恐怕馆员非经考查，不能答复这个问题。三、馆员事务殷繁，不能不偶出馆外，就是在馆内别的地方办事，也不能随时随地供人询问。四、馆员或因病辞职，或女馆员因完婚辞职，继任他们的馆员未必都有他们的奇异的记忆能力。从这样看来，馆员不能代替目录，所以图书馆应有编目的必要。编目的作用可以为图书馆的代表，可以永久为阅者的导师。它的功用是伟大的"①。这样，沈祖荣对这个今天说来根本不成其为问题但在当时却被部分人认同的论调作了有力的澄清。

沈祖荣认为："目录的功用，不是要编得怎么样繁多，只在编得适用与不适用。怎样为适用的目录呢？即如有人问某著者名，或问某书名，或问某件名，要能够不多费时间，即刻检出书来。我们要晓得目录的作用，是帮助阅者减省他的烦难，只要他知道这三桩的一桩，就能便易检出"。不但这样，图书的目录还要有"能供阅者有'问一得三'的功用"。"图书馆譬如宝库，目录譬如锁钥"。倘若宝库封闭，没有锁钥打开库门，虽是'琳琅满室'，难免'宫墙外望'。图书的目录，就是把锁钥交给阅览人，自由开库取纳，有'予取予求'的快乐"②。

沈祖荣认为："编目的功用既然是这样重大，编目的人也最'难能可贵'。善编目者，必定曾受高等教育，有专门学识，特殊才能，熟悉古今书籍，及著作家的来历，才能胜任。并且要多受训练，富有阅历，增长他的学识。所以善编目者，必须具有以下的资格：一、须头脑清明，二、须趋向坚定，三、须常识丰富，四、须度量深宏，

① 沈祖荣.《图书编目之管测》.见:《图书馆学季刊》第 2 卷第 1 期第 65～71 页.
② 同上.

五、常留心阅者的需要,择善而从,不得有'胶柱鼓瑟'的成见。因为编目是一种极繁难的工作,不是这样资格的人,不能担任。若是'滥竽充数',所编的目录绝不会得良好的结果"。不仅如此,"编目就是一种锻炼人心精细的工作"因此,编目还要做到"准"和"慎"二字①。这样,沈祖荣不仅全面地提出了编人员应具备的素质和资格,而且亦提出了编目工作的基本要求。沈祖荣的这些20年代的编目思想,直到90年代的今天仍然是放之四海而皆准的思想,也正是我们今日的要求。

20年代,甚至20世纪上半叶,我国一直没有全国统一的编目规则,各图书馆多自行制定规则,可谓五花八门。沈祖荣认为:"编制目录,因为想得一个统一的程式,免得许多的淆乱,所以要定一个编目的规则"。而编制编目规则的原则乃是"简明适用"。由于"编制目录的规则,多由经验得来",所以,"富于经验的人能够利用规则表示他的经验。既然有了经验,又遵守规则,恒久不变,所编的目录,自然能统一,能有秩序,能够合用"②。

20年代,卡片式目录在我国刚刚兴起,传统的书本式目录受到激烈的挑战。面对这种挑战,图书馆界出现了两种不同的观点,或主张延用书本式目录,或主张采用新的卡片式目录。在这场争讼中,沈祖荣通过对卡片式目录和书本式目录的各自利弊的比较分析,尤其是结合当时图书馆发展的实际情况,有力地提出了"何必拘守成规,不图改进",应该"改采卡片"的鲜明观点,积极地推广卡片式目录③。

鉴于20年代时我国"提倡图书馆,最缺乏编目专书,以致编

---

① 沈祖荣.《图书编目之管测》.见:《图书馆学季刊》第2卷第1期第65~71页。

② 沈祖荣.《图书编目之管测》.见:《图书馆学季刊》第2卷第1期第65~71页。

③ 沈祖荣.《中国图书馆目录应采书本式抑卡片式》.见:《图书馆学季刊》第1卷第3期第439~445页。

目的人多感困难"，沈祖荣一方面呼吁"甚望海内同志对于这类著作，多为编辑，供后来编目的人有个准则"①；一方面亲力亲为积极编撰编目著作。1929 年，沈祖荣根据美国爱克斯（Susan Grey Ak-ers）原著，编撰出版了《简明编目法》（文华图书科出版）一书。沈祖荣在该著自序中说："此书系为图书馆中未受专门教育，又乏专门指导之馆员而作，故题曰《简明编目法》"。因此，在著述中，沈祖荣极力避免引用专门术语，不得已而引用者，亦概加诠释；而规则则力求简明，且多采取认为适用者，以达到编目规则应"简明适用"之原则。全书共分十三章：第一章论分类，二三两章论著者，四章论小说书籍编目法，五六两章论非小说书籍编目法，七章论标题法，八章论机关著者，九章论丛书及杂志编目法，十章论卡片排列法，十一章论美国国会目录片，末两章论登记及编目用具。后附名词释义、缩写探源、及编目法参考书三种。其后，沈祖荣又发表《西文编目参考书》一文，就查字义所用之书、查人名所用之书、查出版人所用之书、查出版地名所用之书，查无名伪名氏之书、查书名所用之书、分类所用之书、查标题所用之书、制片所用之书、规定写法之书、排卡片所用之书、定购印成目录片所用之书等十二个方面详细介绍了西文编目的各种参考书及其用法②，实际上对《简明编目法》作了更进一步的补充和完善。沈祖荣的《简明编目法》既然是专为"图书馆中未受专门教育，又乏专门指导之馆员而作"（实际上对受过专门教育和具有专门指导的馆员同样具有指导作用），自然是一部"极有用之编目工具"。就编目学之专书而言，20年代系统的著作仅有金敏甫译《现代图书编目法》（（美）毕孝泼撰，商务印书馆，1924 年）和杜定友著《图书目录学》（商务印书

---

① 沈祖荣.《图书编目之管测》. 见:《图书馆学季刊》第 2 卷第 1 期第 65～71 页。
② 沈祖荣.《西文编目参考书》. 见:《文华图书科季刊》第 2 卷第 3～4 期合刊第351～379 页。

馆,1926 年)等寥寥几种,继沈祖荣的简明适用的《简明编目法》(文华图书科,1929 年)之后,陆续问世的有裘开明的《中国图书编目法》(商务印书馆,1931 年)、何多源的《图书编目法》(广州大学图书馆,1933 年)、黄星辉的《普通图书编目法》(文华图书馆学专科学校,1934 年)、杜定友的《明见式编目法》(中国图书馆服务社,1936 年)、金敏甫的《图书编目学》(正中书局,1946 年)等诸书。比较而言,沈祖荣的《简明编目法》既开了"简明适用"的风气之先,又对其后的著述发生了相当的影响,而更为重要的是,《简明编目法》不仅是一般图书馆员中文编具的工具,而且亦是西文编目的重要工具,因而颇具意义。

50 年代以后,由于形势的变化,沈祖荣不得不放弃英美编目的理论和方法,重新开始学习俄文,讲授《俄文图书编目》课程。为此,沈祖荣于 1954 年编纂出版了我国第一部《俄文图书馆编目法》(武汉大学出版),并先后于 1955 年和 1958 年修订补充出版了第 2 版和第 3 版。《俄文图书编目法》共分十一章:一、俄文图书目录编制的意义,二、标明有著者的和无著者的图书,三、字顺目录内的辅助著录和辅助卡片,四、政府机关出版物的著录法,五、多卷书和丛书的著录法,六、马克思列宁主义经典著作及阐述马列主义经典著作的作品的著录法,七、各种类型的图书的著录法,八、期刊和连续刊物的著录法,九、分析著录法及书评著录法,十、排架目录,十一、字顺目录。后有附录七项:一、人名变格,二、大写规则,三、移行规则,四、著录适用的缩写字表(甲乙二表),五、苏联出版社一览表,六、丛书一览表,七、题下事项中常用的词句[①]。

沈祖荣的《俄文图书编目法》虽然编纂于政治色彩十分浓厚的特殊年代,但是,其作用与意义始终不可低估。首先,沈祖荣的《俄文图书编目法》开创了我国全面研究俄文图书编目的先声,由

---

① 沈祖荣编.《俄文图书编目法》.武昌:武汉大学出版,1958 年 2 月第 3 版。

于其后大陆图书馆的编目模式出自苏联,而沈祖荣在编纂此著时虽以苏联编目模式为主,但实际上不可避免地融入了大量的英美图书编目观念与方法,所以,沈祖荣实际上是糅合了两种图书编目的不同优势,这样也就自然为中国图书编目的发展铺设了一条明确的道路,发生了深远的影响。其次,在英美图书馆学术受到批判,一些课程,尤其是沈祖荣讲授的《西文图书编目》课程停开的情况下,沈祖荣克服各种困难,新开设《俄文图书编目法》课程并编撰其讲义,这不仅填补了当时在图书编目学方面业已出现的教学与科研的真空,而且整整教育了一代图书馆学人,其影响更是不言而喻。此外,因为沈祖荣的《俄文图书编目法》除作讲义用外,尚兼有为"实际俄文编目工作""作为参考"的目的,自然对当时的图书馆编目工作亦发生了各种影响。也正是因为如此,沈祖荣在编纂此著时一如过去的风格良好地保持了"简明适用"的传统,书中列举了三百余种实际例子,以及颇具简易操作性的七个附录。

# 四、图书馆观念

沈祖荣自青年时代立志图书馆事业,并且一生致力于图书馆事业,甚至亦曾在中国图书馆历史上几度叱咤风云,应该说,这与沈祖荣从萌芽、到形成,直至坚定的图书馆观念有着不可分割的关系。而沈祖荣的图书馆观念则来自于沈祖荣通过实践所得来的对古今中外图书馆的认识、辨别、否定和认同,因而,也就具有特别的时代性和广泛的代表性。

沈祖荣一生的大部分时间处在中国面临民族危亡、遭受外国列强蹂躏的时代,像许多具有强烈的爱国主义精神的知识分子一样,沈祖荣是抱着唤醒民众、救国救民的理想投身于图书馆事业的。因此,从一开始,沈祖荣的图书馆观念就具有十分浓厚的爱国主义的时代特色,即教育救国的特色。在回答"图书馆是什么?"这个时代的问题中,沈祖荣既没有从图书馆的本质的角度去回答,也没有从图书馆的构成要素或运作方式去回答,而是从图书馆的功用的角度去回答的。而且,在从图书馆的功用的角度去回答"图书馆是什么?"这个问题中,沈祖荣亦并没有从图书馆的各项功用的角度去回答,而仅仅只是从图书馆的教育职能的角度去回答,因而也就特别能够显现沈祖荣的教育救国、教育兴国的爱国主义图书馆观念。沈祖荣认为:"图书馆是研究学术,沟通文化,辅佐教育的机关"①。"图书馆就是培养理智的永久而活动的教育机关"②。基于这种基本的图书馆观念,沈祖荣认为图书馆在教育上具有三重功用:

其一、普及教育,启迪民智

沈祖荣曾言:"我们说:'图书馆是教育文化的先锋,又该做解粮官',就这句话已经显示图书馆对于教育文化的重要和它所负的使命了。可是我国现时急需的就是普及教育,要使一般的民众都到图书馆里来,换句话说,就是图书馆务须负了先锋官的使命,勇猛地打进民众的阵伍,先以华佗的妙手回春的仁术潜心地去医治一般的文盲,等他们得见了天日,然后效法解粮官的行动,奋力地尽量的去填补他们的大欲③。

对于图书馆在普及教育、启迪民智方面的功用,沈祖荣还曾从比较的角度作过更为生动的比喻说明:"可畏的苏俄等国,他们是多么的注力于提倡民众图书馆啊!上自国家、社会、机关,下至学士、商贾、农工,他们无时不在振动的提倡,无人不在声嘶的高呼。反顾我国呢?我不忍言!我不忍观!然则普及民众教育究否重要呢?我就以民众,譬之为一个人力车夫;教育,譬之为他的足力;国家、社会的演进,譬之为车轮的滚动,试问人力车夫没有足力,怎能拉车?车轮怎能滚动?虽则这个譬喻不很切当,可是意义是相同的,大势是如此,不容我国怠懒踌躇了,奋力的直追啊④!

① 沈祖荣.《谈图书馆专业教育》.见:《湖北教育月刊》第 2 卷第 4 期第 66~75 页。

② 沈祖荣.《图书馆教育的战时需要与实际》.见:《中华图书馆协会会报》第 13 卷第 4 期第 4~6 页。

③ 沈祖荣.《世界民众图书馆序》.见:(美)鲍士伟著、徐家麟等译.《世界民众图书馆概况》.武昌:文华图书馆学专科学校,1934 年第 1~2 页。

④ 沈祖荣.《世界民众图书馆序》.见:(美)鲍士伟著、徐家麟等译.《世界民众图书馆概况》.武昌:文华图书馆学专科学校,1934 年第 1~2 页。

其二、改良社会,立国兴邦

沈祖荣认为:"图书馆之作用,系补助学校教育所不及,养成乐于读书之习惯,为改良社会之利器,即人民对于图书馆,如布帛粟菽,不可须臾离也"①。对此,沈祖荣曾从反证的方式作过十分生动的阐述,沈祖荣说:"假使无图书馆,(第一)易阻学者之自修心。社会万众,俱可读书,欲专注某种学术,即宜研究某种书籍,倘无图书馆,遇有疑难,无从参考,遂致不能解决,疑团留于脑海,志士因以灰心,则将因噎废食,摒弃一切,再不向此中问津。一人如此,一国如此,虽希望文明发达,徒劳梦想。(第二)无从收学者之放心。青年学子,心志俱未坚定,假使无图书馆,以便浏览适当之书,当课余无事,以有用之光阴,作无益之消遣;于图书外求娱目之具,则有害于德行者必甚多;于图书外求悦心之事,则耽搁于学问者必不少。欲矫正不规则之行为,非多设图书馆不可,诚以图书馆,真改良社会之一种利器也。(第三)锢蔽学者之思想。寒家子弟,个人为学,欲苍萃中西万国之书籍,以供参考,势能不能,即有新思想,无各种图书以为补助品,自不能触类引伸,不但古时之文化,不能继续,即现时之新智识,亦无书可以证实。思潮虽高,徒劳无益,则愤气填胸,遂从此不用脑筋,不劳心力,则思想终于锢蔽矣;……。(第四)难期职业之发达。中国人之观念,以为研究学问,为学士文人所独,非众人所同也;故于各种职业,均无图书馆之设立,殊不知凡百职业,其中皆有学问,皆当研究,如欲研究,非有此种图书馆,断不能收圆满之效果;……。中国……一切职工,全无智识,不能有所发明,正坐此也。(第五)易阻读书人之进步。读书人有三大职业,如学校教习,如翻译著述,如新闻记者;中国惟教习一业,认为一种职业,若新闻记者,则以为士林败类,或视为不正当之营业;至翻译著述一项,类皆目之为失业无聊,不过借此渔

---

① 沈祖荣.《民国十年之图书馆》.见:《新教育》5卷4期第783～797页。

利,亦不认为职业。兹数者,若在欧美各国,均认为高尚之职业,操此业者,终年在图书馆内,纵横翻阅,随意参考;而图书馆亦供给其笔墨,以赞助其书稿之成。中国则不然,虽有此三种人,因图书馆之不发达,虽有疑窦,无所参稽,进步之难,亦何足怪?(第六)无终生继续求学之机关。中国人之眼光,以为在学校毕业,即登峰造极,可以无事学问矣。不知学问之道,穷年莫殚,学校毕业,不过对于某级学科,告一段落而已。至于学问,岂真达于极点:是以西人以图书馆,为终生求学之补助机关,诚不谬也"①。不仅如此,图书馆更是立国兴邦不可须臾缺少的事业,沈祖荣认为:"如欲立国于世界,则图书馆事业,实为立国之先导也。夫国家之命脉,悬于文化,文化之来源,根于图书"②。"国家富强,其表在政治,实在学问。图书馆为造就各种学问之机关,为富强之基础"③。

其三、唤醒民众,救国救民

沈祖荣认为从一般的意义上讲,图书馆具有普遍教育或全民教育的功用,因此,他说:"新的图书馆是学校制度之外另一种形式的教育活动,她不像学校里面有年级的区分,摇铃上课下堂的办法,也没有年龄、性别、程度等等限制,她的教育的对象是社会全体,由学者专家以至劳苦大众,无论男女老少,盲哑贤愚,

都不分厚薄的为他们服务。她的事业是把摆在架子上的死书变成川流不息的活用的东西从少数人的手中解放出来,让需要他们的大众来享受,并且用科学的方法鼓励他们读书,帮助他们读

　　① 沈祖荣.《民国十年之图书馆》.见:《新教育》5 卷 4 期第 783～797 页。

　　② 沈祖荣.《参加国际图书馆第一次大会及欧洲图书馆概况调查报告》.见:《中华图书馆协会会报》第 5 卷第 3 期第 3～29 页。

　　③ 沈祖荣.《中国全国图书馆调查表》.见:《教育杂志》第 10 卷第 8 期第 37～45页。

书,教导他们读书,也就是所谓的图书馆教育了"①。但是,从中国的特殊情况而言,图书馆更具有唤醒民众,救国救民的作用。在抗日战争期间,沈祖荣对图书馆的这一功用曾作过这样的表述:"现在抗战已到最紧张的时候,图书馆教育这个问题好像是不应该谈的。其实不然,抗战最紧张就是图书馆教育最应紧张的时候。现在打仗不是专靠武力的,没有钱我们不能打仗,没有粮食我们不能打仗,没有教育文化的培养,我们更不能打仗。没有钱我们可以向别国借;没有粮食,我们也可设法购运;可是教育力量不够,文化水准太低,结果国民没有国家民族的观念,没有现代知识,没有生产能力,这样的一个国家,虽有至好的国际友人当然也受莫能助,这样的一个民族,简直是天然的帝国主义的奴隶。老实说,一个国家整个国力的养成,完全靠着教育。我们现在能向倭寇面对面拼一气的,就是靠了过去和现在不断增强的教育力量。我们的武器不及敌人,我们的战士却有以血肉作长城的精神,这种精神就是由教育而发生的。……图书馆是教育设施的一种,是不拘形式灌输知识,促进技术的利器。皆因不拘形式易于普及,它最合乎战时的需要,图书馆教育因战时的需要而存在,就应该适应战时的需要而活动"②。

图书馆在战时怎样才能发挥其作用呢? 沈祖荣认为应该从"前方将士精神食粮的供给"、"受伤将士休闲教育的顾及"、"难民的教育"、"一般民众的教育"等四个方面去发挥其应有的作用。图书馆教育可以安慰将士、补充其知识、鼓舞其斗志;可以达到使难民"进而入伍出征杀敌,退而努力生产工作"的目的;可以"唤起

---

① 沈祖荣.《图书馆教育的战时需要与实际》.见:《中华图书馆协会会报》第13卷第4期第4~6页。

② 沈祖荣.《图书馆教育的战时需要与实际》.见《中华图书馆协会会报》第13卷第4期第4~6页。

民众","使民众真正认识个人为国家之确实的关系,亡国奴何以不可为,怎样才不致亡国"①。

由此可见,沈祖荣的图书馆观念完全是建立在教育救国、教育兴国的基础之上的爱国主义图书馆观念。

从这一基本的图书馆观念出发,沈祖荣认为要发挥图书馆的职能和功用,其关键首先在于使民众充分地利用图书馆的藏书,沈祖荣曾言:"图书馆为辅助教育利器,为教育家所公认。所谓利器者,非谓馆舍美丽,藏书宏富;亦非谓所藏之书,价值宝贵,或为世界孤本,或为名人遗著;而实在社会人民,能否利用所藏之书籍"②。然而,仅仅是使民众充分地利用图书馆的藏书还是不够的,还必须采用其他的方式方法以发挥图书馆的教育作用。沈祖荣认为:"图书馆教育的目的是供给知识给大家。但是供给知识不一定全靠书本,尤其是对于文字程度太低和不识字的人。于是我们就有文字浅的通俗读物、图画、幻灯、电影、讲演、歌咏、留声机、无线电收音机、戏剧,以济其穷。也可以举办民众学校,推行识字运动"③。

① 沈祖荣.《图书馆教育的战时需要与实际》.见《中华图书馆协会会报》第 13 卷第 4 期第 4～6 页。

② 沈祖荣.《中国图书馆目录应采用书本式抑卡片式》.见:《图书馆学季刊》第 1 卷第 3 期 439～445 页。

③ 沈祖荣.《图书馆教育的战时需要与实际》.见《中华图书馆协会会报》13 卷第 4 期第 4～6 页。

# 五、图书馆事业建设理论

　　因为沈祖荣一生以富国强民为己任，所以沈祖荣的图书馆观念是一种爱国主义的图书馆观念；而正是因为沈祖荣具有强烈的爱国主义图书馆观念，所以，沈祖荣将毕生的精力奉献给了我国图书馆事业；也正是因为如此，沈祖荣特别重视图书馆事业建设。沈祖荣不仅一生致力于倡导、宣传和亲自办理图书馆事业，而且十分重视对我国图书馆事业建设的理论研究，其一生发表的学术论文大部分均集中于我国图书馆事业建设这一主题，其中比较典型的论文有《民国十年之图书馆》(《新教育》5 卷 4 期，1922 年 11 月)，《提倡改良中国图书馆之管见》(《新教育》6 卷 4 期，1923 年 4月)、《我国图书馆事业之改进》(《文华图书馆学专科学校季刊》5卷 3、4 期合刊，1933 年 12 月)、《公共图书馆在行政上及事业上应有之联络》(《中华图书馆协会会报》12 卷 3 期，1936 年 12 月)、《战后图书馆发展之途径》(《中华图书馆协会会报》18 卷 4 期，1944 年 6 月)等等。通过一系列的理论研究，沈祖荣建立了一套比较完善的中国图书馆事业建设理论。这些理论从宏观上和微观上分别阐述了我国图书馆事业发展的基本原理、原则和方法，不仅在当时具有极为重要的现实指导意义和价值，而且对于今天图书馆事业的建设和发展仍然有着不朽的深远的历史意义。

　　沈祖荣的宏观图书馆事业建设理论主要包括以下几个方面：

### 其一、图书馆事业建设有赖于政府提倡和人民赞助

沈祖荣认为："国家富强，其表在政治，实际在学问。图书馆为造就各种学问之机关，为富强之基础"①。而且"学校外之教育机关甚多，其性质属于根本的，其效果属于永远的，莫如图书馆"②。因此，要兴教育、强民众、富国家，就必须要发展图书馆事业，而要发展图书馆事业，就必须要得到政府的倡导和民众的赞助。沈祖荣曾说："中国幅员辽阔，人民众多，每省图书馆不过一二处，或一省并无一图书馆，合全国图书馆统计之，不及美国一都市之多，其藏书总数不及巴黎一国民图书馆。国内图书馆少国内阅书人必少，与国家文化之进步有无形之障碍，故欲增长国民之程度，则图书馆之教育较学校之设置，其效力尤能普及，是在政府提倡于上，人民劝导于下，徐图异日之发达焉"③。又言："欧洲各地，其设图书馆也，必于其地有实际之功用；其倡某科也，必于某科有充分之培植。视其范围之大小，以为贡献之比例。故其政府与人民皆乐而赞助之。试一考其成立创办之经过，有由政府提倡保护奖励拨币津贴者；有由国民协作，乐于输将，以成大业者；更有由服务馆员，抱不折不挠之精神，作毕世不移之事业，以维持光大者"④。中国应该"仿而行之"。

### 其二、图书馆事业建设、发展、改良的关键在于图书馆人自身

图书馆事业的建设固然有赖于政府的提倡和人民的赞助，但

---

① 沈祖荣.《中国全国图书馆调查表》.见:《教育杂志》第 10 卷第 8 期第 37～45 页。

② 同上。

③ 同上。

④ 沈祖荣.《参加国际图书馆第一次大会及欧洲图书馆概况调查报告》.见:《中华图书馆协会会报》第 5 卷第 3 期第 3～29 页。

是,这终究是外在的因素,而最关键的内在因素乃是取决于图书馆人本身。早在 1922 年,沈祖荣在《民国十年之图书馆》一文中通过对我国图书馆事业发展的现状的分析,就已经提出了"何以我国政府,对于种事业,绝不提倡,甚可怪也。"的诘问,并指出:"不得因政府对于此事,漠然淡然,而鄙人亦遂灰心丧气,而不思改良之方法"①。主张图书馆人应积极主动地去发展和改良我国图书馆事业。其后,沈祖荣又一再地说明我国图书馆事业建设的关键在于图书馆人本身,而不是其他人。沈祖荣说:"我常常想到《庄子》上惠子和庄子的对话:'子非鱼,焉知鱼之乐? 子非我,焉知我不知鱼之乐?'一段意思。大凡个人的事,还是望个人去办理清楚,如自己办不到,而想推之于他人,是不可能的。照这样说来,图书馆事业在目前的中国,处于万难当中,难道不须求助于人吗? 求助于人固然不错;最要紧的,却是自助则人助"②在《我国图书馆事业之改进》一文中,沈祖荣又进一步指出:"谈到改进,是近来一个时髦的口号,尤其是在我国各方面呼得最热烈。图书馆也是随着在呼改进,试问是在向谁呼呢? 有人说应当向著当局者呼,因为他们有权力,可以帮助我们,又有人说我们应当向着一般平民呼,因为这般平民完全不认识图书馆的作用。只不过这两点不一定是我们所急需呼唤的对象,目前惟有向着我们同行范围以内的人来呼"!"即以我国图书馆事业,无论兴衰成败,决不能诿于他人,虽然有要人帮助或维持的地方,但是改进的责任则由图书馆界完全担任,所以图书馆求改进的呼声,只有向着图书馆界范围以内来呼"③。

---

① 沈祖荣.《民国十年之图书馆》.见:《新教育》5 卷 4 期第 783～797 页。

② 沈祖荣.《谈谈图书馆员的生活》.见:《文华图书馆学专科学校季刊》第 6 卷第 1 期第 1～9 页。

③ 沈祖荣.《我国图书馆事业之改进》.见:《文华图书馆学专科学校季刊》5 卷 3、4 期合刊第 261～266 页。

### 其三、图书馆事业建设和发展应该实事求是，符合国情

坚持实事求是是沈祖荣的一项根本观念，这个观念反映到图书馆事业建设和发展上自然亦具有十分鲜明的特色。30 年代时，沈祖荣曾言："目前的中国，是天灾人祸的中国，内忧外患的中国。其痛苦是整体的，不是一部分的。近来也有不少的人，对国家的前途，引起觉悟，提倡种种救国运动，如实业救国、科学救国、教育救国、人格救国，以及航空救国等等都是。但我们相信，这一切一切，总而言之，当以教育文化为基本。图书馆事业乃教育文化之枢纽，所以图书馆的进退，当然随国情走"①。那么，如何才能做到"随国情走"呢？沈祖荣认为："在力求改进中，自己先要认识清楚的：（一）欲望不可过高，因为过高事实办不到。……（二）合乎实际需要。……（三）须取得群众的信用。图书馆事业不是为己，乃是为人，群众能够信用图书馆，则图书馆方才有生机，有立足之必要"②。在此基础上还要"有切实工作效能，不必过事铺张，要按部就班，循序渐进，抱著一定的目标，绝对不作空泛的理论，而求实事求是的真工作，能得社会的信仰与赞助，以发挥图书馆之能力，尤要对于民生疾苦、困难，多有所贡献"③。

### 其四、图书馆事业建设必须继承和发扬我国图书馆事业的 优良传统。

自 20 世纪初开始，沈祖荣曾掀起了猛烈抨击中国古代藏书楼陋习，竭力宣扬欧美图书馆事业的新图书馆运动。在分析中国传统藏书的过程中，沈祖荣曾对我国的封建藏书楼进行过十分猛烈

---

① 沈祖荣.《谈谈图书馆员的生活》.见:《文华图书馆学专科学校季刊》第 6 卷第 1 期第 1~9 页。

② 沈祖荣.《我国图书馆事业之改进》.见:《文华图书馆学专科学校季刊》5 卷 3、4 期合刊第 261~266 页。

③ 同②。

的批判,并将我国图书馆事业在 20 世纪初之所以不发达的原因之一归咎于传统藏书楼的陋习。沈祖荣曾说:"中国古代藏书,属于公家者,石渠金匮,视若鸿宝,人民无由窥其美富。在私家搜罗诸子百家,侈谈宏富,亦只供一二学者,研究高深之学理,而于普通人民无与也。盖吾国士夫,多持曹仓邺架之谬见,尚未明了图书馆之性质,不在培养一二学者,而在教育千万国民;不在考求精深学理,而在普及国民教育。此中国图书馆不能发达之一远因也"①。沈祖荣猛烈地抨击封建藏书楼的陋习,但是,并没有全盘否定中国图书馆的历史,他一贯反对民族虚无主义,主张批判地继承我国图书馆历史的传统,并且认为继承和发扬我国图书馆事业的优良传统是当今图书馆的使命,是图书馆事业建设的必需。沈祖荣曾言:"我中国为文化很古之国,在世界文化上,已有相当的地位,为发扬我国文化计,图书馆事业实负有重大的使命"②! 为什么图书馆事业建设必须肩负起这一神圣使命呢? 沈祖荣认为:"我们国内的学术、教育、文化,均在世界后进之国的后程,我们办理图书馆者,更应当自告奋勇,尽我们的本分,为文化事业谋发展,使我们祖宗数千年所传下来的国粹,得以表彰世界,藉以发扬我们民族的精神,培成我们民族的命脉"③。如何才能肩负起这一神圣使命呢? 沈祖荣认为其关键在于继承和发扬我国图书馆事业的优良传统。沈祖荣认为:"我国现代图书馆,接受固有图书馆的产业,就要想到数千年来,文献的收藏、保管、汇集、处理、传播、应用,这一切遗规旧范;以及关于此项有权威的大师通儒,并有历史的馆阁,藏书

---

① 沈祖荣.《中国全国图书馆调查表》.见:《教育杂志》第 10 卷第 8 期第 37~45 页。

② 沈祖荣.《谈谈图书馆员的生活》.见:《文华图书馆学专科学校季刊》第 6 卷第 1 期第 1~9 页。

③ 沈祖荣.《国难与图书馆》.见:《文华图书馆学专科学校季刊》第 4 卷第 3、4 期合刊第 223~234 页。

楼等等,都是在我国文化上,占有重要地位,放了无限的光彩,这一笔伟大的遗业,应该一律重视,而亟谋所以继承发扬光大之。这种承先启后的工作,若专靠图书馆的新方法还有做不到,因为新方法只能使其供应便利,而于古书写本,极难收藏,所以为继承发扬光大我国固有之图书馆事功起见,还须(A)征求与咨询,……办理图书馆的人,必须虚怀若谷,有好问则裕的心理,多多请教于嗜古的专家;(B)研究与传播,这个意思,就是己立立人的工夫。总之,我国文化在世界占主要的部分,现欲发扬光大,使世界人类,有确切之认识,与欣然之推崇,其事功当在图书馆而已"①!

**其五、图书馆事业建设必须根据中国的国情借鉴外国图书馆的一切先进经验,走具有中国特色的图书馆事业之路**

沈祖荣认为:"我国图书馆事业,仅在萌芽时代,若不虚心研求,吸取他人之长,则闭门造车,出门那能合辙呢"②? 与此同时,沈祖荣又多次强调:"图书馆的进退,当然随国情走"。因此,一方面,我们应该大胆地吸收和借鉴外国图书馆事业的先进经验;另一方面,又不能盲目照搬、生吞活剥,要结合中国的国情,合理地有选择的运用。沈祖荣曾言:"欧美两洲之图书馆,其注重有不同者。欧洲之各大图书馆,大抵于图书多重在保存于应用多顾及专门之学者。美国图书馆,大抵于图书多重在普及于应用则多顾及于公民。盖欧洲有较长之历史与文献,美洲开国不远,因之所从之道以异。我国图书馆今后究当以何为归耶? 荣以为我国文献悠长,同时民智未开,于国立图书馆当以欧洲为法,重专门与保存,于公共

---

① 沈祖荣.《我国图书馆事业之改进》.见:《文华图书馆专科学校季刊》第5卷3、4期合刊第261~266页。

② 沈祖荣.《章译民众图书馆的行政序》.见:章新民译.《民众图书馆的行政》.武昌:文华图书馆学专科学校,1934年第4~5页。

图书馆当以美国为法，注应用与普及。如斯则文献可以不坠，民智可以增进矣"①。在 20 世纪初我国现代图书馆事业刚刚萌芽的时候，沈祖荣在猛烈抨击封建藏书楼的同时竭力倡导办理西式图书馆，掀起了开风之先的新图书馆运动。当先进的西方图书馆观念与学术已被大多数人所认识和接受的时候，沈祖荣在 30 年代又不断地告诫人们不要盲目照搬，不要一味崇洋，要使外国图书馆的先进经验中国化，要走具有中国特色的图书馆事业建设之路。在1933 年我国现代图书馆已普遍设立的时候，沈祖荣认为宣传西方图书馆事业的任务已经完成，应该将中国图书馆事业的建设迅速转到中国化的道路上来。沈祖荣曾敏锐地指出："我国对于新式图书馆学术事业，自外国介绍入我国，得以实施试办已历二十余年。虽然已经有国立图书馆、公立图书馆，以及私立图书馆等等，究其实在的成效，还是不敢自许，无论如何，现在介绍与试办之过程，应告一段落，而成为中国式的图书馆。中国式的图书馆就是纯粹的中国色彩，合乎中国人的性情。我们虽然采用人家科学的方法，但是在实质上要变为中国化的图书馆，如分类、编目、图书馆设备等等，都能代表中国的文化，可由中国图书馆显现出来"②。

在上述宏观图书馆事业建设的理论和方针的基础上，沈祖荣又相继提出和阐述了一系列的微观图书馆事业建设理论。这些微观的图书馆事业建设理论对于中国图书馆事业的建设均具有很强的针对性和可操作性，有的具有时代性，而更多的则具有永恒性。

### 其一、图书馆事业建设必须坚持公有公享的基本原则

沈祖荣所倡导的新式图书馆，不仅仅只是指新式的图书馆技

---

① 沈祖荣.《参加国际图馆第一次大会及欧洲图书馆概况调查报告》. 见:《中华图书馆协会会报》第 5 卷第 3 期第 3 ~ 29 页。

② 沈祖荣.《我国图书馆事业之改进》. 见:《文华图书馆专科学校季刊》第 5 卷 3、4 期合刊第 261 ~ 266 页。

术和方法,最重要的是新型的图书馆观念,因为没有新型的图书馆观念,即使是采用了新的技术和方法,图书馆事业也不可能得到真正的发展。沈祖荣不仅一贯坚持倡导新的图书馆观念,而且亦不断呼吁应将新的图书馆观念化作制度,将其确定为图书馆事业建设的基本原则。沈祖荣曾谓:"如何为基本的原则呢? 就是要注重公有、公享。因为近来的图书馆不是藏书楼或是为少数的书虫、书痴,所独享用的,这种春风化雨,是要使万物均沾,所以公有、公享、开架、出借等等,为图书馆事业的基本原则"①。

### 其二、制定最低限度的标准是图书馆事业建设的基本保证

要谋求图书馆事业的发展,就必须要在政策上予以充分的支持。这个支持就是必须制定图书馆事业建设的最低限度的标准,只有这样才能保证图书馆事业的稳步发展。沈祖荣认为:图书馆事业的"最低限度的标准,就是要有相当最低限度的员司、设备、经费、图书等等,而为真正合乎图书馆所需要者,决非滥竽、糜费;还须办理图书馆一切基本事务,以为远大发展计划之张本,不使其涸竭,此均最低标准中所应有者"②。

### 其三、图书馆事业建设必须加强图书馆的协作协调

中国图书馆事业的发展向来受传统的小农经济观念的影响,鸡犬相闻,老死不相往来,各自为政,各行其是,造成了图书馆事业建设的极大重复、浪费,因而障碍了图书馆事业的发展。早在1922 年中国现代图书馆初兴之时,沈祖荣就已敏锐地指出:"中国

---

① 沈祖荣.《我国图书馆事业之改进》. 见:《文华图书馆学专科学校季刊》5 卷 3、4 期合刊第 261～266 页。

② 同上

图书馆,其所以不能发达者,又在各馆各自为法,孤立无助"①。30年代,当图书馆建设十分兴旺的时候,沈祖荣又一再提醒、告诫和呼吁图书馆界同仁应该加强合作。1933年时,沈祖荣指出:"现时困难严重,凡百事业,日趋凋敝,彼非此是,此是彼非,互相排挤,势如冰炭。想到图书馆事业,在此建立新基的当儿应矫正此弊,力求允当、经济、合作、建设;极力避免错误、浪费、倾轧、破坏;尤须在经费上、管理上、工作上、人事上,求得真正的合理化。至于图书馆编目、选购、交换、建筑、设备、组织、管理等等,尤须力求整个图书馆界之调剂合作"②。1936年,沈祖荣又专门撰写了《公共图书馆在行政上及事业上应有之联络》一文,专门阐述图书馆的协作协调问题。沈祖荣说:"现在图书馆在行政上的第一不良现象,是各自为政。……由是形成'尔为尔''我为我''闭门造车''各行其是'的局面。这种文化事业割据起来,焉能希望有良好的贡献? 这是图书馆现在很不好的现象。第二种不良的现象,是不通声气。……试思一国之内,大小图书馆虽有一千多所,按人口分配,本来尚不敷应用,再若彼此不相往来,岂不力量更为薄弱吗? ……因有上述的两点现象,致发生种种影响,间接不能利于他馆的工作,直接减少本馆的发展力量,且于国家社会,均受极大损失"③。因此,沈祖荣呼吁并建议:在行政上应建立全国统一的图书馆管理机构,使全国图书馆事业在管理上由上而下,由上而上,系统整然,步调一致。在图书馆工作上应实现全国统一或集中分类编目以减少重复劳动;应协调书刊采购以减少重复浪费;应加强馆际互借以共享资源;应加强业务和技术交流以增加见识提高工作效率;应加强馆

---

① 沈祖荣.《民国十年之图书馆》.见:《新教育》5卷4期第783~797页。

② 沈祖荣.《我国图书馆事业之改进》.见:《文华图书馆学专科学校季刊》第5卷3、4期合刊第261~266页。

③ 沈祖荣.《公共图书馆在行政上及事业上应有之联络》.见:《中华图书馆协会会报》第12卷第3期第1~3页。

员间的沟通联系以增进友谊养成与人合作的精神；……①。在组织上应成立专门的协会或研究会以相互切磋、相互协助。早在中华图书馆协会成立的数年前，沈祖荣就已多次进行了强烈的呼吁，并言："中国图书馆，其所以不能发达者，又在各馆各自为法，孤立无助；推原其故，由未联络研究机关，以谋协助也。诚能组织全国图书馆研究会，以馆中馆长馆员主任为基础，再征求全国同志，及热心赞成家，加入此会，则会员愈多，见闻愈广，集思广益，知识交换，合群策群力，以改良其办法，则此种事业，定有进步。不然，一盘散沙，毫无统系，同为此种事业，而意见纷歧，各处异制，即有良法，无人学步，纵多流币，不知铲除，长此以往，欲谋发展，未之有也"②。

### 其四、制定图书馆事业经费标准是图书馆事业建设的保障

沈祖荣在其图书馆生涯中感受最深的一点就是经费，经费问题一直困扰着沈祖荣、困扰着中国图书馆事业的发展，因此，数十年间，沈祖荣一直在大力呼吁政府在经费上应给图书馆以充足的支持。鉴于中国的现状，沈祖荣认为应在制度上政策上规定图书馆的经费比例。早在 20 年代，沈祖荣就多次说到："凡百事业，均须经费做成。经费愈充足，则事业愈发达。至于图书馆，亦何莫不然。我国中央政府，以及省政府，全不注重图书馆之经费，故图书馆难望起色，此必然之势也。改良方法，须在省教育经费中，提出十分之一，为办理图书馆之用，或规定由印花税中拨出，最为简便"③。其后，沈祖荣关于制定图书馆经费比例的呼声一直未断。

---

① 沈祖荣.《公共图书馆在行政上及事业上应有之联络》.见:《中华图书馆协会会报》第 12 卷第 3 期第 1～3 页。

② 沈祖荣.《民国十年之图书馆》.见:《新教育》5 卷 4 期第 783～797 页。

③ 沈祖荣.《民国十年之图书馆》.见:《新教育》5 卷 4 期第 783～797 页。

**其五、图书馆人才培养和队伍建设是图书馆事业建设的前提和关键**

（见后述沈祖荣的图书馆教育思想）

**其六、图书馆精神是图书馆事业建设的精髓**

（见后述图书馆精神）

# 六、图书馆教育思想

　　沈祖荣一生抱着教育救国、教育兴国的理想,致力于中国图书馆事业的发展,倾力于中国图书馆学教育的发展,不仅贡献至巨,而且思想颇丰。其图书馆教育思想主要由两个基本的组成部分构成,一个组成部分是图书馆社会教育思想,另一个组成部分是图书馆学专业教育思想。这两个组成部分既相互区别,又相互联系,互为表里,相得益彰,构成了沈祖荣图书馆教育思想的不可分割的整体。

　　在图书馆社会教育方面,沈祖荣一贯坚持认为图书馆是社会教育的机关,其性质与功用的关键在于普及民众教育,唤醒民众、启迪民智,以振兴中华。因此,沈祖荣主张图书馆事业的发展当随民众教育运动的潮流演进,"全国的呼声,是向民众追逐,尤其是教育方面,最为激烈。例如识字运动、民众教育、乡村教育等,都是注意到教育以普及民众为前提,因之图书馆的工作,亦往民众方面开发"①。有鉴于此,沈祖荣大声地疾呼:"希望教育行政当局改变向来对于图书馆教育的放任的、不置重的政策","希望社会人士改变过去'以图书馆为太平盛世的点缀品,为可有可无的附属机关'的错误观念。要开始赞助这种教育事业,使它在战争的过程

---

　　① 沈祖荣.《图书馆所希望于出版界的》.见:《文华图书馆学专科学校季刊》第5卷第2期133～138页。

中能够发挥它的确有的大力,配合军事政治等等,以达到'抗战必胜,建国必成'的终点"①。图书馆界"诸君只要抱一种普及教育的目的,服务社会的热情、勇敢、耐烦、奋斗、前进,未有不迎刃而解的,努力! 灌开图书馆界之鲜花"②!"希望服务图书馆的人员认清个人在全体性战争中所负的使命,不要以抱残守阙为满足。图书馆员要做到学术和文献上的向导,并且推广业务到前方去,到伤兵医院去,到难民收容所去,到农村、工厂街头、一切的广大民众中去"③。(关于沈祖荣的图书馆社会教育思想详见前述"图书馆观念"部分)。

在图书馆学专业教育方面,作为中国图书馆学教育之父,沈祖荣不仅一生潜心于图书馆学专业教育,挥鞭执教达四十年之久,而且对图书馆学专业教育研究最多,思想最为丰富、全面、系统。具体说来,沈祖荣的图书馆学专业教育思想主要有以下几个方面:

**其一、图书馆人才是关系到图书馆事业生死存亡、荣辱兴衰的最重要最关键的根本和保障**

作为 20 世纪中国图书馆界睁眼看世界的第一人,早在留美攻读图书馆学期间,沈祖荣就已以非凡的洞察力第一个提出:中国图书馆事业的发展,"最切要者乃是有得力之馆员将此伟大事业推向前进"④。从此时起,沈祖荣就一直高度地重视图书馆学专业教育,重视图书馆人才的培养,并一再强调:"孟子说:'人存政举,人

---

①　沈祖荣.《图书馆教育的战时需要与实际》.见《中华图书馆协会会报》第 13 卷第 4 期第 4~6 页。

②　沈祖荣.《在文华公书林过去十九年之经验》.见《文华图书科季刊》1 卷 2 期第 159~175 页。

③　同①。

④　Samuel T. Y. Seng.《Can The American Library System Be Adopted In China》. 见:《The Library Journal》Vol. 41(June 1916):381~388.

亡政熄'。事业的成败得失实在于得人和不得人"①。对于社会上办理图书馆的人对图书馆人才"均以为无关轻重,其馆长与管理各员,无论何人,皆可为之"②,"以为办图书馆事务的人并不一定要受过图书馆学专门训练,犹之乎作官并不定要经过大学政治系一样"③的种种错误观念和偏见,沈祖荣不仅在理论上进行了批判,而且更通过培养图书馆专门人才,以事实去改变了人们的看法。沈祖荣认为:"图书馆员是一行专业,不是人人都可以胜任的"④,只有受过专门训练的人才能肩此重任。而且,在图书馆人才中,"图书馆之馆长最宜得人。大凡图书馆经费虽充足,书籍虽宏富,然不得其人,其事业终归低落"⑤。

**其二、图书馆学专业教育和人才培养是图书馆事业建设的前提**

早在留美攻读图书馆学时,沈祖荣就已敏锐地指出:"我们一定要有图书馆员。纵然有人乐于捐资,倘若没有得力的组织者,仍将一事无成"⑥。在回国掀起新图书馆运动时,沈祖荣又反复地指出:"仅仅有宣传,依然不足以发展图书馆之事业,尤要在有专门人才善办此种事业"⑦。"图书馆之发达,非一蹴就能致,必先培养

---

① 沈祖荣.《图书馆教育的战时需要与实际》.见:《中华图书馆协会会报》第 13 卷第 4 期第 4~6 页。

② 沈祖荣.《民国十一年之图书馆教育》.见:《新教育》第 6 卷第 2 期 291~294 页。

③ 同①。

④ 同①。

⑤ 沈祖荣.《民国十年之图书馆》.见:《新教育》5 卷 4 期第 783~797 页。

⑥ Tsu-Yung Seng.《Difficult Problems of The Librarian In China》.见:《The Chinese Students' Monthly》Vol. 12(January 1917):19~24;Vol. 13(February 1917):161~166.

⑦ 沈祖荣.《在文华公书林过去十九年之经验》.见《文华图书科季刊》1 卷 2 期第 159~175 页。

图书馆办理人才,研究专门学识,庶能办理得法,有条不紊"①。而且,既然图书馆为社会教育的一部分,必须要推进图书馆的社会教育,那么就必须训练人才,以供图书馆使用,否则,怎样良好的计划最终亦不可实现②。那么,在中国图书馆事业初兴且尚无图书馆学教育机关的时候,究竟是应依赖外国的图书馆学专业教育呢?还是自创中国的图书馆学教育事业呢? 沈祖荣认为:"虽然,海外留学,所费不赀,远涉重洋,谈何容易? 纵令虚往实归,而桔枳变异,势所必然,所学之件,在外国虽称合法,在中国不能完全采用。由是言之,欲推广图书馆事业,务须在中国组织培养人才之机关,将来学业有成,可以充图书馆之应用"③。鉴于欧美"各国政府或各大图书馆,大都设有图书馆专门学校以培植人才。故其图书馆事业之发展也,管理也,往往举重若轻,由难变易,皆因其有相当之人才,以对付之也"。沈祖荣认为:"我国图书馆事业,才属萌芽,百端待理。若无专门人才以扶持整顿于其中,发挥光大,难可与期也"。因此,多次提出:"深望我政府及协会注意及此。或创办新校或补助旧有者,皆刻不容缓之事也"④。在抗战期间,沈祖荣又进一步指出:"我们希望负责的当局和社会人士要注意这件事。在战争进行期间,对于原有的图书馆学专校和大学图书馆学系,要尽力维持,改善扩充;对于在职的未经专门训练的图书馆员,要举行讲习会,补充他们的知识和技能;对于战区出来的图书馆员或其他社会教育人员,要集中举办短期的图书馆训练班,然后分发到相

---

① 沈祖荣.《民国十年之图书馆》.见:《新教育》5卷4期第783～797页。

② 沈祖荣.《今后二年之推进图书馆教育》.见:《建国教育》第1卷第2期。

③ 同①。

④ 沈祖荣.《参加国际图书馆第一次大会及欧洲图书馆概况调查报告》.见:《中华图书馆协会会报》第5卷第3期第3～29页。

当的地方工作"①。

### 其三、图书馆学专业教育应因地因事制宜，采用各种不同形式

图书馆学专业教育有学徒制的训练、利用暑期作讲习的训练、师范科所设的图书馆课程、大学图书馆学系的训练、大图书馆附设图书馆学学校的训练、图书馆学研究院的训练等形式，沈祖荣认为各种形式的图书馆学专业教育均有各自的长处，如：学徒制的训练可以救济一些有志于图书馆工作，而未能受到此项专门学校训练的人物。利用暑期作讲习的训练可使想求深造，但又感财力缺乏，且又不能离开职守的图书馆员获得更多的学术和知识，从而对图书馆的办理办法，多有了认识，多有了办法。师范科所设的图书馆课程可以由造就中小学教员去因势利导中小学学生们在童年时期就懂得图书馆的使用方法。大学图书馆学系的训练比较高深完整，所造就的图书馆员，对于一般学识的素养，以及图书馆较高深的作业工作上要见长些。大学图书馆附设图书馆学学校的训练要算比较更有系统、有组织，便于图书馆作业训练和得到其他图书馆的帮助。图书馆学研究院的训练则是为研究图书馆学设置的一种最高学府，造就办理图书馆事业的高级专材，并预备图书馆专门学校的师资。因此，办理图书馆员训练应根据种种个别的不同特点与要求，因地因事制宜，合理地采用②。

### 其四、图书馆学专业教育应制定各项标准以谋规范化制度化。

沈祖荣在 1933 年通过对我国图书馆学专业教育的调查研究

---

① 沈祖荣.《图书馆教育的战时需要与实际》. 见：《中华图书馆协会会报》第 13 卷第 4 期第 4～6 页。

② 沈祖荣.《谈图书馆专业教育》. 见：《湖北教育月刊》第 2 卷第 4 期第 66～75 页。

发现:"我国图书馆教育之实况,亦殊多紊乱不景之气象。……近数年来,我国图书馆训练场所,各种略备。意对此一则以喜,一则以惧。按诸现在之需要,图书馆专门教育,固应有各级各项之训练,以满足有志于各级各项图书馆工作人员之要求。惟惜乎泰半流于滥冗,不仅未能实事求是,抑且足以贻害于本事业,故吾人对此,乃喜惧兼而有之。我国图书馆学专门学校,现只有一所。……除是所图书馆学专科学校外,我国近来图书馆训练机关,更有大学图书馆学系辅系一处,图书馆函授学校一处,初高中程度职业学校及普通中学校图书馆学组两三处,暑期图书馆讲习会两三处,国立、省立大图书馆附设图书馆讲习班、训练班、见习、实习处所若干处等等。其所订学程,自相当于大学正式课程,每学期十数学分以上,以至不定内容之多寡,任意拼凑,课程十余门,以至二三门,修习期间,自一年以上,以至半年或三月,或三数星期。其教学办法,自采用课本讲授,兼有实习,以至编订讲义,以至无所谓讲义与实习。其师资与设备,或粗疏具备若干,或实一无所有。要皆无从得有系统之陈述者也。大致情形既如是,故曰,我国图书馆教育现状,不乏紊乱与不景也"①。因此,沈祖荣提出:图书馆专门人才的培训"应订定各项标准,严格遵办,严格考核,对于学历、成绩、资格,以及学科、体格、均须合乎学校的标准。学校之实施,须下详审切实工夫,凡对于图书馆用品之创制,工具之运用,图书馆学教科书与参考书之编纂,图书馆学应用图书馆杂志之选购与流通,以及图书馆学讲演,图书馆学专门教育之指导,并位置之介绍等等,均为重要之事功"②。只有这样,图书馆学专业教育才能规范化、制

---

① 沈祖荣著.《中华图书馆协会第二次年会图书馆教育组报告暨意见书》.自刊本,1933 年 8 月。

② 沈祖荣.《我国图书馆事业之改进》.见:《文华图书馆专科学校季刊》第 5 卷 3、4 期合刊第 261～266 页。

度化。

**其五、图书馆学专业教育应一切从实际出发，针对各种问题，不断改进**

沈祖荣一生从事图书馆学专业教育达四十年之久，对于中国图书馆学专业教育有着十分深刻的认识，因而对图书馆学专业教育的各种具体问题的改进均有独到的见解。这些具体的见解大致可以从以下诸方面略窥一二：

关于课程设置。沈祖荣认为：就中国的情形而言，"学科等项，举凡一切深浅虚实古今中外科目，如目录学学科、图书馆技术学科、图书馆管理行政学科、图书馆相关科目、外国语文，以及其他经教育部规定必修之课程，似均应设置。其有学生中，于入学前在大学两年所修习课程成绩欠佳者，更须有补充其图书馆学以外普通学识之必要。一则我国图书馆学校绝少，无由分别担任训练；一则我国图书馆工作形质甚复杂，需要甚复杂；一则欲谋我国图书馆新旧中外方面之融通，实用人才与研究人才双方之供给，要皆需要有如此种之学程"①。由此可见，沈祖荣对于课程设置见解的要旨乃是培养全能的图书馆通才。

关于学程与分科。沈祖荣认为："修习学时有限，师生学力有限，教学方法有限，图书馆学校工作能力有限，必应如何编制适宜学程，诚为不易遽下结论者。意者在修学之第一第二学年内，可著重技术方面之训练，第二第三学年内，可著重理论研究方面之训练；并汰去各学科相互间重复部分，贯串各学科彼此问题通假部分；便于兼授者，则勿拘于先后中外之分，能割弃者，则守宁阙勿滥之义；于可能范围内，并采选分科之制度；外国语文可习一二门，不

---

① 沈祖荣著.《中华图书馆协会第二次年会图书馆教育组报告暨意见书》.自刊本,1933 年 8 月。

232

必更过多;实习参观随各课程随时而有之,不另占学时钟点"①。

关于教材。沈祖荣认为:"教材以编纂适合我国图书馆需要之题材为原则,理应由各专家逐渐编出图书馆学教学适用之教本、工具、参考物若干种应用;又除专门某科编纂外,更编制综合式之图书馆学概论及图书馆学术讨论与研究等课程适用之课本,其机杼,其系统,可自我而出之,不必尽仿外国课本之教材内容,如以各种图书馆作业为经,各学科为纬之图书馆学概要之类书籍是,用以为教学根据,必能使教者学者,得教学相长之益,收创作发明之效,可以预卜;不过此中变通编制,斟酌损益等事功,要非专家从事审慎工作,必不易达到此目的"②。

关于考试制度。沈祖荣认为一旦我国图书馆教育发达,图书馆学校众多时,关于成绩考核、程度标准、考试制度等问题就会立即成为值得考虑的问题。因此,沈祖荣建议:"依理凡此种种,自应由中枢之全国图书馆协会,厘订规程,主持办理之;于是凡执业于图书馆者,俱须得有凭证,或属普通,或属专门,余如例。意以为标准之订定,仍须在决定图书馆教学政策与方针之后,标准既定,有如何考试制度,考核事功应如何办理,乃皆比较易于处理之事项也"③。

关于学制。文华图书馆学专科学校作为全国的唯一图书馆学专科学校,其学制初为招收大学二年以上肄业生再修两年专业课程。沈祖荣深感到此种学制给招生带来了很大困难,"据其历年经验所得,在大学毕业、或在高中毕业、大学肄业一年或二年之学生,请求入学者,亦不时有之,应付设施,殊感困难。或者以为是当

---

① 沈祖荣著.《中华图书馆协会第二次年会图书馆教育组报告暨意见书》.自刊本,1933 年 8 月。

② 同上。

③ 同上。

使图书馆学校附属于大学,使学生于大学学程同时修习毕业时,得大学学位,兼领图书馆学修了证书,为能解决此问题之最善办法。然而对此现时教育部以及大学掌教者流,未能予图书馆学以正当学制地位,充分学程限度,实为此项改进最碍难处,抑且在今我国图书馆事业,须有充实准备,多量试验之时期中,设能维持一独立专门图书馆学学校,使招收大学毕业生修习一年,高中毕业生修习两年或三年,训练图书馆专科技术人才,并图书馆研究创制人才,或反不失为此胜于彼之一办法也"①。

关于学生。沈祖荣认为:"图书馆作业,实为一种清苦繁重之专业,学问技能,并须擅长,品性修养,两属重要者也"②。正因为如此,不易招收适宜学生,亦不足为怪。即使如此,对学生的资格、考选、保荐、免费、出路等问题亦应周详考量。

关于师资。沈祖荣认为随着图书馆学专业教育师资队伍的不断扩大,图书馆学师资之训练已渐成为极迫切问题,应开设图书馆学师资暑期训练班,以培训未能称职者,而在师资的选择、聘任、造就、养成诸方面均应多予注意。

关于设施。沈祖荣认为:"图书馆学为图书馆之学术,本身不可无供专门参考用之图书学报杂志刊物等,图书馆工作实习,不可无规模完备,庋藏丰富之普通图书馆,以供图书编制、整理、流通等,应用之各种卡片、用品、器械等设备,亦自不待言"③。

此外,开展图书馆服务工作和图书馆学研究或编辑、出版工作均是应努力注意之处。

---

① 沈祖荣著.《中华图书馆协会第二次年会图书馆教育组报告暨意见书》.自刊本,1933 年 8 月。

② 同上。

③ 同上。

## 其六、图书馆学专业教育的发展有赖于社会各界的支持扶助

对于中国图书馆学专业教育存在的种种困难与问题,沈祖荣曾言:"现时我国图书馆事业颇为暗淡,其责任之大部分,自应由本界同仁负之,而时局与环境,亦殊有以造成此委顿之现象。故吾人所愿各外界人士,对本专业,特别对本专业之训练教育事功,要应多予注意与赞助者:其开宗明义之点,厥为在扫除过去对此之种种成见与歧视,由频繁尽量利用图书馆,而得对本专业与专才之正当了解与接纳方法,进而对本界各事功,乐予赞助,给予本专业应得之地位等数事。抑且本界更切愿与智识界、教育界、农工商界积极协作,为无尽知识上事业上之参考与研究之供给,使建设与学术落后之我国,有本界为之居间媒介,结成一庞大之才智能力网,造福于我邦家!……深愿各外界人士能与吾人尽量通力合作,以赴此共存共荣之鹄的也"①。

---

① 沈祖荣著.《中华图书馆协会第二次年会图书馆教育组报告暨意见书》.自刊本,1933 年 8 月。

# 七、图书馆精神

图书馆精神不仅是沈祖荣图书馆学思想的精髓,而且是中国图书馆事业建设和发展的永恒的不朽的精髓;不仅是沈祖荣的世界观和人生观的集中表现,而且是沈祖荣人生的真实写照,甚至所有真正的图书馆人人生的真实写照;不仅是沈祖荣图书馆学思想的精华,而且是中国图书馆实践的结晶。图书馆精神源自于沈祖荣对中国图书馆事业建设和中国图书馆人人生的高度概括和总结,又放之于中国图书馆事业建设和中国图书馆人的培养,因此,图书馆精神乃是中国图书馆界的最宝贵的财富。同时,图书馆精神不仅只是抽象概括的理论和思想,而且是具体的实在,因为,我们不仅可以从以沈祖荣为代表的一代图书馆界先驱的一生中发现得到,而且更可以从今日的许多图书馆学专家、学者,甚至一般图书馆人身上感觉得到。

早在 1930 年,毛坤就曾以自己的亲身体验和感受将文华图书馆学专科学校十年的发展经验归结为"文华精神"。毛坤认为文华图书馆学专科学校有三种精神:

一、创办人之精神。创办图书科者,美国韦棣华女士也。女士来华服务已三十年。……女士一生志愿,在辅助中国,发扬文化。其首先着力之点,为图书馆事业。……辛苦倍尝,十年一日。其坚忍卓绝,远思长虑之精神,不可及也。二、维持人之精神。语云创业固难,守成亦不易,诚哉言矣。图书科自

236

创办而后,使与沈祖荣、胡庆生两先生辛苦维持,图书科恐早已烟消云散矣。……十五年武昌围城,十六年时局混乱;其他学校皆已停办,独图书科赖二人之力仍得维持。岁寒然后知松柏之后凋,其谓是乎? 三、学生之精神。我国学子,往往心神不定,见异思迁。……惟文华图书科之毕业学生,对于此点,至足称道。……全数皆在图书馆服务。而图书馆事务至为繁苦,自朝至暮,饮食而外,无休息之时。且在今日图书馆员者,地位低微,报酬亦啬。见异思迁之士,鲜有能忍受之者。而文华图书科诸同学,安之若泰,且益奋发,其忠于所学,为何如哉? 以上三端,皆文华图书科,赖以巍然存于国中之理由,国家亦以受其福利者"①。

由此可见:"文华精神"并非是一个人的精神,而是集体的精神,是逐渐积累沉淀起来的优秀传统精神。由此推之,"文华精神"亦并非文华图书馆学专科学校所独有的精神,而是中国图书馆界图书馆精神的集中体现。它代表着一种风气、一种风貌、一种传统,而这种风气是一种主流的向上的风气,这种风貌是一种旺盛的奋进的精神风貌,这种传统是一种不朽的优秀的传统。当然,六十余年前的毛坤只是深深地感觉到了一种"文华精神"的存在,但是,毛坤并没有真正地从理论上抽象、概括和总结出"文华精神"的丰富内涵,因为他仅仅只是停留在感性认识之上,还没有上升为理性认识。

然而,一代宗师沈祖荣不仅以自己的光辉的一生突出地体现和展示了图书馆精神,而且亦用理性来归纳、演绎了图书馆精神的内核。因此,图书馆精神既是沈祖荣的长期图书馆实践的结晶,亦是沈祖荣的图书馆学术思想的内核和精髓。

---

① 毛坤.《华中大学文华图书科十周年纪念》.见:《文华图书科季刊》第2卷第2期第137~139页。

大致来说,沈祖荣关于图书馆精神的理论和实践主要包括以下几个方面:

**其一、坚定的图书馆事业信仰**

坚定的图书馆事业信仰是图书馆精神的根基和支柱。

沈祖荣认为:作为一名图书馆员,或者一名立志图书馆事业者,首先就必须树立坚定的图书馆事业信仰,否则便会灰心、失望、涣散。沈祖荣曾对图书馆员的生活作过全面而透彻的总结分析[①]:

1."图书馆员的生活是繁重的"。

"有许多人看图书馆的工作,是很简单,又很清闲的。什么缘故呢? 因为图书馆的工作,无非是如此,买书呢? 排书呢? 借书呢? 还书呢? 其余的时候,乃是自己念书,这不清闲吗? 这类批评的冷语,自然无须乎去辩驳"。事实上,图书馆员除正常上班外,节假日还要工作。在工作技术上,"一本书排出来是很不容易的,从采购到上书架,有十几步手续,若要做得好,必须步步做到,而且要做得对"。"看来彷佛无什么难处,但是一个人是很难做到的,而且要做得又准确、又美观、又迅速,这多是花时间的事"。在服务态度上,"诸事要随圆就方,按着一定的规矩,合乎一定的准绳","尤要对人有礼貌,言语和平"。工作环境亦有损身体健康。

2."图书馆员的生活是麻烦的"。

"麻烦,任何事业,是免不了的,不过在图书馆当中似有过度之处! 最感受麻烦的,就是在经费上"。"在经费上还有许多许多的麻烦,不可胜举"。"图书馆行政所最苦的,如用人方面,就极感困难。"图书馆的地位又不高,"其他的麻烦一言难尽! ……"。

---

① 沈祖荣.《谈谈图书馆员的生活》.见:《文华图书馆学专科学校季刊》第 6 卷第 1 期第 1~9 页。

3．"图书馆员的生活是艰难的"。

"现在在我国图书馆界就选用图书馆员一层讲,便是极严格的",要具备各种各样的才能才能使人满意。"像一个著名的教授,人对他的希望,只在几门课程上,那几门课程,乃是他平生专门的研究,而且他又只要上了课堂,他事可以不管,他只要对于自己的课程,有充分的准备便够了。图书馆员就做不到,日常的工作,要按部就班去做,对内对外要顾虑周全,要那样能对付四面八方的本事,怎能做得到呢"?

4．"图书馆员的生活是清苦的"。

"一般人对于图书馆员的要求是如此的严格,可见他们对于图书馆员的希望是很大的,但是所说的待遇又是特例,每月的薪俸出六十元到一百元而已"!"从前我对于本校的同学说,他们是在某地方服务的时候,就是他们在牺牲,他们很表同情,到了现在,恐怕这种空言,不能安慰他们了。先前有好多人是在唱提高图书馆员的地位,说几句安慰的话,到了现在,连安慰的话也是没有的了"!

5．"图书馆员的生活是使人灰心的"。

"现在就我国图书馆的现状言,以数量论,虽有许多增加,但以实质论,对于国内教育文化的贡献,想亦不敢自许。就效用讲,在一学校之内,教职员能在每日进图书馆阅览或求参考者有几人?……图书馆是教育文化的宝库,他们置之不用,真是'捐金于山,沉玉于渊',却反来指责我们办的不得法"!

由于图书馆员的生活是"繁重的"、"麻烦的"、"艰难的"、"清苦的"和"使人灰心的",所以有很多人,甚至"图书馆界极有用之人才","灰心失望,以至另辟途径"。沈祖荣:"从前我对他们是很疑惑的,以为他们不与我们走一条路,而另去辟新门径,过舒服生活;现在把一些耳闻目击的事情如上所说的等等一想,知道他们必大有不得不离开之苦衷在"。沈祖荣还举例说:"前不久有我一个老朋友,他是本界的忠实同志,他不但是对图书馆有丰富的研究和经验,并且有深刻的信仰,努力挣扎过多年,他忽然发出灰心话,他说若不是你老哥那样的苦口对我解说,并见到你的热心,我真不愿干了的。像这样有用的人才,尚且不能使他安心工作,试问图书馆在中国的前途,在最近数年内有何办法呢"? 在分析了图书馆员的生活之后,沈祖荣说:"据上所论各端,似有我们愿生生世世不干图书馆工作之势,今后谁人敢走这一条路呢? 然则我们现在是一同改业吧? 劝人改业,自然非我们的本意。我其所以要将一切的国难,剀切说出的意思,就是要使图书馆员,与图书馆主管机关,并群众们,都能了解这事,然后在此困难中间,来多求解决的方法,使图书馆的工作,得以前进,庶几吾国教育文化,得不致如此这般的停滞"①。

沈祖荣之所以要分析图书馆员生活的种种困难,"这不是贴广告;不是发牢骚;不是泼冷水;乃是要将图书馆员的生活清清白白地摆出来使大家考查一下"。那么,图书馆员如何才能解决生活中的种种困难呢? 沈祖荣认为最重要最关键的乃是要树立坚定的图书馆事业信仰。沈祖荣说:"我们对于图书馆事业是有大的信仰的。这个信仰,不是幻想的或迷信的,乃有事实上的可能,以及前因后果的证明,足以补足我们的软弱,坚固我们的自信力的"②。

那么,为什么要树立坚定的图书馆事业信仰呢? 沈祖荣从下列三个方面科学地论证了对图书馆事业的信仰既不是盲目的迷信,也不是空洞的幻想,而是现实的要求、时代的需要和事业的必然。

---

① 沈祖荣.《谈谈图书馆员的生活》.见:《文华图书馆学专科学校季刊》第6卷第1期第1~9页。

② 同上。

首先,图书馆事业本身的价值值得我们信仰。沈祖荣认为:"无论如何,这个图书馆事业,是沟通文化辅助教育的机关。我们只要尽本分,任何劳苦、困难,在所不辞。因为我们的工作,是为群众谋利益,没有消耗社会上的什么,我们每日所得的极薄工价,又是凭极苦的心力换来的,所以对这是敢云无愧,而可以信仰得过的"①。

其次,世界图书馆事业的历史雄辩地证明了我们的信仰。沈祖荣说:"我们要把欧美图书馆先进的国家看看,在前五十余年,他们所尝的困难,比我们现在还要多,因为他们在摸索试验的过程中,关于图书馆种种的问题,如组织、建筑、设备,以及书籍的采购、分类、编目,并图书馆用品等等上,一无所凭藉;后来乃是经过了许多的杰士来逐渐追求发明,并挣扎奋斗,于是在今日竟取得有相当的成效和地位了的! 我们此时的困难,若是在他们看来,想是对于辽东之豕而已! 这是事实的证据,我们可资借镜,又是实在可以信仰得过的"②。

第三,中国图书馆事业的发展迫切地需要我们的信仰。沈祖荣认为:"目前的中国,是天灾人祸的中国,内忧外患的中国,痛苦是整个的,不是一部分的。在近来也有不少的人,对国家的前途,发生觉悟,提倡种种救国运动,如职业救国、科学救国、教育救国、人格救国,以及航空救国等等都是。但我们相信,在这里一切一切,总而言之,当以教育文化为基本,图书馆事业乃教育文化之枢纽,所以图书馆的进退,当然随国情走;如中国元气恢复,政治入轨,则图书馆对于此类问题贡献上所发生的困难自然不难迎刃而解的。再思之,我中国为文化很古之国,在世界文化上,已有相当

---

① 沈祖荣.《谈谈图书馆员的生活》. 见:《文华图书馆学专科学校季刊》第 6 卷第 1 期第 1~9 页。

② 同上。

的地位,为发扬我国文化计,图书馆事业实负有重大的使命的!这样一来,是越发使我们对于我们的信仰,相信无论如何决不至于蹈空的了"①!

这样,沈祖荣也就从古今中外图书馆事业的发展和我国的国情等各个方面证明了树立坚定的图书馆事业信仰的意义、价值、必要性、可行性和现实性。因此,只有树立坚定的图书馆事业信仰,才能克服图书馆员生活的一切困难,才能"补足我们的软弱,坚固我们的自信力",才能勇往直前,发展和繁荣我国的图书馆事业。

**其二、强烈的爱国主义精神**

强烈的爱国主义精神是图书馆精神的逻辑归宿和最高境界。

沈祖荣是抱着教育救国、教育兴国的爱国主义崇高理想投身于图书馆事业,并为之奋斗一生的,因此,沈祖荣的图书馆观念是一种爱国主义的观念。沈祖荣认为:"图书馆是研究学术,沟通文化,辅佐教育的机关"②。"图书馆就是培养理智的永久而活动的教育机关"③。图书馆具有普及教育,启迪民智;改良社会,立国兴邦;唤醒民众,救国救民的功用(详见前述"图书馆观念"部分),因此,"如欲立国于世界,则图书馆事业,实为立国之先导也。夫国家之命脉,悬于文化,文化之来源,根于图书"④。"国家富强,其表

---

① 沈祖荣.《谈谈图书馆员的生活》.见:《文华图书馆学专科学校季刊》第6卷第1期第1~9页。

② 沈祖荣.《谈图书馆专业教育》.见:《湖北教育月刊》第2卷第4期第66~75页。

③ 沈祖荣.《图书馆教育的战时需要与实际》.见:《中华图书馆协会会报》第13卷第4期第4~6页。

④ 沈祖荣.《参加国际图书馆第一次大会及欧洲图书馆概况调查报告》.见:《中华图书馆协会会报》第5卷第3期第3~29页。

在政治,实在学问。图书馆为造就各种学问之机关,为富强之基础"①。由此可见对于沈祖荣而言,爱国、教育和图书馆这三者存在著两种逻辑发展关系:

一种是由爱国到教育再到图书馆的逻辑发展关系,即沈祖荣从青年时期就树立了坚定的爱国主义精神,而教育能够救国、兴国,所以必须投身于教育事业,又因为图书馆是培养理智的永久教育机关,所以必须投身于图书馆事业。这种爱国→教育→图书馆的逻辑发展关系说明了沈祖荣致力于图书馆事业的原因和动机。

另一种是由图书馆到教育再到爱国的逻辑发展关系,即沈祖荣致力于图书馆事业,乃是为了发展中国的教育,而通过教育事业可以救国、兴国、振兴中华,达到爱国的目的。这种图书馆→教育→爱国的逻辑发展关系则说明了沈祖荣致力图书馆事业的逻辑归宿和最高境界,因而,它也就毫无疑问的是沈祖荣的图书馆精神的逻辑归宿和最高境界。

在这两种逻辑发展关系中,教育既是由图书馆到爱国,或由爱国到图书馆的中间环节,又是二者的结合部。因为沈祖荣认为教育可以救国、兴国,所以,通过教育也就把图书馆和爱国主义有机地结合起来了。

正因为如此,沈祖荣具有强烈的爱国主义精神,这种精神越是在国家危难的时候也就越是表现得强烈。例如,1932 年日寇侵略上海时,沈祖荣曾大声疾呼:"我们办理图书馆者,更应当自告奋勇,尽我们的本分,为文化事业谋发展,使我们祖宗数千年所传下来的国粹,得以表彰世界,藉以发扬我们民族的精神,培成我们民族的命脉"。"回思内情,敌人强夺我土地,吸尽我资财,残杀我人民,犹不足以填其欲壑,而必将我们的国性,惨除殆尽而后快,我们

---

① 沈祖荣.《中国全国图书馆调查表》.见:《教育杂志》第 10 卷第 8 期第 37~45 页。

虽然不能执干戈以卫社稷，但是我们要负责保存文化的这种责任"。"我希望办理图书馆者，应当视此是我们的职责，是我们分内的职责，大家一致团结，奋勇当先，努力经营，力促实现，不仅可以恢复我们的国性，且可以使敌人看见吾民族非凉血动物"①。

### 其三、忠诚图书馆事业

忠诚图书馆事业是图书馆精神的核心。

忠诚图书馆事业是坚定的图书馆事业信仰和强烈的爱国主义精神的集中体现。在沈祖荣看来，忠诚图书馆事业不仅仅只是在观念上忠诚图书馆事业，而且最关键的是要在实际行动上忠诚图书馆事业，因此，沈祖荣特别强调"任事忠诚"。任事忠诚也就是忠于职守，这实际上是图书馆人的职业道德和行为规范的总和，因此，沈祖荣认为忠诚乃是万事成功之母，是图书馆事业建设的法宝。早在1932年，沈祖荣就已精辟地阐述道："现在是我们卧薪尝胆的时候，不是我们安居乐业的时候：一面是国家内忧外患，一面是我们的事业还在萌芽，我们如自以为安如泰山，不用深思远虑，努力前进，我们的事业就会要停止"。"我们既处于这个如烟如花之间，我们不得不打开一条生路。我们若是要打开一条生路，我们就要注重我们的日常工作。所以忠诚二字，正是我们由死复生的一个孔道。忠诚含得有牺牲，忠诚含得有奋斗，忠诚含得有毅力，忠诚含得有勤忍耐劳，忠诚即万事成功之母，这是我们图书馆界的人，在每日生活上应该发现出来的，尤其是在中国此时国难中，为斩断盘根错节的唯一利器"②。沈祖荣不仅在理论上高度地重视

---

① 沈祖荣.《国难与图书馆》.见:《文华图书馆学专科学校季刊》第 4 卷第 3、4 期合刊第 223～234 页。

② 沈祖荣.《国难与图书馆》.见:《文华图书馆学专科学校季刊》第 4 卷第 3、4 期合刊第 223～234 页。

忠诚二字,充分地阐述了忠诚图书馆事业的重要性,而且在实践上更是忠诚图书馆事业的楷模,他的与图书馆事业同呼吸共命运的一生正是这种精神的典型体现。

### 其四、伟大的服务精神

伟大的服务精神是图书馆精神的基础和立足点。

沈祖荣认为伟大的服务精神乃是全部图书馆精神的基础和立足点,如果没有伟大的服务精神,其他的一切便会蹈空。在沈祖荣看来,伟大的服务精神包括着两层深刻的内涵,即"智慧"和"服务"。自1930年起,沈祖荣便已正式把"研究图书馆学,服务社会"确定为文华图书馆学专科学校的宗旨,并以此制定了"智慧与服务"(Wisdom and Service)的校训,"以求唤起爱校观念及求学精神,使知有所趋向"[①]。沈祖荣认为"智慧"与"服务"是伟大的服务精神的两个方面,它们既互相区别,又互相联系,是一个不可分割的整体。如果只有"智慧",即知识技能和才干,而没有服务精神,那么,个人所造就的一切不过是个招牌而已,并没有什么意义。沈祖荣曾说:"办理图书馆的人,有一种首先要觉得的,就是己立立人。那个意思就是我们素来的造就,薰陶锻炼,培植所求的学问,所得的学位,不是为自己做招牌,乃是要为社会服务,为群众谋利益"[②]。如果只有"服务"的精神,而没有"智慧",那么,"服务"便是一句空话,且在根本上没有意义。所以,沈祖荣认为要为社会服务,首先必须掌握过硬的"智慧"和本领。因此,沈祖荣反复强调图书馆员应具备两个方面的"智慧":"1.注重品学。学问优越,运用裕如,品行端正,使人敬佩,此在图书馆服务时,有大的帮助。

---

① 《本科消息》.见:《文华图书科季刊》第2卷第3、4期合刊第475～481页。

② 沈祖荣.《国难与图书馆》.见:《文华图书馆学专科学校季刊》第4卷第3、4期合刊第223～234页。

再有设计、决断、调遣适宜、远见宏识、长于组织种种本领和长处，也都是图书馆员所必须修养造就的。2. 多有技术。图书馆员除造就学识外，对于具有应用的技术一则，尤为多多益善，如簿记、制卡、制表、编目、统计、造预算以及善写中西字体，皆为图书馆员所常需用者"①。

沈祖荣认为"智慧"是"服务"的基础，而"服务"是"智慧"的立足点。在正确地处理好这两者的辩证关系的基础上，沈祖荣特别地强调服务精神，沈祖荣曾说："图书馆虽渐次设立多了，然管理若不得人，设施不以其道，则仍与无图书馆等。所谓得人者，不仅指馆员须曾受图书馆学专门之教育与训练也，尤须有极热烈之情感，伟大的服务社会之精神。文华图书科同学，今日在受图书馆学之教育与训练，异日将必服务图书馆界。执事所须之热烈情感，服务精神两要素，不可不于今日养成之"②。

综上所述，沈祖荣的图书馆精神包括着坚定的图书馆事业信仰、强烈的爱国主义精神、忠诚图书馆事业和伟大的服务精神等四项基本内容，这四项基本内容相辅相成，相得益彰，共同构成了建设、发展、繁荣和弘扬我国图书馆事业的主旋律。对于这四者的相互关系，我们还可以透过沈祖荣对韦棣华的评价来窥见一二，沈祖荣在韦棣华的殓殡礼上曾发自肺腑地说："女士为一异国女子，鞠躬尽瘁的致力我国文化事业的发展；不辞辛苦的数渡重洋为取消我国不平等条约而奔号。这种卓绝的毅力和不挠的精神，是值得我们景仰的啊！我们观察韦女士所以有这种精神的真谛，因着韦女士在'生命的源泉中'蕴蓄着两大力量：1. 她有坚强的宗教信

---

① 沈祖荣.《谈谈图书馆员的生活》. 见:《文华图书馆学专科学校季刊》第 6 卷第 1 期第 1~9 页。

② 沈祖荣.《我对于文华图书科季刊的几种希望》. 见:《文华图书科季刊》1 卷 1 期第 3~6 页。

仰,所以有纯洁的高尚的修养;2.她的思想中充满着'世界大同'的人生观,所以有乐于为人群服务,抱着满腔热诚来发展中国文化事业为己务的大无畏的精神,女士常说:'服务人群,即是谋世界大同。'"①。由此可见,图书馆精神乃是沈祖荣一生致力于图书馆事业的真谛,更是我国图书馆事业建设的宝贵财富。

---

① 邓衍林.《火葬》.见:《文华图书科季刊》第 3 卷第 3 期第 345～355 页。

# 八、历史评价

纵观20世纪中国图书馆事业的发展历史,我国近现代图书馆事业走过了一条萌芽、兴起、发展、繁荣的坎坷之路,其间既有过辉煌,也有过晦暗;既有成功,也有挫折;既有安定,也有危难;交织着兴衰荣辱和成败得失。但是,不管有多少艰难、困苦和挫折,我国的图书馆事业始终如汹涌的波涛滚滚向前发展。是广大的图书馆员不畏艰难、不折不挠、前仆后继地推动着图书馆事业的波涛滚滚向前发展,而在图书馆事业向前发展的滚滚波涛中又涌现出了一代又一代的图书馆人才、图书馆学家、图书馆精英、图书馆巨擘。沈祖荣正是在20世纪中国图书馆事业的滚滚波涛中涌现出来的屈指可数的伟大人物之一。然而,令人遗憾的是,严格的说,迄今为止,我国图书馆界尚没有一个人能够客观、科学、公正、全面地对沈祖荣进行历史评价,不仅如此,在十年浩劫中,沈祖荣的人格和形象都受到了玷污。这一切既是历史的悲哀,也是中国图书馆界的悲哀,更是图书馆学者们的悲哀!

在我们即将跨入21世纪门槛,告别20世纪的时刻,时代已不允许我们再淡然漠然,永远充当沉默的羔羊,因此,笔者试图以个人的浅肤认识对沈祖荣作一历史评价和历史定位。事实上,本书在叙述沈祖荣的生平事迹和学术思想的过程中已不同程度地穿插了对沈祖荣的历史评价,但是,为了全面而准确地评价沈祖荣,我们还必须以更广阔的视野对沈祖荣进行更为概括更为精炼的总的评价和定位。

## 1. 沈祖荣的一生是伟大而光辉的一生

自 1844 年 9 月 11 日至 1977 年 2 月 1 日,沈祖荣走过了长达 94 年的漫长人生。沈祖荣的一生始终与 20 世纪的中国图书馆事业互为表里、互相关联,密不可分。我们在承认时势造英雄、时势锻炼英雄的同时,也必须承认英雄造时势的事实。20 世纪中国图书馆事业的时势造就了沈祖荣,这是时代的召唤,沈祖荣又因势利导在一定的程度上推动了中国图书馆事业的发展,创造了图书馆事业发展的新时势。这是已被历史证实的事实。人们也许会说,没有沈祖荣、20 世纪的中国图书馆事业照样会向前发展。是的,如果没有沈祖荣,20 世纪的中国图书馆事业必然会向前发展,但是,时代会召唤和造就另一个沈祖荣,况且,历史是不容我们去假设的。可以说,没有沈祖荣,20 世纪中国图书馆事业的发展是难以想像的。既然沈祖荣如此重要,那么,为什么在大陆至今仍无人对沈祖荣给予全面而科学的评价呢? 这一则是因为现在图书馆界的学人对历史研究的兴趣越来越淡薄,对历史的观念越来越淡薄;二则是因为思想上的框框太多,无法以科学的态度去克服观念上的种种障碍。前者不可想像,而后者则不可思议。因此,要科学地把握和评价沈祖荣的一生,在大陆首先必须克服思想观念上的两重障碍。这两重障碍主要表现如下:

第一、沈祖荣的世界观问题。

在这方面最关键的是沈祖荣的信仰问题,沈祖荣既没有信仰过三民主义,也没有信仰过共产主义,只是信仰过基督教,个别外国学者甚至在论文中称之为传教士,但在晚年,沈祖荣放弃了基督教的信仰。现在,我们必须明确的有两点:一是,即使沈祖荣的终生信仰是基督教,这也不能成为评价沈祖荣的障碍,因为人人都有信仰的自由,信仰宗教亦是公民的自由权利。关键的是这种信仰及其所引发的个人行为是否有益于社会。二是，从根本上讲，沈祖荣自始至终的信仰不是别的，乃是图书馆事业（详见前述图书馆精神部分）。只有充分地认识到这一点，我们才能正确地把握沈祖荣的世界观和人生观。

第二、沈祖荣的社会活动层面问题。

在这方面最关键的是民国时期沈祖荣与国民党高层人物的关系问题和与美国人的关系问题。沈祖荣与美国人的各种关系中，以与韦棣华的关系最为密切，他们二人可谓是事业的知己，志同道合，现在对于韦棣华已有了公正而高度的评价，自然，这方面的障碍已迎刃而解了。沈祖荣与国民党高层人物的关系主要有两次事件，一次是1936年1月沈祖荣曾奉蒋介石行政院长召集各省市专科以上学校校长及学生代表赴京聆训之令，率学生顾家杰赴南京听过蒋介石的训示，其后又有过向蒋介石祝寿和寄发贺年电报之事，二次是沈祖荣60寿辰时孙科曾有过祝寿之举。这两件事均属应酬事件，根本不存在什么"历史问题"。可以说，沈祖荣在与各界要人的交往中不仅没有做出违背人民利益和国家利益的事，而且始终是以谋求各界要人对图书馆事业的支持为出发点的。充分地认识到这一点，那么沈祖荣的社会活动层面的问题也就不成其为问题。

在排除了这些由于极"左"思潮带来的障碍以后，我们就可以正确地评价沈祖荣的一生。沈祖荣一生以教育救国、教育兴国的强烈爱国主义精神为崇高的理想，坚定地信仰图书馆事业，忠诚图书馆事业，并为我国图书馆事业的建设、发展、繁荣生命不息，奋斗不止，贡献了毕生的精力和心血。其世界观和人生观是高尚的，其人生是光明磊落的，其事业是崇高的，其贡献是卓越的，其影响是巨大而深远的，因此，沈祖荣的一生是伟大而光辉的一生。

## 2. 沈祖荣是中国现代图书馆运动的巨擘

在中国现代图书馆运动中,曾经涌现出了一批优秀的先驱人物,如杜定友、戴志骞、洪有丰、李小缘、刘国钧等,他们是 20 世纪中国现代图书馆运动的第一代先驱的代表,而在第一代先驱代表人物中,贡献最大、影响最广泛最深远的乃是韦棣华和沈祖荣。对于韦棣华而言,早在 1926 年,前民国总统黎元洪将军已把韦棣华称作"中国现代图书馆运动的皇后"(The Queen of the Modern Library Movement in China)①。在韦棣华逝世之后,许多学者亦对韦棣华进行了高度的评价,可以说,韦棣华是当之无愧的。但是,对于沈祖荣则鲜有人予以充分的评价。在 20 世纪的中国图书馆发展中,沈祖荣第一个远渡重洋留美攻读图书馆学,开创了中国留美攻读图书馆学的先声;第一个扛起抨击封建藏书楼、鼓吹欧美图书馆事业的大旗,并在全国范围内掀起了一场影响和改变中国图书馆事业进程的新图书馆运动;第一个与韦棣华创办了我国第一所图书馆学教育机关——文华图书馆学专科学校,并维持和发展了这所唯一的图书馆学专门学校,使之始终不辍;沈祖荣还是第一个真正的现代图书馆馆员;……。总之,沈祖荣乃是中国现代图书馆运动的先驱之先驱,是当之无愧的中国现代图书馆运动的巨擘。

## 3. 沈祖荣是中国现代图书馆学术的宗师和泰斗

在 20 世纪的中国图书馆学术史上,许多学者都作出过重大的贡献,其中学术生命最长、学术成果最多的是刘国钧和杜定友,他们是中国图书馆学术研究的长青藤,自 20 年代至 70 年代长盛不

---

① Samuel T. Y. Seng.《Miss Mary Elizabeth Wood:The Queen of the Modern Library Movement in China》. 见:《文华图书馆学专科学校季刊》第 3 卷第 3 期(英文之部)第 8 ~13 页。

衰,成果迭出,所以拥有"北刘南杜"之称,其中尤以杜定友成果最多,所以又有"中西两杜"(即杜威和杜定友)之誉。但是,我们绝不能因此而忽视了沈祖荣对于中国现代图书馆学术的贡献,及其地位和影响,更不能因为看重沈祖荣在其他方面的贡献,而小视了沈祖荣对于中国现代图书馆学术的贡献。

在中国现代图书馆学术史上,沈祖荣是除韦棣华之外第一个向外国介绍中国图书馆的人,这些可以从沈祖荣于留美之前和期间(1913～1917)在美国的《The Library Journal》和《Chinese Students' Monthly》等期刊上发表的学术论文中得到佐证[1]:沈祖荣的《仿杜威书目十类法》是我国第一部中西混合制的图书分类法;沈祖荣的《标题总录》是我国第一部主题分类法;沈祖荣的《俄文图书编目法》是我国第一部俄文图书编目讲义和著作;沈祖荣第一个开始个人调查图书馆事业,开创了我国私人调查图书馆事业的先声;沈祖荣的图书馆学术思想亦是第一个被介绍到外国,早在1918年美国的《The Library Journal》(V.43,October 1918)就已以题为《Library Expansion in China Begun》的文章介绍了沈祖荣的《仿杜威书目十类法》;……。早在1929年,金敏甫就已作过这样的评述:"自民国初年,东西图书馆学潮流趋入而后,报章杂志之中,渐有图书馆学术论文之散见,其中有讨论图书馆学术者,有鼓吹图书馆事业者,沈祖荣氏,最先撰述图书馆论文于《新教育》杂志中,杜定友氏,亦先后撰述论文于各大杂志中,此二君者,所撰最多,且最有价值"[2]。事实上,沈祖荣对于中国图书馆学术的贡献还远远不止这些,他在文华图书馆学专科学校暨后来的武汉大学图书馆学系执教达40年,他的图书馆观念、图书馆精神、图书馆学术思想教育和培养了几代图书馆学家,并因此而影响到以后的几

---

① 参见本书后附录"沈祖荣先生著述目录初编"之"学术论文"部分。

② 金敏甫编.《中国现代图书馆概况》.广州:广州图书馆协会,1929年第33页。

代图书馆学家,这是其他图书馆学家所无法比拟的。因此,不管怎么说,沈祖荣是中国现代图书馆学术的宗师和泰斗,这是恰如其分的,沈祖荣也是当之无愧的。

### 4. 沈祖荣是中国图书馆学教育之父

在中国图书馆学教育史上,迄今为止,无人能够望沈祖荣之项背,根本就无人能够与沈祖荣相提并论。1983 年 5 月,严文郁在台北《传记文学》第 42 卷第 5 期上发表《图书馆教育之父沈祖荣先生——为其百年冥寿纪念而作》一文,率先对沈祖荣对中国图书馆学教育的贡献给予了正确的评价①。1989 年,美国学者 Cheryl Boettcher 在《Libraries&Culture》第 24 卷第 3 期上发表《Samuel T. Y. Seng and the Boone Library School》一文,使沈祖荣的"中国图书馆教育之父"之誉远播海外②。1990 年,笔者在《图书馆》上连载《一代宗师 千秋彪炳——记中国图书馆学教育之父沈祖荣先生》,使沈祖荣的"中国图书馆学教育之父"之誉在大陆图书馆界广为传播③。海峡两岸两代图书馆同仁的共鸣,海内外中外学者的共识,都已充分地说明沈祖荣作为中国图书馆学教育之父是当之无愧和毫无异议的。

概而言之,沈祖荣对于中国图书馆学教育的贡献主要体现在以下几个方面:

---

① 严文郁.《图书馆教育之父沈祖荣先生》.见:严文郁先生八秩华诞庆祝委员会编,《严文郁先生图书馆学论文集》,辅仁大学图书馆学系出版,1983 年 9 月,第 253 ~ 258 页。

② Cheryl Boettcher.《Samuel T. Y. Seng and the Boone Library School》. 见:《Libraries&Culture》Vol. 24,No. 3(Summer 1989);269 ~ 294.

③ 程焕文.《一代宗师 千秋彪炳——记中国图书馆学教育之父沈祖荣先生》见:《图书馆》1990 年第 4 期第 54 ~ 58 页;第 6 期第 64 ~ 67 页;1991 年第 1 期第 71 ~ 73,76 页;第 3 期第 60 ~ 64,73 页;第 5 期第 69 ~ 73 页。

第一、开创了中国图书馆学教育的先河。

1920年沈祖荣与韦棣华创办了我国第一所图书馆学专业教育机构——文华图书科;1930年,沈祖荣又将文华图书科发展成为私立武昌文华图书馆学专科学校,使之成为中国图书馆学教育史上独一无二的历史最悠久、影响最广泛的独立图书馆学专门学校;1953年,文华图书馆学专科学校并入武汉大学,其后发展成为图书馆学系,80年代以后更发展成为世界上规模最大的图书情报学院①。这一切,如果离开了沈祖荣,那么,根本就是无法想像的(详见本书上篇有关章节)。其间,沈祖荣于1939年在文华图书馆学专科学校开设了"档案管理训练班",1940年更创办了"档案管理科",继图书馆学之后,又开创了我国档案学专业教育的先河。

第二、创立了中国图书馆学教育的模式。

自1920年,沈祖荣和韦棣华依照美国纽约公共图书馆学校的模式,结合中国的国情,创办文华图书科以后,经过不断的探索,沈祖荣在图书馆学课程体系、教学方式、学制、教学设施、师资建设等各个方面创立了中国最完整的图书馆学教育模式。这个模式不仅在50年代以前被其他昙花一现的图书馆学教育机关所仿效或采用,而且在50年代以后通过不断的延续而影响了今日的图书馆学教育模式。这个模式不仅确立了中国图书馆学教育的基本构架,而且也决定了中国图书馆学教育的主流发展方向,其影响至为广泛、深远(详见本书上篇有关章节)。

第三、造就了几代图书馆界英才。

据不完全统计②:自1920年至1953年,文华图书馆学专科学

---

① 参见本书上篇"生平事迹"第144页之注释。

② 武汉大学图书情报学院编.《武汉大学图书情报学院》.武汉:武汉大学图书情报学院印行,1991年。

校共培养了图书馆学本科毕业生 127 人,专科毕业生 178 人,图书馆学讲习班毕业生 59 人,档案管理专科毕业生 53 人,训练班毕业生 214 人,共约 600 余人,其中包括裘开明、查修、桂质柏、王文山、皮高品、严文郁、徐家麟、汪长炳、钱亚新、毛坤、周连宽、李钟履、吕绍虞、蓝乾章、张遵俭、喻友信、邓衍林、程长源、彭斐章等一大批享誉海内外的图书馆学家。虽然,今天看来,在 30 余年间,文华图书馆学专科学校培养的图书馆学专门人才仅约 360 余人,数量并不多,可是,在 50 年代以前图书馆学专门人才匮乏的时期,文华图书馆学专科学校的毕业生遍布全国,几占全国图书馆学专家之大半,这不能不令人叹服。而尤为值得一提的是,沈祖荣所培养的几代图书馆界英才又造就了几代图书馆界新人,今天在中国图书馆界凡是受过图书馆学教育的人,几乎没有一个人不与沈祖荣有这样或那样的或多或少的师承关系,可谓是名符其实的桃李满天下。

# 沈祖荣先生著述目录　初编

　　编纂说明:本目录共收录了笔者所见的沈祖荣先生所著的学术著作 8 部、校订著作 4 部、学术论文 55 篇(其中中文学术论文 45 篇、英文学术论文 10 篇)、序文 10 篇(其中中文序文 9 篇、英文序文 1 篇),其中包括正式出版发表的著作论文、内部出版发表的著作论文和未刊著作论文。全部著述分为:一、学术著作,二、校订著作,三、学术论文,四、序文,等四个部分;各部分按出版发表或撰写的时间先后顺序编排,其中被重复转载的著述均作一款目单独著录。由于诸多困难,本目录无法收录沈祖荣先生的全部著述,读者如有新发现,敬祈函告笔者,以便再版时补充更正。

## 一、学术著作

　　1.《仿杜威书目十类法》　沈祖荣著　汉口　圣教书局 1917 年

　　该著共 26 页,封面上方横排题名为:A Systemn of Classification of Chinese Books Based On Dewey's Classification by S. T. Y. Seng,封面下方直排题名为:仿杜威书目十类法。全著分:中国书目十类法序、凡例、十类总目、分类表四部分,其中序言后题款为"民国六年十月文华公书林沈祖荣绍溪甫序",分类表有三级类目,一级类目和二级类目为中英文对照类目,十大部类分别为:〇〇〇经部及类书、一〇〇哲学、二〇〇宗教、三〇〇社会学、四〇〇政治、五〇〇科学、六〇〇医学、七〇〇美术、八〇〇文学、语言学、九〇〇历史地理。数十年来,诸家书目与著作均误以为此著为沈祖荣与胡庆生合著之作,其实大谬不然。唯金敏甫先生一人持论正确,他在《中国现代图书馆概况》一书中说:"民国六年,文华大学图书馆沈祖荣氏,创中西混合之制,而著仿杜威书目十类法,……;后复加以更改,遂于民十一年再版发行,……;沈胡二氏,……正在修改之中,三版问世,为期当已不远矣"。

2.《中华全国图书馆调查表》 沈祖荣著 自刊本 1918 年共 5 页

3.《仿杜威书目十类法》 沈祖荣 胡庆生合著 武昌 文华公书林 1922 年

该著 45 页,其中分类表 28 页,补遗 5 页,末附检字目录 12 页,十大部类为:〇〇〇经部、类书,一〇〇哲学、宗教,二〇〇社会与教育,三〇〇政法、经济,四〇〇医学,五〇〇科学,六〇〇工艺,七〇〇美术,八〇〇文学、语言学,九〇〇历史。该著乃是在 1917 年版《仿杜威书目十类法》基础上修订的第二版。

4.《简明编目法》(美)爱克斯(Susan Grey Akers)著 沈祖荣编译 武昌 文华图书科 1929 年 文华图书科丛书之三

5.《编目规则》 沈祖荣著 武昌 文华公书林发行 1929 年(?)

该著未见诸家书目著录,疑为文华公书林所用印本。毛坤在《编目时所要用的几种参考书》(《文华图书科季刊》1 卷 4 期第 391~401 页,1929 年 12 月)一文中列举的第三十四种参考书为"《编目规则》(沈祖荣著,武昌文华公书林发行)"。又言:"沈先生的书颇兼注重于西文编目方面"。又据沈祖荣先生在《图书馆编目之管测》(《图书馆学季刊》第 2 卷第 1 期第 65~71 页,1927

年12月)中所言:"我国此时提倡图书馆,最缺乏编目专书,以致编目的人,多感困难,甚望海内同志,对于这类著作,多为编辑,供后来编目的人,有个准则,这是我很盼望的"。显然,沈祖荣先生是极有可能将文华公书林的编目规则整理成书的,其时间当在1928~1929年间。

6.《中华图书馆协会第二次年会图书馆教育组报告暨意见书》沈祖荣著　自刊本　1933年8月　共30页

该著分目次、沈祖荣自序、图书馆教育组报告暨意见书三部分,后附关于改进我国图书馆学专门教育问卷。书内题名下注有"二十二年八月",全书无版权页。

7.《标题总录》(上、下册)　沈祖荣编译　武昌　文华图书馆学专科学校　1937年

8.《俄文图书编目法》　沈祖荣编　武昌　武汉大学出版1954年初版　116页　1955年5月再版　1958年2月三版　198页

## 二、校订著作

1.《民众图书馆的行政》　(美)骆约翰亚当著　章新民译　沈祖荣校订　武昌　文华图书馆学专科学校　1934年

2.《世界民众图书馆概况》　(美)鲍士伟著　徐家麟等译　沈祖荣校订　武昌　文华图书馆学专科学校　1934年

3.《图书馆的财政问题》　戴镏龄译　沈祖荣校订　武昌　文华图书馆学专科学校　1934年

4.《普通图书编目法》　黄星辉著　沈祖荣校订　武昌　文华图书馆学专科学校　1934年

### 三、学术论文

1. 《The Recent Progress of Boone University Library, And Its Future Development》Samuel T. Y. Seng See:《The Boone Review》(December 1912) Wuchang

2. 《The Recent Progress of Boone University Library, And Its Future Development》(An abridgment) Samuel T. Y. Seng See:《The Library Journal》Vol. 38(May 1913):284~286 U. S. A.

3. 《Can The American Library System Be Adopted In China》Samuel T. Y. Seng See:《The Library Journal》Vol. 41(June 1916):387~388 U. S. A.

4. 《Difficult Problems of The Librarian In China》Samuel T. Y. Seng See:《Chinese Students' Monthly》Vol. 12(January 1917):19~24, Vol. 13(February 1917):161~166 U. S. A.

5. 《中国全国图书馆调查表》 沈绍期 见:《教育杂志》10卷8期第37~45页 1918年8月20日

6. 《中国全国图书馆调查表》 沈绍期 见:《安徽教育月刊》第9期 1918年9月

7. 《中国各省图书馆调查表》 沈祖荣 见:《新教育》5卷1~2期合刊第191~200页 1922年8月

8. 《民国十年之图书馆》 沈祖荣 见:《新教育》5卷4期第783~797页 1922年11月

9. 《民国十一年之图书馆教育》 沈祖荣 见:《新教育》6卷2期第291~294页 1923年2月

10. 《提倡改良中国图书馆之管见》沈祖荣 见:《新教育》6卷4期第551~555页 1923年4月

11. 《提倡改良中国图书馆之管见》 沈祖荣 见:《浙江公立图书馆年报》第9期第44~49页 1924年7月

12.《中学图书馆几个问题》 沈祖荣 胡庆生 见:《浙江公立图书馆年报》第 9 期第 67～72 页 1924 年 7 月

13.《提倡改良中国图书馆之管见》 沈祖荣 见:《河南教育公报》3 卷 11～13 期合刊第 7 页 1924 年 8 月 16 日

14.《中学图书馆的几个问题》 沈祖荣 胡庆生 见:《新教育》7 卷 1～2 期合刊第 209～220 页 1924 年 9 月

15.《中学图书馆的几个问题》 沈祖荣 胡庆生 见:《河南教育公报》5 卷 2 期第 16 页 1926 年 5 月 16 日

16.《中华基督教教育联合会图书馆组开会记》 沈祖荣 见:《图书馆学季刊》1 卷 2 期第 362～363 页 1926 年 6 月

17.《中国图书馆目录应采用书本式抑卡片式》 沈祖荣 见:《图书馆学季刊》1 卷 3 期第 439～445 页 1926 年 9 月

18.《图书馆编目之管测》 沈祖荣 见:《图书馆学季刊》2 卷 1 期第 65～71 页 1927 年 12 月

19.《图书馆用不着杂志么?》 沈祖荣 见:《图书馆学季刊》2 卷 3 期第 401～412 页 1928 年 9 月

20.《我对于文华图书科季刊的几种希望》 沈祖荣 见:《文华图书科季刊》1 卷 1 期第 3～6 页 1929 年 1 月

21.《我对于文华图书科季刊的几种希望》 沈祖荣 见:《中华图书馆协会会报》4 卷五期第 32 页 1929 年 4 月

22.《在文华公书林过去十九年之经验》 沈祖荣 见:《文华图书馆季刊》1 卷 2 期第 159～175 页 1929 年 5 月

23.《中文编目中一个重要的问题——标题》 沈祖荣 见:《图书馆学季刊》3 卷 1～2 期合刊第 61～90 页 1929 年 6 月

24.《The First Annual Conference of The Chinese Library Association》Samuel T. Y. Seng See:District of Hankow《The Newsletter》(Feb.～March 1929):6～8

25.《Indexing Systems In China》(《中国文字索引法》)Samuel

T. Y. Seng See：Library Association of China《Libraries In China》（1929）

26.《国际图书馆大会》 沈祖荣 见:《文华图书科季刊》1卷 3 期第 335～343 页 1929 年 10 月

27.《参加国际图书馆第一次大会及欧洲图书馆概况调查报告》沈祖荣 见:《中华图书馆协会会报》5 卷 3 期第 3～29 页 1929 年 12 月

28.《国际图书馆大会述略——在汉口圣保罗大教堂讲演》沈祖荣 见:《文华图书科季刊》1 卷 4 期第 463～472 页 1929 年 12 月

29.《西欧图书馆之沿革》 沈祖荣 见:《文华图书科季刊》2卷 2 期第 257～262 页 1930 年 6 月

30.《调查江西省立图书馆报告书》 沈祖荣 见:《文华图书科季刊》2 卷 3～4 期合刊第 465～467 页 1930 年 12 月

31.《西文编目参考书》 沈祖荣 见:《文华图书科季刊》2卷 3～4 期合刊第 351～379 页 1930 年 12 月

32.《韦棣华女士传略》 沈祖荣 见:《文华图书科季刊》3卷 3 期第 283～285 页 1931 年 9 月

33.《Miss Mary Elizabeth Wood：The Queen of The Modern Library Movement In China》Samuel T. Y. Seng 见:《文华图书科季刊》（英文之部）3 卷 3 期第 8～13 页 1931 年 9 月

34.《国难与图书馆》 沈祖荣 见:《文华图书馆学专科学校季刊》4 卷 3～4 期合刊第 223～234 页 1932 年 12 月

35.《图书馆所希望于出版界的》 沈祖荣 见:《文华图书馆学专科学校季刊》5 卷 2 期第 133～138 页 1933 年 6 月

36.《中国图书馆及图书馆教育调查报告》 沈祖荣 见:《中华图书馆协会会报》9 卷 2 期第 1～8 页 1933 年 10 月,嗣又译为英文载于《Library Journal》Vol. 59, No. 81.

37.《我国图书馆事业之改进》 沈祖荣 见:《文华图书馆学专科学校季刊》5 卷 3~4 期合刊第 261~266 页 1933 年 12 月

38.《谈谈图书馆员之生活》 沈祖荣 见:《文华图书馆学专科学校季刊》6 卷 1 期第 1~9 页 1934 年 3 月

39.《世界民众图书馆专号卷头语》 沈祖荣 见:《文华图书馆学专科学校季刊》6 卷 2 期第 149~150 页 1934 年 6 月

40.《谈图书馆专业教育》 沈祖荣 见:《湖北教育月刊》2 卷 4 期第 66~75 页 1935 年 3 月

41.《Looking To The Future》Samuel T. Y. Seng 见:《文华图书馆学专科学校季刊》(英文之部)7 卷 2 期第 313~314 页 1935 年 6 月

42.《民众图书馆管理法》 沈祖荣 见:《现代民众》1 卷 12 期第 2~6 页 1935 年 7 月

43.《世界各国国立图书馆概况专号序言》 沈祖荣 见:《文华图书馆学专科学校季刊》7 卷 3~4 期合刊第 319~320 页 1935 年 12 月

44.《中国图书馆员专门教育》(英文) 沈祖荣 见:中华图书馆协会编《Libraries In China》1935 年

45.《公立图书馆在行政上及事业上应有之联络》 沈祖荣 见:《工读半月刊》1 卷 10 期第 311~313 页 1936 年 9 月

46.《公立图书馆在行政上及事业上应有之联络》 沈祖荣 见:《图书周刊》第 82 期 1936 年 9 月

47.《中华图书馆协会第三次年会图书馆教育委员会报告》 沈祖荣 见:《中华图书馆协会会报》12 卷 2 期第 1~2 页 1936 年 10 月

48.《公立图书馆在行政上及事业上应有之联络》 沈祖荣 见:《中华图书馆协会会报》12 卷 3 期第 1~3 页 1936 年 12 月

49.《图书馆教育的战时需要与实际》 沈祖荣 见:《中华图

书馆协会会报》13 卷 4 期第 4～6 页　1939 年 1 月

50.《今后二年之推进图书馆教育》　沈祖荣　见:《建国教育》1 卷 2 期　1939 年

51.《私立武昌文华图书馆学专科学校近况》　沈祖荣　见:《中华图书馆协会会报》16 卷 3～4 期合刊第 7～8 页　1942 年 2月

52.《我国图书馆之新趋势》　沈祖荣　见:《教育与社会》3卷 1～2 期合刊第 4～6 页　1944 年 5 月

53.《战后图书馆发展之途径》　沈祖荣　见:《〈中央日报〉副刊》1944 年 5 月 5 日

54.《战后图书馆发展之途径》　沈祖荣　见:《中华图书馆协会会报》18 卷 4 期第 5 页　1944 年 6 月

55.《Library Schools And Librarians In China》Samuel T. Y.Seng See:《The Library Journal》Vol. 69(1 November 1944):933～U. S. A.

# 四、序　　文

1.《〈图书分类法〉沈序》(未刊)沈祖荣　见:杜定友著《图书分类法》　上海图书馆协会　1925 年 11 月

杜著第 19 页言:"此外尚有沈绍期胡庆生李燕亭诸先生序文因寄到稍迟不及排入附此道歉。"

2.《〈拼音著者号码编制法〉沈序》　沈祖荣　见:钱亚新著《拼音著者号码编制法》　汉口圣教书局代印　1928 年初版　第3～4 页　文华图书科丛书之一

3.《章译民众图书馆馆的行政序》　沈祖荣　见:(美)骆约翰亚当著　章新民译《民众图书馆的行政》　武昌　文华图书馆学

专科学校　1934 年　第 4～5 页

4.《图书馆的财政问题序》　沈祖荣　见:戴镏龄译《图书馆的财政问题》　武昌　文华图书馆学专科学校　1934 年　第 5～6页

5.《世界民众图书馆序》　沈祖荣　见:(美)鲍士伟著　徐家麟等译《世界民众图书馆概况》　武昌　文华图书馆学专科学校　1934 年　第 1～2 页

6.《〈中国十进分类法〉沈序》　沈祖荣　见:皮高品著《中国十进分类法》　武昌　文华图书馆学专科学校　1934 年

7.《〈中国十进分类法〉Preface》(英文)Samuel T. Y. Seng 见:皮高品著《中国十进分类法》　武昌　文华图书馆学专科学校1934 年

8.《普通图书编目法序》　沈祖荣　见:黄星辉著《普通图书编目法》　武昌　文华图书馆学专科学校　1934 年

9.《〈图书学大辞典〉沈序》　沈祖荣　见:卢震京著《图书学大辞典》　商务印书馆　1940 年 9 月　第 1～3 页

10.《〈三民主义中心图书馆分类法〉序三》　沈祖荣　见:杜定友编《三民主义中心图书分类法》(油印本)　国立中山大学图书馆印行　1948 年　第 4 页

# 沈祖荣先生年谱　初编

## 编纂说明

1.本年谱初编记载了自 1884 年 9 月 11 日至 1977 年 2 月 1 日有关沈祖荣先生的生平事迹和学术著述等可考的史实。

2.史料的主要来源包括：中英文著作、中英文报刊论文、中英文新闻时事报导等正式出版物，中英文档案、公函、家书、文件等文书档案资料和口实史料。

3.本年谱以年月日的时序排列史料，其年月日可查者，即排于某年某月某日；有月无日者，排于该月之后；有年无月无日者，则列于该年最后。

4.本年谱的编纂以客观、准确、真实、可信为原则，凡史料阙如之年代，只列年代，而内容留作待考待补；而所载内容则均一一注明来源出处，以备查考。

5.凡遇疑晦之处，编者均插注按语，并另起一段置于所注条目之下，以资识别。

6.由于史料缺乏和编者水平有限，遗漏舛误之处在所难免，祈专家学者匡谬指正，以俾再版时增补修正。

### 1884年(光绪十年　甲申)先生诞生

9月11日　沈祖荣,字绍期,英文名 Samuel Tsu–Yrung Seng,简名 Samuel T. Y. Seng,祖籍四川省忠县,诞生于湖北省宜昌市一个平民家中。

焕文案:因一直未查到沈祖荣先生个人档案,现难以十分准确地断定沈祖荣先生的籍贯,诞生时间和诞生地点,故只能依据现有的相关资料做不完全的推证。

一、关于沈祖荣先生的诞生时间目前主要有以下三种说法:

1.1887年7月25日

(1)杨家骆在1933年时说:文华公书林"现任馆长沈祖荣,武昌人,年四十六"〔杨家骆著《图书年鉴》(上册:中国图书馆事业志),1933年份,南京:中国图书大辞典编辑馆,1933年出版,第3~159页〕。由1933年上推46年,当是1887年。

(2)《中华图书馆协会会报》第12卷第6期报导:"各地同学筹备纪念沈校长五十寿辰。本年七月二十五日为沈校长五十寿辰,各地同学以沈校长二十余年来,尽瘁校务,广掖后进,殊具苦心,不为扩大之纪念,无足以彰培植之恩,爰有京津平沪各地同学多人发起纪念办法,不久即可通知各地同学征求参加云"〔《文华图书馆学专科学校消息一束》(第一条),见:《中华图书馆协会会报》第12卷第6期(1937年6月30日出版),第31页〕。由1937年上溯50年,当是1887年7月25日。

(3)《文华图书馆学专科学校季刊》9卷2期云:"各地同学筹备纪念本校沈校长五十寿辰。本年七月二十五日为沈校长五十寿辰。同学有多人提议,筹备纪念。京津平沪及武汉各地同学,对于所提具体募款称祝办法,均一致赞成,并愿列名发起,不久发起人之启事即可发云云"。〔《校闻及同门消息》,见:《文华图书馆学专科学校季刊》9卷2期(1937年),第304页〕。

2. 1884 年 9 月 11 日

（1）《中华图书馆协会会报》第 18 卷第 5 ~ 6 期合刊报导：“本会理事私立武昌文华图书馆学专科学校校长沈祖荣氏为倡导我国图书馆事业之先进，作育人材，贡献殊深，本年九月十一日为氏六旬寿辰暨从事图书馆事业卅周年纪念，文华校友特发起双重庆典，以申敬意并彰勋绩，除分函征集当代名人题词以资纪念外，并分别呈献尊师礼金，极为热烈云”〔《会员消息》之《沈祖荣》条款，见：《中华图书馆协会会报》第 18 卷第 5 ~ 6 期合刊（1944 年 12 月 15 日出版），第 15 页〕。由 1944 年上溯 60 年，应为 1884 年 9 月 11 日。

（2）《文华图书馆学专科学校简讯》新 1 卷记载：“沈祖荣　年龄　六六　籍贯　武昌……”〔文华图书馆学专科学校校友总会编印，《文华图书馆学专科学校简讯》（此名由沈祖荣先生亲笔题写，题字之下有“沈祖荣”红色钤印）新 1 卷（1950 年 12 月 15 日出版）第 6 页之“董事姓名录”和“教职员姓名录”〕。由 1950 年上推 66 年，应是 1884 年。

3. 1883 年

（1）张遵俭说：“沈祖荣先生（1883 ~ 1976）字绍期，湖北宜昌人。……。一九七六年元月八日寿终，得年九十四岁”〔张遵俭著《昙华忆旧录——记沈祖荣与韦棣华的遇合》，见：《图书情报知识》1981 年第 2 期（1981 年 6 月出版），第 40、52 页〕。

（2）张遵俭又说：“沈祖荣先生字绍期，一八八三年出生于湖北宜昌，一九七六年逝世于庐山寓所，终年九十四岁”〔张遵俭著《昙华忆旧录——回忆绍期师》，见：《图书馆学通讯》1982 年第 2 期（1982 年 6 月 30 日出版），第 86 ~ 87 页〕。

（3）严文郁言：“民国六十五年（1976 年）笔者在纽约惊悉恩师沈祖荣（字绍期）先生与师母于二月一日同日仙逝于庐山的噩耗，至感悲痛！……先生于光绪九年（一八八三）生于湖北宜昌，……"〔严文郁著《图书馆教育之父沈祖荣先生——为其百龄冥寿纪念而作》,见:(台湾)《传记文学》第四十二卷第五期,第58~60页,1983年5月(民国72年5月)出版。又见:严文郁先生八秩华诞庆祝委员会编,《严文郁先生图书馆学论文集》,辅仁大学图书馆学系1983年9月1日(民国72年9月1日)出版,第253~258页。参见:(台湾)《传记文学》第四十二卷第三期第143页"民国人物小传"〕。

上述三种说法,以第3种最为流行,目前海内外诸多著述基本上均取此说,盖以张遵俭先生和严文郁先生为其滥觞之嚆矢。第2种说法唯焕文一人秉持〔程焕文著《一代宗师 千秋彪炳——记中国图书馆学教育之父沈祖荣先生》(连载),见:《图书馆》1990年第4期第54~58页,第6期第64~67页,1991年第1期第71~73、76页,第3期第60~73页,第5期第69~73页〕。而第1种说法则目前无人提及。现将上述三说辩证如下:

第3种说法,即1883~1976年,此说来自回忆,张遵俭先生忆述于前,严文郁先生继撰于后,因事隔多年,且二老均年逾古稀,其中不乏记误之处。沈祖荣先生的准确逝世日期是1977年2月1日,这有三个来源佐证:其一、可从武汉大学现存有关文件中得到确证;其二、在沈祖荣先生的子女中唯一参加了沈祖荣先生葬礼的沈宝媛女士的回忆可以确证;其三、笔者在沈宝媛女士处阅读过沈祖荣先生在1976年9月毛泽东逝世以后写给女儿沈宝媛的亲笔信。显然,无论是张先生的"沈祖荣先生逝世于1976年元月8日"说,还是严先生的"沈祖荣先生于民国六十五年(1976)二月一日仙逝"说,二者均不准确,应该是"1977年2月1日"。由张先生和严先生的记误,焕文推想:他们大概是以沈祖荣先生终年94岁(虚岁)而上推出沈先生的出生年份的。如果此推想正确的话,则因为他们将沈先生的逝世年代误提前了一年,所以,准确的推算应为:沈祖荣先生诞生于1884年。否则,如果按照"沈先生诞生于

1883年"来推算的话,则沈先生终年应为95岁(虚岁),然而这似乎不合事实。

第1种说法,即1887年7月25日,此说产生最早且不乏权威性,但其中存疑之处亦可考见。其一、"沈校长五十寿辰"兹事体大,且由文华同学会发起,又见诸《中华图书馆协会会报》和《文华图书馆学专科学校季刊》,按常理而言,沈先生本人应知此事。但因1937年"七七事变"以后诸事纷乱,此次"五十寿庆"虽有发起,但是否举行既未见《中华图书馆协会会报》刊载续闻,又不见《文华图书馆学专科学校季刊》1937年各期报导,因而颇令人疑惑。其二、"五十寿庆"(1937)与"六旬寿庆"(1944年,第2种说法)相距仅七、八年之久,为何在如此重大的庆典方面发生年代的如此差异?究竟是文华同学会和杨家骆产生了差错?亦或是沈先生本人因客观原因而记忆有误?存疑之处显而易见,只能将其留作待考。鉴于如果采用此说,那么,在沈先以后入文华求学等时间的推算上出入较大,故焕文暂不取此说。

第2种说法,即1884年9月11日,此说既有沈祖荣先生"六旬寿庆"业已举行之确凿事实,又见诸文华图书馆学专科学校出版且由沈先生亲笔题写刊名的《文华图书馆学专科学校简讯》新1卷,同时又与沈先生终年94岁相吻合,故在尚未见到沈先生的个人档案材料之前此说最为可信,因取此说。

另外,从查考各有关年表历表来看,未见"7月25日"与"9月11日"在公历和农历方面有重叠关系。但是,公历1884年9月11日为农历光绪十年七月二十二日;而农历光绪十年七月二十五日为公历1884年9月14日。这之间似乎相去并不远,均只有三日之差,如果是原文"七月二十五日"或"九月十一日"中某一说在日期上有排印错误的话,则更能佐证沈先生出生日月的正确性,惜现无从考证。

二、关于沈祖荣先生的籍贯与出生地点。

"籍贯"一词在中国是一个概念模糊的术语,它通常指自身出生的地方或家庭久居的地方,尽管人们在习惯上多以祖籍作为籍贯,但事实上往往不尽一致,因而颇易产生歧义。目前关于沈祖荣先生的籍贯与出生地点主要有以下诸说:

(1)沈宝环教授于 1995 年 11 月在广州对焕文说:先祖浙江绍兴人,后做官于四川省忠县,并在忠县繁衍,其后迁湖北宜昌市,最后到湖北武昌云云。

(2)沈宝媛女士说:祖籍四川忠县,父亲沈祖荣生于湖北宜昌市,后徙武昌云云。

(3)《中华图书馆协会会报》有关各期的"会员名录"所载沈祖荣先生的籍贯共有湖北、武昌、四川三种,其中以武昌使用最多。

(4)张遵俭先生和严文郁先生均言沈祖荣先生出生于湖北宜昌市(见前述)。

综合诸种说法,现采用沈祖荣先生祖籍四川省忠县,出生在湖北宜昌之说。精确的籍贯与出生地尚有待进一步的证明。

**1885 年(光绪十一年　乙酉)先生 1 岁**

**1886 年(光绪十二年　丙戌)先生 2 岁**

**1887 年(光绪十三年　丁亥)先生 3 岁**

**1888 年(光绪十四年　戊子)先生 4 岁**

**1889 年(光绪十五年　己丑)先生 5 岁**

**1890 年(光绪十六年　庚寅)先生 6 岁**

**1891 年(光绪十七年　辛卯)先生 7 岁**

**1892 年(光绪十八年　壬辰)先生 8 岁**

**1893 年(光绪十九年　癸巳)先生 9 岁**

**1894 年(光绪二十年　甲午)先生 10 岁**

**1895 年(光绪廿一年　乙未)先生 11 岁**

**1896 年(光绪廿二年　丙申)先生 12 岁**

**1897 年(光绪廿三年　丁酉)先生 13 岁**

**1898 年（光绪廿四年　戊戌）先生 14 岁**

**1899 年（光绪廿五年　己亥）先生 15 岁**

**1900 年（光绪廿六年　庚子）先生 16 岁**

　　焕文案：沈祖荣先生少年时代先是在其父亲在宜昌长江边为过往纤夫和黄包车夫所开的一间小饭铺中跑堂，期间曾读私塾半年（年代不详），后因无力维持学费而辍学。后因饭铺生意无法维护生计，沈祖荣先生被父亲送进宜昌美国人所办教堂（年代和教堂名不详），在教堂做勤杂工，并靠传教士的周济糊口〔据沈宝媛女士口述；张遵俭著《昙华忆旧录——记沈祖荣与韦棣华的遇合》，见：《图书情报知识》1981 年第 2 期第 40 页〕。

**1901 年（光绪廿七年　辛丑）先生 17 岁**

　　2 月　美国圣公会在湖北省武昌昙华林创办的文华书院到宜昌招收学童，沈祖荣先生受宜昌教士的推荐，于本年正月（2 月～3 月）到武昌文华书院免费读书。

　　焕文案：张遵俭先生说："在他（沈祖荣）十五岁那年，美国人创办的座落在武昌昙华林的文华书院到宜昌招收学童，沈祖荣先生和学友邹昌炽同时受教会推荐，来武昌免费入学。他是个穷学生，苦苦攻读五、六年，以优等生毕业"〔张遵俭著《昙华忆旧录——记沈祖荣与韦棣华的遇合》见：《图书情报知识》1981 年第 2 期第 40 页〕。如果依张先生所说沈祖荣先生生于 1883 年的话，那么"十五岁那年"当为 1898 年；而"苦苦攻读五、六年，以优等生毕业（注：张先生指大学毕业）"，则沈祖荣先生大约在 1903～1904 年大学毕业。这显然与沈祖荣先生的大学毕业时间有很大出入（大约有 5～7 年之差），因而其错误已显而易见。

　　又案：沈先生的长女沈培凤女士在 1960 年代"文化大革命"期间写给妹妹沈宝媛女士的信中说："父亲 17 岁才识字，读了一点苦书，……"。此说既较权威，又颇与历史史实相符

271

合,因而十分可信,具体推证如下:

(1)如依焕文所说:沈祖荣先生诞生于1884年,则"17岁才识字"即为"1901年",也就是说沈先生是1901年入文华书院的。这一时间推断首先可以从文华大学的历史发展中得到合乎逻辑的证明。文华书院创办于1871年,初为中学。1901年翟博士来校,竭智尽能,力图进步,并将招生扩大到武昌之外。1903年开始设高等科,招收大学班。1906年第一届大学生毕业(三年制)。1907年招收第一批四年制大学生。1909年综合诸高等科成为大学,并在美国立案,获得授予学位权。1911年1月第一批四年制大学生毕业,始行授毕业生以B. A.之学位。文华大学含中学和大学两科,中学科为大学之预备科,修业年限六年,入学者以12岁以上之未婚者为合格〔《英美委办会建议教育合办案汇志》,见:《文华月刊》1922年6月第2册第2~3号合刊,第13~17页。陈淑达译《欧美人在中国之教育的设施(节录)》,见:李桂林主编《中国现代教育史教学参考资料》,人民教育出版社,1987年1月,第373~393页。西南地区文史资料协作会议编《抗战时期内迁西南的高等院校》,贵州民族出版社,1988年8月,第101~102页〕。

(2)沈祖荣先生曾言:"文华公书林建筑于一九一○年。……斯时,荣正卒业于文华大学,准备在公书林内任事。初以为崇楼杰阁,馆舍颇为壮观;中西书籍,虽不敢说搜罗宏富,也可算规模初具,办理几无若何困难"〔沈祖荣著《在文华公书林过去十九年之经验》,见:《文华图书科季刊》1卷2期第159~175页,1929年5月出版〕。由此可知:沈先生是在文华公书林落成之后(1910年)大学毕业的,即1911年1月(宣统二年十二月)第一批四年制大学生毕业。由此上推:沈先生于1907年至1910年在文华大学读四年本科,于1901年至

272

1906年在文华书院读六年中学，一共10年正好与文华大学的历史相符合。同时，1929年时，沈祖荣先生说"在文华公书林过去十九年之经验"自1911年1月至1929年5月恰好是18年多，因而称为"19年"。从以上（1）和（2）的推证可知沈祖荣先生17岁时（1901年）入文华书院是比较可信的。

**1902年（光绪廿八年　壬寅）先生18岁**

在文华书院读中学二年级。

**1903年（光绪廿九年　癸卯）先生19岁**

在文华书院读中学三年级。

**1904年（光绪三十年　甲辰）先生20岁**

在文华书院读中学四年级。

**1905年（光绪卅一年　乙巳）先生21岁**

在文华书院读中学五年级。

**1906年（光绪卅二年　丙午）先生22岁**

在文华书院读中学六年级。

**1907年（光绪卅三年　丁未）先生23岁**

2月　本月（光绪三十二年十二月至光绪三十三年正月）文华书院中学毕业，并受文华书院推荐免费攻读大学本科。

**1908年（光绪卅四年　戊申）先生24岁**

在文华大学读二年级。

**1909年（宣统元年　己酉）先生25岁**

在文华大学读三年级。

**1910年（宣统二年　庚戌）先生26岁**

在文华大学读四年级。

本年美国人韦棣华女士创办的我国第一个名符其实的公共图书馆——文华公书林新馆落成开馆〔沈祖荣著《在文华公书林过去十九年之经验》，见：《文华图书科季刊》1卷2期第159～175页，1929年5月〕。

**1911 年（宣统三年　辛亥）先生 27 岁**

1 月　本月（宣统二年十二月）文华大学本科毕业，并获文学学士学位。

本月（宣统三年正月）就职于文华公书林，韦棣华女士任总理（Librarian），沈祖荣先生任协理（Assistant Librarian）〔沈祖荣著《在文华公书林过去十九年之经验》，见：《文华图书科季刊》1 卷 2 期第 159~175 页，1929 年 5 月〕。

**1912 年（民国元年　壬子）先生 28 岁**

12 月　Samuel T. Y. Seng 著《The Recent Progress of Boone University Library, And Its Future Development》，发表于《The Boone Review》（December 1912），Wuchang.

本年　沈祖荣先生与姚翠卿女士结为伉俪。

焕文案：姚翠卿女士，英文名 Tray - Chin Yao Seng，1889 年（光绪十五年）（？）诞生〔据沈宝媛口述〕。

**1913 年（民国二年　癸丑）先生 29 岁**

5 月　Samuel T. Y. Seng 著《The Recent Progress of Boone University Library, And Its Future Development》（An abridgment），发表于《The Library Journal》Vol. 38（May 1913）:284~286，U. S. A.

**1914 年（民国三年　甲寅）先生 30 岁**

夏　韦棣华女士鉴于肩任文华公书林管理责任者，非受此种专门训练，事业必难有发展之希望，于是，资助沈祖荣先生赴美国纽约公共图书馆学校（the New York Public Library School）攻读图书馆学，开创了中国近现代赴美攻读图书馆学的先河〔Mary Elizabeth Wood 著《Recent Library Development In China》，见《ALA Bulletin》No. 18（1924）:178~182〕。

本年　沈祖荣先生的长女陈培凤诞生。

焕文案：陈培凤女士原名沈宝珠，后改名沈培凤，再后因抗战时在文华图书馆学专科学校任教，为避免称呼混淆而改丈夫姓氏，名陈培凤。1977 年 10 月病逝于湖北武昌〔据沈宝嫒口述〕。

**1915 年〔民国四年　乙卯〕先生 31 岁**

7 月　沈祖荣先生获纽约公共图书馆学校毕业证书（Certificate），并在该校继续攻读图书馆学高级课程〔《Library School of The New York Public Library：Student Register 1911 ~ 1923》，New York 1924，Printed in the Library〕。

**1916 年〔民国五年　丙辰〕先生 32 岁**

6 月　Samuel T. Y. Seng 著《Can The American Library System Be Adopted In China》，发表于《The Library Journal》Vol. 41（June 1916）:387 ~ 388，U. S. A.

7 月　沈祖荣先生修完纽约公共图书馆学校的全部高级课程，毕业并获理学学士学位〔《Library School of The NewYork Public Library：Student Register 1911 ~ 1923》，New York 1924，Printed in the Library〕。

本年　沈祖荣先生回国。

焕文案：从相关史料来看，纽约公共图书馆学校始于 1911 年秋季，止于 1923 年 8 月，沈祖荣先生应在本年 8 月或稍早时间已毕业，但是，沈先生究竟是毕业后便回国（即本年下半年），还是次年初回国，尚缺史料佐证。另外，沈祖荣曾言：日本与我同种同文，又是图书馆事业先进的国家。在许多图书管理上的难题，没法解决，穷极无聊时候，曾想看一看。于是到日本在东京住一月之久，其他内地游历参观月余，想寻求一解决方法，岂图结果，乃如求仙丹一样，毫无所得"。（沈祖荣，《在文华公书林过去十九年之经验》，见:《文华图书科季刊》1 卷 2 期第 159 ~ 175 页）。不知沈祖荣究竟是自美回国时途经日本停留，还是回国以后再去日本，因缺史料，留作待考。

**1917 年〔民国六年　丁巳〕先生 33 岁**

1 月　Samuel T. Y. Seng 著《Difficult Problems of The Librarian

In China》,发表于《Chinese Students'Monthly》Vol. 12（January 1917）:19～24;161～166,U. S. A.

5月1日　本日下午应寰球中国学生会暨江苏省教育会的邀请,沈祖荣先生在南京西门江苏省教育会会所演讲"图书馆之功用及办法",继又演讲"图书馆之组织法"〔《演讲图书馆之功用及办法》,见《申报》民国六年五月二日第三张〕。

5月2日　本日晚应基督教青年会的邀请,沈祖荣演讲图书馆事业〔出处同上〕。

6月　沈祖荣先生应邀在上海报界俱乐部演讲图书馆事业〔《沈绍期君在报界俱乐部演说图书馆事业》,见《东方杂志》14卷1、2期,1917年6月〕。

本年　沈祖荣著《仿杜威书目十类法》由汉口圣教书局出版。

**1918年（民国七年　戊午）先生34岁**

8月20日　沈祖荣撰《中国全国图书馆调查表》发表于《教育杂志》10卷8期第37～45页,1919年8月20日。

9月　沈祖荣撰《中国全国图书馆调查表》发表于《安徽教育月刊》第9期,1918年9月。

**1919年（民国八年　己未）先生35岁**

本年　沈祖荣先生的长子沈宝环诞生。

**1920年（民国九年　庚申）先生36岁**

春　美国韦棣华女士同沈祖荣先生等有鉴于中国教育的不振,文化的颓微,原因虽多,但图书馆的缺乏,也难辞其咎,遂仿美国纽约公共图书馆学校的制度,特在文华大学创设图书科,招收大学修业两年以上的学生,期以两年毕业。韦棣华女士任图书科主任,沈祖荣先生任教授并讲授《西文编目法》等课程。是为中国近现代图书馆学教育的创始〔吴鸿志撰《文华图书科之过去与将来》,见《武昌文华图书科季刊》1卷1号第107页〕。

夏　北平高师应各省之请,开设暑期图书馆学讲习会,由戴志骞、程伯卢、沈祖荣等担任讲师,各处省立及学校图书馆职员共78人前往听讲。是为中国近现代图书馆学短期教育之创始〔金敏甫编《中国现代图书馆概况》,广州图书馆协会,1929年第46页〕。

本年　文华大学为筹备五十周年纪念大典(1921年10月2日)特成立"五十周年纪念大典筹备处",沈祖荣、骆思贤和谭炳芬任英文华人部咨议委办〔《本校五十周年纪念大典筹备处通告书》,见《文华月刊》第1册第1号第5页,1920年12月〕。

### 1921年(民国十年　辛酉)先生37岁

元旦　美国纽约公共图书馆寄来历史、科学、社会学、文学、传记等类书籍一箱,共计150册,以表示对沈祖荣、胡庆生先生的感情,并辅助文华公书林的发展〔《公书林佳音汇志》,见《文华月刊》第1册第2号第5页,1921年3月〕。

又:本日文华大学依惯例举行同门恳亲会,以联情宜。与会者认为:同门会之宪章法规,因时势之变迁,有修正之必要,爰请会正派刘贻黑、沈祖荣、吴辉明、朱作梅、韦卓民5人为修正宪法委员云云〔《元旦节同门会志盛》,见《文华月刊》第1册第2号第5~6页,1921年3月〕。

4月　沈祖荣应北京政治学会编辑书目之聘,便道至天津,晋谒前总统黎宋卿先生,劝募捐款。黎宋卿先生当慨捐洋1000元,以为扩充公书林之用。返京后,又晋谒前任外交总长陆征祥先生,当承慨允向徐大总统募捐500元。以上二款均由沈祖荣先生亲手带归文华大学〔《两大总统之捐款热》,见《文华月刊》第1册第3、4号第7页,1921年4、5月〕。

夏　沈祖荣先生于暑假期内带领图书科学生数人,至北京清华学校,清理该校新购书籍〔《同门会近讯》,见《文华月刊》第1册第5、6号第19页,1921年12月〕。

### 1922年(民国十一年　壬戌)先生38岁

1月18日　本日下午两点钟,文华大学在公书林举行毕业典礼,共有四科 15 人次(实为 12 人)毕业,包括神学科:黄德馥、童世铎、王道平;文科:陈宗登、裘开明、宣印谭、黄伟楞、雷海云、卢本桐、彭人丰、汤吉禾;理科:周诚浒;图书科:陈宗登、裘开明、黄伟楞(图书科 3 人兼获文科毕业),是为文华大学图书科首届学生毕业,亦为中国近现代第一批图书馆学专业大学生毕业〔《毕业典礼志盛》,见《文华月刊》第 2 册第 1 号,1922 年 5 月第 9 页〕。

焕文案:现各种文字材料均从"快乐六君子"的说法出发推证文华图书科第一届毕业生为 6 人,实则大谬不然,详见下述本年"6 月 24 日"条款。

又:文华公书林扩充改造业已竣工,并以本日文华大学在此举行毕业典礼为仪式,正式启用〔《公书林近事汇志》,见《文华月刊》第 2 册第 2、3 号,1922 年 6 月第 6 页〕。

5 月 2 日　本年 5 月 2 日至 10 日中华基督教第四次全国大会在上海举行,文华大学赴会代表共有五人:舒校长代表管理部、沈祖荣代表职教员、韦卓民代表神学科职教员、刘贻罴代表神学学生、雷发章代表大学学生〔《基督教全国大会之感想》见《文华月刊》第 2 册第 2、3 号第 2 页,1922 年 6 月〕。

6 月 24 日　自本年开始,文华大学毕业典礼完全由冬季改至夏季。本日文华大学在文华公书林楼上举行学制变革后的第一次毕业典礼。中华大学校长陈时作汉文演讲、汉口博学院饶登白牧师作英文演讲、代理校长康明德教授颁发文科理科学士学位证书(得学位者 12 名,完全为基督徒)汉文科科长韦卓民教授颁发汉文文凭、文华中学校长卢春荣颁发中学文凭(并为中学六个年级,即六个班的头二名学生颁发奖品)。本届正科毕业学员 12 名为:文科:张炎炳、徐继崧、许达聪、桂质柏、李贻栋、李辉祖、谭邦萃、查修、王润藻、王宝贤;理科:李汉杰、史经华;图书科:许达聪、查修、桂质柏;其中图书科 3 人兼修文科。是为文华图书科第二届毕业生〔《毕业典礼程序》,见《文华月刊》第 2 册第 4 号第 9 页,1922 年

7 月〕。

焕文案:由于文华大学从本年起将毕业典礼由冬季改为夏季,所以在学制变革中,本年先后在 1 月 18 日和 6 月 24 日举行了两届毕业典礼,其中后一届毕业的学生实际上在学制上缩短了半年,即只读了三年半的时间。这就是人们因不知此变故而将两届毕业生混为一谈的原因。

6 月底(?) 沈祖荣先生赴山东济南,参加中华教育改进社第一次年会。

7 月 3 日 沈祖荣先生出席中华教育改进社第一次年会开幕典礼〔《新教育》5 卷 3 期,1922 年 10 月〕。

7 月 4 日 中华教育改进社图书馆教育组于上午 8 时至 10 时半在年会事务所应接室举行第一次会议,戴超、沈祖荣、洪有丰、杜定友、戴超夫人、朱家治、孙心盘共七人到会。主席戴超发言谓:本组议案太多,讨论当首先择定标准。众推沈祖荣提出标准,逐渐讨论。沈祖荣遂提出:一、何种图书馆最为紧要;二、经济如何支配;三、管理员如何养成;四、图书馆如何推广等四项标准。其后讨论洪有丰的议案〔《分组会议记录·第十八图书馆教育组》,见《新教育》5 卷 3 期第 555~561 页,1922 年〕。

7 月 5 日 图书馆教育组于上午 8 时至 10 时 1 刻在年会事务所应接室举行第三次会议,沈祖荣担任主席,讨论戴超的议案〔出处同上〕。

7 月 6 日 图书馆教育组于上午 8 时至 10 时半在年会事务所应接室举行第三次会议,沈祖荣担任主席,讨论杜定友及沈祖荣二人的议案。沈祖荣的议案为:一、拟呈请教育部通咨各省长转饬各教育厅长除省会内必须建设省立图书馆外凡所属之重要商埠(如上海汉口等处)亦必有图书馆之建设案;二、拟呈请教育部会同财政部筹拨相当款项建设京师图书馆案。此两案均决议通过〔出处同上〕。

7月7日　图书馆教育组于上午8时至11时在年会事务所应接室举行第四次会议,戴超担任主席,讨论杜定友、沈祖荣、洪有丰、戴超四人的议案。沈祖荣提议凡学校未附图书馆者不宜举办图书馆科或图书馆员训练所案,讨论此案孙心盘议将此案全文附于戴超中国师范学校及高等师范学校应增设图书馆管理科案办法之后,众赞成,决议通过。沈祖荣提议著作家出版书籍须存一部于国立图书馆案,决议通过〔出处同上〕。

7月8日　中华教育改进社第一次年会闭幕,沈祖荣先生参加闭幕式〔出处同上〕。

焕文案:中华教育改进社第一次年会共收到议案207件,在分组会议议决又在大会通过的共122件;其中图书馆教育组共有13件议案(其中沈祖荣提出7件议案),最后通过8件议案。沈祖荣所提7件议案,有3件被并入其他议案通过,即:一、拟呈请教育部通饬全国无论公私凡已设之大学及与大学相当之学校(如高师及高商之类)其中若不附设图书馆备置中西两万册以上之书籍不承认该校之成立案;二、学校与图书馆有最密切之关系,故凡中学暨高等小学校皆宜有附设学校图书馆之规定案;三、凡学校未附设图书馆者不宜举办图书科或图书馆管员训练所案。有3件议案决议通过,其决议案如下:

一、拟呈请教育部通咨各省省长转饬各教育应长除省长会内必须建设省立图书馆外凡所属之重要商埠(上海汉口等处)亦必有图书馆之建设案。

办法:关于通商口岸分七区,广东、上海、天津、汉口、重庆、南京、天津,共需费五百万元,为建筑购书设备之用。

二、拟呈请教育部会同财政部筹拨相当款项建设京师国立图书馆案

理由:(一)京师代表中华全国之文明;(二)今京师图书馆湫隘褊狭。

280

办法:(一)设立改组京师图书馆委员会;(二)聘请专家为馆长;(三)改建图书馆馆所;四、改良管理法,以整理原有书籍,并添购中外之新图籍。

三、凡著作家出版书籍欲巩固版权须经部审查备案注册者宜将其出版之书籍尽两部义务—存教育部备案,一存国立图书馆以供众览案〔出处同上〕。

7月中旬　沈祖荣先生自山东济南返回湖北武昌。

8月　沈祖荣撰《中国各省图书馆调查表》发表于《新教育》5卷1~2期合刊第191~200页。

11月　沈祖荣撰《民国十年之图书馆》发表于《新教育》5卷4期第783~797页。

本年　沈祖荣和胡庆生合编《仿杜威书目十类法》由武昌文华公书林出版,是为1917年版的修订本。

**1923年(民国十二年　癸亥)先生39岁**

2月　沈祖荣撰《民国十一年之图书馆教育》发表于《新教育》6卷2期第291~294页。

4月　沈祖荣撰《提倡改良中国图书馆之管见》发表于《新教育》6卷4期第551~555页。

8月20日　中华教育改进社第二次年会图书馆教育组第一次会议于下午在北平清华学校举行,主席戴志骞报告六件事项,其中第2项为:文华大学图书馆长韦棣华代表该大学图书科全体,呈请中华教育改进社转请美国政府,以其将要退还之庚子赔款三分之一作为扩充中国图书馆事。并及沈祖荣、胡庆生、洪有丰与戴志骞四君曾为此事致函美国图书馆协会年会,请其在美国方面给以相当之赞助;覆函亦已收到。第5项为:沈祖荣君每年有关于中国图书馆事业报告,在《新教育》杂志登载云云〔《分组会议记录·第三十图书馆教育组》,见《新教育》7卷2、3期合刊第296~297页,1923年10月〕。

### 1924 年(民国十三年　甲子)先生 40 岁

7 月 5 日　中华教育改进社第三次年会图书馆教育组第二次会议在南京东南大学召开,在讨论裘开明提议的《刊行图书馆学季报案》中,当时举定《图书馆学季报》职员如下:编辑部——主任沈祖荣,副主任戴志骞。经理部——主任洪有丰,副主任朱家治。且此议案一致通过〔《分组会议记录·第二十六图书馆教育组》,见《新教育》9 卷 3 期第 649～669 页,1924 年〕。

7 月 7 日　图书馆教育组第四次会议主席洪有丰请王文山代表宣读沈祖荣、胡庆生的论文《中学图书馆几个问题》。

又:本日下午图书馆教育组藉南京图书馆协会在东南大学孟芳图书馆欢迎该组社员之便举行第五次会议,专门讨论修正图书馆教育组社员事宜。会议确定图书馆教育委员会委员如下:主任:戴志骞。副主任:洪有丰。书记:朱家治。委员:沈祖荣、胡庆生、杜定友、程时煃、冯陈祖怡、查修、谭新嘉、陈长伟、何日章、冯绍苏、裘开明、王文山、施廷镛、袁同礼、章箴、吴汉章、许达聪、陈宗登〔出处同上〕。

7 月　沈祖荣撰《提倡改良中国图书馆之管见》发表于《浙江公立图书馆年报》第 9 期第 44～49 页。

又:沈祖荣、胡庆生合撰《中学图书馆几个问题》发表于《浙江公立图书馆年报》第 9 期第 67～72 页。

8 月 16 日　沈祖荣撰《提倡改良中国图书馆之管见》发表于《河南教育公报》3 卷 11～13 期合刊。

9 月　沈祖荣、胡庆生合撰《中学图书馆几个问题》发表于《新教育》9 卷 1、2 期合刊第 209～220 页。

### 1925 年(民国十四年　乙丑)先生 41 岁

3 月　北京图书馆协会以美国图书馆协会派遣代表来华,欲于中国图书馆事业有所赞助,认为有提前组织全国图书馆协会之必要,特组织委员会筹备一切,设委员十人,高仁山任主席,并邀各地图书馆协会与海内热心教育文化诸公以私人资格加入发起。于是,蔡元培、梁启超、黄炎培、张伯苓、沈祖荣、韦棣华等共56人首揭缘起,以示国人,其词曰:"……。兹经公同定议,请集全国图书馆及斯学专家,为中华图书馆协会。……"云云〔中华图书馆协会编《中华图书馆协会概况》,该会编印,1933年8月25日,第1~3页〕。

4月12日 中华图书馆协会发起人大会在北平中央公园来今雨轩召开。会议推邓萃英为临时主席,议决组织筹备会,并推定北京、南京、江苏、上海、杭州、开封、济南、天津各图书馆协会会长,及邓萃英、熊希龄、范源廉、查良钊、陈宝泉、洪煨莲、沈祖荣等15人为筹备委员,并推北京图书馆协会会长袁同礼为临时干事,洪有丰、查良钊为书记〔出处同上〕。

4月中旬 沈祖荣先生应上海图书馆协会发起全国图书馆协会之邀请,赴沪参加筹备事宜〔金敏甫编《中国现代图书馆概况》,广州图书馆协会,1929年,第18~19页〕。

4月22日 本日下午沈祖荣等全国各地代表在上海徐家汇南洋大学举行谈话会,推杜定友为主席,讨论甚久,未有结果〔出处同上〕。

4月23日 沈祖荣等全国代表参加全国图书馆协会第一次筹备讨论会,讨论有关组织办法等事项,并组织审查会,但各地代表主张太多,意见颇不一致,会议终日,仍无结果〔出处同上〕。

4月24日 筹备讨论会继续进行,通过组织办法,并将全国图书馆协会定名为中华图书馆协会,章程则另组起草委员五人拟定之〔出处同上〕。

4月25日 筹备全国图书馆协会之各省代表于上午10时在北四川路横滨桥广肇公学三校开讨论会,书记王恂如宣读24日议决案,后由起草委员陈宗莹宣读会章草案,并经众逐条讨论修正通过,讨论毕遂由主席杜定友宣告中华图书馆协会正式成立。下午

2 时改开成立大会,推杜定友为临时主席、王恂如书记,议决:一、以今日到会各代表为基本会员,二、选举执行部正副部长暨董事,先推出何日章、袁同礼、杜定友为提名委员,三、于美国庚款委员会在北平开会时举行成立仪式〔《浙江公立图书馆第十期年报》附录引《新闻报》1925 年 4 月 26 日消息〕。旋即举定董事蔡元培、梁启超、胡适、丁文江、沈祖荣、钟叔进、戴志骞、熊希龄、袁希涛、颜惠庆、余日章、洪有丰、王正廷、陶知行、袁同礼等 15 人,执行部部长戴志骞、副部长杜定友、何日章、执行部并聘定首届干事 33 人〔《会务纪要》,见《中华图书馆协会会报》第 1 卷第 1 期第 6～7 页〕。

　　4 月 26 日　　美国图书馆协会代表鲍士伟(Arthur Elmore Bostwich)博士于下午 3 时抵沪,来华考察图书馆事业,准备以美国退还庚子赔款的一部分用于中国图书馆事业。参加中华图书馆协会成立大会的全体代表召开会议欢迎鲍士伟博士〔《欢迎鲍士伟博士》,《教育新闻增刊》引《新闻报》1925 年 4 月 27 日新闻〕。

　　5 月 11 日　　鲍士伟博士自南京乘船于本日下午抵达汉口,沈祖荣等到汉口码头迎接。下午三时,沈祖荣陪同鲍士伟博士自汉口赴长沙考察图书馆事业〔出处同上〕。

　　5 月 12 日　　鲍士伟和沈祖荣于本日下午抵达长沙,开始考察湖南图书馆事业,沈祖荣担任翻译,雅礼大学负责招待〔出处同上〕。

　　5 月 13 日　　鲍士伟和沈祖荣于下午自长沙起程返回武昌〔出处同上〕。

　　5 月 14 日　　鲍士伟和沈祖荣于下午抵达武昌文华大学,开始考察湖北图书馆事业,沈祖荣任翻译,文华大学负责招待〔出处同上〕。

　　5 月 15 日　　鲍士伟博士在沈祖荣的陪同下考察武汉图书馆事业〔出处同上〕。

5月16日　鲍士伟博士在沈祖荣的陪同下继续考察武汉图书馆事业〔出处同上〕。

5月17日　沈祖荣等于晚上11时19分到汉口火车站欢送鲍士伟博士,文华图书科胡庆生陪同鲍士伟博士北上河南考察图书馆事业〔出处同上〕。

5月27日　中华图书馆协会董事部在北京举行第一次会议,公选梁启超为部长,袁同礼为书记,各董事任期年限亦同日签定:一年者五人,颜惠庆、袁希涛、梁启超、范源廉、袁同礼;二年者五人,王正廷、熊希龄、蔡元培、洪有丰、沈祖荣;三年者五人,胡适、丁文江、陶知行、钟福庆、余日章〔《会务纪要》,见《中华图书馆协会会报》第1卷第1期第7页〕。

6月2日　中华图书馆协会董事部于上午举行第二次会议,讨论中华教育改进社图书馆教育委员会拟用美国退还庚款三分之一建设图书馆之提议,及鲍士伟博士之意见书,议决大体赞同,惟附说明三项〔出处同上〕。

又下午3时,中华图书馆协会假北京欧美同学会礼堂举行成立式。各省区图书馆代表李小缘、沈祖荣、袁同礼等19人与会,主席颜惠庆博士宣告开会,并致开会辞。继由教育部次长吕健秋与鲍士伟博士先后演说。复由中华图书馆协会董事部部长梁任公演说,最后韦棣华女士演说。演说毕,遂摄影以作纪念。晚间复由北京图书馆协会仍在该处宴请各省来京代表云〔同上第8页〕。

7月6日　中华图书馆协会董事梁启超、袁同礼、颜惠庆、蔡元培、范源廉、熊希龄、胡适、袁希涛、洪有丰、丁文江、王正廷、沈祖荣、钟福庆、陶知行、余日章以协会经费支绌,原定各种计划未得实行,特上临时执政一呈,请予补助〔《会务纪要》,见《中华图书馆协会会报》第1卷第2期第10~11页〕。

8月7日　临时执政府秘书厅公函第1639号准复称:执政批财政部酌应即由本部筹拨五千元,藉资补助中华图书馆协会云云

〔出处同上〕。

本年　中华图书馆协会选定沈祖荣担任图书馆教育委员会委员（主任洪有丰、副主任胡庆生、书记朱家治），编目委员会副主任（主任傅增湘、书记洪有丰）〔同上第 3~4 页〕。

又上海国民大学在教育科中设图书馆学系，请杜定友为主任，教授有杜定友、胡朴安等，并请沈祖荣、刘衡如、李小缘、洪有丰等担任临时演讲〔金敏甫编《中国现代图书馆概况》，广州图书馆协会，1929 年，第 49 页〕。

又文华大学改组为华中大学，文华图书科因改为华中大学图书科〔《第二次中国教育年鉴》第五编第四章第 298 页〕。又沈祖荣为杜定友著《图书分类法》撰写序文，因未赶上排版时间，终未付梓。

### 1926 年（民国十五年　丙寅）先生 42 岁

2 月 12 日　中华基督教教育联合会在上海举行年会。该会之图书馆组亦于是日举行第一次会议，主席沈祖荣、书记为沪江大学汤美森女士，列席之会员 12 人，其中华人 5，西人 7，凡代表 9 机关。在年会期间，图书馆组共举行会议五次，与国文组合议一次。会中讨论了诸多图书馆问题。而尤其注重于教员与图书馆之联络。会中宣读论文 11 篇，皆预先由沈祖荣主席拟定题目，请人撰述也。在末次会议时，沈祖荣主席曾代表中华图书馆协会，称述基督教学校图书馆之合作，继复表示国内图书馆界应切实赞助中华图书馆协会〔沈祖荣《中华基督教教育联合会图书馆组开会记》，见《图书馆学季刊》第 1 卷第 2 期第 362~363 页，1926 年 6 月〕。

5 月 16 日　沈祖荣撰《中学图书馆几个问题》发表于《河南教育公报》5 卷 2 期。

6 月　沈祖荣撰《中华基督教教育联合会图书馆组开会记》发表于《图书馆学季刊》1 卷 2 期。

9 月　沈祖荣撰《中国图书目录应采书本式抑卡片式》发表于

《图书馆学季刊》1卷3期。

**1927年（民国十六年　丁卯）先生43岁**

5月　中华图书馆协会两年董事王正廷、熊希龄、蔡元培、洪有丰、沈祖荣及执行部正副部长均已任满，经会员公选，蔡元培、熊希龄、周诒春、沈祖荣为继任董事，袁同礼连任执行部正部长，李小缘、刘国钧为副部长〔《中华图书馆协会第三周年报告》，见《中华图书馆协会会报》4卷2期第3页〕。

夏　因武汉时局紧张，华中大学停办，图书科乃单独办理，并将课程设备积极改进〔《第二次中国教育年鉴》第五编第四章第298页〕。

12月　沈祖荣撰《图书馆编目之管测》发表于《图书馆学季刊》2卷1期。

本年　鉴于本年九月在英国图书馆协会的爱丁堡大会上成立了国际图书馆及目录委员会，中华图书馆协会董事部以此事关系国际图书馆之联络甚巨，决定正式加入，并推定戴志骞、袁同礼、沈祖荣三人为中华图书馆协会代表〔《国际图书馆界之联络》，见《中华图书馆协会会报》3卷4期第17页〕。又中华图书馆协会鉴于编目与分类截然两途，而关于图书馆效能之重要，较分类尤切，乃重组编目委员会，以李小缘为主任，章篯为副主任，并约沈祖荣、查修、蒋复璁、曩汝喜、施廷镛、王文山六人为委员〔《中华图书馆协会第二周年报告》，见《中华图书馆协会会报》3卷2期第4页〕。

**1928年（民国十七年　戊辰）先生44岁**

4月　沈祖荣制定《杂志状况及认编索引调查表》和《书籍装订调查表》，并分向国内各图书馆调查，以为研究改进之资。

9月　沈祖荣撰《图书馆用不著杂志么》发表于《图书馆学季刊》2卷3期。

10月10日　文华图书科庚午级级友（1928年9月入学）于上午10时假文华公书林罗公纪念室，开级友会成立大会。文华图书

287

科沈祖荣等全体教授列席,与会者约四五十人〔《本科消息》,见《武昌文华图书科季刊》第1卷第1号第113页〕。

10月22日　沈祖荣为钱亚新著《拼音著者号码编制法》撰写序言。

11月3日　文华图书科主任胡庆生因故辞职(后于1930年转任武昌上海银行行长),由韦棣华女士暂行代理主任,但胡庆生仍担任图书科教授〔出处同上〕。

12月31日　沈祖荣撰写《我对于文华图书科季刊的几种希望》〔沈祖荣撰《我对于文华图书科季刊的几种希望》,见《武昌文华图书科季刊》1卷1号第6页〕。

本年　文华图书科自9月开学以后,即积极筹备立案,并已将立案手续办理完毕。湖北教育厅调查后,即转呈大学院批示〔《本科消息》,见《武昌文华图书科季刊》第1卷第1号第114页〕。

又中华图书馆协会决定于1929年1月在南京召开第一次年会,筹备会聘定李小缘、杨杏佛、钱端升、陈剑翛、柳翼谋、崔萍村、王云五、何日章、沈祖荣、胡庆生、杜定友、徐鸿宝、洪有丰、万国鼎、章桐、陶知行、钟福庆、俞庆堂、刘季洪、戴志骞、刘国钧为年会筹备会委员,袁同礼为当然委员。筹备会常务委员会曾举行筹备会议三次,议定了年会事务组织和分组讨论应设各组及推定负责人员,其中论文组管理征求论文及讲演等,由戴志骞、沈祖荣、杨立诚、王云五、袁同礼、何日章担任之。索引组拟请沈祖荣、王云五、陈立夫、万国鼎、陈文、张凤参加组织〔《本会年会筹备之进行》,见《中华图书馆协会会报》4卷3期第22～23页〕。

又沈祖荣撰《〈拼音著者号码编制法〉沈序》刊于钱亚新著《拼音著者号码编制法》(汉口圣教书局代印,1928年)第3～4页。

**1929年(民国十八年　己巳)先生45岁**

1月3日　前浙江省立图书馆馆长陈友松回鄂参加留洋考试,沈祖荣请陈友松到文华图书科演讲图书馆使用法〔《本科消息〕,见《武昌文华图书科季刊》1 卷 1 号第 114 页〕。

1 月 20 日 《武昌文华图书刊季刊》创刊号(1 卷 1 号)正式出版发行,沈祖荣撰《我对于文华图书科季刊的几种希望》在该刊创刊号上发表。

1 月下旬 文华图书科庚午级同学随沈祖荣、胡庆生、毛坤、白锡瑞四位先生赴南京参加中华图书馆协会第一次年会〔《校闻》,见《武昌文华图书科季刊》1 卷 2 期第 237 页〕。

1 月 28 日 上午 9 时至下午 1 时半参加中华图书馆协会第一次年会的代表注册。下午 2 时举行开幕典礼。晚 6 时,南京图书馆协会假金陵大学东楼,设宴欢迎全体会员。7 时半在科学馆开检字法讲演会〔《中华图书馆协会第一次年会纪事》,见《中华图书馆协会会报》第 4 卷第 4 期第 5～14 页〕。

1 月 29 日 上午在金陵大学北大楼举行分组会议,索引检字组由沈祖荣主席,万国鼎为书记,讨论完善检字法之标准,未有结果而散。下午 2 时在科学馆举行中华图书馆协会第一次会务会议,杜定友为主席,首由董事沈祖荣简单报告董事部年来之经过及中华图书馆协会以后之希望。继由执行部长袁同礼君报告会务之进行与现况,……。4 时金陵大学举行欢迎会。晚 7 时公开讲演,由戴志骞主席,继莱斯米博士和胡庆生之后,沈祖荣讲演"文华图书科概况",并代表韦棣华女士向大会表示祝贺,晚 10 时散会〔出处同上〕。

1 月 30 日 沈祖荣主席的索引检字组继续首次会议讨论完善检字法之标准,通过如下:(a)简易:简单、自然、普及;(b)准确:一贯、有定序、无例外:(c)便捷:便当、直接、迅速,并通过若干议案与动议〔出处同上〕。

1 月 31 日 上午分类编目组开会,继刘国钧之后,沈祖荣宣读论文《中文编目中一个重要问题》。正午 12 时,中央大学在学大体育馆开欢迎会,至 2 时余始摄影而散,宴罢就近参观中央大学图书馆。晚6时,会员公宴假座金陵中学。晚8时在金陵大学科学馆举行会务会议,由杜定友主席,通过组织大纲24条,并决议翌日上午开选举会,10时半始毕会〔出处同上〕。

2月1日 上午9时会务会议举行职员选举,戴志骞、袁同礼、李小缘、刘国钧、杜定友、沈祖荣、何日章、胡庆生、洪有丰、王云五、冯陈祖怡、朱家治、万国鼎、陶知行、孙心盘等15人当选为中华图书馆协会执行委员。午后1时至金陵女子大学等处游览。正午12时执行委员会在金陵大学举行第一次会议,沈祖荣签定任期两年。4时半赴中国国民党中央执行委员会之欢迎会,戴季陶、胡展堂先后致欢迎词,继由戴志骞致词答谢。晚7时,教育部在安乐酒店宴请全体会员,席间先由蒋梦麟部长致欢迎词,继由主席蔡子民代表会员致答;复由教育次长马九初述对于图书馆协会在首都开会之感想等,旋由袁同礼君致词告别,中华图书馆协会第一次年会遂于此盛宴席上宣告闭幕〔出处同上〕。

2月 沈祖荣担任文华图书科代理主任〔《校闻》,见《武昌文华图书科季刊》第1卷第2期〕。

3月8日 中华图书馆协会因迭接国际图书馆协会联合会来函三件,于本日组织参加国际图书馆会议委员会,敦聘杨铨、戴超、刘国钧、柳诒征、傅增湘、徐鸿宝、洪有丰、袁同礼、赵万里、张元济、王云五、杨立诚、刘承干、沈祖荣、杜定友、金梁为委员〔《中华图书馆协会筹备参加国际图书馆会议报告》,见《中华图书馆协会会报》4卷5期第4~25页〕。

3月 中华图书馆协会执行部公推沈祖荣为中华图书馆协会正式代表前往罗马参加第一次国际图书馆与目录学会议,并复呈请教育部,即委沈祖荣兼办部派代表事务,并请提出行政会议,由政府拨助旅费〔出处同上〕。

又中华图书馆协会在3月初即特约国内图书馆专家为国际图书馆大会撰写论文,后收到论文四篇,即:戴志骞《中国现代图书馆之发展》(Development of Modern Libraries In China),沈祖荣《中国文字索引法》(Indexing Systems In China),胡庆生《中国之图书馆教育》(Training of Librarianship In China)和顾子刚《中国图书制度之变迁》(Evolution of the Chinese Book)等四篇,并在北平印行由此四篇论文组成的论文集《Libraries in China》〔出处同上〕。

又 Samuel T. Y. Seng 撰《The First Annual Conference of the Chinese Library Association》发表于《The Newsletter》(District of Hankow)Feb. ~ March 1929:6 ~ 8.

又中华图书馆协会组织各种委员会,聘定沈祖荣为分类委员会委员(主席刘国钧、书记蒋复璁)、检字委员会主席(书记万国鼎)、图书馆教育委员会委员(主席胡庆生、书记毛坤)和编纂委员会委员(主席洪有丰、书记缪凤林)〔《本会新组织之各委员会》,见《中华图书馆协会会报》4 卷 5 期第 26 页〕。

4 月 13 日　文华图书科代理主任沈祖荣引导全体同学游览武昌洪山,抱冰堂各名胜,复享以盛馔,尽一日之欢而散〔《校闻》,见《武昌文华图书科季刊》1 卷 2 期 237 ~ 238 页〕。

本月　沈祖荣撰《我对于文华图书科季刊的几种希望》发表于《中华图书馆协会会报》4 卷 5 期。

5 月 13 日　沈祖荣自武昌启程赴北平,因适值平汉铁道不通,遂由海道至北平〔《校闻》,见《武昌文华图书科季刊》1 卷 2 期第 237 页〕。

5 月中旬　沈祖荣抵达北平。抵京后沈祖荣趋谒中华图书馆协会执行委员会主席袁同礼。袁同礼转交教育部第 60 号委任令(教育部长蒋梦麟委任沈祖荣为教育部部派代表)及津贴旅费 300元,并予以介绍各专家之信件,以便参观考察时不致有茫无问津之叹〔出处同上,又沈祖荣《参加国际图书馆第一次大会及欧洲图书馆概况调查报告》,见《中华图书馆协会会报》5 卷 3 期第 3 ~ 29页〕。

5 月 23 日　沈祖荣自北平启程,经西北利亚前赴罗马参加国际图书馆第一次大会,随身携带中国展品两巨箱〔沈祖荣《参加国际图书馆第一次大会及欧洲图书馆概况调查报告》,见《中华图书馆协会会报》5 卷 3 期第 3～29 页〕。

5 月 24 日　沈祖荣于上午 10 时抵沈阳,并会晤李小缘先生〔出处同上〕。

5 月 25 日　沈祖荣到达哈尔滨〔出处同上〕。

5 月 26 日　沈祖荣离哈尔滨前进〔出处同上〕。

5 月 27 日　沈祖荣到达满洲里,换乘苏联列车,并进入苏联国境〔出处同上〕。

本月　文华图书科校董会及代理主任沈祖荣前呈请教育部立案,已获教育部批准,以俟复察后,即为正式立案专门学校〔《校闻》,见《武昌文华图书科季刊》1 卷 2 期第 238 页〕。

又沈祖荣撰《在文华公书林过去十九年之经验》发表于《武昌文华图书科季刊》1 卷 2 期。

6 月 4 日　沈祖荣抵达莫斯科,至奥地利大使馆办理赴奥签证,并至列宁图书馆参观〔沈祖荣《参加国际图书馆第一次大会及欧洲图书馆概况调查报告》,见《中华图书馆协会会报》5 卷 3 期第 3～29 页〕。

6 月 10 日　沈祖荣安抵罗马〔出处同上〕。

6 月 14 日　沈祖荣等各国代表齐集设在意大利教育部的大会招待处报到注册。是晚为筹备大会,主席斯皮口(Cippico)请正式代表赴宴,各国公使以及意大利要员同来欢迎〔出处同上〕。

6 月 15 日　上午 9 时国际图书馆大会在意大利国会上下院内举行开幕式,意大利内阁总理致欢迎词,太子及罗马省长等到会,大会主席柯琳(Isak Collijn)致答词。11 时半开正式会议。午后 4 时半在柯斯尼美术院(Palazzi Corsini)开分组会议。同时意王接见正式代表〔出处同上〕。

6月16日　意大利代表自开团体会议,他国代表亦可加入〔出处同上〕。

6月17日　上午参观圣安基炮台(Castle St. Angelo)之博物馆展览会。下午4时半在柯斯理美术院开分组会议。5时半教皇接见各代表〔出处同上〕。

6月18日　上午参观意大利近代出版品与装订法展览。下午开分组会议及教育总长开欢迎代表会〔出处同上〕。

6月19日　上午意大利国会主席欢迎各国正式代表并参观国会图书馆。下午开分组会议,代表宣读论文。沈祖荣在图书馆事业总计组宣读或概述了中华图书馆协会所选论文5篇,即:戴志骞《现代图书馆之发展》、胡庆生《中国之图书馆员教育》、顾子刚《中国图书制度之变迁》、沈祖荣《中国文字索引法》,以及《中国图书馆今昔观》〔出处同上〕。

6月20日　是日在罗马近代美术院举行各国图书馆展览会,沈祖荣陈列所携两箱物品,晚罗马之工作告竣,即赴拿波力(Napoli)〔出处同上〕。

6月21~22日　在拿波力开展览会,并参观图书馆,后至西西里参观〔出处同上〕。

6月23日　在马提克省鲁开展览会,并参观图书馆与名胜〔出处同上〕。

6月24~25日　在佛罗伦萨参观〔出处同上〕。

6月26日　上午在佛罗伦萨举行但丁纪念图书馆落成典礼,下午参观〔出处同上〕。

6月27日　赴波罗拿(Bologna)和马典拿(Modena)参观〔出处同上〕。

6月28日　赴威尼斯参观〔出处同上〕。

6月29日　在威尼斯开讨论会〔出处同上〕。

6月30日　大会闭幕,国际图书馆协会名称改为国际图书馆协会联合会(IFLA)〔出处同上〕。

6月 沈祖荣撰《中文编目中一个重要的问题——标题》发表于《图书馆学季刊》3卷1、2期合刊。

7月至8月 沈祖荣在欧洲考察图书馆事业,先后参观考察了德国的德国图书馆(莱比锡)、普鲁士省立图书馆、柏林大学图书馆、通俗图书馆、科学改进社图书馆、柏林市立图书馆、孟力克工业高等学校图书馆,以及海惹斯所非司(Otto Harrasowitz)书店、海也司满(Jacob Hiersmann)书店、格司他夫法格(Gustav Foch)书店和德国出版界协会;荷兰的阿姆斯特丹图书馆、海牙图书馆、鹿特丹图书馆;英国的大英博物院图书馆、米氏图书馆(Michell Library)、中央大学图书馆、伦敦大学图书馆;法国的巴黎国立图书馆、巴黎美国图书馆、美国巴黎图书馆学校;瑞士的国际联盟图书馆、国际劳工局图书馆;俄国的列宁图书馆、莫斯科图书馆学校;奥地利的维也纳图书馆等等〔沈祖荣《参加国际图书馆第一次大会及欧洲图书馆概况调查报告》,见《中华图书馆协会会报》5卷3期,1929年12月〕。

8月 经教育部批准立案,文华大学图书科更名为私立武昌文华图书馆学专科学校,遂成为中国第一所独立的图书馆学专科学校〔《第二次中国教育年鉴》第五编第四章第298页〕。

9月1日 沈祖荣自欧洲归国〔沈祖荣《参加国际图书馆第一次大会及欧洲图书馆概况调查报告》,见《中华图书馆协会会报》5卷3期〕。

9月4日 沈祖荣至武昌文华公书林归视原职〔《国际图书馆大会代表沈君返国》,见《中华图书馆协会会报》5卷1、2期合刊第39页〕。

9月15日 华中大学在停办两年后于本日复办开学〔《本科消息》见《武昌文华图书科季刊》1卷3期第346页〕。

9月28日 沈祖荣向教育部呈报关于参加国际图书馆第一

次大会的报告〔沈祖荣《国际图书馆大会》,见《武昌文华图书科季刊》1卷3期〕。

10月 沈祖荣撰《国际图书馆大会》发表于《武昌文华图书科季刊》1卷3期第335～343页。

秋 沈祖荣与武汉大学诸教授相友善,因请该校诸专家演讲各科专门参考书之书目,其已讲过者如下:1.周鲠生《国际联盟及研究书目》,2.时召瀛《中国外交关系书目》,3.燕树棠《法学及法学之分类》,4.陈西滢《近代文学之趋势》。

又沈祖荣聘请武汉大学国学系李笠先生兼任文华图书科目录学教授,聘请徐家麟为图书馆学及图书分类法助教。

又沈祖荣以学贵切用,尤在实行,乃提议组织一编目股,将公书林旧有中国书籍40余箱,分类整理,股中一切计划、预算、采办材料用具、分配工作事宜,均由文华图书同学自动办理,地点确定在公书林三楼南端西室,每星期工作四小时,每人轮流作股长一次〔《本科消息》,见《武昌文华图书科季刊》1卷4期第473～474页〕。

又鉴于1930年5月16日为韦棣华女士来华30周年纪念,和文华公书林20周年纪念,文华图书科10周年纪念,文华公书林与图书科发起大规模之纪念。为此,文华公书林致函中华图书馆协会,内称韦棣华女士来华服务业已30年,特定于1930年5月16日在文华公书林举行纪念大会,函请中华图书馆协会协助进行。又称此次纪念大会所拟募捐6万元建筑韦氏博物馆,及募捐5万元为其手创之图书馆学校讲学基金之举,既可为韦女士之永久纪念,又藉能促进中国图书馆事业之发展,法良意美,国人自应尽量协助以促其成云云。其后不久,沈祖荣与全国各界名流132人共同启事,发起"韦棣华女士来华服务三十周年纪念大会"。并成立了以外交部王正廷为主席、汉口上海银行周苍柏为司库、汉口圣保罗座堂黄馥亭为书记,沈祖荣和孔祥熙等43人为委员的"韦棣华女士来华服务三十周年纪念募款委员会〔《韦棣华女士来华服务三十周年纪念大会启》、《韦棣华女士来华服务三十周年纪念募款委员表》，见《中华图书馆协会会报》5卷4期2~4页〕。

12月　沈祖荣撰《参加国际图书馆第一次大会及欧洲图书馆概况调查报告》发表于《中华图书馆协会会报》5卷3期。

又沈祖荣撰《国际图书馆大会述略——在汉口圣保罗大教堂讲演》发表于《武昌文华图书科季刊》1卷4期。

本年　沈祖荣译，（美）爱克斯（Susan Grey Akers）著《简明图书馆编目法》（文华图书科丛书之三）由文华图书科出版发行。

又沈祖荣著《编目规则》由文华公书林印行。

**1930年（民国十九年　庚午　先生46岁**

3月　《武昌文华图书科季刊》自2卷1期起改名为《文华图书科季刊》，并改直排为现代横排印刷。

又自春季开学后，文华图书科增设五门新课，由沈祖荣讲授《图书馆行政学》、毛坤讲授《中文书选读》、徐家麟讲授《特别图书馆》，其余两门课程由沈祖荣特聘武汉著名藏书家徐行可讲授《中国版本学》、罗晓峰讲授《索引法》。

又沈祖荣聘请武汉大学文学院长闻一多先生来校演讲《唐代的文学》，曾定夫医师演讲《公共卫生及书目》。

又沈祖荣聘请罗晓峰任文华图书科教职并兼任公书林流通部主任〔《本科消息》、《本科同门会消息》，见《文华图书科季刊》2卷1期第133~135页〕。

4月4日　文华图书科全体教职员与同学自早晨出发去参观汉阳兵工厂二厂及汉阳兵工专门学校，下午5时返校〔出处同上〕。

5月18日　因南昌江西省立图书馆在百花洲建筑新馆，规模宏大，计划周详，亦请中华教育文化基金会补助，基金会以此项调查非专家不可，乃特请文华图书馆学专科学校校长沈祖荣先生去南昌调查一切。为此,沈祖荣于本日自武汉起程赴南昌调查〔沈祖荣《调查江西省立图书馆报告书》,见《文华图书科季刊》2卷3、4期合刊第465～467页,1930年12月〕。

5月20日　沈祖荣抵南昌〔出处同上〕。

5月21日　沈祖荣在南昌询问江西省立图书馆馆长欧阳祖经及办事人员共10余人,并详细调查具体事宜〔出处同上〕。

5月22日　沈祖荣自南昌动身回鄂〔出处同上〕。

5月23日　沈祖荣抵汉〔出处同上〕。

5月25日　沈祖荣向中华教育文化基金董事会呈交《调查江西省立图书馆报告书》〔出处同上〕。

6月9日　文华图书馆学专科学校在文华公书林罗氏纪念厅举行立案后第1届毕业生毕业典礼,来宾逾百,湖北省教育厅长黄建中到校训话1小时,讲述中国目录学之源流变迁,次为杜定友演讲〔《本科消息》,见《文华图书科季刊》2卷2期第269～272页〕。

6月20日　文华图书馆学专科学校校董会19年年会在文华公书林举行,到会董事有陈叔澄先生、周苍柏先生、孟良佐主教、卢春荣先生、韦棣华女士、沈祖荣先生等6人。因路途遥远未及到会,来电指示提议各事之董事,有北平周诒春先生、袁守和先生、南京戴志骞先生、陈宗良先生、杭州冯汉骥先生等人。讨论议决各事如下:

1.沈祖荣代理校长报告一年来学校之办理情形。

2.讨论文华图书馆学专科学校以后进行之计划。议决:(A)由各董事分头劝募学校基金;(B)由校长酌量添聘教职员;(C)扩充校舍。或新购、或自建、或租赁。务于本年9月以前实现之;(D)添招新生。专门免费生10人,自费生若干人;讲习班免费生15人,自费生若干人。

3.讨论文华图书馆学专科学校与华中大学之关系。议决:文华图书馆学专科学校已于国民政府教育部立案,为办事便利起见,应行独立。惟课程方面可与华中大学协作一切。

4. 修改章程。议决:举孟良佐、陈叔澄、沈祖荣、卢春荣董事组织校董会章程修改委员会,起草修改章程,于 19 年 12 月开常会时提出通过。

5. 改选职员。结果:陈叔澄当选为会长、沈祖荣当选为书记、卢春荣当选为司库〔出处同上〕。

6 月　沈祖荣聘请杜定友来校演讲《新目录学之建设论》,连讲数日,并携其新著《校雠新义》十卷来校,供学者参看〔出处同上〕。

又沈祖荣撰《西欧图书馆之沿革》发表于《文华图书科季刊》2 卷 2 期第 257～262 页。

10 月 10 日　文华图书馆学专科学校于本日晚在校中开游艺大会,邻近居民来会者几上千人〔《本科消息》,见《文华图书科学刊》2 卷 3、4 期合刊第 475～481 页〕。

10 月 25 日　文华图书馆学专科学校全体师生及教职员家属40 余人,前往东湖参观武汉大学新校舍,约至中午 12 时左右举行野餐,其后登山玩水,下午 4 时半坐汽车返校〔出处同上〕。

11 月 30 日　文华图书全体师生于下午 1 时参观汉口竟成石灰窑和既济水电厂〔出处同上〕。

12 月 1 日　自 11 月 29 日至 12 月 5 日为文华图专纪念周。本日沈祖荣校长即席讲演文华图书馆学专科学校之历史,同时启用国民政府教育部颁发给文华图书馆学专科学校的钤记。师生闻得此项消息,莫不喜形于色,庆贺文华图专立案之成功及在中国教育界上取得之地位。当时并放爆竹三千,以祝典礼云〔出处同上〕。

12 月　文华图书馆学专科学校开始征集校歌。其《校歌征集条例》云:文华图书馆学专科学校以研究图书馆学服务社会为宗旨,校训为智慧与服务(Wisdom and Service),以求唤起爱校观念及求学精神,使知有所趋向云〔出处同上〕。

又沈祖荣撰《西文编目参考书》发表于《文华图书科季刊》2卷3、4期合刊第351~379页。

又沈祖荣撰《调查江西省立图书馆报告书》发表于《文华图书科季刊》2卷3、4期合刊第465~467页。

**1931年(民国二十年 辛未)先生47岁**

**1月18日** 沈祖荣于月初因患急性盲肠炎而住院割治,本日治愈出院。下午1时左右,先往同仁医院教堂内做感谢礼拜,参加者除文华图书馆学专科学校全体师生外,还有沈祖荣先生的亲朋多人。在出院前,学生们在同仁医院天井中高呼Ra! Ra! Ra! Boone! Boone! Boone! 并放鞭炮三千响,以资庆祝〔《本科消息》,见《文华图书科季刊》3卷1期第119页〕。

**2月** 沈祖荣出院后因身体尚觉软弱,遂在家休养〔出处同上〕。

**3月9日** 沈祖荣在休养月余之后,本日正式到文华图书馆学专科学校视事。一时师生重见,快乐异常,并开一会,以作欢迎〔出处同上〕。

**春** 文华图书馆学专科学校发起之韦棣华女士来华三十周年纪念会原定客岁五月十六日举行,不期会期将届而地面忽危,开会自属不便,不得已遂展期至今年。至于大会应有各事,去年虽多已筹备就绪,但因1930班同学均已毕业他之,而图书科复离大学而独立,故沈祖荣校长处于孤掌难鸣之地位,有不得不借助于新生之势。新生较往昔为特多,若早着手筹备,诸事定早完毕,不幸今春沈祖荣校长盲肠炎症大发,遂割治于医院,医养数月始庆复元,孰意祸不单行,沈校长甫愈而韦女士又病矣。韦女士因年高积劳之故,常感不爽但均不若此次之剧,计昏而复苏者数次,饮食难进,痦寐不安者多日,幸经良医诊治始得转危为安,并可坐起阅书矣。及此略有转机之时,沈校长即提议当组一纪念大会筹备委员会,并经全体师生选定沈祖荣、徐家麟、毛坤（以上教职员）、李蓉盛、李钟履（以上专科）、夏万元、董铸仁（以上讲习班）诸君为筹备委员，委员会即积极进行，其结果如下：

1. 纪念会日期及预定秩序。5 月 15 日夜举行庆祝游艺会，游艺项目包括：一、开会，二、校歌，三、铜乐，四、主席报告，五、双簧，六、国乐，七、魔术，八、口琴，九、滑稽歌，十、钢琴合奏，十一、歌舞，十二、新剧，十三、闭会。16 日上午开纪念大会，大会秩序如下：一、开会，二、奏乐，三、行礼，四、主席报告，五、讲演，六、馈赠礼物，七、摄影，八、闭会。中午在男生宿舍叙餐，下午参观武汉大学、黄鹤楼、抱冰室、省文图书馆及其他汉口等处。

2. 纪念刊物。经筹备议决《文华图书科季刊》第 3 卷第 2 期为纪念专号。

3. 分股任事。经筹备议决成立了总务股、文牍股、展览股、游艺股和交际股等五股以分别筹备有关事宜。其中沈校长之男女公子亦被约入新剧《我们的图书馆》中反串一二角色。

以上各项及募捐事宜进展颇为顺利〔《韦棣华女士来华三十周年纪念会筹备情形》，见《中华图书馆协会会报》第 6 卷第 5 期第 37 ~ 38 页〕。

又自入春以后，文华图书馆学专科学校屡次举行参观，如汉口大波楼（Hankow Club Library，又名西绅图书馆）、省立图书馆、英文楚报馆、圣教书局、中山公园等处，都由沈祖荣校长领导〔《文华图书馆学专科学校校闻》，见《中华图书馆协会会报》第 6 卷第 5 期第 39 页〕。

5 月 1 日　午饭后，沈祖荣校长带领全体学生在司徒厅练习校歌，12 时 55 分，韦棣华女士病逝于武昌私邸，享年七秩，消息传来，歌声立刻停止，一种紧张沉寂的空气充满了司徒厅，窒息的情绪紧紧压在多人的心头，沈祖荣校长首先打破这异常的沉寂说："我们的韦棣华女士，毕竟是死了！她！以全部生命牺牲在发展

300

中国文化事业上,今后的责任,未死的我们应当如何夫担负啊!希望你们要……继续地去努力你们的事功……开垦你们的新园地……也就是说——要秉着韦女士的遗志,发展中国文化教育,努力图书馆事业……"〔邓衍林《火葬》,见《文华图书科季刊》第3卷第3期第345~355页〕。

5月2日　上午,沈祖荣校长与全体师生及来宾在文华圣诞堂(Boone Chapel)举行韦棣华女士服务中国谢世殓殡礼。

殓殡礼后,沈祖荣校长代表韦棣华家族致谢词和报告韦女士生平小史。沈校长报告道:"……韦女士在'生命的源泉中'蕴着两大力量:1.她有坚强的宗教信仰,所以有纯洁的高尚的修养;2.她的思想中充满着'世界大同'的人生观,所以有乐于为人群服务,抱着满腔热诚来发展中国文化事业为己务的大无畏的精神,女士常说:'服务人群即是谋世界大同。'……"云云。下午韦棣华女士遗体遵其遗命被送往汉口日本火葬场举行火葬〔出处同上〕。

5月9日　沈祖荣率全体师生往汉口王宠佑博士家,参观私人图书馆〔《本校消息》,见《文华图书科季刊》3卷2期第279页〕。

本月　武汉教育界及图书馆界人士,为追念懿范,彰显潜德,特组织韦棣华女士追悼大会筹备委员会,事先布置一切。沈祖荣为筹备会捐洋拾元〔见《文华图书科季刊》3卷3期第408页〕。

6月5日　晚,文华图书馆学专科学校专科同学在公书林二楼罗氏纪念室开茶话会欢送讲习班同学,赴会者除专科及讲习班学生外,尚有教员及来宾七、八人。沈校长教员之致词、讲习班同学之答词,以及其他游戏茶点等,一时热闹非常,尽欢而散〔出处同上〕。

6月7日　武昌同门会为联络感情,增加友谊起见,于本日下午5时假座武昌男青年会开送迎茶话会。所谓送者,送1931年讲习班诸同学之毕业;所谓迎者,迎彼等将来之为同门会会员也。新旧同学与来宾 40 余人与会,沈校长等致词〔同上第 280 页〕。

6 月 13 日  韦棣华女士追悼大会于下午 1 时许在文华公书林司徒厅举行,团体代表及个人出席者六、七百人,由崔幼南先生主席,宣布开会,其秩序如下:1. 肃立,2. 行礼,3. 静默,4. 献花,5. 唱诗,6. 祷告,7. 主席报告,8. 沈祖荣先生代表筹备委员会报告筹备经过,及韦女士略史,并谓女士一生事业成功之要素有三,即坚忍、刻苦和信仰云云。9. 演说,黄建中教育厅长、武汉大学王世杰校长、中华大学陈时校长、华中大学韦卓民校长、吴主教、文华高中卢春荣校长、文华同门会代表张祖绅先生、文华图书馆学专科学校同门会代表桂质柏博士等相继演讲。10. 筹备委员会报告所收礼物,其中包括三十周年纪念会的报告和追悼会的报告〔董铸仁《韦棣华女士追悼大会纪略》,见《文华图书科季刊》3 卷 3 期第 361 ~ 366 页〕。

6 月 30 日  1931 年讲习班毕业典礼于下午举行,沈祖荣校长致词〔《校消息》,见《文华图书科季刊》3 卷 2 期第 280 页〕。

8 月初  武汉遭水,为灾浸巨。文华公书林一带地势较高,灾民纷往避难,官方并没有收容所。公书林楼上为救护医院所占,附近难民有两万余人,左右粪坑缭绕,恶味弥漫,不得已自 9 月 16 日停止阅览,直至 10 月 5 日始行开馆,文华图书馆学专科学校原定 9 月 14 日开学,亦不得已展至 10 月 5 日始行正式始业云〔《文华公书林与图书馆学校》,见《中华图书馆协会会报》7 卷 2 期第 13 ~ 14 页〕。

9 月  沈祖荣撰《韦棣华女士传略》发表于《文华图书科季刊》3 卷 3 期第 283 ~ 285 页。

又 Samuel T. Y. Seng 撰《Miss Mary Elizabeth Wood:The Queen of The Modern Library Movement In China》发表于《文华图书科季刊》(英文之部)3 卷 3 期第 8 ~ 13 页。又《文华图书科季刊》3 卷 3 期出版《韦棣华女士纪念号》。

10月　"九一八事变"发生后,文华图书馆学专科学校在校学生极端愤慨,于10月间开学后不久,即成立一抗日救国会〔《文华图书馆学专科学校近讯》,见《中华图书馆协会会报》7卷3期第48页〕。

11月　中央训练总监部及教育部合派李晖亚少校为文华图专加紧军事训练军事教官〔出处同上〕。

12月　沈祖荣聘文华图书科第一班毕业生桂质柏博士为图书馆学教授兼教务主任、讲授《西文目录学》、《西文书选评》等课程〔出处同上〕。

又文华图书馆学专科学校接受韦棣华女士之弟韦德生教父(Rev. Robert Edward Wood)之美意,组织一群育讨论会,于每星期二下午在校长沈绍期先生住宅举行,所讨论问题除关于道德及宗教者外,兼及于文艺及科学云〔出处同上〕。又文华图书馆学专科学校为崇德报功起见,特以每年五月一日,即创办人韦棣华女士逝世之日,定为"韦氏纪念日",举行纪念式,不放假〔《本校消息》,见《文华图书科季刊》3卷4期第575页〕。

本年　中华文化教育基金董事会为接受中华图书馆协会之请求,特允每年增加文华图书补助费3600元,其款以一部分聘置教席,余额将作为该校基本急需补助费云〔出处同上〕。

又文华图专为求适应实际的需要,特添设日文及法文学程,除法文学程,由学生到华中大学合班上课外,沈祖荣特聘在日本东京帝国商科大学毕业之高伯勋先生为日文讲师〔出处同上〕。

又中华图书馆协会执行委员会中三分之一委员袁同礼、李小缘、沈祖荣、杜定友、胡庆生五人于1月任满,当由全体执行委员推定李小缘胡庆生、沈祖荣、袁同礼、徐信符、杜定友、徐鸿宾、金敏甫、陈剑修等十人为候选委员。经全体会员之公选,结果任满之执行委员袁同礼、杜定友、李小缘、沈祖荣、胡庆生等五人全体连任,任期至民国23年届满。另沈祖荣继续担任检字委员会主席〔《中华图书馆协会第六年度报告》,见《中华图书馆协会会报》7 卷 1 期第 1 页〕。

## 1932 年(民国廿一年  壬申)先生 48 岁

2 月  一二八事变发生后,驻守在上海的十九路军奋勇抵抗日寇的侵略,国内同人,多与捐助,文华图书馆学专科学校教职员亦抽一月薪俸十分之一,学生则随意乐捐,至于校工,亦愿加入,集成捐款 150 余元寄往前方〔《校闻》,见《文华图书馆学专科学校季刊》4 卷 1 期第 103 页〕。

3 月 5 日  文华图专全体学生、教职员及其家属 40 人左右举行珞珈山远足。共分两队出发,第一队于晨 10 时步行前往,第二队于 11 时半乘武珞路长途汽车。会集于东湖之滨,约 12 时半举行野餐,由毛体六先生请客。3 时左右参观武汉大学图书馆,4 时半返校〔出处同上〕。

3 月 29 日  本日为韦棣华女士之胞弟韦德生教父六旬寿诞,武昌圣公会各团体为留永久纪念并谋韦教父修养行走之便,遂集资建一走廊由韦教父之住室直通圣堂,曰六旬桥。因韦教父为助于韦女士者甚多,文华图专师生借此机会,各献祝仪,加入是项庆祝会,教职员中由沈祖荣校长代表致祝词,学生中由于震寰代表致祝词焉〔出处同上〕。

3 月  《文华图书科季刊》自第 4 卷第 1 期起改名为《文华图书馆学专科学校季刊》,英文刊名不变。

春  文华图专自春季开学后增设研究部,专以收集关于图书馆学之著作,供全体师生之研究及编辑与出版事宜之用为目的。沈祖荣特聘徐家麟先生专任此职,以收速效〔出处同上〕。

4 月 17 日  文华图专学生鉴于民众教育之急需,本着服务社会之精神和发扬文化之宗旨,自动组织起两种工作:一是巡回文库,二是儿童主日学。这两项工作均自本日起实行。巡回文库流动车于每星期日下午巡回于武昌县华林附近及武昌城内各商店及团体机关。施行后借阅者非常踊跃。儿童主日学亦于每星期日下午召集三四十位可爱的小朋友,由学生教他们千字课、唱歌、游戏、卫生、故事等,同时也可以将儿童的书籍借给他们看,并且特制了小桌小凳供儿童使用〔赵福来《文华图书馆学专科学校学生服务组工作报告》,见《文华图书馆学专科学校季刊》4卷3、4期合刊第404～406页〕。

4月20日　沈祖荣校长为巡回文库第一次募捐捐银5元〔出处同上〕。

5月5日　本日为文华图书创办人韦棣华女士逝世一周年纪念日。下午2时,在文华公书林罗瑟室用教会仪式举行纪念会,到会者中西来宾约百余人。黄吉亭会长演说,历述韦女士来华为提倡文化事业经营缔造之苦心。开会至4时许,各用茶点后齐集于公书林东院,在文华图专北平同学会为卅周年纪念所赠之石质日晷前环立摄影而散〔《校闻》,见《文华图书馆学专科学校季刊》4卷2期合刊第221页〕。

6月18日　文华图专和华中大学于上午9时在文华圣诞堂共同举行毕业典礼,由鄂湘辖境吴孟两主教引领,凡有学位之教授与新毕业生,均穿礼服戴方帽,依次入室,所用礼节,颇为隆重,参观来宾亦极踊跃,同声歌唱,祈祷赞美,音乐节奏,极为动人。至10时许,又至文华公书林罗瑟厅,专为文华图专新毕业生举行毕业典礼,吴主教致训词,徐亮致答辞云〔出处同上〕。

6月　经中华图书馆协会本年度第一次执行委员会议决,沈祖荣被聘为图书馆教育委员会主席,徐家麟任书记〔《本年度第一次执行委员会议决案》,见《中华图书馆协会会报》8卷3期第13～14页〕。

又鉴于收藏古物善本,有关文化,迩来各大图书馆多有金石部善本部等之设立,提倡专设博物馆古物馆者亦大有人在,而此项专门人才甚感缺乏,沈祖荣校长特聘请湖北金石学专家易均室先生

（日本早稻田大学政治经济科毕业,曾任湖北省立图书馆馆长）担任《金石学》和《版本学》两门课程的教学,意在同学将来服务图书馆界时,或可为收藏古物鉴别板刻之一助〔《校闻》,见《文华图书馆学专科学校季刊》第4卷第3、4期合刊第400~404页〕。

夏 为改进图书馆教育方针,并促进图书馆事业发展起见,中华图书馆协会特委托沈祖荣先生自鄂经赣皖江浙等省至北平,沿途调查各图书馆一次,并得沈祖荣覆函,允于查修抵文华专校后即出发调查云〔《各省图书馆之调查》,见《中华图书馆协会会报》8卷3期第15页〕。

11月2日 沈祖荣为巡回文库第二次募捐捐洋5元〔赵福来《文华图书馆学专科学校学生服务组工作报告》,见《文华图书馆学专科学校季刊》4卷3、4期舍刊第405页〕。

11月9日 由韦德生教父之介绍,文华图专全体师生前往参观武昌南湖飞机厂之修理厂,并就便参观兰陵街之湖北省立图书馆〔《校闻》,见《文华图书馆学专科学校季刊》4卷3、4期合刊第401~404页〕。

11月23日 文华图专全体师生于午饭后渡江,参观汉口英文楚报馆(Central China Post Printing Plant)、汉口西商俱乐部(HankowClub,即大波楼)和圣教书局(Religious Tract Society Press)〔出处同上〕。

11月26日 文华图专全体师生于上午9时余出发,渡江至汉阳,参观汉阳兵工厂。继过襄河,在汉口聚餐。约3时余,前往王宠佑博士私宅,参观其所藏图书古物,黄昏而返〔出处同上〕。

12月6日 文华图专第二届毕业生王文山因事返里,特访母校。念王文山毕业后即任天津南开大学图书馆主任,后复留美深造,获政治学博士学位,本年暑期回国,任北平清华大学图书馆馆长,沈祖荣特约王文山于本日上午来校,向全体同学演讲《美国国会图书馆近况》,文长数千言,除将美国国会图书馆之沿革、设备、庋藏等项作精细之说明外,更详述其将来计划及参考工作之进行。下午复利用时间领导讨论,思想新颖,言辞丰富,大受同学之欢迎〔出处同上〕。

12月23日 中华图书馆协会执行委员会第三次会议议决,推定沈祖荣、袁同礼、王文山等30人为中华图书馆协会第二次年会筹备委员会委员〔《第二三两次执行委员会议议决案》,见《中华图书馆协会会报》8卷4期第17页〕。

12月底 前国立北平图书馆中文编目组长蒋慰堂先生,留德研究图书馆学数载,返国后于本月底来汉省视,沈祖荣特邀请蒋慰堂莅校参观,并演讲《德国图书馆情形与目录事业之进步》,闻者莫不欣然向往云〔《校闻》,见《文华图书馆学专科学校季刊》4卷3、4期合刊第401~404页〕。

12月 沈祖荣撰《国难与图书馆》发表于《文华图书馆学专科学校季刊》4卷3、4期合刊第223~234页。

本年 因桂质柏先生暑假中转任国立中央图书馆馆长,沈祖荣当即函请滞留美国之查修先生继任图书馆学讲座一席,查先生已允于9月底可以到校,不意临时发生变故,遂致一时不能返国〔出处同上〕。

又沈祖荣利用前韦棣华女士薪金预算聘定柯小姐(Miss Croswell)和殷小姐(Miss Ingram)二人来文华图专任教〔出处同上〕。

又文华图专为学生便于深造起见,得鲍士伟博士之赞助,进行向美国关系方面取得一种认许,将来文华图专毕业生即可直接入美国图书馆学研究院校,美国图书馆协会教育委员会秘书曾来函询索文华图专课程与组织等规章,沈祖荣校长均一一据实作复云〔出处同上〕。

### 1933年(民国廿二年 癸酉)先生49岁

1月21日 沈祖荣为章新民译《民众图书馆的行政》撰写序言。

年初　沈祖荣接文华基金董事会书记汪小姐（Miss Marian De C. Ward）函告,文华图书馆学专科学校在美国筹募之基金已达18,000美元,充任基金会董事者除汪小姐外,尚有克宁博士（Dr. J. M. Glenn）和鲍士伟博士（Dr. Arthur E. Bostwick）等〔《校闻》,见《文华图书馆学专科学校季刊》5卷1期第129~130页〕。

2月　应沈祖荣之聘,查修博士到文华图书馆学专科学校任教授,讲授《西洋目录学》等课程,并任研究及编纂部主任。查修为文华图专第一届毕业生,在清华图书馆服务有年,后在美国深造5年,获得图书馆学学士、硕士和博士等学位〔出处同上〕。

又沈祖荣校长委任查修博士组织文华图书馆学专科学校研究及编纂之工作后,查修当即草拟计划,并请沈校长聘定文华图专教授易均室、徐徐行、毛体六诸先生,特聘编纂员皮高品先生、学生代表于镜宇先生,以及查修本人为编纂委员会委员,沈校长则为当然委员。该委员会曾开会两次,第一次会议公推查修为主席,毛体六为书记,由此二君负责办理该委员会一切事务。第二次会议议决《暂定出版事宜则例》共九条,研究及编纂工作三项,即一、图书馆必须之工具（著作4部）,二、文华图专现在急需应用之课本（教材7部）,三、纪念册（《韦棣华女士在华致力图书馆事业三十年小史（英文本）》）〔查修《暂定本校研究及编纂工作之计划》,见《文华图书馆学专科学校季刊》5卷1期第127~128页〕。又沈祖荣向美国圣公会鄂湘教区吴孟主教请得美国差会之准,选派图书馆学专家克诺维女士（Croswell）于本年9月来校。沈祖荣又以本届同学行将毕业,不能领此教益,殊为可惜,乃在克女士到校之前,复求差会商请殷格荣女士（Ingram）来此暂代。殷女士品端学粹,和蔼可钦,在校助理一切,大慰所望云〔《校闻》,见《文华图书馆学专科学校季刊》5卷1期第129页〕。

3月　文华图专向有群育讨论,以为诸同学课外求知之一助。本学期开学至3月已举行两次群育讨论会,第一次沈祖荣请国立武汉大学教授陈祖源先生演讲《中国史籍节略》,第二次沈祖荣请华中大学黄秋圃院长演讲《教育意义》〔出处同上〕。

4月6日　沈祖荣受中华图书馆协会执行委员会主席袁同礼之函请,于本日自武汉起程赴平津冀鲁豫江浙等地调查图书馆及图书馆教育现况,藉为推进我国图书馆事业之一助。综计此次调查,有图书馆30所,分布于十余城中,往返费时一月,曾在三处对图书馆同志公开讲演,并会晤中外诸教育名流,如胡适博士、燕京大学代理校长高厚德博士(Dr. Howard Galt)、北京协和医学院顾临先生(Mr. Roger S. Greene)、齐鲁大学代理校长戴维士博士(Dr. J. L. Davis),以及蔡元培先生、叶恭绰先生、黄炎培先生等〔沈祖荣《中国图书馆及图书馆教育调查报告》,见《中华图书馆协会会报》9卷2期第1~8页〕。

4月7日　沈祖荣于本日下午抵开封。抵开封后在李燕亭先生的陪同下,先后参观了河南大学图书馆、河南省立图书馆和开封民众教育馆,并晤见河南教育厅长李甫连先生〔出处同上〕。

4月上旬　沈祖荣离开开封即赴定县,定县为晏阳初博士试验民众教育及乡村改造之地。沈祖荣曾与晏阳初博士及其同事瞿菊农博士晤谈〔出处同上〕。

4月中旬　沈祖荣离定县后,即赴北平。抵北平后,先后参观了北平图书馆、政治学会图书馆、清华大学图书馆、燕京大学图书馆、协和医学院图书馆、地质调查所图书馆、北京大学图书馆、北京师范大学图书馆、和辅仁大学图书馆,并会晤图书馆界同仁及中外教育名流多人〔出处同上〕。

又沈祖荣离北平后,即赴天津,参观南开大学图书馆、河北女子师范学院图书馆和北洋大学图书馆〔出处同上〕。

4月中旬　沈祖荣离天津后,即赴山东济南和青岛,参观山东大学图书馆等。再后转赴南京,参观金陵大学图书馆、国学图书馆、国立中央图书馆、中央政治学校图书馆、内政部图书馆、外交部图书馆、铁道部图书馆和国立中央研究院社会科学研究所图书馆〔出处同上〕。

5月6日　沈祖荣完成调查旅行返校,虽风尘仆仆,但毫无倦意,特向全体师生报告此次调查旅行之感想,报告着重我国图书馆进展中之好现象,本校毕业同学之成绩,与其他图书馆执行诸人士之贡献,暨图书馆成功在各个图书馆员努力诸点〔《校闻》,见《文华图书馆学专科学校季刊》5卷2期第249~251页〕。

6月17日　文华图书馆学专科学校于下午4时在公书林内罗瑟厅举行专科第十届毕业典礼,师生及来宾百余人到会。首由沈祖荣校长报告办理本届专科班两年之经过,大意谓适逢多事之秋,故艰苦备尝,此对于学校及毕业学生,俱不失为有价值之遭际云云。继由湖北省教育厅程厅长代表陈颖琨秘书、校董陈叔澄先生、孟良佐主教分别致词,毕业生赵福来作答词。随后用茶点,毕业式告终〔出处同上〕。

6月21日　文华图书馆学专科学校校董会年会在校董会主席周苍柏先生寓所举行。武汉方面校董吴德施主教、孟良佐主教、周苍柏先生、陈叔澄先生、卢春荣先生和沈祖荣校长均亲到赴会。省外校董袁守和先生、周寄梅先生、孙洪芬先生、戴志骞先生等均电请沈校长代表出席。沈校长于会中报告学校民国廿一年度种种经过,及四月间赴鲁冀豫江浙等省,代表中华图书馆协会调查各地图书馆情状,并接洽校事,所得结果外,更提出讨论下年招生问题、下年度预算案,文华图书馆学专科学校与美国差会关系之增进,暨其他关于校政之重要事件。各校董随即讨论一切,结果均甚为圆满〔出处同上〕。

6月　沈祖荣撰《图书馆所希望于出版界的》发表于《文华图书馆学专科学校季刊》5卷2期第133~138页。

8月4日　中华图书馆协会第二次年会第一次筹委会议于下午4时在国立北平图书馆召开,会议推定王文山、沈祖荣、袁同礼为大会主席团人员,推定分组讨论负责人员中包括图书馆教育组:沈祖荣主席、查修副主席、徐家麟、邓衍林书记等〔《第二次年会之筹备》,见《中华图书馆协会会报》9卷1期第12～15页〕。

8月28日　中华图书馆协会第二次年会在清华大学开幕,至31日闭幕。沈祖荣先生是否与会不详〔于震寰《中华图书馆协会第二次年会纪事》,见《中华图书馆协会会报》9卷2期第22～26页〕。

8月　沈祖荣撰《中华图书馆协会第二次年会图书馆教育组报告暨意见书》单行本出版。

焕文案:详见本书后附《沈祖荣先生著述目录初编》之一:学术著作部分本款目之注释。

9月　文华图书馆学专科学校学生,为贯彻服务社会宗旨起见,于开学初即组织"私立文华图书馆学专科学校学生服务团"(Boone Library School Student Service League),专门利用闲暇时间,办理巡回文库,以供给社会大众有益之读物为职责。并推定团长韦棣父,书记戴镏龄,会计沈校长、张鸿书,经费组委员刘子钦、李永安、邬学通,保管组委员程长源、李尚友、徐世俊,流通组委员余炳元、熊应文、丁浚,流通服务组服务团员则为全体同学。成立后屡向武汉市住户商家赠阅书籍,到处皆受热烈之欢迎〔《校闻》,见《文华图书馆学专科学校季刊》5卷3、4期合刊第505～511页〕。

10月11日　沈祖荣校长为扩充学生见闻,提倡研究学术兴趣起见,特请学术界名流,每隔两星期,在星期三下午对同学作公开讲演,并注重发问及自由式讨论,名曰"群育讨论会"。本日下午,沈祖荣请华中大学教授蔡尚思演讲《中国哲学之直接研究及客观批评》〔出处同上〕。

10月25日　沈祖荣请本校查修博士演讲《国际航空公法之趋势》〔出处同上〕。

10 月 26 日　文华图专在文华公书林二楼召开胡能显先生追悼会,藉表哀思。江陵胡能显为文华图专国文讲席及事务之任职,10 月 6 日因肠窒扶斯逝世。因胡能显生前为基督教信徒,故追悼会参用宗教仪式。沈祖荣校长致追悼词〔出处同上〕。

10 月　沈祖荣撰《中国图书馆及图书馆教育调查报告》发表于《中华图书馆协会会报》9 卷 2 期第 1 ~ 8 页,嗣又译为英文载于《Library Journal》Vol. 59, No. 81。

11 月 8 日　沈祖荣请武汉大学理学院长查啸仙演讲《我国科学之过去与未来》〔出处同上〕。

11 月 16 日　美国殷格兰女士(Ingram)到文华图专任教席已一年,因 11 月中旬患牙病,医生见其 77 岁高龄劝其休养,遂往北平,在其弟殷格兰先生所在某医院颐养。为表示诚意,文华图专全体师生于本日晚齐渡江往汉口平汉车站饯行,晚十时送其上快车后返校〔出处同上〕。

11 月 22 日　沈祖荣请华中大学社会学系陈淑元教授演讲《如何研究中国文化》〔出处同上〕。

12 月 6 日　沈祖荣请华中大学理学院长桂质庭博士演讲《近代物理学研究的什么?》〔出处同上〕。

12 月 20 日　沈祖荣请本校法文教授韩先生演讲演《圣诞节的意义》〔出处同上〕。

12 月　沈祖荣撰《我国图书馆事业之改进》发表于《文华图书馆学专科学校季刊》5 卷 3、4 期合刊第 261 ~ 266 页。

秋　严文郁自德国完成交换图书馆员之服务后回国,沈祖荣请严文郁校友返校演讲演《德国图书馆事业之现势》〔出处同上〕。

又沈祖荣、查修与同学 19 人到汉口四民路王宠佑家参观其私人藏书楼〔出处同上〕。

本年　中华图书馆协会执行委员会遵照第二次年会议决募集基金一案,推请沈祖荣等 20 人为募集基金委员会委员〔《中华图书馆协会第九年度报告》,见《中华图书馆协会会报》10 卷 1 期第 1~6 页。

又沈祖荣向中华图书馆协会募集基金委员会捐洋 15 元〔《募集基金消息》,见《中华图书馆协会会报》9 卷 5 期第 17 页〕。

又教育部曾两次派员视察文华图书馆学专科学校。第一次部督学锺道赟之报告云:"私立武昌文华图书馆学专科学校,设备完全,学生人数虽属不多,成绩尚优,堪称为国内图书馆教育之最高学府"。第二次视察员刘英士等之报告云:"查该校办理尚属认真,其所造就人才,颇能适应社会需要,殊堪嘉许。惟中文书尚觉缺少,亟应添购图书,或设法扩充实习机会,以利训练"〔《文华图书馆学专校得教育部嘉许及补助》,见《中华图书馆协会会报》10 卷 2 期第 31 页〕。

**1934 年(民国廿三年　甲戌)先生 50 岁**

1 月 18 日　沈祖荣为黄星辉著《普通图书编目法》撰写序言。

1 月　应沈祖荣校长之聘,加拿大英哥伦比亚人,加拿大温哥华英哥伦比亚大学教育学士,纽约市哥伦比亚大学图书馆学校学士,温哥华公立图书馆流通部职员,华码丽女士(Miss Mary Hamilton Watts of Vernon)到文华图专继殷女士之教职,任英文教员〔《校闻》,见《文华图书馆学专科学校季刊》6 卷 1 期第 157 页〕。

2 月 8 日　沈祖荣请湖北省政府张主席于下午 2 时在文华公书林大厅为华中大学、文华中学、私立希理达女校和文华图书馆学专科学校演讲《中国为什么要有国难及其解决的途径》,参加者 800 余人〔出处同上〕。

2 月 21 日　文华图专于下午 4 时在公书林召开华玛丽女士欢迎会,中西来宾 70 余人〔出处同上〕。

3 月 7 日　沈祖荣请华中大学教务长严士佳先生于下午 4 时来校演讲《中国职业问题》〔出处同上〕。

3 月 24 日　文华图专全体师生赴洪山珞珈山作踏青之游,并应皮高品主任之约参观武汉大学图书馆〔《校闻》,见《文华图书馆学专科学校季刊》6 卷 2 期第 377~380 页〕。

3 月　沈祖荣撰《谈谈图书馆员之生活》发表于《文华图书馆学专科学校季刊》6 卷 1 期第 1~9 页。

4 月上旬　沈祖荣请武汉大学吴其昌教授演讲《殷墟契文发现之历史与对于中国文化上之影响》〔《校闻》,见《文华图书馆学专科学校季刊》6 卷 2 期第 377~380 页〕。

4 月 19 日　沈祖荣请吴主教演讲《基督教能救中国么?》〔出处同上〕。

4 月 25 日　沈祖荣请武汉大学历史系教授郭斌佳博士演讲《历史为科学么?》〔出处同上〕。

5 月 2 日　文华图书馆学专科学校举行韦棣华女士逝世三周年纪念会,沈祖荣请曾兰友会长、康明德先生等讲韦女士生平〔出处同上〕。

5 月 8 日　沈祖荣请韦教父演讲《圣公会之历史》〔出处同上〕。

5 月 22 日　沈祖荣请中华大学政治教授吴子彬演讲《九一八事件之回顾》〔出处同上〕。

6 月 5 日　沈祖荣请收藏家徐行可演讲《四库提要类目》〔出处同上〕。

6 月 10 日　沈祖荣为鲍士伟著,徐家麟等译《世界民众图书馆概况》撰写序言。

6 月 15 日　文华图书馆学专科学校于下午 4 时举行第二届讲习班毕业典礼,首由沈祖荣校长叙述开设讲习班之经历,后由徐家麟教务长作学业报告,继为程教育厅长亲致训词,勉励有加,中华大学陈校长与孟主教亦以校董资格出席训词,末由丁浚同学起立答词致谢,礼毕,进茶点〔出处同上〕。

又湖北省立图书馆址向在武昌兰陵街,建自清光绪末年,后

314

30 余年惟是基址狭隘,房屋破旧,藏书日增,难敷发展,爰由湖北省政府会议决议另建一规模较宏之图书馆于省会蛇山公园抱冰堂附近。经张主席(岳军)聘定何成浚、王世杰、石瑛、夏斗寅、沈祖荣等 19 人为建筑委员会委员。本日建筑委员会召开第一次会议,推举李书城为主席委员,关于建筑工程,推缪思钊、沈祖荣、谈锡恩、李范一、程其保五委员先行设计,……〔《湖北省立图书馆建筑新馆之经过》,见《中华图书馆协会会报》11 卷 3 期第 29 页〕。

6 月　沈祖荣撰《世界民众图书馆专号卷头语》发表于《文华图书馆学专科学校季刊》6 卷 2 期第 149～150 页。

上半年　沈祖荣与范立煌先生等参观张文襄公所创办的湖北官书局、汉阳兵工厂等处〔《校闻》,见《文华图书馆学专科学校季刊》6 卷 2 期第 380 页〕。

9 月　沈祖荣聘美国教员斐锡恩女士(Grace D. Phillips)到校任职〔《校闻》,见《文华图书馆学专科学校季刊》6 卷 3 期第 542 页〕。

10 月 3 日　沈祖荣请文华圣诞堂李辉祖会长演讲《图书馆与人格教育》〔《校闻》,见《文华图书馆学专科学校季刊》6 卷 4 期第 704～707 页〕。

10 月 20 日　文华图书馆学专科学校于昙华林 13 号所建三层西式学生宿舍已落成,取名华德楼。本日下午 4 时举行落成典礼,来宾 100 余人。首由主席沈祖荣校长报告此楼建筑经费之来源,建筑之经过。次由孟主教报告此楼取名华德楼之故,盖所以纪念华德女士(Miss Marian De C. Ward)者。华德女士为韦棣华之老友,对于文华图专及公书林无不竭尽力量帮助发展,现尚任文华图专基金会董事,故因以纪念云云。次由毛坤先生报告与致谢各赠送礼物者,次由省教育厅程厅长夫人揭幕并宣读纪念词,次由李辉祖会长祝福,后茶点。6 时尽欢而散〔出处同上〕。

10 月 25 日　沈祖荣请国立武汉大学生物学系张镜澄主任演

讲《细菌与人生》〔出处同上〕。

10月27日　文华图专全校师生旅行至东湖及珞珈山,在东湖边野餐后,部分乘游船,驶游湖中中正亭,5时乘汽车返校〔出处同上〕。

11月14日　沈祖荣请华中大学代理校长黄秋圃演讲《中国现代教育应注意的几点》〔出处同上〕。

11月26日　沈祖荣在韦棣华女士旧邸为皮高品著《中国十进分类法》撰写序言。

12月5日　沈祖荣为皮高品著《中国十进分类法》撰写英文序言。

12月中旬　沈祖荣为戴镏龄译《图书馆的财政问题》撰写序言。

本年　沈祖荣校订之著作:1.(美)骆约翰亚当著,章新民译《民众图书馆的行政》;2.(美)鲍士伟著,徐家麟等译《世界民众图书馆概况》;3.戴镏龄译《图书馆的财政问题》;4.黄星辉著《普通图书编目法》等由武昌文华图书馆学专科学校出版发行。

### 1935年(民国廿四年　乙亥)先生51岁

2月16日　中华图书馆协会执行委员会委员中三分之一,袁同礼、李小缘、杜定友、沈祖荣、胡庆生五人均已任满。本日经全体会员正式选定执行委员会委员为袁同礼、杜定友、沈祖荣、李小缘、王云五(新任,廿七年任满)。后执行委员又推定袁同礼、洪有丰、刘国钧、沈祖荣、严文郁五人为常务委员,而袁同礼为主席〔《中华图书馆协会第十年度会务报告》,见《中华图书馆协会会报》10卷6期第3~7页〕。

2月　中华图书馆协会为纪念协会成立十周年暨向第二次国际图书馆大会提出论文,拟编题为《Libraries in China》之西文论文集,特约24名专家撰著论文,其中包括约沈祖荣撰写《中国图书馆员专门教育》〔《十周年纪念论文》,见《中华图书馆协会会报》

〔10 卷 4 期第 20 页〕。

3 月 10 日　鉴于中华图书馆协会委员长、国立北平图书馆馆长、文华图书馆学专科学校校董袁守和先生,赴欧美调查各国图书馆状况回国后,文华图专员生甚为渴念,沈祖荣专函奉请袁守和先生来校演讲。袁同礼来文华图专后曾演讲两次,本日演讲《欧美图书馆之新趋势》〔《校闻》,见《文华图书馆学专科学校季刊》7 卷 1 期第 163～164 页〕。

3 月 14 日　沈祖荣与文华图专全体师生为袁同礼先生饯别〔出处同上〕。

3 月　经沈祖荣校长函请,圣公会美国差会派请美国毕爱莲女士(Miss E. Eleanor Booth)到文华图专继华女士教职。华玛丽女士(Miss M. H. Watts)来校已近一年,因寒假期间与文华中学教员马休林结婚,遂辞去教职〔出处同上〕。

又沈祖荣请华中大学包鹭宾教授演讲《文心讨源》,武汉大学胡稼胎教授演讲《从哲学观点来探讨青年精神上的出路》〔出处同上〕。

又沈祖荣撰《谈图书馆专业教育》发表于《湖北教育月刊》2 卷 4 期第 66～75 页。

又中华图书馆协会聘定沈祖荣先生担任图书馆教育委员会主席、编目委员会委员和编纂委员会委员〔《中华图书馆协会职员表》,见《中华图书馆协会会报》11 卷 2 期第 9 页〕。

5 月 1 日　文华图书馆学专科学校于上午 8 时半在公书林罗瑟室举行韦棣华逝世四周年纪念式。沈祖荣校长主席,请文华圣诞堂李辉祖会长讲韦女士生平轶事,韦德生教父祷告,孟良佐主教祝福,选唱韦女士生前最喜唱之圣诗,以志哀悼〔《校闻》,见《文华图书馆学专科学校季刊》7 卷 2 期第 312 页〕。

5 月 22 日　教育部专员孙国封、谢树英到文华图书馆学专科学校视察,沈祖荣负责接待介绍,两人对文华图专办理情形及毕业同学在外服务之勤恳颇为满意〔出处同上〕。

春　沈祖荣请湖北省立图书馆谈锡恩馆长演讲《宇宙间人生之意义与价值》,华中大学陈淑元教授演讲《目前中国文化运动问题之检讨》,武汉大学吴其昌教授演讲《十世纪来中国私家藏书之沿革及其所培造的学风》〔出处同上〕。

6月15日　Samuel T. Y. Seng 撰《Looking To the Future》发表于《文华图书馆学季刊》(英文之部)7卷2期第313～314页。

焕文案:《文华图书馆学专科学校季刊》自7卷2期起添设"英文之部"."中文之部"的目的在于介绍外国的新学说及新方法到中国来,而"英文之部"则把我国的图书馆界情形介绍给外人知道。

6月20日　文华图书馆学专科学校于下午3时举行1935级毕业典礼,首由教务主任徐家麟先生领导全体毕业生列队入礼堂,行礼如仪后,即由李辉祖会长祷告,次由沈祖荣校长报告本期办理经过及先后毕业生在外服务状况,经由来宾演说,末由本届毕业生汪应文答辞,韦德生教父祝福,茶点后教会已5时半矣〔《校闻》,见《文华图书馆学专科学校季刊》7卷3、4期合刊第564页〕。

7月　沈祖荣撰《民众图书馆管理法》发表于《现代民众》1卷12期第2～6页。

8月24日　沈祖荣结束休假,自庐山牯岭返校〔《校闻》,见《文华图书馆学专科学校季刊》7卷3、4期合刊第565页〕。

8月25日　文华图专教务主任徐家麟经校资助拟自武汉动身赴哈佛大学深造,武汉同学发起共同在武昌青年会宴饯行,沈祖荣校长参加,席间并谆谆赐训。徐家麟之职称则由沈祖荣聘毛体六暂行代理〔出处同上〕。

8月　文华图专法文教员瑞典韩德霖先生返国,沈祖荣聘留法硕士张春蕙先生继任该课〔出处同上〕。

9月　沈祖荣向文华图书馆学专科学校学生服务团巡回文库

捐银5元〔出处同上〕。

10月1日　湖北省立图书馆奠基典礼于上午10时在武昌抱冰堂侧隆重举行,沈祖荣等及各教育机关主管人员共200余人参加仪式〔《湖北省立图书馆奠基礼志》,见《中华图书馆协会会报》10卷2期第51页〕。

11月15日　沈祖荣为《文华图书馆学专科学校季刊》7卷3、4期合刊《世界各国国立图书馆概况专号》撰写序言。

12月　沈祖荣撰《世界各国国立图书馆概况专号序言》发表于《文华图书馆学专科学校季刊》7卷3、4期合刊第319~320页。

本年　沈祖荣撰《中国图书馆员专门教育》(英文)发表于中华图书馆协会编《Libraries in China》论文集之中。

### 1936年(民国廿五年　丙子)先生52岁

1月12日　沈祖荣奉去年冬蒋院长召集各省市专科以上学校校长及学生代表赴京聆训之令率学生代表顾家杰自汉启程赴京〔《校闻》,见《文华图书馆学专科学校季刊》8卷1期第139页〕。

1月14日　沈祖荣和顾家杰抵南京。其后参加蒋院长聆训〔出处同上〕。

1月20日　沈祖荣和顾家杰返回武昌〔出处同上〕。

2月10日　沈祖荣在纪念周会场中将聆训经过情形及蒋院长训话大意,转告文华图专全体教职员及同学,娓娓达两小时,听者颇为动容云〔出处同上〕。

2月29日　《厦大图书馆馆报》1卷5期封面页采用沈祖荣题写之刊名。

2月　文华图专自1934年秋起增设《中文档案管理》和《西文档案管理》两门课程以后,对于是项研究,积极进行,不遗余力。本月除大量扩充设备外,沈祖荣校长又聘文华图专毕业生程长源任文华图专档案管理员,将学校所有档案施以科学管理,藉作教学上之试验。程长源曾任浙江兰溪实验县政府管卷室主任科员,并以其两年所得之经验,著有《县政府档案管理法》一书〔出处同上〕。

又文华图专以国难煎迫,非整起精神,不足以言救国,而健全之精神,实寓于健全之身体,因于去年秋起,除军训国术看护卫生救火练习外,师生厉行早操,并自本学期起,全体教职员亦加入国术训练〔出处同上〕。

3月1日　湖北省政府杨主席以各校教职员长袍马褂精神上殊不振作,因谕令各级学校教职员一律改着短装,以资整齐。文华图专奉令自本日起,师生均着短装〔出处同上〕。

3月14日　本日下午武汉所有学校悉在武昌城内蛇山上植树,文华图专全体师生参加。植树后,即由沈祖荣校长带领赴抱冰公园饮茶。后又由沈校长提议去爬洪山,以试脚力。结果除一二人外,全部男女同学均以最快速度登至极顶。下山后即在洪山村店中晚餐,香美愉快,实难描述云〔《校闻》,见《文华图书馆学专科学校季刊》8卷2期第275～278页〕。

3月30日　文华图专为准备意外起见,特由军事教官谢复华和看护士美国蒋美德女士领导全体师生于下午在校举行救火及看护演习〔出处同上〕。

4月5日　文华图专师生乘春假之便结队旅行武昌青山。晨自武昌汉阳门乘长途汽车,约1小时即达。中午野餐店,参观爱的学园及农村小学,下午4时乘车返校〔出处同上〕。

4月23日　孟良佐主教之夫人逝世,文华图专全体师生前去慰问吊唁〔出处同上〕。

4月25日　文华图专师生全体参加孟良佐主教夫人殡葬典礼〔出处同上〕。

4月　中华教育文化基金董事会派秘书林伯遵先生及特约视察员万册先生到文华图专视察,由沈祖荣校长逐事加以说明,林氏对于文华图专档案管理之法特感兴趣,于其他各事亦表示满意,故本年该基金会又通过文华图专之补助费15000元〔出处同上〕。

5月1日 文华图专全体教职员学生,及韦棣华女士亲友等在文华圣诞堂举行韦棣华女士逝世五周年纪念,诚恳祷告,并由李辉祖会长讲道志哀〔出处同上〕。

5月15日 文华图专基金会董事会干事孙洪芬先生偕同董事顾理治(Harold J. Coolidge, Jr.)先生到文华图专视察,沈祖荣校长引导视察,并逐事加以说明〔出处同上〕。

5月31日 文华图专全体师生赴汉口圣保罗教堂参加孟良佐主教夫人追悼大会,同时并各捐助款项纪念孟师母,以便发展青山之爱的学园〔出处同上〕。

又文华图专武汉同门会在汉口江汉路广州酒家开本学期第二次常会,并请沈祖荣校长及沈师母参加指导,故大家异常愉快〔出处同上〕。

6月15日 中华图书馆协会执行委员会于本日下午4时在国立北平图书馆召开第三次年会筹备会议,会议议决先设总委员会、论文委员会和招待委员会等三委员会,并推沈祖荣等37人为年会总委员会委员,推沈祖荣为图书馆教育组主任。筹备会议还议决在年会闭幕后设一民众图书馆讲习会,授课三星期,并请沈祖荣、刘国钧、严文郁、吴光清、莫余敏卿五人,组织一委员会,拟具具体计划〔《第三次年会之筹备》,见《中华图书馆协会会报》11卷6期第26~26页〕。

6月20日 文华图专于下午3时举行1936级毕业典礼,计到中外来宾100余人,行礼后,首由沈祖荣校长报告开会宗旨,次由教务长毛坤报告教学状况,继由国立武汉大学校长王抚五先生及美国圣公会鄂湘教区主教吴德施等训词,末由毕业生代表胡廷钧答词,5时茶点散会〔《校闻》,见《文华图书馆学专科学校季刊》8卷2期第275~278页〕。

6月30日 文华图书馆学专科学校校董沈祖荣等在汉口特

三区中华圣公会举行校董会,主席周苍柏,议决要案多起,如加办讲习班、改造学生宿舍、下年度预算、改订校董会集会时期、改选任满校董及职员等〔出处同上〕。

春 沈祖荣请湖北省立民众教育馆馆长王育之演讲《广西省民团及乡教情形考察记》,请华中大学化学系主任陈序庠演讲《工业化学及与国防之关系》〔出处同上〕。

7月中旬 沈祖荣校长和沈师母及其男女公子沈宝环、沈培凤、沈宝琴自武汉起程赴山东青岛,参加中华图书馆协会第三次年会〔《同门消息》,见《文华图书馆学专科学校季刊》8卷3期第432页〕。

7月19日 中华图书馆协会执监委员会在青岛山东大学举行临时联席会议,大会主席团推定叶恭绰、袁同礼、马衡、沈兼士、沈祖荣、柳诒征六君。提案审查委员会委员推定:一、行政组,柳诒征、田洪都、姚金绅、严文郁;二、分类编目索引组,何日章、皮高品、钱亚新、陈训慈;三、民众教育组,沈祖荣、毛坤、李文裿。各组各员即分开审查会,午夜始报罢,筹备之事项,于焉告终〔李文裿《写在第三届年会之后》,见《中华图书馆协会会报》12卷1期第1～5页〕。

7月20日 中华图书馆协会第三次年会暨中国博物馆协会年会联合年会于上午9时在山东大学礼堂举行开幕典礼,到会会员及来宾150余人,其中协会会员131人,文华图书馆学专科学校师生和校友代表占五分之一(除沈祖荣、沈师母及其男女公子外,共有26人)。主席叶恭绰、司仪李文裿,行礼如仪。主席致开幕词后,青岛市长沈鸿烈、山东大学校长林济青、青岛教育局长雷法章、及来宾胶济路委员长葛光庭相继致词,最后由马衡代表联合年会致答词。末摄影散会。下午2时,联合演讲会在科学馆大讲堂举行,主席叶恭绰,沈鸿烈市长演讲《青岛市政各项建设》。其后分开讨论会。晚6时半,青岛市长沈鸿烈在迎宾馆宴请全体会员

〔出处同上〕。

7月21日　上午8时在科学馆大讲堂召开演讲会,主席严文郁,一、沈祖荣演讲《公立图书馆在行政及事业上应有之联络》,二、陈训慈演讲《天一阁之过去与现在》,三、侯鸿鉴演讲《漫游青甘宁之感想》,四、皮高品演讲《关于分类之几点意见》。9时半开联合演讲会,11时至12时宣读论文。下午2时至4时召开讨论会,主席沈祖荣,共议决议案40项,其中关于图书馆教育者5项、民众教育者6项、推广事业者10项、划一分类法者6项、编印各科书目者7项、目录排检及索引者2项、其他4项。下午4时至6时两会合组讨论会。晚6时,山东大学校长林济青在第三校舍宴请全体会员。饭后续开讨论会至午夜始毕〔出处同上〕。

7月22日　上午9时在科学馆大讲堂召开讨论会,主席沈祖荣,讨论教育部交议之8项议案。下午2时续开会务会于科学馆大讲堂,主席袁同礼。下午4时举行闭幕式,仍由叶恭绰主席,致闭幕词后,由严文郁报告中华图书馆协会分组讨论会经过,马衡报告博物馆协会讨论会经过,袁同礼、马衡再分别报告两会会务情形,沈祖荣报告教育部提交议案讨论之经过。其后临时动议议决2项,至是联合年会遂告圆满闭幕〔出处同上〕。

7月23日　参加中华图书馆协会第三次年会的全体会员参观青岛市区建设。上午8时于细雨微风中乘市政府招待处所备汽车出发,所至各处有:市政府、接收纪念亭、市礼堂、前海栈桥(回澜阁)、西镇办事处、平民住所、船坞、第三码头、观象台、工商学会、海滨公园、水族馆、汇泉海水浴场、第一公园、体育场、市立中学、湛然寺、太平角公园、汇泉废垒。下午6时,全体会员公宴青岛市各长官于迎宾馆,宾主尽欢而散〔出处同上〕。

7月24日　参加中华图书馆协会第三次年会的文华图专校友近30人于中午在山东大学食堂会餐,一面为聚谈,一面为欢请沈校长沈师母及其男女公子。餐前摄影,餐后举行谈话会,异常快乐美满。晚7时,服务青岛之校友陈颂女士在青岛咖啡店招待赴会同学及沈校长沈师母及其男女公子〔《同门消息》,见《文华图书馆学专科学校季刊》8卷3期第432~433页〕。

7月底 沈祖荣沈师母及其男女公子在青岛开会后,略住数日即起程赴天津。到天津后,天津校友闻讯,立即全体出动,引领沈校长沈师母等各处游玩,一切甚为尽兴〔出处同上〕。

8月初 沈祖荣等离津抵北平开会。抵平后,平地校友更多,事先已各有准备。除诸校友公请公宴外,各校友及其夫人每日分别赴沈校长沈师母住处,引导出外游玩,甚为热诚殷切〔出处同上〕。

9月 沈祖荣撰《公立图书馆在行政上及事业上应有之联络》发表于《工读半月刊》1卷10期第311~313页;又发表于《图书周刊》第82期。

又因文华图专开办讲习班,校务增多,沈祖荣增聘汪长炳回校任教务主任兼教授职务。汪长炳自文华图专毕业后在国立北平图书馆服务多年,后赴美留学,获哥伦比亚大学图书馆学硕士学位,毕业后任哥伦比亚大学图书馆中文部主任、美国国会图书馆东方部特约顾问。毛坤除受课外,专任研究部及出版之事,以图收分工合作之效〔《校闻》,见《文华图书馆学专科学校季刊》8卷3期第429页〕。

又文华图专美籍教员斐锡恩女士因病回国,沈祖荣校长改聘美国赫露斯女士(Miss Ruth A. Hill)代替其职位。沈祖荣又聘熊寿农(中华大学文学士,日本东北帝国大学研究所所长)任日文讲师,聘崔少南为会计〔出处同上,又《文华图书馆学专科学校近讯》,见《中华图书馆协会会报》12卷2期第37~38页〕。

又自开学后,文华图专于操场上立一国旗旗杆,每日早晨7时升旗,下午5时1刻降旗,旗之升降,派定全体同学分班轮流司理。升降旗时,齐着制服,随唱升旗歌,颇呈庄严之概。每日早升旗后上早操一刻钟,教职员均一律参加,毛体六每日到操场极早,以资倡率,沈祖荣校长教操之声,颇为宏亮〔《校闻》,见《文华图书馆学专科学校季刊》8 卷 4 期第 599 页〕。

10 月　沈祖荣撰《中华图书馆协会第三次年会图书馆教育委员会报告》发表于《中华图书馆协会会报》12 卷 2 期第 1～2 页。

12 月　沈祖荣撰《公立图书馆在行政上及事业上应有之联络》发表于《中华图书馆协会会报》12 卷 3 期第 1～3 页。

下半年　为庆祝蒋委员长寿辰,文华图专中西教员捐购飞机款 60 元,学生捐 180 元。为慰劳绥远军士,中西教员捐一日所得共 50 元,学生捐 87.12 元。沈祖荣又向文华图专巡回文库捐洋 5 元〔《校闻》,见《文华图书馆学专科学校季刊》8 卷 4 期第 599～603 页〕。

又沈祖荣校长请华中大学教授胡毅博士演讲《从心理学的立场上来讨论图书馆阅览办法》,华中大学理学院杜质庭博士演讲《最近游美的感想》,华中大学教授游国恩演讲《宋王荆公新法的检讨》,武汉大学教授刘乃诚博士演讲《科学管理与图书馆管理》、文华图专校董中华圣公会鄂湘辖境主教吴德施主教演讲《交友之道》〔出处同上〕。

本年　沈祖荣先生之男女公子沈培凤和沈宝环加入中华图书馆协会〔《会员简讯》,见《中华图书馆协会会报》12 卷 1 期第 19 页,又《二十五年度会员总数及新增会员名单》,见《中华图书馆协会会报》12 卷 5 期第 13 页〕。

### 1937 年(民国廿六年　丁丑)先生 53 岁

2 月　文华图书馆学专科学校全体师生向国民政府林主席蒋院长致电贺年,电文如下:"国民政府林主席行政院蒋院长钧鉴,新春伊始,举国欢腾,公等表率群伦,勋猷德懋,奠党国于苞桑,登斯民于衽席,沐浴仁政,感激无似,谨此电贺,并祝安康,武昌文华图书馆学专科学校校长沈祖荣率全体师生同叩。"〔《文华图书馆学专校电林蒋贺年》,见《中华图书馆协会会报》12 卷 4 期第 36 页〕。

又严文郁藉家假由北平回湖北汉川故里省亲过年之机,到母校文华图书馆学专科学校拜访参观。到文华图专时适逢沈师母姚翠卿生辰,遂在沈府祝寿联欢〔《校闻及同门消息》,见《文华图书馆学专科学校季刊》9 卷 1 期第 145~147 页〕。又美国哈佛大学中日文图书馆主任裘开明博士于回国休假之便特回母校文华图专,并在此停留五日,与沈祖荣校长、毛坤、汪长炳等商讨学校进行之事,费时甚多。开学第一次纪念周,裘开明出席讲演,辞意恳挚,员生均为感佩云〔出处同上〕。

又沈祖荣校长为增进学生博物馆学识起见,特请新由美国来华之谢福德(Richard D. Shipman)担任博物馆学讲座。谢福德在美国研究博物馆学多年,学识渊博,经验丰富,听课者甚众〔《文华图书馆学专校增博物馆讲座》,见《中华图书馆协会会报》12 卷 5 期 34 页〕。

3 月 26 日　因韦棣华女士之弟韦德生教父将回美休例假一年,文华图专师生、校友及来宾在华德楼开会欢送韦德生教父,孟主教和米德先生等先后致词,会后并赠送礼物〔《校闻及同门消息》,见《文华图书馆学专科学校季刊》9 卷 2 期第 303~305 页〕。

4 月 10 日　在武汉服务的文华图书馆学专科学校校友在汉阳伯牙台召开例会,讨论同门会会务,其中第二项为:"今年七月廿五日为沈校长五旬生辰,一致赞成毛坤同学之提议,即由各地同学捐款千元,帮助学校扩充校会,藉以纪念沈校长。捐款方法以每人月薪一月十分之一为原则,或多或少,仍可自由,并愿全体加入为此事之发起人。"〔出处同上〕。

4 月　中华图书馆协会为在首都与中国各学术团体建筑联合会所,自 4 月间开始募捐建筑经费。其后沈祖荣募得捐款 44 项,共计 52 元,其中沈祖荣捐洋 4 元、沈宝环捐银 1 元、沈培凤捐款 1

元〔《捐募建筑费志谢》,见《中华图书馆协会会报》12 卷 6 期第 13
～22 页〕。

5 月 8 日　文华图专专科一年级同学,遵照部章,须参加湖北
省集中军训两月。文华图专教职员及留校同学于本日下午 7 时在
宿舍华德楼举行欢送会。首由彭道襄女士主席致欢送词,次沈祖
荣校长、汪长炳教务主任致训词。随有游艺表演,节目甚多。最后
分送茶点,并赠受军训各同学精装日记簿一册,以志纪念〔《校闻
及同门消息》,见《文华图书馆学专科学校季刊》9 卷 2 期第 303 ～
305 页〕。

春　为学生实习起见,美国谢福德先生在为文华图专学生讲
授《博物馆学》时,爰在华德楼举行展览两次,计分五展览室。陈
列物品有古玉器、古漆器、文房古玩、古钱、古印、古器拓片、辛亥起
义遗物、版本书影、动植物标本、化石、古砖、各家书画,及文华图专
同学服务区域地图,和国内外各大图书馆照片等。计到本地学术
界名流及中西男女来宾参观者数百余人。全体员生接待领导,参
观后,茶点由沈师母主持一切。亦有来宾临时赠送纪念品者,如湖
北前财政厅长沈肇先生赠汉瓦名拓一纸,湖北禁烟特派员钟可托
先生赠光复时黎元洪总统所发勋章一枚,李辉祖会长采赠福建鼓
山石龟二颗等〔出处同上〕。

又教育部视察专员谢树英先生来文华图专视察,由沈祖荣校
长引至各部分视察,至实习室内,对于用教育补助费所添之钢制档
案文件橱、地图柜、中英文打字机、及装订机件等新颖合用、陈列得
宜,颇为嘉许〔出处同上〕。

又特派员钟可托先生来鄂主持禁烟工作,省会人士,极为欢
迎。沈祖荣特请钟先生来校为群育讨论会演讲《以毒攻毒》,其演
讲对于政府禁烟之决心及计划词意恳挚,听者均为动容〔出处同
上〕。

又文华图专员生利用春假之便全体前往武汉附近的名胜之地

金口,参观金口闸及国营农场,凡到之处,均有专人指导,藉以知国家复兴农村计划之努力〔出处同上〕。

又因本年7月25日为沈祖荣校长50寿辰,各地同学以沈校长20余年来尽瘁校务,广掖后进,殊具苦心,不为扩大之纪念,无足以彰培植之恩,爰有京津平沪各地同学多人发起纪念办法,对于武汉同门会所提具体募款庆祝办法,均一致赞成,并愿列名发起,并着手准备印发发起人启事〔出处同上,又《文华图书馆学专科学校消息一束》,见《中华图书馆协会会报》12卷6期第31页〕。

7月7日　抗日战争爆发。

### 1938年(民国廿七年　戊寅)先生54岁

6月　因武汉外围战事激烈,文华图书馆学专科学校奉令由武昌迁渝,自本月底起,即准备一切,开始西迁。沈祖荣校长、汪长炳教务长和毛坤教授三人,先到重庆筹划临时办公地点,经多日之努力,始在石马岗川东师范大礼堂内办公的国立中央图书馆筹备处借得房屋一间,设立办事处,积极筹备开学及招考新生事宜。沈祖荣校长等抵渝后,在渝服务的文华图专毕业生特为校长沈祖荣先生设宴洗尘,席间对于文华图专将来之发展,及目前图书馆事业之推进,多有所商讨〔《文华图书馆学专科学校迁渝招生》,见《中华图书馆协会会报》13卷2期第21页;又《文华图书馆学专科学校由鄂迁渝后工作概况》,见《中华图书馆协会会报》13卷5期第22~23页〕。

7月　沈祖荣等在设立了办事处之后四处寻觅校址,进行十分困难,后经各方接洽,始获得求精中学当局之同意,借予一部分房屋。求精中学校址在重庆曾家岩,地位宽敞,风景清幽,环境甚为适宜,但因其他学校,如南京金陵大学、汇文女中、教育部电化人员训练班等校,均假求精中学上课,房屋颇不敷用,因此,沈祖荣等又多方设法,于求精中学院内空地,自建西式单层新屋一座,作为教室、办公室、及图书阅览室之用。而学生之宿舍、餐堂、盥洗室、

328

操场等则借用求精之场所〔《文华图书馆学专科学校由鄂迁渝后工作概况》见《中华图书馆协会会报》13卷5期第22~23页〕。

8月9日　文华图书馆学专科学校陆续将重要文卷、图书、机件、用品等西迁至重庆。该校教职员除少数兼任教员未予续聘,职员中决定一人留守外,其余均在此两月间陆续抵渝,学校的各项工作,至是乃逐渐恢复〔出处同上〕。

10月　上年教育部通令专科以上学校,应就所习学科相近者兼办社会教育,文华图专早已注意及此,学生巡回文库成立迄此,已历八载有余。迁渝后,沈祖荣在重庆郊外歌乐山第一儿童保育院内,先设阅览室一所,专供该处数百难童阅览之用,文华图专出资购书,并雇员常住院内工作。沈祖荣等不以此自满,复思在市内继续办理巡回文库,及服务伤兵等工作,以裨益抗战,嘉惠市民,遂于本月散发《武昌文华图书馆学专科学校学生服务团巡回文库征募书报捐款启事》〔《文华图书馆学专科学校由鄂迁渝后工作概况》,见《中华图书馆协会会报》13卷5期第22~23页〕。

又沈祖荣交纳中华图书馆协会会费25元,成为中华图书馆协会永久会员〔《会费》,见《中华图书馆协会会报》13卷3期第19页〕。

又中华图书馆协会自9月加入设于重庆的中国教育学术团体联合办事处后,因接该处拟于双十节在重庆举行中国教育学术团体联合年会(后因筹备不及改期),并函请派负责代表出席联合年会筹备委员会的通知,遂决定与各教育学术团体举行联合年会(中华图书馆协会第四次年会),并于10月间推请沈祖荣、蒋复璁、洪范五三理事为代表出席参加筹备〔《本会第四次年会筹备及经过报告》,见《中华图书馆协会会报》13卷4期第13~15页〕。

又中国教育学术团体联合年会筹备委员会自10月9日至11月20日间共开会七次,议决联合年会定于11月27日在川东师范学校礼堂举行等多种事项,沈祖荣先生多有出席〔出处同上〕。

11月10日　沈祖荣于上午10时召集在渝中华图书馆协会会员金家凤、金敏甫、汪长炳、汪应文、钟发骏、毛坤、孙心磐、张吉辉、岳良木、于震寰等在文华图专沈祖荣校长公馆举行座谈会,讨论中华图书馆协会第四次年会筹备事宜〔出处同上〕。

11月26日　中华图书馆协会理事监事联席会议于下午6时在重庆都城饭店举行,会议讨论通过有关举行中华图书馆协会第四次年会的各有关事项共15条,其中第2条为推定沈祖荣一人代表中华图书馆协会参加联合年会主席团;第3条推定分组职员,其中事务组推定沈祖荣、洪范五、彭用仪、汪应文、于震寰五人负责办理文书会计等事宜;第11条,报上年会专刊应用论文,请金敏甫、沈祖荣、毛坤三先生各撰一篇,沈文题为《图书馆教育的战时需要与实际》,金文题为《抗战建国期间的政府机关图书馆》,毛文题为《建国教育中之图书馆事业》〔出处同上〕。

11月27日　中国教育学术团体联合年会暨中华图书馆协会第四次年会于上午10时在重庆新市区川东联立师范学校礼堂举行开幕式,其后摄影留念。下午2时至5时作会务报告,共有12个学术团体联席作会务报告,沈祖荣代表中华图书馆协会作会务报告〔《本会第四次年会参加中国教育学术团体联合年会会序》,见《中华图书馆协会会报》13卷4期第8~9页〕。

11月28日　上午9时半至12时联合年会宣读论文,下午2时至6时分组审查议案,沈祖荣等协会会员参加第三组——社会教育、图书馆及电影组的议案审查〔出处同上〕。

11月29日　联合年会于上午10时至12时,下午2时至5时进行大会讨论议案,沈祖荣出席会议〔出处同上〕。

11月30日　上午8时至10时半在川东师范大礼堂举行中华图书馆协会议案及图书馆技术讨论会。10时半至12时举行闭幕式。沈祖荣等48人出席,通过议案七项〔《本会第四次年会讨论会记录》,见《中华图书馆协会会报》13卷4期第11~13页〕。

下午 1 时至 2 时在重庆都城饭店举行中华图书馆协会会务会议，主席王文山，出席代表共 46 人，首由年会筹备委员沈祖荣先生报告，共有 8 项内容，继讨论通过 10 项议案，其中第 7 项为"本会加入中国教育学术团体联合办公处，请推举代表三人案"，刘国钧提名洪范五、蒋复璁、沈祖荣；沈祖荣提名洪范五、蒋复璁、陈东原。主席付表决，大多数通过洪范五、蒋复璁、沈祖荣为中华图书馆协会加入中国教育学术团体联合办事处代表，互推一人为值年代表。下午 2 时至 5 时召开座谈会〔《本会第四次年会会务会记录》，见《中华图书馆协会会报》13 卷 4 期第 10～11 页〕。晚 7 时中华图书馆协会第四次年会在重庆青年会西餐堂举行联谊会，一以联络会员间之情谊，一以聆闻来宾中对于图书馆事业之意见。首由主席沈祖荣先生介绍南开校长张伯苓先生；旋由毛坤先生为在座会员——唱名，详为介绍；继而主席沈祖荣又介绍青年会总干事黄次咸先生。国立中央图书馆筹备主任蒋复璁先生适自广西返渝，亦赶来参加，因主席沈祖荣之请，讲述中华图书馆协会成立前后之故实，颇饶佳趣。沈祖荣先生亦详细说明文华图书馆学专科学校之沿革与现状。其后有多人发言。会后蟾秋图书馆特在青年会民众影院放映影片《雷雨》以饷同人〔《本会第四次年会会员联谊会记事》，见《中华图书馆协会会报》13 卷 4 期第 13 页〕。

　　**12 月 6 日**　战时征集图书委员会发起人会议在重庆川东师范教员休息室召开，主席张伯苓，记录魏学智、唐诚、梁希、胡焕庸、郭有守、吴景超、沈昌焕、孟目的、魏元光、沈祖荣、朱仙舫、任泰、金家凤、贺树侯、蒋复璁、杭立武、吴南轩、江康黎、吴俊升、贺麟、高显鉴、汪少伦、李迪俊等出席。讨论事项：一、讨论该会组织章程案，决议：照草案修正通过；二、讨论该会英文名称案，决议：该会英文名称为 Chinese Campaign Committee for Books and Periodicals；三、推定执行委员案，决议：由中宣部、教育部、外交部、中英庚款董事会、国际出版品交换处、中华图书馆协会各派一人及学术团体代表张伯苓先生担任〔《全国学术机关团体组织战时征集图书委员会》，见《中华图书馆协会会报》13 卷 5 期第 18～19 页〕。

12 月 14 日　中华图书馆协会呈报中国国民党中央执行委员会社会部有关会务进行概况，其中"现在负责人姓名"呈报如下：理事长：袁同礼，理事：刘国钧、沈祖荣、戴志骞、洪有丰、王云五、严文郁、李小缘、蒋复璁、王文山、田洪都、查修、柳诒征、陈训慈、杜定友、监事：裘开明、毛坤、汪长炳、吴光清、洪业、万国鼎、徐家麟、欧阳祖经、岳良木〔《本会呈报中央党部会务进行概况》，见《中华图书馆协会会报》13 卷 3 期第 15～16 页〕。

**1939 年（民国廿八年　己卯）先生 55 岁**

1 月 14 日　战时征集图书委员会第二次执行委员会议于下午 4 时半在重庆举行。出席者蒋复璁、郭有守、张伯苓、袁同礼沈祖荣代、杭立武。主席张伯苓、记录魏学智。报告事项：一、郭有守先生报告该会工作最近情形，二、袁同礼委员代表沈祖荣先生报告中华图书馆协会向美国图书馆协会征集图书情形。讨论事项有六，其中第一项为改该会英文名称为：China's Culture Emergency Committee for the Solicitation of Books and Periodicals，第二项英国 H. N. Spalding 先生来函表示愿意捐赠图书仪器，应如何办理案，决议：1. 拟分昆明、重庆、成都、南郑四个区域，各就其最需要之图书开列名单寄英；2. 重庆区域，请蒋复璁、沈祖荣两先生拟定名单；……〔《全国学术机关团体组织战时征集图书委员会》，见《中华图书馆协会会报》13 卷 5 期第 18～19 页〕。

1 月　沈祖荣撰《图书馆教育的战时需要与实际》发表于《中华图书馆协会会报》13 卷 4 期第 4～6 页。

2 月 6 日　战时征集图书委员会第三次执行委员会议在川东师范会客室举行，出席者张伯苓、江康黎、蒋复璁、袁同礼沈祖荣代、楼光来、杭立武、吴俊升、郭有守；主席张伯苓、记录左敬如，讨论议决事项 6 项〔《战时征集图书委员会举行第三第四次执行委员会会议》,见《中华图书馆协会会报》13卷6期第18~19页〕。

4月20日 战时征集图书委员会第五次执行委员会会议议决"各学校团体已将需要之书籍目录,送来会所已达十七单位,为求办事迅速起见,请蒋委员复璁与沈祖荣先生根据各校送来之书目与审查书目委员会拟定之选书范围开列一普遍书籍目录单寄交英国(书籍价值以一万英镑为限)"〔《战时征集图书委员会第五第六两次执行委员会会议记录》,见《中华图书馆协会会报》14卷1期第15~16页〕。

9月 文华图书馆学专科学校因应各机关之需要,自本季起开办档案管理讲习班一班,修业期限一年,沈祖荣聘定刚从美国留学研究图书馆学及档案管理回国之前教务主任徐家麟先生及教授毛体六先生等担任主讲〔《私立武昌文华图书馆学专科学校开设档案管理讲习班》,见《中华图书馆协会会报》14卷2、3期合刊第17页〕。

本年 自迁渝后,沈祖荣校长因恐学生生活感觉枯燥,爰聘请各专家担任临时讲席,讲题由沈祖荣先生根据学生有关之课程,自为拟定,藉资启迪,先后被请讲演者有:一、陈东原讲《书院藏书之沿革与图书馆之使命》、《省立图书馆与地方文献》,二、洪范五讲《大学图书馆行政》,三、蒋慰堂讲《中央图书馆之使命》,四、岳良木讲《战时图书馆工作实施计划》,五、王文山讲《人事制度》,六、彭道真讲《英国图书馆概况及图书馆训练》,七、边变衡讲《战时出版事业情况》,八、萧一山讲《海外图书馆所藏中籍概况》,九、杜刚白讲《经书研究与图书馆分类编目问题》,十、黄汲清讲《地质文献》〔《文华图书馆学专科学校消息四则》,见《中华图书馆协会会报》14卷5期第15页〕。

又沈祖荣撰《今后二年之推进图书馆教育》发表于《建国教育》1卷2期。

**1940年(民国廿九年　庚辰)先生56岁**

9月　文华图书馆学专科学校为适应社会需要,配合政府提高行政效率起见,特呈请教育部增设档案管理科,并自本月起开始招生,是为国内研究以科学方法管理档案之唯一学术场所〔《私立武昌文华图书馆学生专校续招专科及档案管理班新生》,见《中华图书馆协会会报》15 卷 1、2 期合刊第 10 页,又沈祖荣《私立武昌文华图书馆专科学校近况》,见《中华图书馆协会会报》16 卷 3、4 期合刊第 7~8 页〕。

又沈祖荣撰《〈图书学大辞典〉沈序》发表于卢震京著《图书学大辞典》(商务印书馆,1940 年 9 月)第 1~3 页。

**1941 年(民国三十年　辛巳)先生 57 岁**

5月9日　日本飞机轰炸,在曾家岩求精中学院内之文华图书馆学专科学校办公处后面侧面附近落弹多枚,房屋全部被震坏,后经鸠工修葺,勉可住居〔沈祖荣《私立武昌文华图书馆专科学校近况》,见《中华图书馆协会会报》16 卷 3、4 期合刊第 7~8 页〕。

7月7日　日本飞机轰炸,文华图书馆学专科学校康宁楼宿舍,直中两弹,全部倾毁,片瓦无存,损失之重,不堪言状。该宿舍为两层楼房,楼上住教员家眷,楼下有大礼堂,女生寝室、客堂及员生餐堂、厨房等,共 20 间,总计建筑费在 6 万元以上,教员及学生衣物之损失,至少 1 万。幸重要图书与实习用具,大部分早经疏散,未行全罹浩劫〔《本会慰问文华图书馆学专校及西南联大图书馆》,见《中华图书馆协会会报》16 卷 1、2 期合刊第 12~13 页〕。

7月9日　中华图书馆协会致函文华图书馆学专科学校慰问,云:"阅报获悉贵校于抗建纪念之夕,惨遭敌机炸毁,兽敌暴戾,曷胜怵愤? 比年以来,贵校所受之重重损失,应不只为贵校师生之一部分物质而已,实亦影响我国图书馆界人才作育及前途发展者甚为深大;所幸,贵校全体师生一本百折不挠之精神,艰苦奋斗,能始终维持校务于不坠,殊令会中同人同深兴奋,无纫钦佩!此后仍盼以大无畏之精神,再接再厉,以答复其暴行。"〔出处同上〕。

7月中旬　沈祖荣接中华图书馆协会慰问函后覆函致谢〔出处同上〕

7月　因文华图书馆学专科学校在求精中学之校舍遭日机轰炸,破败不堪,已无法收拾,情迫不已,沈祖荣等乃多方募款,购置江北相国寺廖家花园为校址,自建校舍〔沈祖荣《私立武昌文华图书馆学专科学校近况》,见《中华图书馆协会会报》16卷3、4期合刊第7~8页〕。

8月9日　文华图专所购廖家花园,旧有平房一栋,只可供办公厅、礼堂及一部教室之用,沈祖荣校长遂又包工建造男女生宿舍各一栋,校长住宅一栋、厨房厕所各若干间、教职员宿舍一栋,总价达10万元以上,其中行政院迳拨救济费7万元,赈济委员会所拨救济费1万元,中华教育文化基金董事会给紧急补助费2.5万元。这些建筑自9月以后陆续竣工〔出处同上〕。

10月下旬　文华图专全校师生搬迁过江,赓续行课。初因房屋一时未及竣工,尝进餐于露天之下,讲授于卧房之间,但全体师生,绝不因此气馁,而精神之振奋,反有加无已〔出处同上〕。

本年　沈祖荣校长新聘许学源先生为国文教授、林荣光先生为日文讲师(以上二人为兼任)、皮高品先生任图书馆学教授、毛坤先生任教务长、汪应文先生任训导主任、徐家麟教授兼任档案课程〔出处同上〕。

### 1942年(民国卅一年　壬午)先生58岁

2月7日　蒋慰堂理事召集在渝中华图书馆协会理监事毛坤、沈祖荣、汪长炳、岳良木、洪范五陈训慈代,于下午3时在重庆国立中央图书馆召开理监事联席会议,商讨出席在重庆举行的全国教育学术团体第二次联合年会事宜〔《年会报告》见《中华图书馆协会会报》16卷5、6期合刊第14~19页〕。

2月8日　中国教育学术团体第二届联合年会暨中华图书馆

协会第五次年会于上午 9 时在重庆国立中央图书馆开幕,到会各团体会员共 200 余人,代表 13 个团体,其中中华图书馆协会到会机关会员 6 单位,个人会员 34 人,沈祖荣代表文华图书馆学专科学校和个人出席开幕式。林主席暨蒋委员长均等颁训词,王雪艇部长和陈立夫部长发表演说,午后摄影而散。下午 1 时半在国立中央图书馆举行中华图书馆协会会员谈话会,主席沈祖荣首先报告云:"协会事务,原在袁理事长守和主持之下,进行十分顺利,在国内学术团体中,颇著声誉,在国际图书馆界亦有地位,今者香港陷敌,袁先生迄无电到,同人等集议,斯间对彼实多悬系,近得报告国立北平图书馆北平馆址书藏已于前日被敌侵据,更增感慨,本次年会由协会委托蒋理事慰堂主持,筹备虽甚仓促而各会员多能如期到会,实深庆幸"。继由蒋复璁、陈训慈、何国贵依次报告。最后,主席沈祖荣临时动议,在座会员酌捐款洋补助协会经费每人至少五元,全体通过。散会〔出处同上〕。

2 月 9 日 上午联合年会宣读论文,下午 2 时讨论提案,5 时闭幕式,6 时中华图书馆协会在国立中央图书馆举行会员联谊会。首由蒋慰堂演讲,继由沈祖荣演说,沈祖荣云:"本人对于图书馆运动,素具信心,认此为最崇高而有益人群之事业,我国新图书馆事业发展三四十年,降及今日,虽云非常时期而政府奖励倡导有加无已,深愿我图书馆界同志,振奋精神,各守岗位,努力职守"。最后姜文锦先生临时动议组织陪都区图书馆员联谊会,决议通过,并推沈祖荣、陈训慈、蒋复璁筹备,由沈祖荣负责召集〔出处同上〕。

2 月 沈祖荣撰《私立武昌文华图书馆学专科学校近况》发表于《中华图书馆协会会报》16 卷 3、4 期合刊第 7 ~ 8 页。

### 1943 年(民国卅二年 癸未)先生 59 岁

春 文华图书馆学专科学校发起募捐修建礼堂,承社会人士热心赞助,捐得国币近 20 万元〔《文华图书馆学专科学校近讯》,见《中华图书馆协会会报》18 卷第 2 期第 15 页〕。

5月30日　文华图书馆学专科学校图书馆专科第二届和档案训练班第三期毕业典礼在该校举行,同时举行在渝校友返校联欢会〔《文华图书馆学专科学校举行毕业式》,见《中华图书馆协会会报》17卷5、6期合刊第9页〕。

夏　文华图专礼堂于暑假内动工,计建筑礼堂一座,可容200余人,附图书馆一座,可容30～40人,另附教室一座,可容20人,共费国币23万元〔《文华图书馆学专科学校近讯》,见《中华图书馆协会会报》18卷2期第15页〕。

7月15日　国立中央图书馆奉教育部令在该馆重庆分馆内设立补习学校,招收曾任图书馆职务人士及高中毕业学生入校进修,设有图书馆学通论、编目学(附实习)、分类法(附实习)、图书征购、图书参考、目录学诸学程,报名学员40余名,其中以各机关图书室、资料室、档案室任事人员为最多。全学程十星期,每周授课24小时,逢星期日有专题讲演,分请社会教育专家相菊潭、陈训慈、马宗荣、沈祖荣、王文山、汪长炳钟灵秀诸先生担任,本日正式开学〔《国立中央图书馆简讯一束》,见《中华图书馆协会会报》17卷1、2期合刊第13页〕。

10月　文华图书馆学专科学校向中华图书馆协会慨捐国币500元〔《国立北平图书馆国立中央图书馆暨文华图书馆专科学校捐助本会经费》,见《中华图书馆协会会报》18卷1期第12页〕。

12月8日　中华图书馆协会在渝举行理事会,议决5项,其中包括:1.中华图书馆协会除参加1944年2月在渝举行之全国教育学术团体第三届联合年会外,同时并举行中华图书馆协会第六次年会,推定戴志骞、沈祖荣、王文山、蒋复璁、洪有丰、严文郁、汪长炳、岳良木、陆华深、袁同礼、陈训慈、刘国钧、李小缘、杜定友、桂质柏为年会筹备委员会委员,并以蒋复璁为筹备主任。3.年会讨论中心问题为:一、战后图书馆复员计划,二、战后图书馆所需人才培养计划,视出席人数之多寡分组讨论,第一组由袁同礼陈训慈召集之,第二组由沈祖荣汪长炳召集之,4.并规定本届年会提案以关于上项两问题范围以内者为限,应特予注重具体计划,避免不切实际之文字〔《中华图书馆协会三十二年度工作报告》,见《中华图书馆协会会报》18卷2期第18~21页〕。

12月25日 文华图书馆学专科学校举行新建礼堂落成典礼〔《文华图书馆学专科学校近讯》,见《中华图书馆协会会报》18卷2期第15页〕。

**1944年(民国卅三年 甲申)先生60岁**

5月3日 沈祖荣在文华园撰写《战后图书馆发展之途径》。

5月5日 沈祖荣撰《战后图书馆发展之途径》发表于《〈中央日报〉副刊》。

又中国教育学术团体第三届联合年会在重庆国立中央图书馆举行,中华图书馆协会除参加联合年会外,同时举行中华图书馆协会第六次年会。下午1时至6时中华图书馆协会第六次年会第一次会议在重庆国立中央图书馆杂志阅览室举行,主席袁同礼,沈祖荣和沈祖荣之公子沈宝环等65人出席,沈祖荣之女公子沈宝琴等23位文华图书馆学专科学校学生列席。继主席致开幕辞、年会筹备主席蒋复璁报告、邓光禄代表致辞之后,会议讨论议案。此次年会收到各方提案,经分别整理归纳共得十案,除一、二、三号案已由中华图书馆协会理事会提送年会讨论外,其余议案在此次会议上逐一讨论。对于第四号案:充实原有训练图书馆人员机构积极培养人才以应战后复兴之需要案,沈祖荣言:"关于训练图书馆人员问题本人曾提出培养战后图书馆用人才一案,送由中央图书馆转交本会年会,旋以误送联合年会至今未及印出,惟原拟已由联合年会编列为第3组第26号提案,兹将原案宣读一遍请各位讨论。案由:培养战后图书馆需用人才案。办法:(一)吸取大量人才,(二)利用专门人才,(三)训练现职人才,(四)造就领导人才,(五)保持已有人才。"决议以上二案原则通过,文字由理事会指定专人审

338

查修正之,其它各案亦讨论通过。主席报告后休会〔《中华图书馆协会第六次年会第一次会议记录》,见《中华图书馆协会会报》18卷4期第6~9页〕。

5月6日　中华图书馆协会第六次年会第二次会议于上午10时至12时在重庆国立中央图书馆三楼举行,出席者47人,沈祖荣之公子沈宝环出席,沈祖荣及其女公子沈宝琴缺席。继讨论修改中华图书馆协会组织大纲案之后,举行理监事候选人选举,沈祖荣以39案之最高票数当选〔《中华图书馆协会第六次年会第二次会议记录》,见《中华图书馆协会会报》18卷4期第9~11页〕。

5月　沈祖荣撰《我国图书馆之新趋势》发表于《教育与社会》3卷1、2合刊第4~6页。

6月　美国图书馆协会赠文华图书馆学专科学校有关图书馆学新著4种及美国图书馆协会年报、会报数卷,由华莱士副总统携带来华〔《美国图书馆协会赠文华书籍四种》,见《中华图书馆协会会报》18卷4期第12页〕。

又文华图书馆学专科学校专科第三届沈祖荣之女公子沈宝琴等11人毕业〔《文华本届毕业生就业状况》,见《中华图书馆协会会报》18卷5、6期合刊第7页〕。

又沈祖荣撰《战后图书馆发展之途径》发表于《中华图书馆协会会报》18卷4期第5页。

7月16日　沈祖荣致函美国图书馆协会秘书长米兰博士(Dr. Carl H. Milam),并转 Mr. Brown、Dr. Bishop、Mr. Metcalf、Mrs. Fairbank、Mr. Lydenberg,向美国图书馆协会致谢,感谢其赠书之举〔美国图书馆协会档案〕。

又中国教育学术团体第三届联合年会于5月在渝举行时,曾通过改组原设联合办事处为联合会,以加强教育学术研究,推进国际文化合作一案,会后经积极筹备,于本日假教育部礼堂召开各团体代表大会,计到代表20余人,中华图书馆协会由袁同礼、蒋复瑢、沈祖荣三理事代表出席,大会除通过联合会组织章程外,曾推选理事 27 人、监事 9 人;并推选张伯苓、常道直、杨卫玉、艾伟、郝更生为常务理事,黄炎培、彭百川、沈祖荣为常务监事;又公推张伯苓为理事长,常道直为总干事;另袁同礼、蒋复璁被推为理事。最后商讨工作计划〔《本会参加教育学术团体联合会》,见《中华图书馆协会会报》18 卷 4 期第 16 页〕。

7 月 18 日　沈祖荣致函美国图书馆协会东方及西南太平洋委员会主席布朗博士(Dr. Charles H. Brown),向美国图书馆协会赠书之举表示感谢,并详述文华图书馆学专科学校之历史,请在派遣教员、提供奖学金、捐赠图书等诸方面予以支持扶助〔美国图书馆协会档案〕。

9 月 11 日　本日为沈祖荣先生 60 寿辰,鉴于沈祖荣校长为倡导我国图书馆事业之先进,作育人才,贡献殊深,文华校友特发起沈祖荣六句寿辰暨从事图书馆事业卅周年纪念双重庆典,以申敬意并彰勋绩,除分函征集当代名人题词以资纪念外,并分别呈献尊师礼金,极为热烈〔《会员消息·沈祖荣》见《中华图书馆协会会报》18 卷 5、6 期合刊第 15 页〕。

11 月 1 日　沈祖荣撰《Library Schools And Librarians In China》发表于美国《The Library Journal》Vol. 69(1November 1944)。

11 月 20 日　沈祖荣致函美国图书馆协会东方及西南太平洋委员会主席布朗博士(Dr. Charles H. Brown)对于美国国务院聘请哥伦比亚大学图书馆学院院长兼图书馆馆长怀特博士(Dr. White)来华考察表示感谢〔美国图书馆协会档案〕。

11 月 29 日　中华图书馆协会理监事联席会议于下午 5 时在重庆中美文化协会召开,沈祖荣、陈训慈、蒋复璁、戴志骞、袁同礼、岳良木、毛坤、严文郁、徐家麟、王文山、陆华深出席,主席袁同礼。蒋复璁报告筹款经过之后,会议议决 5 项,其中第 5 项为中华图书馆协会改选,根据本年 5 月第六次年会改选决议,采用通讯选举方式,于本日开票,开票结果沈祖荣、蒋复璁、刘国钧、袁同礼、毛坤、杜定友、洪有丰等15人当选下届理事,柳诒征等9人当选下届监事〔《中华图书馆协会理监事联席会议记录》,见《中华图书馆协会会报》18卷5、6期合刊第11页〕。

又下午7时,新任理事在中美文化协会召开第一届理事会,沈祖荣、将复璁、袁同礼、毛坤、严文郁、王文山、陈训慈、徐家麟出席,会议议决:推袁同礼为理事长,在袁理事长出国期间,会务由将复璁理事代行〔《中华图书馆协会理事会议记录》,见《中华图书馆协会会报》18卷5、6期合刊第12页〕。

### 1945年(民国卅四年 乙酉)先生61岁

7月16日 沈祖荣致函美国大使馆(重庆)二等秘书 Mr. J. Hall Paxton,向其转交8册赠书表示感谢,并请代向美国图书馆协会表示感谢〔美国图书馆协会档案〕。

7月 沈祖荣患伤寒两周,其后转化为心脏病,前后卧床休养达四周之久〔沈祖荣致美国衣阿华州立学院图书馆馆长布朗函(1945年8月10日),见美国图书馆协会档案〕。

8月9日 沈祖荣大病初愈后前往坐落在重庆一小山丘上的美国大使馆新办公室拜会费尔班克斯女士(Mrs. Fairbanks)〔出处同上〕。

8月10日 沈祖荣致函美国衣阿华州立学院图书馆(Iowa StateCollege)馆长布朗博士(Dr. Charles H. Brown),言已分别发函至美国各图书馆学校请求其寄赠学校目录、公告、目录和教学大纲等,并请布朗博士进一步予以帮助,以确保得到这些资料。信末附有《文华图书馆学专科学校战后工作计划》(Planing For The Work of Boone Library School After The War)一份,该计划由外交部次长,文华图书馆学专科学校董事会主席吴国桢(?)(Dr. K. C. Wu)和其他15位董事签署,共分下列3个部分:一、建立韦棣华纪念图书馆,二、实施该计划的建议方法,三、把文华图书馆学专科学校发展成为一所授予图书馆学、档案学和博物馆学学位的学院〔出处同上〕。

8月22日　沈祖荣致函住在印度德里的美国洛克菲勒基金会(The Rockefeller Foundation)远东区域主任巴尔弗博士(Dr. M. C. Balfour)，阐述《文华图书馆学专科学校战后工作计划》之意义，并请求给予大力支持，信末附有详细之预算及相关资料〔美国图书馆协会档案〕。

9月28日　沈祖荣致函美国图书馆协会常务秘书长米兰博士(Dr. Carl H. Milam, Executive Secretary, ALA)，阐述《文华图书馆学专科学校战后工作计划》的意义与重要性，并邀请米兰博士担任该计划的发起人，参与该计划的实施〔美国图书馆协会档案〕。

12月　沈祖荣由渝飞沪，并到京汉一带视察〔《会员消息》，见《中华图书馆协会会报》19卷4、5、6期合刊第14页〕。

**1946年(民国卅五年　丙戌)先生62岁**

4月3日　沈祖荣致函美国图书馆协会东方及西南太平洋委员会主席布朗先生(Charles H. Brown)，请求美国图书馆协会对文华图书馆学专科学校提供捐书支持〔美国图书馆协会档案〕。

**1947年(民国卅六年　丁亥)先生63岁**

1月　文华图书馆学专科学校在抗战胜利后即积极进行迁复准备，待川江航运已畅通无阻后，遂于寒假中迁返武昌。昙华林原址公书林为华中大学占用，只余华德楼一幢，全部作为宿舍，另由教会拨借武昌高家巷文华中学二部为教室〔《文华图专新况》，见《中华图书馆协会会报》21卷1、2期合刊第17~18页〕。

3月　本月初，文华图书馆学专科学校迁复后开学。沈祖荣聘桂质柏博士、汪绲熙、汪应文、汤成武诸校友返校担任专门课程，又聘鲁润玖、任松如、胡伊默诸教授来校执教，阵容为之一新。为增加文华图专在图书馆界之权威性，及提高学生水准起见，沈祖荣同时亦向美方洽聘外籍教授来校任教〔出处同上〕。

7月12日　沈祖荣致函美国国会图书馆国际关系办公室主任莱登堡博士（Dr. H. M. Lydenberg），请求呼吁美国捐赠者向文华图书馆学专科学校捐书，并请代向美国图书中心查询其代寄肯特基大学赠书之下落〔美国图书馆协会档案〕。

8月25日　沈祖荣致函美国图书馆协会国际关系办公室主任克伦威尔博士（Dr. Frederick Cromwell），请求克伦威尔博士与美国国会图书馆之埃文斯博士（Dr. Evans）接洽，向文华图书馆学专科学校寄赠抗战期间由袁同礼寄存美国国会图书馆的中文古籍善本图书的全套缩微胶卷〔美国图书馆协会档案〕。

9月1日　沈祖荣致函美国国会图书馆美国战区被毁图书馆图书中心常务主任基普先生（Mr. Laurance J. Kipp），请求进一步向文华图书馆学专科学校捐书，以支持其发展〔美国图书馆协会档案〕。

**1948年（民国卅七年　戊子）先生64岁**

年初　沈祖荣之公子沈宝环赴美国丹佛大学图书馆学院留学〔《会员消息》，见《中华图书馆协会会报》21卷3、4期合刊第7页〕。

8月20日　沈祖荣致函美国布朗博士（Dr. Charles H. Brown），感谢布朗博士对沈宝环在美生活和学习的关心，并告知已授权沈宝环作为自己的代表在与布朗博士会面时商谈文华图书馆学专科学校加入大学之事宜〔美国图书馆协会档案〕。

9月8日　沈宝环致函美国图书馆协会东方及西南太平洋委员会主席布朗博士（Dr. Cherles H. Brown），向其寄送沈宝环等于8月20日和9月5日在美国召开的有关文华图书馆学专科学校未来发展的两次会议的备忘录，即《关于文华图书馆学专科学校加入某大学之计划的建议》，希望得到布朗博士的赞同之后，再函告家父沈祖荣校长〔美国图书馆协会档案〕。

本年　经沈祖荣聘任的文华图书馆学专科学校现职教授有桂质柏、邬保良、陈尧成、胡伊默、任松如、达小姐（Madamoiselles D'Halluin）、熊景芳、李廉、黄连琴诸先生〔《文华近况》，见《中华图书馆协会会报》21卷3、4期合刊第13页〕。

又沈祖荣撰《〈三民主义中心图书分类法〉序三》发表于杜定友编《三民主义中心图书分类法》（油印本），国立中山大学图书馆1948年印行，第4页。

**1949年（民国卅八年　己丑）先生65岁**

5月16日　中国人民解放军突破长江天堑，武汉解放〔梁山主编《中国革命史》中山大学出版社，1988年第443页〕。

10月1日　中华人民共和国正式成立。

**1950年（庚寅）先生66岁**

元月1日　文华图书馆学专科学校全体师生约请驻在附近的湖北军区参谋训练队的学员，来校联欢，举行元旦劳军大会，即席分赠战士们许多毛巾肥皂等日用品。此外教职员和同学又捐出价值200斤食米的人民币，订制印有纪念字样的毛巾与肥皂，慰劳袋等汇送市慰劳会，赠给海南作战的军队〔文华图书馆学专科学校友总会编印《文华图书馆学专科学校简讯》（新1卷），1950年12月15日〕。

春　文华图书馆学专科学校为了健全行政领导，改革校务，首先改组董事会，敦聘查谦、朱裕璧、陈经畬、陈时、厉与咎、曹美成、崔思恭、李辉祖、骆传芳、桂质柏、张海松11位热心图书馆学教育人士为董事，会同当然校董沈祖荣校长组成董事会。经选出张海松主教为董事会主席、桂质柏校友为书记，加推曹美成、骆传芳、沈祖荣三人为常务委员，合组常委会主持校政。其后又改组校务会，下设各会处，分层负责，搞好行政工作〔出处同上〕。

5月16日　本来每年5月1日是文华图书馆学专科学校校庆纪念日，因与国际劳动节日期冲突，经决定自1950年起，改于5

月 16 日举行,并定是日为校友返校节。本日文华图书馆学专科学校举行庆祝会,武汉校友差不多都返校参加,并各携带了珍贵的礼物,如挂钟、湘绣等,又各捐献给实验图书馆书籍共数百册。庆祝会后,接着开校友大会,决定成立校友总会,通过会章并选出执行委员 7 人。7 人互推田洪都任主席,张毓村任组织,李廉、张遵俭任秘书、徐家麟、汤成武任学术,昌少骞任会计。会后继之以摄影并聚餐,晚间是节目丰富的晚会,直到午夜尽欢而散〔出处同上〕。

8 月 10 日 为了适应中南军政委员会所辖各机关的急迫和广大的需要,文华图书馆学专科学校呈文中南军政委员会教育部,请准继续办理档案资料管理训练班〔钱德芳、程晓端《文华图书馆学专科学校开办档案教育始末》,见《图书情报知识》1984 年第 2 期第 36 ~ 41 页〕。

8 月 24 日 中南军政委员会教育部批准文华图书馆学专科学校举办短期档案资料培训班〔出处同上〕。

夏 因沦陷期间,文华图专校址遭日寇侵占破坏,房屋失修已久,本年暑假期间,经在上学期余存经费项下拨款修葺,复商得圣公会主教董事会主席张海松同意,由教会方面拨给美金 100 元,补助不足部分,将大门左侧食堂改建为大礼堂。舞台部分,面积宽大,坚固美观。台下空间可容观众 200 人,所有地坪、天花板、门窗等均经油漆粉饰一新,灯光配备,尤具匠心,美奂美轮,俨然一小型剧场。此外校内其他房舍如图书馆等处,多经粉刷油漆修建。宿舍课堂窗户,亦均添配玻璃。所有大小工程,在精打细算下,计已用去 700 余万元〔文华图书馆学专科学校校友总会编印《文华图书馆学专科学校简讯》(新 1 卷),1950 年 12 月 15 日〕。

10 月 1 日 文华图书馆学专科学校全体师生欢度第一个国庆节,全校悬灯结彩,晚间参加提灯大游行〔出处同上〕。

10 月 9 日 国庆纪念晚会,因为筹备不及,改于本日举行,有话剧、舞蹈、歌咏等节目,在新礼堂作隆重演出,校友回校参加的很多〔出处同上〕。

11 月初　文华图书馆学专科学校首先响应全国劝募寒衣运动,共捐代金 300 万元,衣服 110 件〔出处同上〕。

11 月 20 日　文华图书馆学专科学校根据教育部颁发的《专科学校暂行规程》第 19 条所规定之组织形成,重新组织校务委员会,襄助校长处理校务〔出处同上〕。

12 月 15 日　文华图书馆学专科学校校友总会编印《文华图书馆学专科学校简讯》(新 1 卷)出版,沈祖荣先生亲笔题写刊名。

**1951 年(辛卯)先生 67 岁**

8 月 16 日　私立武昌文华图书馆学专科学校,归中央文化部接办,暂委托中南军政委员会教育部领导。中南军政委员会教育部召集文华图专行政负责人、校董会、教工会、学生会等代表开会宣布文华图专的负责人员〔《当代中国的图书馆事业》编辑部编,《中国图书馆事业纪事(1949～1986)》,书目文献出版社,1988 年 1 月第 18 页〕。

焕文案:中南军政委员会教育部宣布的文华图书馆学专科学校负责人员名单为:校长:王自申、副校长:甘莲笙、沈祖荣。同时将"私立武昌文华图书馆学专科学校"改名为"公立武昌文华图书馆学专科学校",学制两年。

**1952 年(壬辰)先生 68 岁**

**1953 年(癸巳)先生 69 岁**

8 月　全国高等学校院系调整,教育部将武昌文华图书馆专科学校并入武汉大学,称为图书馆学专修科,学制 3 年。甘莲笙担任武汉大学图书馆学专修科主任,沈祖荣仅担任教授职位〔武汉大学图书情报学院编印《武汉大学图书情报学院》1991 年〕。

**1954 年(甲午)先生 70 岁**

6 月　沈祖荣编《俄文图书编目法讲义(初稿)》完稿〔沈祖荣编《俄文图书编目法》(第三版),武汉大学出版,1958 年,第 2 页

"再版附言"〕。

本年　沈祖荣编《俄文图书编目法讲义（初稿）》由武汉大学出版，全书116页，铅印，属内部出版物。

### 1955 年（乙未）先生 71 岁

5月　沈祖荣编《俄文图书馆编目法》（第二版）由武汉大学出版。再版中增添了马克思列宁主义著作和多卷书著录法，扩大和修改政府机关，党团以及工会出版物和定期刊物的著录法，并改写了标题目录编制和书评著录法，以及如何采用印刷目录卡的方法，示例方面也比较初稿增加了一倍有余。

### 1956 年（丙申）先生 72 岁

9月　为了适应社会主义图书馆事业的发展需要，教育部批准武汉大学图书馆学专修科改为4年制本科的图书馆学系〔《当代中国的图书馆事业》编辑部编，《中国图书馆事业纪要（1949～1986）》，书目文献出版社，1988年1月第41页〕。焕文案：武汉大学图书馆学专修科改为图书馆学系后，徐家麟任系主任。徐家麟自1955年7月起开始担任图书馆学专修科主任，自1956年9月至1966年一直担任系主任。

12月11日　中国图书馆学会筹备委员会正式成立，并于本日在北京举行第一次会议，主席左恭，推选文化部副部长兼北京图书馆馆长丁西林为筹备委员会主任委员，洪范五、李小缘、向达、沈祖荣、左恭、徐家麟、刘国钧、贺昌群、杜定友、张照、王重民等为常务委员，左恭兼任秘书长〔中国图书馆学会筹备委员会发文（57）筹秘字第1号，1957年2月15日〕。

### 1957 年（丁酉）先生 73 岁

2月15日　中国图书馆学会筹备委员会向沈祖荣函发聘任通知文件两份：其中发文（57）筹秘字第一号云："兹经本会会议议决，推选您为本会筹备委员，特此通知。随信寄上本会第三次会议通过的《中国图书馆学会章程（草案）》及《中国图书馆学会筹备委员会暂行办法(草案)》各一份,如有修正意见,请于三月十日前寄下。另附本会第一、二、三次会议记录摘要,筹委名单及常委名单各一份,至希查收"。发文(57)筹秘字第2号云:"兹经本会会议议决,推选您为本会常务委员,特此通知,敬希查照为荷"。〔广东省中山图书馆藏〕。

**1958年(戊戌)先生74岁**

2月　沈祖荣编《俄文图书编目法(第三版)》由武汉大学出版。全著诸多修改,其中最显著者乃为迁就学生较差之俄语水平,而将所举例句,一律用中文译出,并有附录集中用中文解释俄文词汇术语。全书共198页。

**1959年(己亥)先生75岁**

本年　武汉大学鉴于沈祖荣先生身体和年龄的原因通知沈祖荣先生退休,沈祖荣先生接到通知后,曾上书学校当局请求继续执教,受到学校婉言拒绝。沈祖荣遂告别讲坛退休〔据沈宝媛女士回忆及相关家书记载〕。

**1960年(庚子)先生76岁**

焕文案:沈祖荣先生退休后多在武汉大学居住,初时常于夏天赴江西庐山香山路557号私邸避暑,后期则多寓居庐山〔据沈宝媛女士回忆及相关家书记载〕。

**1960年(庚子)先生76岁**

**1961年(辛丑)先生77岁**

**1962年(壬寅)先生78岁**

**1963年(癸卯)先生79岁**

**1964年(甲辰)先生80岁**

**1965年(乙巳)先生81岁**

**1966年(丙午)先生82岁**

5月　"无产阶级文化大革命"开始,中国历史进入十年浩劫时期。

**1967 年（丁未）先生 83 岁**

4 月　沈祖荣患病，入住武汉大学医院治疗〔据陈培凤致沈宝媛家书〕。

6 月　本月上旬沈祖荣病情略有好转，沈祖荣鉴于自己患的是慢性老年病，一时难以治愈，而医院床位又紧张，便主动地让出床位给重号病人，自己出院自行调养，其时正值武汉天气炎热之际，为避酷暑，沈祖荣先生与姚翠卿师母遂自武汉赴庐山寓所静养〔出处同上〕。

7 月 6 日　武汉大学"农派"于半夜通过广播发布"清理阶级队伍第一号通告"宣布沈祖荣等 34 人为清理对象，并勒令第二天上午到"农派"司令部报到〔出处同上〕。

7 月 9 日　武汉大学"农派"和"虎派"张贴沈祖荣先生的大字报〔出处同上〕。

8 月初　"农派"派遣图书馆学系师生两人赴庐山，将沈祖荣先生从庐山抓回武昌。沈祖荣先生因身体极为衰弱，在九江路上昏厥一次，不得已上下船均由人背〔出处同上〕。

8 月 16 日　沈祖荣先生和姚翠卿师母于下午返回武汉大学寓所，沈祖荣先生再次昏厥〔出处同上〕。

8 月 19 日　沈祖荣先生于中午时分休克，经医生急救，方才苏醒。此后多日不能进食，一吃就吐，每天仅喝牛奶少许。因精神受到强烈刺激，常喃喃自语，精神异常〔出处同上〕。

8 月　因沈祖荣先生身体极度孱弱，无法交代自己的"罪行"，农派威逼沈祖荣先生之女公子陈培凤书写交代材料〔出处同上〕。

**1968 年（戊申）先生 84 岁**

**1969 年（己酉）先生 85 岁**

**1970 年（庚戌）先生 86 岁**

**1971 年（辛亥）先生 87 岁**

**1972 年（壬子）先生 88 岁**

**1973 年（癸丑）先生 89 岁**

**1974 年（甲寅）先生 90 岁**

**1975 年（乙卯）先生 91 岁**

**1976 年（丙辰）先生 92 岁**

**1977 年（丁巳）先生 93 岁**

2 月 1 日　沈祖荣先生于本日清晨在庐山私邸逝世,6 个小时后,姚翠卿师母因极度悲伤而逝世〔据沈宝媛女士回忆及武汉大学有关文件〕。

2 月 4 日　沈祖荣先生和姚翠卿师母的遗体安葬于庐山群众公墓安乐园之中〔据沈宝媛女士回忆〕。

3 月 8 日　武汉大学图书馆学系在武汉大学内举行沈祖荣先生追悼会〔据沈宝媛女士回忆〕。

5 月　沈祖荣先生的二女公子沈宝琴因患胃癌医治无效在武昌逝世〔出处同上〕。

10 月　沈祖荣先生的大女公子陈培凤因患高血压和心脏病在武昌逝世〔出处同上〕。

# 沈祖荣研究书目 初编

### 王梅玲、程焕文 合辑

编辑说明:本书目系沈宝环教授在审阅完本著之后嘱其学王梅玲小姐专为本著搜集编撰补充之附录资料,原题为《沈祖荣先生传记与纪念专文书目》,共收录台湾所见文献8篇。现笔者在其基础上增广其事,略作补充,汇成此目。本书目共收录文献53篇,分为沈祖荣先生传记与研究文献、回忆录、相关研究文献和相关参考文献四类,各类文献依其发表时间顺序排列。因笔者见闻狭隘,诸多阙如,敬祈读者函告,以便再版时补充完善。

## 一、沈祖荣先生传记与研究文献

1. 白国应《沈祖荣先生是我国近代图书分类学的先驱》,《图书馆学通讯》1981年第3期:22～?。

2.《民国人物小传——沈祖荣先生》,(台湾)《传记文学》第42卷第3期(1983年3月):143。

3. 严文郁《图书馆教育之父沈祖荣先生——为其百年冥寿纪念而作》,(台湾)《传记文学》第42卷第5期(1983年5月):58～60。

4. 严文郁《图书馆教育之父沈祖荣先生——为其百年冥寿纪念而作》,见:严文郁先生八秩华诞庆祝委员会编,《严文郁先生图

书馆学论文集》,辅仁大学图书馆学系 1983 年 9 月 1 日出版:253
~258。

　　5. 严文郁《图书馆教育之父沈祖荣先生——为其百年冥寿纪
念而作》,(台湾)《中国图书馆学会会报》第 35 期(1983 年 12
月):247~250。

　　6. Cheryl Boettcher.《Samuel T. Y. Seng And The Boone Library
School》,(USA)《Libraries and Culture》24∶3(Summer 1989):269
~294.

　　7. 胡先媛.《沈祖荣先生传略》,《高校图书情报学刊》1989 年
第 3 期:64~69.

　　8. Chery Boettcher 著,何光国译《沈祖荣与文华图书馆学专科
学校》,(台湾)《中国图书馆学会会报》第 42 期(1990 年 12 月):
35~46。

　　9. 程焕文.《一代宗师　千秋彪炳——记中国图书馆学教育
之父沈祖荣先生》,《图书馆》1990 年第 4 期:54~58;第 6 期:64~
67;1991 年第 1 期:71~73,76;第 3 期:60~73;第 5 期:69~73。

　　10. 昌少骞《沈祖荣师对我国图书馆事业的贡献》,《图书馆学
通讯》1990 年第 2 期:38~40。

　　11. 罗德运.《中国图书馆界先驱者的足迹——纪念沈祖荣先
生诞辰 110 周年》,《图书情报知识》1993 年第 3 期:47~50。

　　12. 程焕文.《论中国图书馆学教育之父沈祖荣先生在 20 世纪
中国图书馆学教育中的作用和影响》.(台北)《海峡两岸图书馆事
业研讨会论文集》1997 年 5 月。

# 二、回忆录

13. 张遵俭.《昙华忆旧录——记沈祖荣与韦棣华的遇合》，《图书情报知识》1981 年第 2 期:40、52。

14. 张遵俭.《昙华忆旧录——回忆沈绍期师》，《图书馆学通讯》1982 年第 2 期:86～87。

15. 唐月荣.《回顾文华学习生活 缅怀沈祖荣校长》，《高校图书馆工作》1982 年第 2 期:1～?。

16. 昌少骞.《忆恩师沈祖荣》，《江苏图书馆学报》1987 年第 2 期:67。

17. 严文郁.《文华图专的三位教务主任——悼念汪长炳、徐家麟、毛坤三位同学》，《高校图书情报学刊》1989 年第 2 期:76～77。

# 三、相关研究文献

## (一)文华图书馆学专科学校研究文献

18. 吴鸿志.《文华图书科之过去与将来》，《文华图书科季刊》1 卷 1 期(1929 年 1 月):105～111;1 卷 2 期(1929 年 5 月):231～236。

19. 沈祖荣.《在文华公书林过去十九年之经验》，《文华图书科季刊》1 卷 2 期(1929 年 5 月):159～175。

20. 毛坤.《华中大学文华图书科十周年纪念》，《文华图书科季刊》2 卷 2 期(1930 年 6 月):137～139。

21. 沈祖荣.《私立武昌文华图书馆学专科学校近况》,《中华图书馆协会会报》16 卷 3~4 期合刊(1942 年 2 月):7~8。

22. 黄宗忠.《武汉大学图书馆学系六十年——兼评文华图专和韦棣华在我国图书馆事业史上的作用》,《武汉大学学报》(哲学社会科学版)1980 年第 6 期:78~83。

23. 何建初.《八年抗战中的文华图专》,(台湾)《中国图书馆学会会务通讯》第 80 期(1981 年 9 月):6~7。

24. 钱德芳,程晓端.《文华图书馆学专科学校开办档案教育始末》,《图书情报知识》1984 年第 2 期:36~41。

25. 李祚明.《私立文华图书馆学专科学校档案专业梗概》,《档案学参考》1984 年第 5 期:23~?。

26. 程焕文.《文华图专名称考释》,《图书情报知识》1987 年第 2 期:42~43。

27. 周玉玲.《文华图书馆学专科学校漫笔》,《湖北高校图书馆》1988 年第 3 期:61。

28. 彭斐章 谢灼华.《七十年历程——从武昌文华大学图书科到武汉大学图书情报学院》,《图书情报知识》1990 年第 3 期:2~6、10。

29. 彭斐章 谢灼华.《七十年历程——从武昌文华大学图书科到武汉大学图书情报学院》,(台湾)《中国图书馆学会会报》第 47 期(1990 年 12 月):47~52。

30. 查启森.《从文华图专到武汉大学图书情报学院的档案教育》,《图书情报知识》1990 年第 3 期:11~13。

31. 查启森.《从文华图专到武汉大学图书情报学院的档案教育》,(台湾)《中国图书馆学会会报》第 47 期(1990 年 12 月):53~58。

## （二）韦棣华女士研究文献

32. 李继先.《韦棣华女士与我国图书馆事业》,《图书馆学周刊》(华北日报副刊)第 7 期(1931 年 5 月 21 日):3～4。

33. 裘开明.《韦师棣华女士传略》,《中华图书馆协会会报》6 卷 6 期(1931 年 6 月):7～9。

34. 沈祖荣.《韦棣华女士传略》,《文华图书科季刊》3 卷 3 期(1931 年 9 月):283～285。

35. Samuel T. Seng.《Miss Mary Elizabeth Wood:The Queen of The Modern Library Movement In China》,《文华图书科季刊》(英文之部)3 卷 3 期(1931 年 9 月):8～3。

36. 菲利普(Grace D. Phillips).《韦棣华女士与文华图书馆学专科学校》,(台湾)《传记文学》第 18 卷第 5 期(1971 年):17～19。

37. George W. Huang(黄文宏).《Miss Mary Elizabeth Wood:Pioneer of The Library Movement In China》,《Journal of Library and Infermation Science》(Taiwan)1(April 1975):67～78.

38. 何建初.《纪念我国现代图书馆建设的伟大先驱者美国韦棣华女士逝世六十周年》,(台湾)《中国图书馆学会会务通讯》第 81 期(1981 年 11 月):6～7。

39. 李甲芹　张海齐.《关于中国现代图书馆事业史评价上的一个重要问题——就韦棣华评价问题与黄宗忠同志商榷》,《吉林图书馆学会会刊》1981 年第 3 期:9～16。

40. John H. Winkelman.《Mary Elizabeth Wood(1861～1931):American Missionary – Librarian To Modern China》,《Journal of Library and Infornnation Science》(Taiwan)8(April1982):62～76.

41. 惠世荣.《架起中美图书馆界友谊桥梁的先驱——纪念韦棣华女士》,《四川图书馆学报》1982 年第 2 期:89。

42. 路林.《韦棣华与文华公书林及文华图书》,《河南图书馆季刊》1982 年第 4 期:9～?。

43. 禹成明.《热心中国图书馆事业的美国人——关于韦棣华的评价问题》,《广东图书馆学刊》1983 年第 4 期:40～42。

44. 吴则田.《韦棣华在中国近代图书馆史上的活动》,《图书情报知识》1983 年第 4 期:86～88。

45. 马启.《评韦棣华》,《四川图书馆学报》1985 年第 5 期:83～88。

46. 秦明.《韦棣华女士对中国近代图书馆事业的贡献》,《安徽高校图书馆》1986 年第 3 期:58～60。

47. 徐全廉.《评〈评韦棣华〉》,《四川图书馆学报》1987 年第 1 期:92～96。

## 四、相关参考文献

48. 文华图书科编印.《武昌华中大学文华图书科》,1926 年。

49. 文华图书馆学专科学校编印.《私立武昌文华图书馆学专科学校一览(二十六年度)》,1937 年。

50. 文华图书馆学专科学校校友总会编印.《文华图书馆学专科学校简讯》新 1 卷,1950 年 12 月 15 日出版。

51. 李冠强　施星国合辑.《沈祖荣著述简目》,《江苏图书馆学报》1985 年第 4 期:41～43。

52. 武汉大学图书情报学院编印.《武汉大学图书情报学院》,1991 年。

53. 丁道凡搜集编注.《中国图书馆界先驱沈祖荣先生文集(1918～1944)》,杭州:杭州大学出版社,1991 年 11 月。

# 后 记

拙作《中国图书馆学教育之父——沈祖荣评传》就要问世了，十年之功成于一旦，我心中的喜悦始终无法按捺。自4月下旬拜接学生书局函寄之一校清样以后，这种喜悦更是与日俱增。连日通宵达旦地校阅，使我一次又一次地体验了那种胜似"红袖添香夜读书"的欢愉和快慰。这是一种我过去出书从未有过的感觉。这种喜悦并非是因出书而自显所本能产生的那种沾沾自喜，因为一个人出几本书并没有什么了不起，也算不了什么；而是因我人生的楷模——沈祖荣宗师的光辉人生、伟大事业、丰功伟绩，尤其是其崇高精神与人格，不仅一次又一次地震撼着我、感化着我、激励着我，而且还将随着这本书的传播而震撼、感化和激励更多的同仁和即将投身于祖国图书馆事业建设的青年。我相信这种春风化雨的作用是一定能够发挥的。这是本书写作的要旨，更是本书写作的目的。

与此同时，我还被另一种精神所感动：从学生书局的来函中，我得知：为了本书的出版，年逾古稀的沈宝环教授不远千里于今年元月只身从美国飞回台北，专门校阅拙稿并撰写序文。令我意想不到的是，图书馆学大家沈宝环教授对我这个小字辈的书稿竟然只是作了个别文字上的修改，完全尊重著者本人的原作。去年秋，我匆匆赶完书稿便马不停蹄地将书稿交我系谭祥金教授带到了台湾学生书局，还没有来得及奉送沈宝媛伯母审阅，颇有几分遗憾。

这次接到一校清样后，我立刻复印了一份亲自奉上以补上上次的"缺课"。令我意想不到的是，不到一个星期，年近古稀的沈宝媛伯母就已详细的通阅完了全稿，并顺赐序文一篇。更令我意想不到的是，沈宝媛伯母所提出的十几处文字修改意见竟然与沈宝环教授对拙作原稿所作的个别修改惊人地雷同，即均是缓和笔者对大陆目前图书馆学研究评论的语气。这将使我终生受益！自1995年秋学生书局应承出版拙作以后，因为书稿尚在我脑中，我们经历了好长一段时间的"黑箱"作业，双方都因为海峡两岸分隔了四十多年而担心书稿或编审文字变动出现"敏感问题"。现在从一校清样来看，学生书局亦非常尊重著者本人的原作，除技术性编辑加工以外，并未改动拙作原稿的文字。如此一来，我们当初的担心似乎是多余的，其实这是学生书局的严谨科学态度的一个很好体现，颇令人钦佩。为此，我再一次地向沈宝环教授、沈宝媛伯母、谭祥金教授和学生书局表示崇高的敬意和衷心的感谢！

程焕文　谨跋
1997 年 5 月 14 日凌晨 3 时
于广州中山大学竹帛斋